会计学国家一流专业建设点系列教材

审计理论与实务

Audit Theory and Practice

主 编 孙 阳
副主编 崔 丹 姬 霖

中国财经出版传媒集团
经济科学出版社
Economic Science Press

图书在版编目（CIP）数据

审计理论与实务 / 孙阳主编；崔丹，姬霖副主编
. -- 北京：经济科学出版社，2023. 12
会计学国家一流专业建设点系列教材
ISBN 978 - 7 - 5218 - 5516 - 6

Ⅰ. ①审… Ⅱ. ①孙… ②崔… ③姬… Ⅲ. ①审计学
- 高等学校 - 教材 Ⅳ. ①F239. 0

中国国家版本馆 CIP 数据核字（2024）第 008244 号

责任编辑：杜 鹏 郭 威
责任校对：隗立娜 杨 海
责任印制：邱 天

审计理论与实务
主 编 孙 阳
副主编 崔 丹 姬 霖
经济科学出版社出版、发行 新华书店经销
社址：北京市海淀区阜成路甲 28 号 邮编：100142
编辑部电话：010 - 88191441 发行部电话：010 - 88191522
网址：www. esp. com. cn
电子邮箱：esp_bj@ 163. com
天猫网店：经济科学出版社旗舰店
网址：http：//jjkxcbs. tmall. com
固安华明印业有限公司印装
787 × 1092 16 开 19. 75 印张 450000 字
2023 年 12 月第 1 版 2023 年 12 月第 1 次印刷
ISBN 978 - 7 - 5218 - 5516 - 6 定价：49. 00 元
（图书出现印装问题，本社负责调换。电话：010 - 88191545）

前　言

审计学门户网站（https：//www. xueyin-online. com/detail/240783501）

随着经济全球化的发展，市场经济已成为世界经济体系中不可或缺的一部分，而审计作为一项具有独立性的经济监督活动对维护市场秩序、促进市场经济的健康有序发展都有着重要作用。目前“审计学”已成为各类高校会计学专业、财务管理专业、审计学专业和其他经济管理类专业必修的主干课程。

本教材是长春光华学院会计学国家一流本科专业建设点课程改革系列教材之一，由多名高校教师和企业会计专家协力编著完成，并经过几轮教学实践检验，适合应用型高校会计学专业学生基本素质和实践能力的培养。本教材具有以下特色。

（1）凸显价值维度培养。本教材在每一章编写中明确具体的课程思政点，分别从知识目标、技能目标和思维目标三方面展开教学内容，精准对接人才培养的知识维度、实践维度和价值维度，在编写中适时插入“思维小课堂”板块，通过准则追溯、前沿案例等内容，引导学生能够理解并遵守职业道德，了解前沿技术，形成正确的职业态度。

（2）强化理论难点突破。审计理论知识晦涩难懂，为帮助学生更好地理解和运用审计前沿理论与实务，依托超星学习通平台，对重难点知识以立体化视频呈现，并在编写中针对理论难点、易混淆知识点设置“知识点拨”板块，通过知识总结、案例阐述的方式引导学生突破难点，巩固基础理论。

（3）注重理论实践融合。本教材内容编写基于应用为本、学以致用的原则，突出应用性，注重能力培养，以风险导向审计的思路，融入了修订后的审计准则的主要内容，在第八章到第十二章列示了大量审计工作底稿，促使学生在审计实务中总结审计系统程序，进行高级认知，具备执行审计业务的专业胜任能力，充分发挥审计监督作用。

本教材由吉林省优秀课程、吉林省精品课程、吉林省精品在线示范课程“审计学”课程组成员共同编写完成，由孙阳任主编，崔丹、姬霖任副主编。具体分工是：孙阳编写了第五章、第八章、第九章、第十章、第十三章；崔丹编写了第一章、第二章、第三章、第四章、第六章；姬霖编写了第七章、第十一章、第十二章。

由于编者水平所限，本教材可能存在诸多不足之处，恳请同行专家不吝赐教。

编　者

2023年10月

目　录

第一部分　审计理论

第二部分 审计实务

第一部分

审计理论

第一章　审计概述

【知识目标】

1. 能够阐述审计产生和发展的客观基础；
2. 能够比较不同审计类型的产生与发展；
3. 能够阐述审计的概念、特点、职能和作用；
4. 能够准确说明审计关系的内涵；
5. 能够归纳审计的基本分类。

【技能目标】

1. 能够分析不同审计主体的审计目标；
2. 能够判断注册会计师不满足独立性的情况；
3. 能够结合实际，确定审计关系人，掌握三方之间的关系。

【思维目标】

1. 中西方审计发展与比较，体会中国特色、审计精神及文化演进，传承审计精神；

2. 强调审计在经济社会的作用，树立依法治国意识，自觉抵御外界诱惑的意识，具有职业理念；

3. 形成诚信、客观公正、专业胜任能力等职业素养。

【导入案例】

浑水摸鱼终害己

2021 年 1 月，春节放假前夕，A 区审计局派出审计组对某集团公司 2020 年财务收支情况进行审计。

在审计过程中，审计组严格核对往来账款时发现，该集团公司“其他应收款——事故组”存在着大额长期挂账未清理的情况，收款人均为该集团公司在职员工。审计组先后就该事项与财务总监秦某和安全科苏某进行了个别访谈，经了解，该集团公司一直采取“根据需求向财务请款—安全员代付事故处理款—案件结束后核对清算”的方式处理公交事故赔偿事宜。审计组怀着众多疑问，调整审计方向：一方面详细检查事故卷宗，弄清报销的来龙去脉；另一方面直接找事故处理最末端的安全员了解情况。

审计组核查完该集团公司的全部事故卷宗后，发现该集团公司对事故卷宗归档不规范，存在大量使用白条和复印件、银行付款单据缺失的情况，尤其是安全员陈某向公司请款 1.5 万元的一份卷宗，没有任何支撑性材料。在审计组与安全员陈某的交谈过程中，陈某神色凝重、表情紧张，声称该笔款项因已查明不是该集团公司的责任而无须支付，将退回公司。审计组通过梳理测算发现，安全员陈某先后向财务请款 144.47 万元，其中有发票原件和复印件佐证其已支付赔偿款的金额共计 131.86 万元，审计组推算其账户中事故处理款余额至少为 12.61 万元。经过分析陈某的个人银行账户流水发现：账户实际余额 0.13 万元与审计组测算的账户余额出入较大。在审计组的工作下，陈某坦白了自己是如何利用职务之便、挪用公交事故赔偿款的整个过程。

鉴于该集团公司事故处理内部管理失控，安全员利用负责处理本单位交通事故赔偿的职务便利，多次采用伪造票据、虚报支出等手段，将单位资金非法占为己有，且涉案金额较大，涉嫌违法违规，A 区审计局将问题线索移送至有关部门。有关部门对财务负责人秦某和安全科负责人苏某进行通报问责，根据审计建议，安全员陈某退回多余事故请款 48.88 万元，挽回了部分损失。

思考： 1. 审计的作用是什么？

2. A 区审计局审计项目组在上述审计活动中采用了哪些审计方法？

第一节　审计的产生与发展

一、审计产生的客观基础

社会经济环境决定着审计的产生与发展。当社会经济发展到一定程度，经济组织规模不断扩大，经济活动越来越复杂，管理层次增多，财产所有者无法直接经营和管理其拥有的全部资产，必须委托他人代为经营管理，财产所有权与经营管理权发生分离，形成了受托责任关系。财产所有者对企业拥有所有权但不亲自参加经营管理，为了保护自身的利益，财产所有者迫切希望了解与自己有经济联系的经济组织的财务收支和经济状况，需要审查经营管理者的经济行为和受托责任的履行情况，而这种审查只有由独立于他们之外的第三者执行，才能得到正确、公允、可靠的结果，审计由此产生。

在审计工作过程中，审计委托者、被审计单位（受托经营者）及审计机构或人员之间的相互关系被称为审计关系。审计委托者、被审计单位（受托经营者）及审计机构或人员被称为审计关系人。其中审计机构或人员是第一关系人，也是审计主体，其根据审计委托者的委托对被审计单位（受托经营者）的财务状况以及有关人员履行受托经济责任情况进行验证、审查，并形成审查报告书或证明书；被审计单位（受托经营者）是第二关系人，即审查客体，它们对审计委托者承担的委托经济责任，须经审计机构或人员验证、审查后才能确定或解除；审计委托者是第三关系人，被审计单位（受托经营者）对其承担某种受托经济责任，它们之间存在一定的权责关系。审计关系必须由委托审计者、审计者和被审计者三方关系人构成，缺少任何一方，独立、客观、公正的审计将不复存在。审计三方关系如图 1－1 所示。

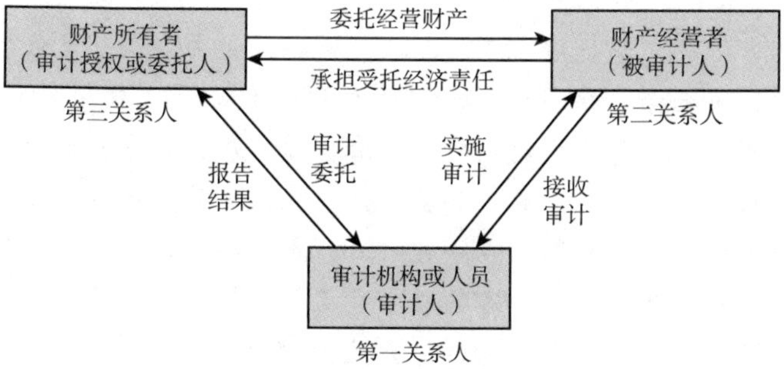

图 1－1 审计三方关系人

审计三方关系

二、我国审计的产生和发展

我国审计的产生和发展

我国审计的发展历程大致可分为六个阶段：审计萌芽于西周时期；确立于秦汉时期；日趋完善于隋、唐、宋时期；停滞于元、明、清时期；不断演进于中华民国时期；振兴于中华人民共和国成立后。

（一）萌芽阶段：西周时期

西周初期，我国审计就进入了萌芽阶段。根据《周礼》记载，周朝奴隶制政权在天子之下设有天、地、春、夏、秋、冬六卿，分掌政令。国家的财计机构可分为两个部分，即掌管财政收入的“地官司徒”系统和掌管财政支出、会计核算、审计监督的“天官冢宰”系统。天官冢宰，居百官之长，总揽财政大权。在天官系统中设置司会一职，其职责包括“掌国之官府、郊野、县都之百物财用”① “以参互考日成，以月要考月成，以岁会考岁成”②，即对官员政绩进行财政监督，同时《周礼》中还记载有“凡上之用，必考于司会”，说明司会职权之大，也说明司会不仅负责政府会计工作，同时履行着整个行政系统中的会计监督之责，无论是日常的会计核算，还是所有的会计报告，均须经过司会之手进行考解，可见，司会是我国内部审计的起源。

除司会外，在天官系统小宰一职下设有宰夫一职。宰夫的职责包括“岁终，则令群吏正岁会。月终，则令正月要。旬终，则令正日成，而以考其治。治不以时举者，以告而诛之”③。即宰夫有权对年终、月终、旬终的财务报告进行考核，对违法乱纪者可以上报，并进行惩处。由此可见，宰夫是独立于财计部门之外的职官，标志着我国政府审计的产生。

---

① 资料来源：《周礼 天官冢宰·大府/职币》。

②③ 资料来源：《周礼·天官冢宰·宰夫》。

【知识点拨】

宰夫、司会、小宰的职责分别是什么?

宰夫之职，掌治朝之法。以正王及三公、六卿、大夫、群吏之位，掌其禁令。叙群吏之治，以待宾客之令、诸臣之复、万民之逆。掌治法，以考百官府、群都、县、鄙之治，乘其财用之出入。凡失财用物辟名者，以官刑诏冢宰而诛之。其足用长财善物者，赏之。以式法掌祭祀之戒具，与其荐羞，从大宰而眡涤濯。凡礼事，赞小宰比官府之具。凡朝觐、会同、宾客，以牢礼之法，掌其牢礼、委积、膳献、饮食、客赐之飧牵，与其陈数。凡邦之吊事，掌其戒令，与其币器财用，凡所共者。岁终，则令群吏正岁会。月终，则令正月要。旬终，则令正日成，而以考其治。治不以时举者，以告而诛之。正岁，则以法警戒群吏，令修宫中之职事，书其能者与其良者，而以告于上。

司会掌邦之六典、八法、八则之贰，以逆邦国都鄙官府之治。以九贡之法致邦国之财用，以九赋之法令田野之财用，以九功之法令民职之财用，以九式之法均节邦之财用。掌国之官府、郊野、县都之百物财用。凡在书契、版图者之贰，以逆群吏之治而听其会计。以参互考日成，以月要考月成，以岁会考岁成，以周知四国之治，以诏王及冢宰废置。

小宰之职，掌建邦之宫刑，以治王宫之政令。凡宫之纠禁，掌邦之六典、八法、八则之贰，以逆邦国、都鄙、官府之治。执邦之九贡、九赋、九式之贰，以均财节邦用。月终，则以官府之叙，受群吏之要。赞冢宰受岁会。岁终，则令群吏致事。正岁，帅治官之属而观治象之法，徇以木铎，曰：不用法者，国有常刑。乃退，以宫刑宪禁于王宫，令于百官府曰：各修乃职，考乃法，待乃事，以听王命。其有不共，则国有大刑。

（资料来源：《周礼·天官·冢宰》节选）

（二）确立阶段：秦汉时期

秦汉时期是中国历史上秦朝和汉朝两个大一统朝代的合称，是中国社会转型期，也是中国历史上第一个强盛的时期，社会经济的发展促进了秦汉时期经济法制与审计监督相统一的审计模式，是我国审计的确立阶段。秦汉时期审计的特点主要表现在以下三个方面：一是初步形成了统一的审计模式。秦朝的中央行政机关实行“三公”“九卿”制，“三公”中的御史大夫负有监察的职责，专司监察全国的民政、财政以及财务审计事项。二是“上计”制度日趋完善。“上计”制度是指皇帝亲自听取和审核各级地方官吏的财政会计报告，以确定赏罚的制度。三是审计地位的提高和职权的扩大。秦汉时期的御史大夫不仅行使政治、军事的监察之权，还行使经济的监督之权，控制和监督财政收支活动。

（三）日趋健全阶段：隋唐宋时期

隋唐时期是我国封建社会的鼎盛时期，宋代是我国封建社会经济持续发展时期。

在这一时期，中央集权不断加强，官僚系统进一步完善，审计制度方面也日臻健全。隋朝初创三省六部制，以巩固中央集权，在刑部之下设比部，行使审计监督的职权。唐沿袭隋制，并有典籍明确记载比部官员的职责，即《大唐六典》卷六记载，“掌勾诸司百僚俸料、公廨、赃赎、调敛、徒役、课程、逋悬数物，以周知内外之经费，而总勾之”“凡仓库出内（纳）、营造佣市、丁匠功程、赃赎赋敛、勋赏赐与、军资器仗、和籴屯收，亦勾覆之”；《通典》卷二三概括为：“掌内外诸司公廨及公私债负、徒役公程、赃物帐及勾用度物。”两部典籍虽用词详略不同，但都记录了一个事实，即一切财政中央、地方、军镇的收入、支出，无巨细、大小，均由比部审计检查。《新唐书·百官志》还列举了比部审计时间及审计方式，即“京师仓库，三月一比，诸司、诸使、京都，四时勾会于尚书省，以后季勾前季；诸州，则岁终总勾焉”。审计时间按所在地区分季检和年检两类，比部的主要审计方式为季终和年终的事后审计。[①] 隋唐时期设置的比部是我国最早的独立于财政机关以外的审计监督机关，是审计工作走向专业化、独立化和司法化的开始，是我国审计思想、审计制度成熟的标志。

宋代审计机构复杂多变。元丰改制前，中央三司属下三部勾院、都磨勘司、马步军专勾司、都凭由司等都具有审计职能；地方则由各转运司、提点刑狱司、提举常平司、通判、丞簿等兼职负责审计工作。元丰改制后废三司，中央审计工作重归比部。[②]《宋会要》记载“高宗建炎元年五月十一日诏：诸司专司、诸军专司，专字下犯御名同音者，改作诸军诸司审计司”。皇帝诏令将专勾司从事的以审查账簿为基本特征的行为概括为“审计”[③]，从此，“审计”一词便成为财政监督的专用名词。南宋建立后，对北宋的审计制度又作出了一定程度的调整。南宋初，正式成立了审计院，这是审计史上第一个在国家层面上设立的独立管理审计事务的专门机构。南宋加强审计职权发展的同时恢复了比部的职权，这两个审计机构相互配合，促进南宋审计机构走向独立并扩大了职权范围，而这两个机构也相互牵制，有利于对审计机构内部的约束。

（四）停滞阶段：元明清时期

元明清各朝，君主专制日益强化，审计虽有发展，但总体上停滞不前。元代取消比部，户部兼管会计报表的审核，独立的审计机构消亡。明朝洪武十五年设置都察院，以左右都御史为长官监审中央财计。清朝的都察院制度有所加强，出现了单一的审计机构，主要负责对中央和地方财政收支活动进行审计，以稽查账簿为主，逐级进行审计。明清两代实行的都察院制度虽使审计监督有所加强，但由于取消了比部这样的独立审计机构，使审计职能受到严重削弱。

---

① 吴俊深．现代审计大辞典：古今中外［M］．武汉：崇文书局，2013：659－660.

② 吴俊深．现代审计大辞典：古今中外［M］．武汉：崇文书局，2013：455.

③ 吴俊深．现代审计大辞典：古今中外［M］．武汉：崇文书局，2013：465.

（五）不断演进阶段：中华民国时期

辛亥革命以后，当时的政府于1912年设立审计处，总管全国审计事务。同年先后颁布了《审计处暂行规定》和《暂行审计法规则》。1914年北洋政府将其改为审计院，同年颁布了《审计法》和《审计法施行规则》。这是我国正式颁布的第一部《审计法》。1928年，国民党政府也颁布过《审计法》和实施细则，1929年颁布了《审计组织法》。1931年改审计院为审计部，直属监察院，沿用1928年公布的审计法，并引进了西方的审计制度，形成了比较完整的国家审计体系。

在这一阶段，我国资本主义工商业有所发展，民间审计应运而生。1918年9月，北洋政府农商部颁布了《会计师暂行章程》，标志着我国民间审计的诞生。同年批准著名会计学家谢霖先生为中国的第一位注册会计师，1918年谢霖创办的中国第一家会计师事务所——正则会计师事务所（北京）获准成立。1921年，徐永祚创办徐永祚会计师事务所（上海）。1927年潘序伦创办潘序伦会计师事务所（上海），后改为立信会计师事务所。1925年3月，我国最早的民间审计职业组织——上海会计师公会成立。1929年《公司法》的公布及后来《关税法》《破产法》的实施对职业会计师事业的发展起到了推动作用。20世纪30年代以后，一些大城市相继成立了会计师事务所，民间审计得到了发展；同时，在一些管理部门和企业内部也设置了内部审计机构或引入了审计人员编制。1933年，又成立了“全国会计师协会”。

1932年，在中国共产党领导下的革命根据地成立了中央苏维埃政府审计委员会，1934年颁布《中央政府执行委员会审计条例》，实行了审计监督制度。之后再在山东、陕甘宁、晋绥等革命根据地建立审计机构，颁布审计法规，实施审计监督工作。

（六）振兴阶段：中华人民共和国成立后

中华人民共和国成立初期，我国没有设置独立的审计机构，对财税的监督主要是通过财政、税务、银行等主管部门不定期的会计检查进行的。中共十一届三中全会后，党和政府的工作重点转移到经济建设上，为适应经济发展的需要，1982年发布的《中华人民共和国宪法》中明确规定实行审计监督制度。此后，我国的各项审计工作得以发展。目前，我国已经形成了政府审计、民间审计和内部审计三位一体的审计监督体系，2018年中央审计委员会的成立，标志着我国审计发展进入新时代，对构建集中统一、全面覆盖、权威高效的审计监督体系，调动内部审计和社会审计力量，增强审计监督合力具有重要意义。

1. 政府审计的显著发展。1983年9月，我国政府审计最高机关——审计署成立，地方各级政府审计机关相继成立。1988年11月，颁布了《中华人民共和国审计条例》；1995年1月1日，正式实施《中华人民共和国审计法》（以下简称《审计法》），在法律上确定了政府审计的地位。进入21世纪后，在经济全球化的影响下，我国审计发展迅速，特别是政府审计发展显著。

2000年1月，审计署发布《中华人民共和国国家审计基本准则》；2004年发布《审计机关审计项目质量控制办法（试行）》；2006年2月，《审计法》修正并发布实施，为政府审计的进一步发展奠定了基础（2021 年 10 月第二次修正）；2010 年 2 月，《中华人民共和国审计法实施条例》（以下简称《审计法实施条例》）修订。这标志着我国现代政府审计走向成熟。

2014 年 10 月，国务院发布《关于加强审计工作的意见》，提出要加强对重大政策措施和决策部署落实情况、重大投资项目、重点专项资金及重大突发事件的全过程跟踪审计，加强对公共资金、国有资产、国有资源、领导干部经济责任履行情况的审计，加强国家经济安全审计、民生审计、生态审计，探索实行自然资源资产离任审计，加强对审计机关的监督，完善审计结果运用机制，实现审计监督全覆盖，促进国家治理体系和治理现代化发展，保障国内经济健康发展。

2016 年 6 月审计署发布了《“十三五”国家审计工作发展规划》，这是第一个国家审计工作五年规划，对“十三五”期间全国审计工作的目标、任务和措施作出了安排部署。为应对国际国内环境对审计工作提出的新挑战，承担起新时代赋予审计工作的新职责、新使命，解决审计工作中存在的一些短板，审计署于 2021 年 6 月发布了《“十四五”国家审计工作发展规划》，规划中不仅强调依法全面履行审计监督职责，更好发挥审计在推进国家治理体系和治理能力现代化中的作用，也强调审计创新和科技强审，为全面建设社会主义现代化国家开好局、起好步提供监督保障。

审计的产生与发展

2. 民间审计的恢复和发展。1979 年我国开始陆续设立会计师顾问处，1980 年恢复和重建了注册会计师制度，同年财政部颁布了《关于成立会计顾问处的暂行规定》，标志着我国注册会计师制度的复苏。1981 年恢复注册会计师制度后的第一家会计师事务所——上海会计师事务所成立，此后，会计师事务所在其他地区陆续建立。1985 年，注册会计师审计被载入《中华人民共和国会计法》。1986 年 7 月，国务院发布《中华人民共和国注册会计师条例》，标志着我国民间审计的发展进入新阶段。1991 年恢复了注册会计师考试制度，在 1991 ~ 1993 年，先后发布《注册会计师验资规则（试行）》等 7 个执业规则，1994 年 1 月 1 日开始实施《中华人民共和国注册会计师法》，标志着民间审计走向正规化、法治化和专业化阶段。

中国注册会计师协会自 1994 年 5 月开始起草独立审计准则，并于 1995 年发布《独立审计基本准则》等第一批独立审计准则，到 2003 年年中，先后制定了 6 批独立审计准则，共计 48 个项目，至此我国独立审计准则体系基本建立。2006 年，中国注册会计师协会（以下简称中注协）拟订了《中国注册会计师鉴证业务基本准则》等 22 项准则，修订了《中国注册会计师审计准则第 1142 号——财务报表审计中对法律法规的考虑》等 26 项准则，标志着中国注册会计师执业准则体系形成。为符合我国注册会计师执业和国际化发展的需要，中注协对审计准则进行多次修订，修订后的准则符合准则国际趋同的要求，注重将国际准则的先进成果与中国具体情况相结合，提出符合中国实际情况的要求并提供更详尽具体的指引。

3. 内部审计的发展。现代内部审计是 20 世纪 40 年代，随着大型企业管理层次的增多和管理人员控制范围的扩大，基于企业单位内部经济监督和管理之需而产生的。由于企业管理的复杂化，企业管理者需要随时对本企业的财产、会计记录和经营情况进行审查，于是，企业管理者从职工中选拔具有经营管理知识和能力的特殊人才，让他们从企业自身的利益出发，对公司的管理责任进行经常性监督。这些人员被称为“内部审计人员”，其组成的机构被称为“内部审计机构”。

为加强组织内部的经济监督和管理，我国于1984年在各组织内部建立审计机构，实行内部审计监督制度。1985年审计署发布《关于内部审计工作的规定》，1989年、1995年、2003年和2018年先后几次对其进行修订，对内部审计机构的设置、职责与权限、审计结果运用等作了适应新形势的全面修订，为各类企业、组织开展内部审计提供政策支持。从2003年4月开始，中国内部审计协会发布内部审计准则，此后又多次对其进行修订，这使我国内部审计更加规范化，更适应社会经济发展的需求。目前，我国上市公司、大中型企业、大中型行政事业单位均建立了相对健全的内部审计制度。2018年新修订的《审计署关于内部审计工作的规定》发布，赋予了我国内部审计新的使命。

目前，我国政府审计、民间审计和内部审计都已经进入了法治化、规范化、国际化和常态化发展的轨道。政府审计、民间审计和内部审计均已形成相应科学合理、行之有效的审计准则体系。随着我国改革开放的深化，审计工作必将得到进一步的发展和完善，在加强宏观控制、推动国家治理、严格财经法纪、提高经济效益、维护国家安全、保障科学发展、促进社会和谐等方面发挥更大作用。

三、西方审计的产生和发展

西方国家的审计和我国一样也历经了漫长的发展过程。从西方国家审计的历史起源和演进发展来看，政府审计早于民间审计和内部审计。

（一）西方政府审计的产生与发展

根据历史文献记载，早在古罗马、古埃及和古希腊时代，就出现了对掌管国家财物和赋税的官吏进行审查与考核的具有审计性质的经济监督工作。在历代封建王朝中设有审计机构和人员，对国家财政收支进行审计监督。1215年英国的“大宪章运动”奠定了英国乃至西方现代国家审计制度的政治基础，使议会成为控制国家财政收支的监督机构。在三权分立的影响下，政府审计实现了从隶属财政部门到独立于行政部门的飞跃。法国在资产阶级大革命前即设有审计厅，1256年法国国王圣路易曾下令，命其官吏将计算书送到巴黎，接受审计人员审查。资产阶级大革命后，拿破仑一世时创建的审计法院至今仍是法国政府实施事后审计的最高法定机构。在资本主义社会，基于奴隶主和封建主监督、考核其所属官员的政绩，维护统治阶级利益的需要，出现了审计或类似审计性质的经济监督工作。但当时的审计，不论是在组织机构上还是方法上，都还属于很不完善的阶段。

在资本主义时期，随着经济的发展和资产阶级国家政权组织形式的完善，政府审计也有了进一步的发展。19世纪，欧洲许多国家在宪法或特别法令中都规定了审计的法律地位，确立了国家审计机关的职权、地位和审计范围。

在现代资本主义国家中，国家的立法、行政、司法三权分别由议会（国会）、内阁（或总统）和法院掌握。在三权分立的政权组织形式下，议会为国家的最高立法机关，握有立法权，并对政府行使监督权，其中包括财政监督权。为了监督政府的财政收支，切实执行财政预算法案，以维护统治阶级的利益，西方国家的议会大多设有专门机构，由议会或国会授权，对政府及国有企事业单位的财政财务收支进行独立的审计监督。如美国在1921年成立的总审计局，就是隶属于国会的一个独立经济监督机构，它担负着为国会行使立法权和监督权提供审计信息与建议的重要职责。目前，已有多个国家（地区）建立了适合自己国情的政府审计模式，如英国国家审计署、加拿大的联邦审计长公署等。

（二）西方民间审计的起源与发展

西方审计的起源与发展

西方民间审计起源于16世纪的意大利。受文艺复兴的影响，地中海沿岸城市比较繁荣，商业经营规模不断扩大，合伙制企业产生。合伙制企业经营中财产所有权和经营权的分离催生了对审计的需求，所有者聘请会计工作者对经营管理进行监督，这便是民间审计的最初形态。同时，也涌现出一批具有良好会计知识、专门从事查账和验证工作的专业人员。1581年在威尼斯创立的威尼斯会计协会，可以被看成是最早的会计职业团体。17世纪的苏格兰也有类似的组织。

18世纪，工业革命使得英国的经济迅速发展，股份公司开始出现。股份公司的形式导致财产所有权和经营权进一步分离，不直接参与经营管理活动的股东为了维护自身的经济利益，十分关心企业的财务状况和经营成果，以查账为职业的独立会计师就此产生。1721年对英国“南海事件”的调查，促进了注册会计师的产生。1844年颁布的《公司法》规定股份公司必须设监察人，负责审查公司账目，1845年修订的《公司法》规定，股份公司可以聘请执业会计师协助办理这项业务，这一规定对民间审计的发展起到了推动作用。1853年成立的“爱丁堡会计师协会”是世界上第一个职业会计师的执业团体。1862年，《公司法》确定注册会计师为法定的破产清算人，奠定了注册会计师审计的地位。1985年，《公司法》要求全部有限责任公司年度会计报告必须经过审计师的审查。英国民间审计的目的在于查错纠弊，采用的是详细审计方法。

案例：“南海泡沫”事件

南海公司创建于1711年，公司从事海外贸易活动发展南大西洋贸易兼营捕鲸业。但经营10年没有取得任何成功。

1720年，南海公司提出一个新计划，该公司将以5%的利息借款给英国政府，帮助政府清偿军事及其他债务。南海公司的主要负责人哈里·耶尔不断向市场散布“在墨西哥、秘鲁一带发现巨大金银矿藏”“金银财宝就要源源不断运回英国”之类虚假而美妙的消息，海市蜃楼般的投资前景终于唤起了民众的投资热情，民众开始争先恐后地抢购南海公司发行的股票认购证。为了取得更多的现金和融通债务，南海公司分别于1720年4月14日、4月29日、6月17日分三次向公众提供股票预约认购，总共发行了87 500股，吸引了半数以上伦敦人涌向伦敦股票交易所。

1720年1月3日南海公司股价为128英镑/股，5月2日升至335英镑/股，6月24日上升至1 050英镑/股，该公司因此获利得到巨额盈余。在南海公司股票示范效应的带动下，全英国所有股份公司的股票都成了投机对象。社会各界人士，包括军人和家庭妇女，甚至物理学家牛顿都被卷入了漩涡，损失惨重。这位伟大的科学家不禁叹道：我能计算天体运行，却无法计算人类的疯狂。

1720年6月，为了制止各类“泡沫公司”的膨胀，英政府出台《泡沫公司取缔法》，旨在防止不正常的股份投机、禁止设立舞弊性质的股份公司、禁止非股份公司采用股份公司形态和禁止股份公司从事特许证规定的业务范围以外的经营活动。自此，许多公司被解散，公众开始清醒过来，对一些公司的怀疑逐渐扩展到南海公司身上。从7月开始，先是外国投资者抛售南海股票，国内投资者纷纷跟进，南海公司股价很快一落千丈，9月直跌至每股175英镑，12月跌到124英镑。“南海气泡”由此破灭。南海公司倒闭的消息犹如晴天霹雳，惊呆了正陶醉在黄金美梦中的债权人和投资人。

面对舆论的压力，议会组织了一个由13人组成的特别委员会，调查南海公司破产事件。经过秘密查证，发现该公司的会计记录严重失实，明显地存在着蓄意篡改数据的舞弊行为。于是，议会决定聘请一位精通会计实务的斯内尔先生对南海公司分公司“索布里奇商社”的会计账目进行检查。

斯内尔应议会特别委员会的要求，于1721年编制了一份审计报告书，它表明这是“伦敦市彻斯特莱恩学校的习字教师兼会计师查尔斯·斯内尔对索布里奇商社的会计账簿进行检查的意见”，该报告被称为世界上第一份注册会计师审计报告。报告指出企业存在舞弊行为。

南海公司的高管遭到起诉，他们的不动产被没收，最后被判入狱，有些人还被送进专关重刑犯人的伦敦塔监狱。

（资料来源：王利民．“南海泡沫”的由来及破灭［J］．经济导刊，1994（1）：51－53）

美国南北战争结束后，资本主义经济快速发展。随着英国资本的大量输入，英国的民间审计传入了美国。这一时期美国也形成了自己的职业会计师队伍，并于1886年公布《公证会计师法》，1887年成立“美国公共会计师协会”，后改为“美国注册公共会计师协会”（AICPA），这是美国最大的会计团体，也是世界上最大的注册会计师职业团体，对审计理论、法规和实务的发展作出巨大贡献。初期的美国民间审计是以查错防弊为目的的英国式的详细审计。

20世纪以后，由于经济形势的变化，审计的目的、内容、方法和程序都有很大变化，突破了详细审计的做法，审计有了新的发展。1917年，美国公共会计师协会编制的《关于资产负债表的备忘录》开创了信用审计的时代。出于美国银行信贷业务的发展需要，对申请贷款企业的资产负债表进行分析，审查企业的偿债能力，作出是否批准贷款的决策，这种对资产负债表的审计又称美国式的信用审计。1929年的经济危机和1932年的库罗尔事件震撼了美国的经济，并使美国开始重视对投资者利益的保护，1933年公布的《证券法》和1934年公布的《证券交易法》规定上市公司必须向交易所提供经过公证会计师审查鉴定的资产负债表和损益表，标志着具有强制性的法定审计的诞生，也标志着美国民间审计从信用审计发展为财务报表审计。这一规定促进了西方会计准则和审计标准研究的发展，促进了西方会计学和审计学的发展。20 世纪 40 年代后，民间审计开始走向国际化，国际会计师事务所开始出现。

（三）西方内部审计的产生与发展

内部审计的初步形成可以追溯到奴隶社会。奴隶社会时期，私有制开始出现，财产的所有权和经营权出现分离，出于对经营者受托经济责任履行情况的监督，产生了内部审计。这一时期的内部审计与外部审计无原则上的区别。封建社会时期出现了独立的内部审计人员，但审计目的主要是查错纠弊，审查经营者的经济责任履行情况。

20 世纪前后，随着资本主义经济的发展，大型企业大量出现，基于经济监督的需要，大公司内部建立起内部审计机构，近代内部审计由此产生。20 世纪 40 年代，第二次世界大战后，资本主义经济迅速发展，跨国公司迅速崛起，竞争日益激烈，很多企业十分重视加强内部的经济监督，实行事前预防性控制。这一时期的审计工作处于外部审计和内部审计并重、事后审计和事前审计并重的状态，审计的内容和范围从财务活动扩展到对经营管理活动和经济效益的审查，出现了经营审计、管理审计、效益审计等新概念。审计方法从详细审计发展到以评价内部控制制度为基础的抽样审计。这一时期的标志性事件为：一是 1941 年内部审计师协会成立，标志着内部审计成为一门独立的职业，该协会也是目前世界上唯一的致力于推动内部审计和内部审计人员发展的国际组织。二是第一部内部审计专著《内部审计——程序的性质、职能和方法》出版，标志着内部审计学的诞生。

20 世纪 70 年代后，随着科学技术的飞速发展，新技术、新方法运用于经营管理，绩效审计、经济责任审计等新兴审计项目发展起来。1978 年国际内部审计师协会制定和颁布了《内部审计实务标准》，为内部审计规定了职业规范和判断标准。

进入 21 世纪，现代科学技术为现代审计的发展提供了方法和手段，不但表现为审计领域的不断扩展，重要的是审计方法的不断发展。特别是计算机被应用于管理和会计系统，形成了电子数据处理系统审计。随着信息技术的广泛运用，信息安全审计和非现场审计应运而生；同时，云审计、大数据审计、区块链自主审计技术在审计工作中得到运用。

【思维小课堂】

信息化时代对审计方式、方法都产生了哪些重要影响?

在信息化环境下，审计的对象是电子数据，因此，审计证据的获取多是通过采用信息技术对被审计数据的分析来完成的，也就是说，通过对被审计数据的分析，发现可疑数据，并通过对可疑数据进行确认，最终获取审计证据。一般来说，开展电子数据审计需要如下几个关键步骤：（1）审计数据采集。采集被审计对象信息系统中的数据。(2) 审计数据预处理。根据对这些数据的分析和理解，将其转换为满足审计数据分析需要的数据形式。(3) 审计数据分析。采用通用软件或专门的审计软件对采集到的电子数据进行分析处理，从而发现审计线索，获得审计证据。另外，为减少纸质文件流转，提高审计工作效率，审计单位需要大力推进无纸化办公，审计管理信息化也越来越重要。

目前，大数据时代的到来使得审计工作将不得不面临被审计单位的大数据环境，如果不掌握大数据环境下如何开展审计工作，审计人员将再次面临无法胜任审计工作的挑战。中共中央政治局就实施国家大数据战略进行第二次集体学习时明确提出，善于获取数据、分析数据、运用数据；用好大数据，增强利用数据推进各项工作的本领。因此，审计人员应当进一步加强学习大数据环境下电子数据审计方法。

（资料来源：大数据时代下的审计信息化［N］. 中国审计报，2018－04－04）

第二节 审计的概念和特征

一、审计的概念

审计是一项独立客观的经济监督、评价和鉴证活动。它是由独立的专职机构或人员，接受委托或授权，按照国家法规、审计准则和会计理论，运用专门的方法，按照一定的标准对被审计单位的财政、财务收支、经营管理有关经济活动及其相关资料的真实性、合法性、合规性、公允性和效益性进行审查、监督、评价和鉴证，以维护财经法纪，改善经营管理，提高经济效益，促进宏观调控的一项独立性经济监督活动。

二、审计的特征

（一）独立性

审计的独立性

独立性是审计工作的灵魂，是保证审计工作顺利进行的必要条件。正因为审计具有独立性，才受到社会的信任，才能保证审计人员依法进行的经济监督活动客观公正，提出证实财务状况和经营成果的审计信息才更有价值，才能为被审计单位确定或解除受托经济责任提供证据，更好地发挥审计的监督作用。因此，具有独立性的经济监督活动是审计的属性。审计的属性明确揭示了独立性是审计的特征，经济监督是审计的性质。为了充分体现审计的属性，在审计机构的设置和审计工作过程中必须遵循独立性原则，做到实质上和形式上均独立，具体包括以下内容。

(1) 机构独立。为确保审计机构独立地行使审计监督权，对审查的事项作出客观公正的评价和鉴证，充分发挥审计的监督作用，审计机构应当独立于被审计单位之外，这样才能更有效地进行经济监督、评价和鉴证。

(2) 经济独立。审计机构从事审计业务活动，必须要有一定的经济收入和经费来源，以保证其生存和发展需要。经济独立是指审计机构或组织的经济来源应有一定的法律法规或制度作保证，不受被审计单位的制约。即使是民间审计组织，也规定除了正常的业务收费外，不允许与被审计单位有其他经济依附关系。

机构独立和经济独立均属于形式上的独立，是独立性的外在表现，使得一个理性且掌握充分信息的第三方，在权衡所有相关事实和情况后，认为会计师事务所或审计项目团队成员没有损害诚信原则、客观公正原则或职业怀疑。

（3）精神独立。精神独立是一种内心状态，是指审计人员执行审计业务时，必须按照审计准则和相关法律法规的要求对审计范围、审计程序等进行独立思考，坚持客观公正、实事求是的精神，保持职业怀疑，形成公允、合理的评价和结论，不受损害职业判断因素的影响，不受任何部门、单位和个人的干涉。精神独立是实质上的独立性。

审计独立性会因审计类别的不同而有所区别，如政府审计的独立性强一些，内部审计的独立性相对弱一些，但它们都具有必要的独立性。

【例 1－1】［2021 年注会真题］上市公司甲公司是 ABC 会计师事务所的常年审计客户。XYZ 公司和 ABC 会计师事务所处于同一网络。审计项目组在甲公司 2020 年度财务报表审计中遇到下列事项：

（1）2020 年 8 月，甲公司收购了乙公司 100% 的股权。2020 年 9 月，项目合伙人 A 注册会计师发现其母亲持有乙公司发行的债券，面值人民币 1 万元，要求其母亲立即处置了这些债券。该投资对 A 注册会计师的母亲而言不重要。

（2）项目质量复核合伙人 B 注册会计师曾担任甲公司 2015 年度至 2018 年度财务报表审计项目合伙人，未参与 2019 年度财务报表审计。

（3）XYZ 公司 2020 年 11 月新入职的高级经理 C 有参与甲公司审计项目。C 自 2019 年 1 月 1 日起担任甲公司独立董事，任期两年，到期后未再续任。

（4）2020 年 7 月，甲公司某独立董事的妻子与 XYZ 公司的合伙人 D 合资开办了一家餐厅，D 不是甲公司审计团队成员。

要求：针对上述第（1）~（4）项，分别指出是否可能存在违反中国注册会计师有关独立性规定的情况，并简要说明理由。

参考答案：

（1）违反。理由：项目组成员的主要近亲属持有甲公司关联实体的直接经济利益/在收购前未处置其持有的乙公司的直接经济利益，因自身利益对独立性产生严重不利影响。

（2）违反。理由：前任项目合伙人在担任项目质量复核人员之前应冷却两年，否则因自我评价对独立性产生不利影响。

（3）违反。理由：事务所及其网络所的员工不得兼任审计客户的董事，否则因自我评价和自身利益对独立性产生严重不利影响。

（4）不违反。理由：D 不是审计项目团队成员，其和独立董事妻子合作开办餐厅不属于禁止的商业关系。

（二）权威性

审计的权威性是审计监督正常发挥作用的重要保证。审计的独立性决定了审计的权威性。审计的权威性是指在宪法中所明确的法律地位，依法独立行使职权，不受任何干涉，是审计发挥作用的重要保证。

审计的权威性体现在两个方面：

一是审计的职责权力是法律赋予的权威。各国为了保障审计的权威性，都通过有关法律赋予审计在社会经济生活中的经济监督、经济评价及经济鉴证等职能。为了保障和提高审计的权威性，一些国际性组织通过协调各国的审计制度、准则、标准，使审计成为一项世界性的专业服务，增强各国财务报表等会计信息的一致性和可比性以及审计报告等审计信息的公正性和可信性，以利于加强国际经济贸易往来，促进国际经济发展繁荣。

二是审计人员通过自身工作树立的权威。审计机构或人员以独立的“第三者”身份，恪守独立、客观、公正的原则，按照有关法律、法规，根据一定的准则、原则、程序对财务报表进行经济鉴证，其工作成果具有法律证明效力，是令人信服的；同时，注册会计师资格的取得必须通过国家统一规定的严格考试，因而他们具备较高的专业知识水平，这就保证了其所从事的审计工作具有准确性、科学性。

第三节　审计的职能和作用

一、审计的职能

审计职能是指审计本身所固有的内在功能。审计有什么职能、有多少职能，这些都不是由人的主观意愿决定的，而是由社会经济条件和经济发展的客观需要决定的。审计职能不是一成不变的，而是随着历史变迁和经济发展不断发展变化的。需要注意的是，新职能的出现不意味着旧职能的消失，新旧职能之间不存在迭代关系。我国审计的职能包括经济监督、经济评价和经济鉴证三个方面。

（一）经济监督

经济监督是指监察和督促被审计单位的全部经济活动或其某一特定方面在规定的标准以内，在正常的轨道上进行。

从审计产生与发展的历史来看，审计是一种独立的经济监督活动，履行着经济监督的职能。古代封建王朝的官厅审计，为维护王朝的统治和利益，代理皇家专司财经监督的职责，对侵犯皇室利益者予以惩处。民间审计组织通过代理审计委托者（如股东等）对被审计单位财务收支的公允性和合法性的审查来实施经济监督。内部审计同样要对本单位的经济活动进行检查，依照法规或者内部标准加以评价和衡量，明辨是非，揭发违法违纪和不经济的行为，追究受托经济责任，这些都是其执行经济监督职能的具体体现。

监督职能是审计基本的、首要的职能。通过审计监督可以严肃财经纪律、维护国家和人民的利益，可以促进经济效益提高，可以从宏观上加强控制和管理。通过审计监督严肃财经纪律以维护国家利益，这本身就是参与国家治理。实际上，审计是党和国家监督体系的重要组成部分，是国家治理的基石。

（二）经济评价

经济评价就是通过审核检查，评定被审计单位的计划、预算、决策、方案是否先进可行，经济活动是否按照既定的决策和目标进行，经济效益的高低优劣，以及内部控制系统是否健全、有效等，从而有针对性地提出意见和建议，以促进其改善经营管理，提高经济效益。

审计要对审计对象进行分析、评价。就分析而言，必须全面，既要肯定成绩，又要揭露错弊。经过全面地、实事求是地分析之后，审计人员就可以作出正确的判断和评价。审计人员要对被审计单位的财务收支情况、经济效益情况和经营管理状况进行审查并加以评价。实际上，审核检查被审计单位的经济资料及其经济活动，是进行经济评价的前提，只有查明了被审计单位的客观事实，才能按照一定的标准进行对比分析，才能形成各种经济评价意见。只有这样，经济评价才能建立在真实情况的基础上，评价的结论才能客观、公正，才能被社会各界所接受。

（三）经济鉴证

经济鉴证是指通过对被审计单位的财务报表及有关经济资料所反映的财务收支和有关经济活动的公允性、合法性的审核检查，确定其可信赖的程度，并作出书面报告，以取得审计委托人或者其他有关方面的信任。

经济鉴证是随着审计的发展而出现的一项职能，它不断受到人们重视而日益强化，并显示出在社会经济生活中的重要作用。西方不少国家的法律明文规定，企业的财务报表必须经过审计人员鉴证后，才能获得社会的承认；在我国，上市公司的财务报表也必须经社会审计人员鉴证后，才具有法律效力。

需要指出的是，不同审计组织形式体现出的审计职能的侧重点也有所不同，政府审计和内部审计侧重于经济监督与经济评价，而社会审计更侧重于经济鉴证。

二、审计的作用

审计的作用是审计机构和人员在履行审计职能、达成审计目标过程中所产生的社会效果。总结古今中外的审计实践，审计的作用主要有制约性作用和促进性作用。

（一）制约性作用

审计的制约性作用主要表现为：通过审核和检查被审计单位的财务收支、内部控制及其有关的经营管理活动，对被审计单位的财务收支、内部控制及其有关的经营管理活动进行监督、评价和鉴证，揭露贪污舞弊、弄虚作假等违法乱纪、严重损失浪费及不经济行为，依法提请追究相关单位和人员的责任，从而纠错揭弊，保证党和国家的方针、政策、法律、法规、计划和预算的贯彻实施，维护财经纪律和各项规章制度，保证会计资料及其他资料的真实、可靠，保护国家财产的安全和完整，维护社会主义市场经济秩序，巩固社会主义民主法制。

制约性作用可以概括为：揭示错误和舞弊，维护财经法纪。一方面，审计通过审查取证，既可以揭示核算错误，进而对其纠正，提高会计工作质量，又可以揭露贪污舞弊，进而保护财产安全，堵塞漏洞，防止损失；另一方面，审计在审查取证和揭示各种违法违规行为的基础上，通过对过失人或者犯罪者的查处，提交司法、监察部门进行处理，有助于纠正或防止违法违规行为，进而维护财经法纪。

（二）促进性作用

审计的促进性作用主要在于，通过审核和检查被审计单位经营管理制度及经营管理活动，对被审计单位的财务收支和有关的经营管理制度及其经营管理活动进行评价，既指出其合理的方面，以便继续推广，又指出其不合理的方面，并提出建议，以便纠正改进，促进被审计单位加强经营管理。此外，对被审计单位经济活动所实现的经济效益进行评价，指出其潜力所在，促使其挖掘潜力，不断提高经济效益和社会效益。

促进性作用可以概括为：改善经营管理，提高经济效益。一方面，审计通过审查取证，评价和揭示被审计单位经营管理中存在的问题及经营管理制度上的缺陷，提出改进建议，促进被审计单位改善经营管理；另一方面，审计通过审查被审计单位的财务收支及其有关经营管理活动的效益性，评价受托经济责任的履行情况，总结经验，指出不足，提出改进意见和建议，促进被审计单位改进生产和经营管理，提高经济效益。

第四节　审计目标和审计对象

一、审计的目标

审计的目标是指监督、确认和鉴证审计对象所要达到的目的及要求，它是指导审计工作的指南。审计目标可分为总体审计目标和具体审计目标。总体审计目标是指审计人员为完成整体审计工作而达到的预期目的。具体审计目标是指审计人员通过实施审计程序以确定管理层在财务报表中确认的各类交易、账户余额、披露层次认定是否恰当。注册会计师在了解每个项目的认定后，就很容易确定每个项目的具体审计目标。具体审计目标是总体审计目标的具体化。

审计目标的确定，除受审计对象的制约以外，还主要取决于审计的种类、审计职能和审计委托者对审计工作的要求。不同种类的审计，其审计目标不尽相同，如民间审计的审计目标与政府审计的目标就有所不同。总体审计目标概括起来，就是指审查与评价审计对象的真实性和公允性、合法性和合规性、合理性和效益性、适当性和有效性。

1. 真实性和公允性。审查财务报表和其他有关资料的目的在于评价财务数据及其他经济数据的真实性和公允性，说明是否如实、恰当地反映了被审计单位的财务收支状况及其结果以及与其有关的其他经济活动的事实，说明其记录和计算是否准确无误，所有经济业务是否全部入账或记录，从中发现问题，纠错揭弊，并提出纠正的意见和建议。政府审计和内部审计侧重于审查真实性，民间审计侧重于审查公允性。

2. 合法性和合规性。审查被审计单位的财务收支及其有关经营管理活动的目的在于评价其财务收支及其有关经营管理活动是否符合国家的法律法规，是否符合会计准则的规定，揭露和查处违法乱纪行为，保护资产的安全完整，保证财务报表的可靠性，正确处理公司所有者、经营管理者、员工之间的经济利益关系，确保被审计单位经济活动健康和谐地发展。

3. 合理性和效益性。审查被审计单位财务收支及其有关经营管理活动合理性的目的在于评价被审计单位的经济活动是否正常、是否符合事物发展的常理、是否符合企业经营管理的规律和发展趋势。审查被审计单位财务收支及其有关经营管理活动效益性的目的在于评价被审计单位的供产销等各项经营活动和人财物等资源利用是否经济、是否讲求效率，经营目标、决策、方案是否可行、是否讲求效果，经济活动有无经济效益，并找出其原因和薄弱环节，提出建设性的意见，促使其改善经营管理，提高经济效益。

4. 适当性和有效性。适当性和有效性是指审查和评价内部控制设计的适当性，审查和评价为实现控制目标所必需的内部控制要素是否都存在并且设计恰当，从而判断其中是否存在设计缺陷、是否缺少为实现控制目标所必需的控制。审查和评价内部控制运行的有效性，就是审查和评价设定的内部控制系统是否按照规定程序得到了正确执行，是否存在设计完好的控制未按设计意图运行，或者执行者没有获得必要授权或缺乏胜任能力。

二、审计对象

审计对象是指审计监督的客体，即审计监督的内容和范围的概括。正确认识审计对象，有利于对审计概念的正确理解、审计方法的正确运用和审计职能的进一步发挥。

描述审计对象，必须明确审计的主体、审计的范围、审计的内容和审计的依据。审计的主体是指审计机构和审计人员，是审计监督的执行者；审计的范围是指审计监督客体的外延，它是审计对象的组成部分，具体而言就是被审计单位；审计的内容是审计监督客体或审计对象的内涵，即财务收支及其经营管理活动；审计的依据是形成审计证据的各种文字、数据以及电子计算机存储的信息等。综上所述，审计对象可以概括为被审计单位的财务收支及其有关的经营管理活动，以及反映这些活动的财务报表和其他有关资料。具体来说，审计对象包括下列两个方面的内容。

1. 被审计单位的财务收支及其有关的经营管理活动。无论是政府审计还是民间审计、内部审计，都要求以被审计单位客观存在的财务收支、内部控制及其有关的经营管理活动为审计对象，对其是否真实、合法、有效进行审查和评价，以便对其承担的受托经济责任是否认真履行进行确定或解除。根据《中华人民共和国宪法》规定，政府审计的对象为国务院各部门和地方各级政府及其各部门的财政收支、国有金融机构和企事业单位的财务收支。内部审计的对象为本部门、本单位的财务收支以及其他有关的经济活动。民间审计的对象为委托人指定的被审计单位的财务收支及其有关经营管理活动。

2. 被审计单位的财务报表、内部控制和其他有关资料。被审计单位的财务收支及其有关经营管理需要通过财务报表、内部控制和其他有关资料等信息载体反映出来。因此，审计对象还包括记载和反映被审计单位财务收支、作为财务信息载体的会计凭证、账簿、报表、与财务报表相关的内部控制等资料以及有关计划、预算、经济合同等其他资料。作为被审计单位经营管理活动信息的载体，除上述财务会计资料、计划统计等资料外，还有经营目标、预测及决策方案、经济活动分析资料、技术资料等其他资料，电子计算机存储的信息、存储在网络或者云上的信息等信息载体，这些都构成审计的具体对象。

第五节　审计的种类

审计的基本分类

参照国际审计分类的惯例，结合我国经济类型和审计监督的特点，可以将审计划分为基本分类和其他分类。

一、审计的基本分类

审计的基本分类是指说明审计本质的分类。审计基本分类包括按审计主体、按其内容和目的分类。基本分类中的审计类别分别从不同角度说明审计的性质。

政府审计（国家审计）的作用

（一）按审计主体分类

按照不同的审计主体，审计可分为政府审计、民间审计及内部审计。

1. 政府审计。政府审计又称国家审计，是指由政府审计机关执行的审计。政府审计机关包括按照我国宪法规定由国务院设置的审计署，由各省、自治区、直辖市、市、县等地方各级政府设置的审计局和政府在地方或中央各部委设置的派出审计机关。政府审计主要包括两方面的内容：一是政府财政收支审计。它对与各级政府收支有关的机关、事业单位的财政收支和会计资料进行审计监督，并检查其财政收支及公共资金的收支、运用情况。二是国有企业审计，是指对国家拥有、控制或经营的企业进行的财务或管理上的审计。政府审计具有法定性、强制性、无偿性、权威性等特点。

2. 民间审计。民间审计又称注册会计师审计或社会审计，是指经财政部门审核批准成立的由注册会计师组成的民间审计组织进行的审计。民间审计组织接受政府审计机关、国家行政机关、企事业单位和个人的委托审计，如经财政部门审核批准成立的会计师事务所实施的审计。民间审计的特点是受托审计，依法对被审计单位的财务收支、内部控制及其经济效益承办审计、经济鉴证、注册资本验证和管理咨询服务等业务。

【知识点拨】

注册会计师审计和政府审计有哪些联系与区别呢？

联系：注册会计师审计和政府审计共同发挥作用，是维护市场经济秩序、强化经济监督的有效手段，两者都是国家治理体系及治理能力现代化建设的重要方面。

区别：

1. 审计目的和对象不同。政府审计是对政府的财政收支、国有金融机构和企事业单位的财务收支进行审计，确定其是否真实、合法和有效。注册会计师审计是注册会计师依法对企业财务报表进行审计，确定其是否符合会计准则和相关会计制度，是否公允反映了财务状况、经营成果和现金流量。

2. 审计的标准不同。政府审计的依据是《中华人民共和国审计法》和审计署制定的国家审计准则，注册会计师审计的依据是《中华人民共和国注册会计师法》和财政部批准发布的注册会计师审计准则。

3. 经费或收入来源不同。政府审计是行政行为，政府审计机关履行职责所必需的经费，列入同级财政预算，由同级人民政府予以保证。注册会计师审计是市场行为，是有偿服务，费用由注册会计师和审计客户协商确定。

4. 取证权限不同。政府审计和注册会计师审计都需要取得审计证据，各有关单位都有责任配合，但是政府审计具有更大的强制力，各有关单位和个人应当支持、协助审计机关工作，如实向审计机关反映情况，提供有关证明材料；而注册会计师审计受市场行为的局限，在获取审计证据时，很大程度上依赖于企业及相关单位配合和协助，对企业及相关单位没有行政强制力。

5. 对发现问题的处理方式不同。政府审计机关对违反国家规定的财政收支、财务收支行为可在职权范围内作出审计决定或者向有关主管机关提出处理、处罚意见。注册会计师对在审计过程中发现的问题只能提请企业调整有关数据或进行披露，没有行政强制力；如果企业拒绝调整和披露，注册会计师需根据具体情况予以反映，具体表现为出具保留意见或否定意见的审计报告。

3. 内部审计。内部审计是一种独立、客观的鉴证和咨询活动，它通过运用系统、规范的方法，审查和评价组织的业务活动、内部控制及风险管理的适当性和有效性，以促进组织完善治理、增加价值和实现目标。内部审计是指由本部门和本单位内部专职的审计机构或人员所实施的审计，包括部门内部审计和单位内部审计两大类。这种专职的审计机构或人员，独立于财会部门，直接接受本部门、本单位董事会下设的审计委员会或本部门、本单位主要负责人的领导，依法对本部门、本单位及其下属单位

内部审计的价值

的财务收支、经营管理活动及其经济效益进行内部审计监督。内部审计的主要目的是纠错防弊，促使其改善风险管理，提高公司治理水平。

【知识点拨】

注册会计师审计和内部审计有哪些联系与区别呢?

联系：注册会计师审计在执行业务时可以利用被审计单位的内部审计工作，内部审计应当做好与注册会计师审计的沟通和合作等协调工作，以提高审计效率和效果。

区别：

1. 审计独立性不同。内部审计机构受所在单位的直接领导，独立性受到一定的限制，其独立性只是相对于本单位其他职能部门而言的；而注册会计师审计是由与被审计单位完全无关的第三方进行的，具有较强的独立性。

2. 审计方式不同。内部审计是单位根据自身经营管理的需要安排进行的；注册会计师审计则是接受委托进行的。

3. 审计程序不同。内部审计可以根据所执行业务的目的和需要选择并实施必要的程序；而注册会计师审计则需要严格按照执业准则的规定程序进行。

4. 审计职责不同。内部审计只对本单位负责，其审计质量基本与外界无直接关系；注册会计师审计不仅对被审计单位负责，而且对社会负责，其审计质量对广大财务信息使用者作出相关决策有直接影响。

5. 审计作用不同。内部审计的结论只作为本单位改善工作的参考，对外不起鉴证作用，并对外保密；注册会计师审计结论则要对外公开并起鉴证作用。

（二）按审计的目的、内容不同分类

按其主体的内容和目标分类，审计可分为财政财务审计、财经法纪审计、经济效益审计和经济责任审计四类。

1. 财政财务审计。财政财务审计也称传统审计或常规审计，是指审计机构或人员对被审计单位的财务报表及相关资料的公允性及其反映的财政收支、财务收支的合法性所进行的审计。财政财务审计包括两个方面：一是检查会计处理、财务报表等相关资料的公允性和合法性，这是形式上的审计；二是验证被审计单位受托经济责任的履行情况，这是实质性审计。从内容上来说，财政财务审计是对国务院各部门、地方各级政府及其各部门、国有金融机构、企事业单位的财政财务收支情况进行的审计，其目的是通过审查和验证被审计单位的会计处理与财务报表等相关资料来确定或者解除被审计单位的受托经济责任。其中，财政收支审计是国家审计机关对本级各部门和下级政府财政收支活动进行的审计；财务收支审计是审计机关对金融机构和企事业财务收支活动所进行的审计。

2. 财经法纪审计。财经法纪审计是指审计机构或人员对被审计单位和个人严重侵害国家资财、严重损失浪费以及其他严重损害国家经济利益等违法乱纪行为所进行的专案审计。从内容上来说，财经法纪审计主要包括审查严重侵占国家财产、严重损

失浪费、贪污盗窃、行贿受贿、由于失职渎职造成严重损失的重大经济案件以及其他严重损害国家和企业利益的重大经济案件。它是我国审计监督的一种重要形式，其主要特点是根据群众揭发和会计资料所反映出来的问题，对相关单位或者当事人在经济活动中的不法行为进行立案审查，以查清事实并确定问题的性质，财经法纪审计的主要目的是保护国家财产的安全完整，维护党和国家的路线、方针、政策以及法律规章，维护企事业单位的利益，维护所有者、出资人和广大职工的合法权益。

3. 经济效益审计。经济效益审计是指审计机构或人员对被审计单位的财政收支、财务收支以及有关经济活动的经济性和效益性所实施的审计。经济效益审计不同于传统的财政财务审计，它涉及被审计单位经济活动的各个方面，包括各级政府的财政收支和管理活动、企业单位的财务收支和经营管理活动、行政事业单位的资金使用和管理活动、固定资产投资及其管理活动的经济效益情况及其影响因素、途径等。经济效益审计内容主要包括两个方面：一是对被审计单位的预算、计划和预测、决策方案的效益性，以及资金使用、投资项目、资源利用等方面的效益性进行审查和分析；二是对被审计单位的预算或计划执行情况的效益性进行审查和分析，也就是对被审计单位经营管理活动的效益性进行审查和分析。它是我国审计监督与评价的一种重要形式，其主要特点是通过对被审计单位的经济活动进行审查、评价和分析，发现其薄弱环节和存在的突出问题，厉行节约，促进增收节支，寻找提高经济效益的最佳途径。经济效益审计的主要目的是促进被审计单位完善组织治理，改进经营管理，提高经营管理水平和综合经济效益。

4. 经济责任审计。经济责任审计是指审计机构或人员对国家机关、企事业单位等负责人在任职期间应负的经济责任进行监督和评价。经济责任是指主要负责人任职期间对其所在单位财政收支、财务收支的真实性、合法性和效益性，以及有关经济活动应当负有的责任，包括主管责任和直接责任。经济责任审计的对象主要包括国家行政机关、立法机关、政协机关、检察机关、国有金融机构和企业、国家事业单位和使用财政资金的其他事业单位及其他属于审计监督对象的单位负责人，即包括党政主要领导干部和国有及国有控股企业的法定代表人。经济责任审计通过对被审计单位主要负责人在任职期间应负经济责任的正确认定与责任履行情况的审查评价，为组织人事部门、检察机关以及其他有关部门考核评价干部和企业负责人提供参考依据。

二、审计的其他分类

审计的其他分类

（一）按审计范围分类

按其范围不同，审计可分为全部审计、局部审计和专项审计。

1. 全部审计。全部审计是指对被审计单位一定期间的财政财务收支和有关经济活动及其资料进行全面的审计。全部审计的特点是审查详细彻底，容易查出问题，有利于促进被审计单位改善经营管理，提高经济效益，但审计的工作量大，费时费力，审计成本较高，一般适用于规模较小、业务量较少、会计资料较少的行政机关和企事业单位，或适合内部控制系统不健全及会计核算工作存在问题较多的单位。有时，这种审计也被称为全面审计。

2. 局部审计。局部审计是指按特定目的在规定时间内，对被审计单位一定时期内的部分财政财务收支或经营管理活动的某些方面及其资料进行的部分审计，如对被审计单位进行的现金审计、银行存款审计、存货审计等。另外，为查清贪污舞弊、行贿受贿等，对部分经济业务所进行的专案审计也属于局部审计。局部审计的特点是范围小，审查重点突出，针对性强，省时省力，审计成本较低，但审计覆盖面有限，较容易遗漏问题，因此局部审计存在一定的局限性。有时，这种审计也被称为部分审计。

3. 专项审计。专项审计是指对被审计单位某一特定项目所进行的审计。如政府审计机构执行的大型基建工程项目资金审计、支农扶贫专项资金审计、世界银行贷款项目审计等。由于这种审计针对的是特定项目与业务，其优点是范围小，针对性强，有利于及时围绕当前的中心工作和重点开展工作，便于有针对性地提出意见和建议，为宏观经济控制和决策提供重要审计信息。有时，这种审计也被称为专题审计。

（二）按审计实施时间分类

按其实施时间不同，审计可分为事前审计、事中审计和事后审计。

1. 事前审计。事前审计是指对被审计单位在经济业务发生以前所进行的审计。事前审计一般是针对计划、预算和决策进行审查，包括对被审计单位的计划、方案和预算的编制，投资方案的选择，经营决策的制定及其可行性研究报告等进行的审计。这种审计有利于预防错弊、防患于未然，避免被审计单位出现重大的决策失误，保证单位计划和决策的可行性与合理性，保证经营活动的有效性和正确性。事前审计的主要目的就是加强预算、计划、预测和决策的可行性、合理性与准确性。

2. 事中审计。事中审计是指对被审计单位在经济业务执行过程中所进行的审计。例如，对于在一些固定资产投资项目施工过程中，对施工进度、投资完成情况等执行过程进行的审计。事中审计主要是通过对被审计单位的支出预算、费用标准、产品生产计划、材料消耗定额等的执行情况进行审计，从而及时地发现错误并加以纠正和控制，以保证企业的经营管理活动朝着既定的方向进行，保证经济活动的合法性、合理性和有效性。

3. 事后审计。事后审计是指对被审计单位在经济业务发生以后所进行的审计。例如，对于领导干部在任职期间经济责任审计等。事后审计的适用范围十分广泛，政府审计、民间审计大多实施事后审计，内部审计也经常进行事后审计。事后审计主要目的是监督和评价被审计单位的财务收支及有关经济活动、会计资料和内部控制是否符合国家财经法规与会计制度的规定，从而确定或解除被审计单位的受托经济责任。

此外，按照实施审计的时间是否预先规定，审计可划分为定期审计和不定期审计。定期审计是指审计机构按照预先规定的时间进行的审计，如由社会（民间）审计机构在年终时对企业年度财务报表进行的审计等。不定期审计是指审计机构根据情况需要而临时安排的审计，如对被审计单位贪污受贿案件进行的审计、经济合同纠纷审计等。

（三）按审计动机分类

按审计动机分类，审计可分为强制审计和任意审计。

1. 强制审计。强制审计是指审计机构根据法律、法规规定对被审计单位行使审计监督权而进行的审计。不论被审计单位是否愿意接受审查，强制审计都依法进行。例如，我国政府审计机关根据法律赋予的权力，对国务院各部门和地方各级政府的财政收支、国家的财政金融机构和企事业单位的财务收支实行强制审计。

2. 任意审计。任意审计是指根据被审计单位自身的需要，自愿要求审计组织对其进行的审计。例如民间审计接受委托人的委托，按照委托人的要求对其进行的财务审计或经济效益审计。任意审计是相对于强制审计而言的。实际上，任意审计大多也是按《中华人民共和国公司法》《中华人民共和国证券交易法》，以及其他经济法规要求进行的，带有一定的强制性。

（四）按审计执行地点分类

按执行地点不同，审计可分为就地审计和报送审计。

1. 就地审计。就地审计是指审计组织委派审计人员到被审计单位所在地进行的现场审计。就地审计按照具体方式的不同情况，又可分为常驻审计、专程审计和巡回审计三种。其中，常驻审计是指审计组织派出审计人员常驻被审计单位所进行的就地审计。专程审计是指审计组织为了特定目的而委派有关人员专程到被审计单位进行的就地审计。巡回审计是指审计组织根据需要和可能，委派有关人员对被审计单位进行定期或不定期的就地审计。就地审计是我国审计中普遍采用、使用最为广泛的一种审计类型和方式。

2. 报送审计。报送审计是指审计组织按照审计法规的有关规定，对被审计单位按其报送来的凭证、账簿和财务报表及有关资料进行的审计。这类审计一般适用于行政事业单位的经费收支审计。报送审计不用到现场审计而要求被审计单位按期报送相关资料，这节省了人力、物力，提高了审计效率。但是因为该种审计不能到现场不能对实物等进行核实、盘点，了解被审计单位的实际情况，所以报送审计不易从报送资料中发现被审计单位的实际问题。

（五）按是否预先通知被审计单位分类

按照是否预先通知被审计单位，审计可分为预告审计和突击审计。

1. 预告审计。预告审计是指审计机构在审计实施以前，预先告知被审计单位本次审计的目的、主要内容和审计日期等进行的审计。进行财政财务审计和经济效益审计时，大多采用预告审计，事先向被审计单位下达审计通知书或签订审计业务约定书。这种审计的优点是可以使被审计单位有充足的时间做好准备工作，以利于审计工作的顺利进行，但也给被审计单位提供了弄虚作假的机会。

2. 突击审计。突击审计是指审计机构在审计实施以前，不将审计的目的、主要内容和日期等提前告知被审计单位进行的审计。进行财经法纪审计和贪污舞弊审计时，通常采用突击审计。这种审计的优点是可以使被审计单位在事先不知情的情况下接受审计，使被审计单位或被审计者没有时间提前准备或弄虚作假、掩饰事实真相，有利于取得较好的审计效果。

（六）按审计依据和使用的技术与方法分类

审计依据

按审计依据和使用的技术与方法进行分类，审计可分为账项基础审计、制度基础审计和风险基础审计。

1. 账项基础审计。账项基础审计，也称账表导向审计，是指围绕着会计凭证、会计账簿和财务报表的编制过程来进行的审计。账项基础审计主要通过对账表上的数字进行详细核实来判断是否存在作弊行为和技术性错误。其技术和方法适用于评价简单的受托经济责任，是审计技术和方法发展的初级阶段。

2. 制度基础审计。制度基础审计，又称系统导向审计，是指强调对内部控制系统的评价，当评价结果证明内部控制系统可以信赖时，在实质性测试阶段只抽取少量样本就可以得出审计结论；当评价结果认为内部控制系统不可靠时，才根据内部控制的具体情况扩大审查范围。制度基础设计主要以了解评价被审计单位内部控制的建立、健全、有效性为基础，确定审查重点。制度基础审计是从账项基础审计发展起来的较高阶段的审计，是以内部控制评价为基础的审计。

3. 风险基础审计。风险基础审计，又称风险导向审计，是指要求审计人员从对企业环境和企业经营进行全面的风险分析出发，使用审计风险模型，积极采用分析性程序，制订与企业状况相适应的多样化的审计计划，以达到审计工作的效率性和效果性。风险基础审计主要以风险的分析评估为基础，规划审计工作，确定审查的重点。根据审计面临的风险，决定是否受托和作为审计计划编制的依据。风险基础审计是适应高风险社会的产物，是现代审计方法的最新发展。

【思维小课堂】

“改革派”与“改良派”的友谊

20 世纪 30 年代，潘序伦与徐永祚之间曾展开一场争论，焦点是中国会计要不要与国际接轨。以徐永祚为代表的“中式簿记改良派”，主张在保存中式簿记核算形式的前提下进行改良，而以潘序伦为代表的改革派认为，会计属于一种科学技术，是不分国界的，也无所谓中西之分，而要看方法科学与否。

1928 年，上海暨南大学《会计学报》创刊号发表了徐永祚的《改良中国会计问题》。文中提出，中式簿记具有体现古代“四柱结算法”原理的优点，应用“改良簿记”。1933 年元月，徐永祚会计师事务所创办并主编《会计杂志》月刊，介绍国内外财会管理的理论和经验。随后，徐永祚的《改良中式簿记概说》出版，此外他还发表了《改良中式簿记实例》《改良中国会计问题》《改良中式簿记缘起及简章》等文章，并在上海举办改良中式簿记展览会，掀起了改良中式簿记的热潮。

1934～1935 年，潘序伦先后在《会计杂志》上发表《为讨论“改良中式簿记”致徐永祚君书》《批评徐永祚的改良大纲 10 条》《改良中式簿记之讨论》等文章，顾准也推出了《评徐永祚氏“改良中式簿记”》。

这场学术论争推动了中国会计事业的发展，而潘序伦与徐永祚更是因为这场争论结了友谊。有了徐永祚这个标杆，潘序伦也更加注重钻研学术，专注于现代会计学在中国的传播和推广。抗日战争胜利后，在中国民主建国会地下组织的直接领导下，徐永祚在上海以组织“聚餐会”的形式，开展争取民主、反对内战的革命活动，影响和团结会计界同仁，其中就有潘序伦及夫人张蕙生。1948 年 1 月，潘序伦聘请徐永祚在其创办的立信会计专科学校担任董事。

（资料来源：中国现代会计之父——写在潘序伦诞辰 120 周年［N］. 光明日报，2013－09－12）

自学测评

一、单项选择题

1. 三千多年前西周设立的负责审计的官职是（　　）。

A. 宰夫　B. 司会　C. 太宰　D. 小宰

2. （　　）是我国第一位注册会计师。

A. 徐永祚　B. 潘序伦　C. 谢霖　D. 奚玉书

3. 在审计工作中，揭示审计对象的差错和弊端，属于审计的（　　）。

A. 制约性作用　B. 促进性作用

C. 建设性作用　D. 宏观调控作用

4. 审计最基本的职能是（　　）。

A. 经济评价　B. 经济鉴证　C. 经济监督　D. 经济引导

5. 相对而言，下列审计种类中独立性较差的是（　　）。

A. 政府审计　B. 内部审计　C. 民间审计　D. 地区交叉审计

6. 对被审计单位一定期间的财务收支及有关经济活动的各个方面及资料都进行审计，这种审计种类被称为（　　）。

A. 财务审计　B. 全部审计　C. 内部审计　D. 专项审计

二、多项选择题

1. 审计的职能包括（　　）。

A. 经济监督　B. 经济鉴证　C. 经济评价　D. 经济引导

2. 审计关系人主要包括（　　）。

A. 审计主体　B. 审计法规　C. 审计客体　D. 审计委托者

3. 审计的促进作用可以概括为（　　）。

A. 揭示差错和弊端　B. 提高经济效益

C. 维护财经法纪　D. 改善经营管理

4. 下列有关审计分类的表述中，正确的有（　　）。

A. 按执行审计的地点，可以将审计划分为就地审计和报送审计

B. 按实施审计的范围，可以将审计划分为全部审计、局部审计和专项审计

C. 按实施审计的时长，可以将审计划分为定期审计和不定期审计

D. 按审计的组织方式，可以将审计划分为国家审计、社会审计和内部审计

5. 一般来说，注册会计师审计属于（　　）。

A. 报送审计　　B. 受托审计　　C. 实地审计　　D. 外部审计

三、判断题

1. 审计的独立性是保证审计工作顺利进行的必要条件。（　　）

2. 综观审计产生和发展的历史，审计无不表现为经济监督的活动，履行着为统治者服务的职能。（　　）

3. 进行财政财务审计和经济效益审计时，多采用突击审计的方式。（　　）

4. 内部审计的主要目的是纠错防弊，改善经营管理，提高经济效益。（　　）

5. 全部审计的优点是审查详细彻底，缺点是工作量太大、花费时间太多。（　　）

6. 一般来说，对被审计单位存在的贪污、受贿案件进行的财经法纪审计，属于不定期审计。（　　）

第二章　审计法律与职业道德

【知识目标】

1. 能够阐述审计准则的概念、作用；
2. 能够阐述注册会计师职业道德的内容；
3. 能够说明注册会计师法律责任产生的原因，总结注册会计师法律责任的种类；
4. 能够列举注册会计师法律责任的防范措施。

【技能目标】

1. 能够归类注册会计师承接的业务类型；
2. 能够结合实际，判断注册会计师的行为是否符合职业道德规范的要求；
3. 能够对注册会计师法律责任进行独立的分析判断。

【思维目标】

1. 关注我国审计准则修订与改革，增强学生爱国情怀；
2. 形成职业认同，树立社会利益为先的理想信念和程序公正的行业导向；
3. 引导学生树立正确的职业价值观，明确具有和保持专业胜任能力对注册会计师的重要性；
4. 培养学生终身学习意识。

【导入案例】

关于对中审亚太会计师事务所（特殊普通合伙）采取出具警示函措施的决定

中审亚太会计师事务所（特殊普通合伙）：

经查，你公司独立性管理方面存在以下问题。

一是未采取有效措施确保从业人员遵守独立性规定，实践中确保项目人员符合独立性要求的手段仅为要求项目组成员签署独立性声明；二是部分项目独立性声明签署不完整；三是未建立内幕信息知情人档案；四是个别人员违反独立性规定，2 名审计项目组人员在项目承做期间买卖相关上市公司股票、4 名合伙人或审计项目组人员主要近亲属违规持有相关上市公司股票。

上述情形不符合《中华人民共和国证券法》第四十二条，《上市公司监管指引第 5 号——上市公司内幕信息知情人登记管理制度》第八条，《中国注册会计师职业道德守则第 4 号——审计和审阅业务对独立性的要求》（2020 年 12 月 17 日修订）第六十七条，《质量控制准则第 5101 号——会计师事务所对执行财务报表审计和审阅、其他鉴证和相关服务业务实施的质量控制》（2019 年 2 月 20 日修订）第三十五条至三十九条等的相关规定。

你所的上述行为违反了《上市公司信息披露管理办法》第四十五条、第四十六条，《非上市公众公司监督管理办法》第六条的规定。依据《上市公司信息披露管理办法》第五十五条、《非上市公众公司监督管理办法》第六十一条，我局决定对你所采取出具警示函的监督管理措施，并记入证券期货市场诚信档案。你所应关注执业风险，及时采取措施加强质量管理，确保执业质量，并于收到本决定书之日起30 日内向我局提交书面报告。

如果对本监督管理措施不服，可以在收到本决定书之日起60 日内向中国证券监督管理委员会提出行政复议申请，也可以在收到本决定书之日起6 个月内向有管辖权的人民法院提起诉讼。复议与诉讼期间，上述监督管理措施不停止执行。

中国证监会××监管局

2023 年 1 月 3 日

（资料来源：关于对中审亚太会计师事务所（特殊普通合伙）采取出具警示函措施的决定［EB/OL］. 中国证监会官网，http：//www. csrc. gov. cn/beijing/c105547/c6955863/content. shtml，2023 - 01 - 05）

思考：1. 什么是独立性？

2. 独立性对注册会计师审计的意义是什么？

第一节　注册会计师执业准则

一、注册会计师执业准则的制定过程

注册会计师执业准则是指注册会计师在执行业务过程中所应遵守的执业规范。执业准则对规范注册会计师执业行为、提高注册会计师执业质量、降低审计风险、维护社会公众利益具有重要作用。中国注册会计师执业准则的制定过程可以分为以下几个阶段。

（一）执业规则制定阶段

1988 年中国注册会计师协会成立后，启动执业规则的制定工作。1991 ~ 1993 年，先后发布了《注册会计师验资规则（试行）》《注册会计师查帐验证计划规则（试行）》《注册会计师查帐验证工作底稿规则（试行）》等 7 个执业规则。这些执业规则对我国注册会计师行业走向正规化、法治化和专业化起到了积极作用。

（二）执业准则体系建立阶段

1994 年 1 月 1 日施行的《中华人民共和国注册会计师法》明确规定，中国注册

会计师协会依法拟订注册会计师执业准则、规则，报国务院财政部门批准后施行。以此为推动，中国注册会计师协会自 1994 年 5 月开始起草独立审计准则，并于 1995 年发布《独立审计基本准则》等第一批独立审计准则，到 2003 年年中，先后制定了 6 批独立审计准则，共计 48 个项目，至此我国独立审计准则体系基本建立。独立审计准则的颁布实施，对于统一和规范注册会计师和事务所的执业行为、提高行业执业质量、维护行业职业道德具有积极作用。

（三）准则体系完善与提高阶段

由于管理层财务舞弊事件频发、审计行业风险日益增大、现行审计实务不能有效应对财务报表重大错报风险、国际审计准则正发生重大变化而经济发展要求审计准则国际趋同等因素，2006 年，中国注册会计师协会拟订了《中国注册会计师鉴证业务基本准则》等 22 项准则，修订了《中国注册会计师审计准则第 1142 号——财务报表审计中对法律法规的考虑》等 26 项准则。为适应注册会计师业务多元化的需要，将“中国注册会计师独立审计准则体系”改进为“中国注册会计师执业准则体系”。注册会计师执业准则体系立足本国利益，顺应国际趋势，实现了中国审计准则的国际趋同，对规范注册会计师的执业行为、提高执业质量、维护社会公众利益、促进社会主义市场经济的健康发展具有重要意义。

（四）与国际审计准则全面趋同阶段

为了保持与国际准则的持续全面趋同，进一步规范注册会计师执业行为，提高执业质量，维护社会公众利益，针对国际审计准则的新变化以及我国审计实务需要解决的新问题，中国注册会计师协会对中国注册会计师审计准则进行了多次修订。

由于审计环境发生重大变化，国际审计准则作出重大修订，我国审计实务中也面临一些新的需要解决的问题。为此，经财政部领导批准，中注协于 2009 年初启动了审计准则修订项目，以进一步完善审计准则，实现与国际审计准则的持续趋同。2010 年 11 月 1 日，财政部发布修订后的 38 项中国注册会计师执业准则（自 2012 年 1 月 1 日起施行）。本次修订是适应中国经济国际化进一步深入发展的要求，按照与国际审计准则持续全面趋同的原则，遵循科学、透明的准则制定机制，着眼于增强审计准则适应多元主体的需要。通过修订解决了当前我国审计实务中迫切需要解决的问题，更加符合我国注册会计师执业和国际化发展的需要。修订后的审计准则具有结构清晰，有助于提高准则理解和执行的一致性；适用范围扩大，有助于注册会计师实现国际化发展；全面贯彻风险导向审计理念，有助于提高审计效果；加强对识别和应对舞弊风险的指导，有助于提高审计的有效性等特点。

2016 年 12 月 23 日，财政部印发《中国注册会计师审计准则第 1504 号——在审计报告中沟通关键审计事项》等 12 项中国注册会计师审计准则（新审计报告准则）。新审计报告准则的发布实施，可以提高审计报告的信息含量，增强其决策相关性；提高审计报告的沟通价值，增强审计工作的透明度；强化注册会计师的责任，提高审计质量，回应财务报表使用者对持续经营、其他信息、注册会计师独立性的关注。

2019 年 2 月 20 日，财政部发布《中国注册会计师审计准则第 1101 号——注册会计师的总体目标和审计工作的基本要求》等 18 项审计准则，旨在满足资本市场改革与发展对高质量会计信息的需求，规范和指导注册会计师应对审计环境变化和利用内部审计人员的工作，应对违反法律法规行为、财务报表披露审计等三个方面审计实务的新发展，并保持中国审计准则与国际准则的持续全面趋同。

2021 年 12 月 9 日，财政部发布修订后的《中国注册会计师审计准则第 1601 号——审计特殊目的财务报表的特殊考虑》《中国注册会计师审计准则第 1603 号——审计单一财务报表和财务报表特定要素的特殊考虑》《中国注册会计师审计准则第 1604 号——对简要财务报表出具报告的业务》三项审计准则，并于 2022 年 1 月 5 日，发布了基于一致性修订的《中国注册会计师鉴证业务基本准则》等 11 项准则。此次准则的修订旨在持续提升审计质量和完善审计准则体系、规范和指导注册会计师开展实务工作、保持我国审计准则与国际准则的持续动态趋同。

2022 年 12 月 22 日，财政部发布了修订后的《中国注册会计师审计准则第 1211 号——重大错报风险的识别和评估》《中国注册会计师审计准则第 1321 号——会计估计和相关披露的审计》两项审计准则，并对《中国注册会计师审计准则第 1101 号——注册会计师的总体目标和审计工作的基本要求》等 23 项准则进行了一致性修订。此次发布的审计准则旨在解决如何更有效地识别和评估重大错报风险，应对与商誉减值等复杂会计估计相关的审计风险，有效识别财务舞弊，提高审计质量，成为审计实务中的突出问题和难点。修订后的准则体系涵盖国际准则的所有要求和内容，符合准则国际趋同的要求；同时，注重将国际准则的先进成果与中国具体情况相结合，提出符合中国实际情况的要求并提供更详尽具体的指引。

二、中国注册会计师执业准则体系

注册会计师执业准则体系

我国注册会计师执业准则体系包括中国注册会计师业务准则和会计师事务所质量控制准则。注册会计师业务准则是注册会计师执行各类业务所应遵循的行业标准，包括鉴证业务准则和相关服务准则。会计师事务所质量控制准则是会计师事务所执行历史财务信息审计和审阅业务、其他鉴证业务及相关服务业务时应当遵守的质量控制政策和程序，是明确会计师事务所及其人员的质量控制责任的准则。

（一）鉴证业务准则

注册会计师鉴证业务准则是整个执业准则体系中最主要的部分，可以分为两个层次：第一层是《中国注册会计师鉴证业务基本准则》，其对鉴证业务的定义和目标、鉴证业务承接、鉴证业务的三方关系、鉴证对象、标准、证据、鉴证报告等内容进行了规范；第二层是审计准则、审阅准则和其他鉴证业务准则。

1. 审计准则。审计准则又称审计标准，或执业准则，是注册会计师在实施审计工作时必须恪守的最高行为标准，是审计工作质量的权威性判断标准。审计准则用以规范注册会计师执行历史财务信息（主要是财务报表）的审计业务，要求注册会计师综合使用审计方法，对财务报表是否不存在重大错报提供合理保证。

审计准则是执业准则体系的核心内容。现行的审计准则共45项，可分为6个大类。

（1）一般原则与责任。

《中国注册会计师审计准则第1101号——注册会计师的总体目标和审计工作的基本要求》；

《中国注册会计师审计准则第1111号——就审计业务约定条款达成一致意见》；

《中国注册会计师审计准则第1121号——对财务报表审计实施的质量控制》；

《中国注册会计师审计准则第1131号——审计工作底稿》；

《中国注册会计师审计准则第1141号——财务报表审计中与舞弊相关的责任》；

《中国注册会计师审计准则第1142号——财务报表审计中对法律法规的考虑》；

《中国注册会计师审计准则第1151号——与治理层的沟通》；

《中国注册会计师审计准则第1152号——向治理层和管理层通报内部控制缺陷》；

《中国注册会计师审计准则第1153号——前任注册会计师和后任注册会计师的沟通》。

（2）风险评估与风险应对。

《中国注册会计师审计准则第1201号——计划审计工作》；

《中国注册会计师审计准则第1211号——重大错报风险的识别和评估》；

《中国注册会计师审计准则第1221号——计划和执行审计工作时的重要性》；

《中国注册会计师审计准则第1231号——针对评估的重大错报风险采取的应对措施》；

《中国注册会计师审计准则第1241号——对被审计单位使用服务机构的考虑》；

《中国注册会计师审计准则第1251号——评价审计过程中识别出的错报》。

（3）审计证据。

《中国注册会计师审计准则第1301号——审计证据》；

《中国注册会计师审计准则第1311号——对存货、诉讼和索赔、分部信息等特定项目获取审计证据的具体考虑》；

《中国注册会计师审计准则第1312号——函证》；

《中国注册会计师审计准则第1313号——分析程序》；

《中国注册会计师审计准则第1314号——审计抽样》；

《中国注册会计师审计准则第1321号——会计估计和相关披露的审计》；

《中国注册会计师审计准则第1323号——关联方》；

《中国注册会计师审计准则第1324号——持续经营》；

《中国注册会计师审计准则第1331号——首次审计业务涉及的期初余额》；

《中国注册会计师审计准则第1332号——期后事项》；

《中国注册会计师审计准则第1341号——书面声明》。

（4）利用其他主体的工作。

《中国注册会计师审计准则第1401号——对集团财务报表审计的特殊考虑》；

《中国注册会计师审计准则第1411号——利用内部审计人员的工作》；

《中国注册会计师审计准则第 1421 号——利用专家的工作》。

（5）审计结论与报告。

《中国注册会计师审计准则第 1501 号——对财务报表形成审计意见和出具审计报告》；

《中国注册会计师审计准则第 1502 号——在审计报告中发表非无保留意见》；

《中国注册会计师审计准则第 1503 号——在审计报告中增加强调事项段和其他事项段》；

《中国注册会计师审计准则第 1504 号——在审计报告中沟通关键审计事项》；

《中国注册会计师审计准则第 1511 号——比较信息：对应数据和比较财务报表》；

《中国注册会计师审计准则第 1521 号——注册会计师对其他信息的责任》。

（6）特殊领域审计。

《中国注册会计师审计准则第 1601 号——对按照特殊目的编制基础编制的财务报表审计的特殊考虑》；

《中国注册会计师审计准则第 1602 号——验资》；

《中国注册会计师审计准则第 1603 号——对单一财务报表和财务报表特定要素审计的特殊考虑》；

《中国注册会计师审计准则第 1604 号——对简要财务报表出具报告的业务》；

《中国注册会计师审计准则第 1611 号——商业银行财务报表审计》；

《中国注册会计师审计准则第 1612 号——银行间函证程序》；

《中国注册会计师审计准则第 1613 号——与银行监管机构的关系》；

《中国注册会计师审计准则第 1631 号——财务报表审计中对环境事项的考虑》；

《中国注册会计师审计准则第 1632 号——衍生金融工具的审计》；

《中国注册会计师审计准则第 1633 号——电子商务对财务报表审计的影响》。

2. 审阅准则。审阅准则用以规范注册会计师执行历史财务信息（主要是财务报表）的审阅业务，要求注册会计师主要使用询问和分析程序，对审阅后的财务报表提供有限保证。注册会计师应当遵守相关的职业道德规范，恪守独立、客观、公正的原则，保持专业胜任能力和应有的关注，并对执业过程中获知的信息保密。注册会计师财务报表审阅的目标是在实施审阅程序的基础上，说明是否注意到某些事项，使其相信财务报表没有按照适用的会计准则和相关会计制度的规定编制，未能在所有重大方面公允反映被审阅单位的财务状况、经营成果和现金流量。注册会计师应当主要通过询问和分析程序获取充分、适当的证据作为得出审阅结论的基础。目前，我国只有一项审阅准则，即《中国注册会计师审阅准则第 2101 号——财务报表审阅》。

【知识点拨】

合理保证（财务报表审计业务）和有限保证（财务报表审阅业务）有哪些区别？

1. 目标不同。合理保证在可接受的低审计风险下，以积极方式对财务报表整体发表审计意见，提供高水平的保证。有限保证在可接受的审阅风险下，以消极方式对财务报表整体发表审阅意见，提供低于高水平的保证。该保证水平低于审计业务的保证水平。

2. 证据收集程序不同。合理保证的证据收集程序包括检查记录或文件、检查有形资产、观察、询问、函证、重新计算、重新执行、分析程序等。有限保证的证据收集程序受到有意识的限制，主要采用询问和分析程序获取证据。

3. 所需证据数量。合理保证需要的证据数量较多，有限保证需要的证据数量较少。

4. 提出结论的方式不同。合理保证以积极方式提出结论。有限保证以消极方式提出结论。

3. 其他鉴证业务准则。其他鉴证业务准则用以规范注册会计师执行除历史财务信息审计和审阅以外的非历史财务信息的鉴证业务。其他鉴证业务准则包括《中国注册会计师其他鉴证业务准则第 3101 号——历史财务信息审计或审阅以外的鉴证业务》《中国注册会计师其他鉴证业务准则第 3111 号——预测性财务信息的审核》。

（1）历史财务信息审计和审阅以外的鉴证业务。其他鉴证业务的保证程度可分为合理保证和有限保证。合理保证的其他鉴证业务的目标是注册会计师将鉴证业务风险降至该业务环境下可接受的低水平，以此作为采用积极方式提出结论的基础。有限保证的其他鉴证业务的目标是注册会计师将鉴证业务风险降至该业务环境下可接受的水平，以此作为采用消极方式提出结论的基础。有限保证的其他鉴证业务的风险水平高于合理保证的其他鉴证业务的风险水平。

准则针对这一部分规定的内容主要包括：会计师事务所承接或保持其他鉴证业务应当符合的条件；计划其他鉴证业务工作时应当考虑的主要因素；适当的鉴证对象、评估标准应当具备的条件；应当考虑利用专家工作的情况；获取证据考虑期后事项、形成工作记录、编制鉴证报告方面的相关内容。

（2）预测性财务信息的审核。预测性财务信息是指被审核单位依据对未来可能发生的事项或采取的行动的假设而编制的财务信息。预测性财务信息可以表现为预测、规划或两者的结合。可能包括财务报表整体或财务报表的一项或多项要素。预测是指管理层在最佳估计假设的基础上编制的预测性财务信息。最佳估计假设是指截至编制预测性财务信息日，管理层对预期未来发生的事项和采取的行动作出的假设。

在执行预测性财务信息审核业务时，注册会计师应当就下列事项获取充分、适当的证据：管理层编制预测性财务信息所依据的最佳估计假设是否合理；在依据推测性假设的情况下，推测性假设与信息的编制目的是否相适应；预测性财务信息是在假设的基础上恰当编制的；预测性财务信息已恰当列报，所有重大假设已充分披露，包括说明采用的是推测性假设还是最佳估计假设；预测性财务信息的编制基础与历史财务报表是否一致并选用了恰当的会计政策。

（二）相关服务准则

相关服务准则用以规范注册会计师代编财务报表、执行商定程序、管理咨询、税务咨询和其他服务，包括商定程序、代编财务信息等方面的准则。由于业务性质属于代理和咨询服务，注册会计师不提供任何程度的保证。相关服务准则目前包括两项：《中国注册会计师相关服务准则第 4101 号——对财务信息执行商定程序》《中国注册会计师相关服务准则第 4111 号——代编财务信息》。

1. 对财务信息执行商定程序。对财务信息执行商定程序是指注册会计师对特定财务数据、单一财务报表或整套财务报表等财务信息执行与特定主体商定的具有审计性质的程序，并就执行的商定程序及其结果出具报告。该部分所称特定主体是指委托人和业务约定书中指明的报告致送对象。

注册会计师执行商定程序业务仅报告执行的商定程序及其结果，并不提出鉴证结论。报告使用者自行对注册会计师执行的商定程序及其结果作出评价，并根据注册会计师的工作得出自己的结论。注册会计师执行商定程序业务，应当遵守相关职业道德规范，恪守客观、公正的原则，保持专业胜任能力和应有的关注，并对执业过程中获知的信息保密。

对财务信息执行商定程序时，注册会计师应当：与特定主体进行沟通，确保其已经清楚理解拟执行的商定程序和业务约定条款；合理制定工作计划以有效执行商定程序业务；将执行商定程序时获取的证据作为出具报告的基础。商定程序业务报告应当详细说明业务的目的和商定的程序以便使用者了解所执行工作的性质及范围。

2. 代编财务信息。代编业务的目标是注册会计师运用会计而非审计的专业知识和技能，代客编制一套完整或非完整的财务报表，或代为收集、分类和汇总其他财务信息。注册会计师执行代编业务，应当遵守相关职业道德规范，恪守客观、公正的原则，保持专业胜任能力和应有的关注，并对执业过程中获知的信息保密。

（三）会计师事务所质量控制准则

质量控制准则是对会计师事务所及其人员提出的质量控制政策和程序的要求，适用于会计师事务所及其人员对财务信息审计和审阅、其他鉴证业务以及相关服务的质量控制。会计师事务所质量控制准则规范的是在会计师事务所层面实施的质量管理。会计师事务所持续高质量地执行业务是服务公众利益的内在要求。设计、实施和运行质量管理体系可以使会计师事务所能够持续高质量地执行业务。实现业务的高质量，需要会计师事务所执业人员按照适用的法律法规及职业准则的规定计划和执行业务，委派符合相关资质要求的项目质量复核人员，对项目组作出的重大判断和据此得出的结论作出客观评价并出具报告。现行的会计师事务所质量控制准则包括：《会计师事务所质量管理准则第 5101 号——业务质量管理》《会计师事务所质量管理准则第 5102 号——项目质量复核》。

第二节　注册会计师职业道德

职业道德与特定的职业活动相关，职业道德有广义和狭义之分，广义的职业道德是指从业人员在职业活动中应该遵循的行为准则，涵盖了从业人员与服务对象、职业与职工、职业与职业之间的关系。狭义的职业道德是指在一定职业活动中应遵循的、体现一定职业特征的、调整一定职业关系的职业行为准则和规范。注册会计师职业道德是在审计职业活动中产生的、具有审计职业特征的道德要求。由于注册会计师的职业活动成果影响广泛，所以更应注重注册会计师职业道德的遵守情况。

所谓注册会计师职业道德是指对注册会计师的职业品德、职业纪律、专业胜任能力和职业责任的总称。我国现行的注册会计师职业道德守则是中国注册会计师协会于 2020 年 12 月 17 日发布的《中国注册会计师职业道德守则》（2020）和《中国注册会计师协会非执业会员职业道德守则》（2020）《中国注册会计师职业道德守则》包括五个部分：

（1）《中国注册会计师职业道德守则第 1 号——职业道德基本原则》，主要用于规范注册会计师应当遵循的职业道德基本原则，为注册会计师的行为确立道德标准；

（2）《中国注册会计师职业道德守则第 2 号——职业道德概念框架》，主要用于规范职业道德概念框架，即解决职业道德问题的思路和方法；

（3）《中国注册会计师职业道德守则第 3 号——提供专业服务的具体要求》，主要用于规范注册会计师在提供专业服务的过程中可能遇到的除独立性以外的某些具体情形，并针对在这些情形下如何运用职业道德概念框架解决职业道德问题作出具体规定；

注册会计师的行业管理

（4）《中国注册会计师职业道德守则第 4 号——审计和审阅业务对独立性的要求》，主要用于规范注册会计师在从事审计和审阅业务时与独立性相关的要求；

（5）《中国注册会计师职业道德守则第 5 号——其他鉴证业务对独立性的要求》，主要用于规范注册会计师在从事审计和审阅以外的其他鉴证业务时与独立性相关的要求。

一、职业道德基本原则

注册会计师职业道德基本原则

注册会计师职业道德基本原则包括诚信、客观和公正、独立性、专业胜任能力和勤勉尽责、保密、良好职业行为。

（一）诚信

诚信原则要求注册会计师应当在所有的职业活动中，保持正直，诚实守信。诚信是我国社会主义核心价值观的重要组成部分，是社会主义道德建设的重要内容，是构建社会主义和谐社会的重要纽带，同时也是社会主义市场经济运行的基础。对注册会计师行业来说，诚信是注册会计师行业存在和发展的基石，在职业道德基本原则中居于首要地位。

注册会计师如果认为业务报告、申报资料或其他信息存在下列问题，不得与这些有问题的信息发生关联：

（1）含有严重虚假或误导性的陈述；

（2）含有缺少充分依据的陈述或信息；

（3）存在遗漏或含糊其词的信息的问题。

注册会计师如果注意到已与有问题的信息发生关联，应当采取措施消除关联。在审计业务中，如果存在上述情形，注册会计师依据执业准则出具了恰当的非无保留意见审计报告，则不被视为违反上述规定。

【思维小课堂】

财政部印发《注册会计师行业诚信建设纲要》

诚信是注册会计师行业的核心价值，是行业的立业之本和发展之要。财政部印发《注册会计师行业诚信建设纲要》（以下简称《纲要》），对注册会计师行业诚信建设进行全面系统部署，全面助力社会信用体系建设。《纲要》的出台是贯彻落实关于注册会计师行业"要紧紧抓住服务国家建设这个主题和诚信建设这条主线"重要批示精神的具体行动，是有效落实《中共中央办公厅　国务院办公厅关于进一步加强财会监督工作的意见》和《国务院办公厅关于进一步规范财务审计秩序促进注册会计师行业健康发展的意见》要求的重要内容，是落实落细党中央、国务院有关加强社会信用体系建设决策部署的重要举措。

《纲要》紧紧围绕加强行业诚信建设这条工作主线，聚焦落实社会信用体系建设客观需求和行业高质量发展内在需求，抓住诚信标准建设、诚信标准执行、诚信监督管理等主要环节，推进构建行业诚信闭环管理体系。《纲要》同时着力统筹发挥财政部门、注册会计师协会、会计师事务所和从业人员四方面主体作用，按照"政府推动，社会共建""健全制度，规范发展""以人为本，教育为先""德法并举，刚柔相济""重点突破，强化联动"等基本原则，对行业诚信建设体系进行谋划布局，并从诚信标准建设、诚信教育和诚信文化建设、诚信信息采集和信息监控体系建设、诚信监管和评级评价制度建设、守信激励和失信惩戒机制建设以及组织保障六个方面规划了推进行业诚信建设的重点工作。

《纲要》共分为八个部分，主要包括"充分认识加强注册会计师行业诚信建设的重要意义""行业诚信建设的指导思想和基本原则""以健全规范规则为基础，持续完善诚信标准建设""以弘扬诚信美德为导向，推动诚信教育与诚信文化建设""以平台建设为抓手，持续完善诚信信息采集和信息监控体系""以加强诚信监管为着力点，健全诚信监管和评级评价制度""以构建分级分类监管体系为重点，健全守信奖励和失信惩戒机制""加强组织保障"等方面内容。

下一步，财政部将切实做好《纲要》的宣传解读，统筹各方主体做好《纲要》的贯彻落实，推动《纲要》各项任务、要求落地见效。

（资料来源：中国注册会计师协会官网）

（二）客观公正

客观是指按事物的本来面目去反映，不添加个人的主观意愿，也不被他人的意见左右。公正就是公平、正直、不偏袒。

注册会计师应当遵循客观公正原则，公正处事，实事求是，不得由于偏见、利益冲突或他人的不当影响而损害自己的职业判断。如果存在对职业判断产生过度不当影响的情形，注册会计师不得从事与之相关的职业活动。

（三）独立性

注册会计师在执行审计和审阅业务、其他鉴证业务时，应当遵循独立性原则，从实质上和形式上保持独立性，不得因任何利害关系影响其客观公正。

独立性是鉴证业务的灵魂，是专门针对注册会计师从事审计和审阅业务、其他鉴证业务而提出的职业道德基本原则。《中国注册会计师职业道德守则第 4 号——审计和审阅业务对独立性的要求》《中国注册会计师职业道德守则第 5 号——其他鉴证业务对独立性的要求》分别针对注册会计师执行审计和审阅业务、其他鉴证业务的独立性作出具体规定。

会计师事务所在承接审计和审阅业务、其他鉴证业务时，应当从会计师事务所整体层面和具体业务层面采取措施，以保持会计师事务所和项目团队的独立性。保持独立性能够增强注册会计师保持职业怀疑的能力。

需要指出的是，注册会计师应当在业务期间和财务报表涵盖的期间独立于审计客户。业务期间是指审计项目组开始执行审计业务之日至出具审计报告之日。如果审计业务具有连续性，业务期间结束日应以其中一方通知解除业务关系或出具最终审计报告两者时间孰晚为准。如会计师事务所于 2022 年 2 月 6 日开始执行被审计单位的年报审计业务，并于 2023 年 4 月 6 日出具审计报告，那么注册会计师的审计业务期间为 2022 年 2 月 6 日至 2023 年 4 月 15 日。财务报表涵盖的期间为 2022 年 1 月 1 日至 2022 年 12 月 31 日。注册会计师必须在 2022 年 1 月 1 日开始保持独立性，直到审计业务终止。

【知识点拨】

如果已发生违反独立性规定的情况，注册会计师应如何应对?

如果会计师事务所认为已发生违反职业道德守则有关独立性的规定（以下简称违规）的情况，应当采取下列措施。

1. 终止、暂停或消除引发违规的利益或关系，并处理违规后果。

2. 考虑是否存在适用于该违规行为的法律法规，如果存在，遵守该法律法规的规定并考虑向相关监管机构报告该违规行为。

3. 按照会计师事务所的政策和程序，立即就该违规行为与下列人员沟通：

（1）项目合伙人；

（2）负责独立性相关政策和程序的人员；

（3）会计师事务所和网络中的其他相关人员；

（4）根据职业道德守则的要求需要采取适当行动的人员。

4. 评价违规行为的严重程度及其对会计师事务所的客观公正和出具审计报告能力的影响。

5. 根据违规行为的严重程度，确定是否终止审计业务，或者是否能够采取适当行动以妥善处理违规后果。

（四）专业胜任能力和勤勉尽责

专业胜任能力原则要求注册会计师应当通过教育、培训和执业实践获取并保持应有的专业知识和技能，通过持续了解并掌握当前法律、技术和实务的发展变化，将专业知识和技能始终保持在应有的水平，确保为客户提供具有专业水准的服务。在运用专业知识和技能时，注册会计师应当合理运用职业判断。

勤勉尽责要求注册会计师应当勤勉尽责，即遵守职业准则的要求并保持应有的职业怀疑，认真、全面、及时地完成工作任务。注册会计师应当采取适当措施，确保在其授权下从事专业服务的人员得到应有的培训和督导。在适当时，注册会计师应当使客户或专业服务的其他使用者了解专业服务的固有局限。

【思维小课堂】

志之所趋，无远弗届，穷山距海，不能限也。

——《格言联璧》

一个人如果有足够的志向，他要到达的地方不论多远，他最终都能到达，即使是极高的山、极辽阔的海，也不能限制他前进。要保持初生牛犊不怕虎的劲头，不懂就学，不会就练，没有条件就努力创造条件。对想做爱做的事要敢试敢为，努力从无到有、从小到大，把理想变为现实。敢于做先锋，而不做过客、当看客。

（五）保密

保密原则要求注册会计师应当对职业活动中获知的涉密信息保密，如果注册会计师遵循保密原则，信息提供者通常可以放心地向注册会计师提供其从事职业活动所需的信息，而不必担心该信息被其他方获知，这有利于注册会计师更好地维护公众利益。应当遵守下列要求：

（1）警觉无意中泄密的可能性，包括在社会交往中无意中泄密的可能性，特别要警觉无意中向关系密切的商业伙伴或近亲属泄密的可能性；

（2）对所在会计师事务所内部的涉密信息保密；

（3）对职业活动中获知的涉及国家安全的信息保密；

（4）对拟承接的客户向其披露的涉密信息保密；

（5）在未经客户授权的情况下，不得向会计师事务所以外的第三方披露其所获知的涉密信息，除非法律法规或职业准则规定注册会计师在这种情况下有权利或义务进行披露；

（6）不得利用因职业关系而获知的涉密信息为自己或第三方谋取利益；

（7）不得在职业关系结束后利用或披露因该职业关系获知的涉密信息；

（8）采取适当措施，确保下级员工以及为注册会计师提供建议和帮助的人员履行保密义务。

在终止与客户的关系后，注册会计师应当对以前职业活动中获知的涉密信息保密。如果变更工作单位或获得新客户，注册会计师可以利用以前的经验，但不得利用或披露以前职业活动中获知的涉密信息。在下列情况下，注册会计师可能会被要求披露涉密信息，或者披露涉密信息是适当的，不被视为违反保密原则。

（1）法律法规要求披露，例如为法律诉讼准备文件或提供其他证据，或者向适当机构报告发现的违反法律法规行为。

（2）法律法规允许披露，并取得了客户的授权。

（3）注册会计师有职业义务或权利进行披露，且法律法规未予禁止，主要包括的情形有：接受注册会计师协会或监管机构的执业质量检查；答复注册会计师协会或监管机构的询问或调查；在法律诉讼、仲裁中维护自身的合法权益；遵守职业准则的要求，包括职业道德要求；法律法规和职业准则规定的其他情形。

注册会计师在决定是否披露涉密信息时，需要考虑的因素包括：客户同意披露的涉密信息，法律法规是否禁止披露；如果客户同意注册会计师披露涉密信息，这种披露是否可能损害相关人的利益；是否已在可行的范围内了解和证实了所有相关信息，信息是否完整；信息披露的方式和对象，包括披露对象是否恰当；可能承担的法律责任和后果。

【思维小课堂】

夫事以密成，语以泄败。未必其身泄之也，而语及所匿之事，如此者身危。

——《韩非子·说难》

即凡事要守密才能成功，泄密必然失败。泄密未必是主动的意愿，往往是言谈中无意地说出要保密的事，这样做会危及自身安全。由于审计工作的特殊性，审计人员更要注重保密原则的执行。

（六）良好职业行为

良好职业行为原则要求注册会计师遵循良好职业行为原则，爱岗敬业，遵守相关法律法规，避免发生任何可能损害职业声誉的行为。注册会计师不得在明知的情况下，从事任何可能损害诚信原则、客观公正原则或良好职业声誉，从而可能违反职业道德基本原则的业务、职务或活动。注册会计师在向公众传递信息以及推介自己的工作时，应当客观、真实、得体，不得损害职业形象。同时，注册会计师应当诚实、实事求是，不得夸大宣传提供的服务、拥有的资质或获得的经验，不得贬低或无根据地比较他人的工作。

【思维小课堂】

道虽迩，不行不至。事虽小，不为不成。

——《荀子·修身》

即使是再近的路，不走也不能到达；即使是再小的事，不去做也不可能完成。对于审计工作中的很多细节，注册会计师必须严格执行相关的审计程序，才能有效降低审计风险，放任不管可能会酿成大错。

二、职业道德概念框架

职业道德概念框架是指解决职业道德问题的思路和方法，用以指导注册会计师识别对职业道德基本原则的不利影响，评价不利影响的严重程度，以及必要时采取防范措施消除不利影响或将其降低至可接受的水平。

职业道德概念框架适用于各种可能对职业道德基本原则产生不利影响的情形。注册会计师遇到的许多情形（如职业活动、利益和关系）都可能对职业道德基本原则产生不利影响，职业道德概念框架旨在帮助注册会计师应对这些不利影响。由于实务中的情形多种多样且层出不穷，职业道德基本原则不可能对所有情形都作出明确规定，注册会计师如果遇到未作出明确规定的情形，应当运用职业道德概念框架识别、评价和应对各种可能产生的不利影响，而不能想当然地认为未明确禁止的情形就是允许的。

注册会计师在运用职业道德概念框架时，应当运用职业判断。如果发现存在可能违反职业道德基本原则的情形，注册会计师应当评价其对职业道德基本原则的不利影响。在评价不利影响的严重程度时，注册会计师应当从性质和数量两个方面予以考虑。如果认为对职业道德基本原则的不利影响超出可接受的水平，注册会计师应当确定是否能够采取防范措施消除不利影响或将其降低至可接受的水平。

（一）对遵循职业道德基本原则产生不利影响的因素

注册会计师对职业道德基本原则的遵循可能受到多种因素的不利影响，不利影响的性质和严重程度随注册会计师业务的性质和工作任务的不同而不同。可能对职业道德基本原则产生不利影响的因素包括自身利益、自我评价、过度推介、密切关系和外在压力。

1. 自身利益导致的不利影响。因自身利益产生的不利影响，是指由于某项经济利益或其他利益可能不当影响注册会计师的判断或行为，而对职业道德基本原则产生的不利影响。这种不利影响的例子包括：注册会计师在客户中拥有直接经济利益；会计师事务所的收入过分依赖某一客户；会计师事务所以较低的报价获得新业务，而该报价过低，可能导致注册会计师难以按照适用的职业准则要求执行业务；注册会计师与客户之间存在密切的商业关系；注册会计师能够接触到涉密信息，而该涉密信息可能被用于谋取个人私利；注册会计师在评价所在会计师事务所以往提供的专业服务时，发现了重大错误。

2. 自我评价导致的不利影响。因自我评价产生的不利影响，是指注册会计师在执行当前业务的过程中，其判断需要依赖其本人或所在会计师事务所以往执行业务时作出的判断或得出的结论，而该注册会计师可能不恰当地评价这些以往的判断或结论，从而对职业道德基本原则产生的不利影响。这种不利影响的例子包括：注册会计师在对客户提供财务系统的设计或实施服务后，又对该系统的运行有效性出具鉴证报告；注册会计师为客户编制用于生成有关记录的原始数据，而这些记录是鉴证业务的对象。

3. 过度推介导致的不利影响。因过度推介产生的不利影响，是指注册会计师倾向客户的立场，导致该注册会计师的客观公正原则受到损害而产生的不利影响。这种不利影响的例子包括：注册会计师推介客户的产品、股份或其他利益；当客户与第三方发生诉讼或纠纷时，注册会计师为该客户辩护；注册会计师站在客户的立场上影响某项法律法规的制定。

4. 密切关系导致的不利影响。因密切关系产生的不利影响，是指注册会计师由于与客户存在长期或密切的关系，导致过于偏向客户的利益或过于认可客户的工作，从而对职业道德基本原则产生的不利影响。这种不利影响的例子包括：审计项目团队成员的主要近亲属或其他近亲属担任审计客户的董事或高级管理人员；鉴证客户的董事、高级管理人员，或所处职位能够对鉴证对象施加重大影响的员工，最近曾担任注册会计师所在会计师事务所的项目合伙人；审计项目团队成员与审计客户之间长期存在业务关系。

5. 外在压力导致的不利影响。因外在压力产生的不利影响，是指注册会计师迫于实际存在的或可感知到的压力，导致无法客观行事而对职业道德基本原则产生的不利影响。这种不利影响的例子包括：注册会计师因对专业事项持有不同意见而受到客户解除业务关系或被会计师事务所解雇的威胁；由于客户对所沟通的事项更具有专长，注册会计师面临服从该客户判断的压力；注册会计师被告知，除非其同意审计客户某项不恰当的会计处理，否则计划中的晋升将受到影响；注册会计师接受了客户赠予的重要礼品，并被威胁将公开其收受礼品的事情。

（二）应对不利影响的防范措施

防范措施是指注册会计师为了将对职业道德基本原则的不利影响有效降低至可接受的水平而采取的行动。防范措施随事实和情况的不同而有所不同。

在特定情况下可能能够应对不利影响的防范措施包括：向已承接的项目分配更多时间和有胜任能力的人员，可能能够应对因自身利益产生的不利影响；由项目组以外的适当复核人员复核已执行的工作或在必要时提供建议，可能能够应对因自我评价产生的不利影响；向鉴证客户提供非鉴证服务时，指派鉴证业务项目团队以外的其他合伙人和项目组，并确保鉴证业务项目组和非鉴证业务项目组分别向各自的业务主管报告工作，可能能够应对因自我评价、过度推介或密切关系产生的不利影响；由其他会计师事务所执行或重新执行业务的某些部分，可能能够应对因自身利益、自我评价、过度推介、密切关系或外在压力产生的不利影响；由不同项目组分别应对具有保密性质的事项，可能能够应对因自身利益产生的不利影响。

注册会计师应当就其已采取或拟采取的行动是否能够消除不利影响或将其降低至可接受的水平形成总体结论。

注册会计师的法律责任

第三节 注册会计师法律责任

注册会计师法律责任是指注册会计师因违约、过失或欺诈，对委托人或第三方造成损害，按照相关法律法规规定应承担的法律后果。

一、注册会计师法律责任的认定

（一）违约

违约是指注册会计师在执行审计或其他鉴证业务时，未能达到签订的合同条款要求，当违约给他人造成损失时，注册会计师应负违约责任。例如，注册会计师违反了合同中保密的条款，或未能在合同规定的时间完成预定的合同内容等。

（二）过失

过失是指注册会计师在从事审计或其他鉴证业务时没有保持应有的职业谨慎。评价注册会计师的过失，是以其他合格注册会计师在相同条件下可做到的职业谨慎为标准的。当过失给他人造成损失时，注册会计师应负过失责任。通常将过失按其不同严重程度分为普通过失和重大过失。

普通过失通常是指没有保持职业上应有的合理的谨慎，对注册会计师而言是指没有完全遵循执业准则的要求。如未对特定审计项目获取充分、适当的审计证据就出具审计报告，可视为一般过失。

重大过失是指连基本的职业谨慎都没有保持，对注册会计师而言，则是指根本没有遵循执业准则或没有按照执业准则的基本要求执行审计。

（三）欺诈

欺诈又称舞弊，是指以欺骗或坑害他人为目的的故意的错误行为。具有不良动机是欺诈的重要特征，也是欺诈与普通过失和重大过失的主要区别之一。对于注册会计师而言，明知委托单位有严重违反财经法纪的错报事实，却掩盖事实，出具无保留意见的审计报告，可视为欺诈。

与欺诈相关的另外一个概念是“推定欺诈”，又称“涉嫌欺诈”，是指虽无故意欺诈或是坑害他人的动机，但却存在极端或异常的过失。推定欺诈和重大过失这两个概念的界限往往很难界定，特别是近年来有些法院放宽了“欺诈”一词的范围，使得推定欺诈和欺诈在法律上成为等效的概念。

二、注册会计师承担法律责任的种类

注册会计师因违约、过失或欺诈给被审计单位或其他利害关系人造成损失的，按

照有关法律和规定，可能被判承担行政责任、民事责任或刑事责任。

（一）行政责任

行政责任是指注册会计师由于行政违法而应承担的法律后果。行政责任对于注册会计师而言，包括警告、暂停执业、吊销注册会计师证书等；对于会计师事务所而言，包括警告、没收违法所得、罚款、暂停执业、撤销等。

（二）民事责任

民事责任是指注册会计师由于民事违法而应承担的法律后果。我国注册会计师承担的民事责任形式主要有赔偿损失、支付违约金、消除影响、恢复名誉、赔礼道歉等形式。

（三）刑事责任

刑事责任是指注册会计师由于违反国家的法律、法规，情节严重，构成刑事犯罪行为而应承担的法律后果。刑事责任可分为主刑和附加刑。主刑包括管制、拘役、有期徒刑、无期徒刑、死刑等；附加刑包括罚金、剥夺政治权利、没收财产等。一般来说，因违约和过失可能使注册会计师承担行政责任和民事责任，而欺诈可能会使其承担民事责任和刑事责任。

三、注册会计师法律责任的防范措施

注册会计师的职业性质决定了注册会计师行业容易遭受法律诉讼，注册会计师要避免法律诉讼，就必须在执业过程中遵循审计执业准则和有关法律法规的要求，尽量减轻自己的责任，尽力减少或避免法律诉讼。

注册会计师规避法律责任的具体措施可以概括为以下几点：严格遵循职业道德和执业准则的要求；建立、健全会计师事务所质量控制制度；谨慎选择被审计单位；深入了解被审计单位业务；严格签订审计业务约定书；招收合格的助理人员；聘请熟悉注册会计师法律责任的律师。

【思维小课堂】

职业道德歌

沿着爱岗敬业汗珠跳跃的谱线，放歌爱得热烈爱得无私自然，面对诚实守信奉献社会的机缘，珍惜服务群众的金色华年，做人一地肝胆，做事一心实干，兢兢业业翻新诺言，办事公道正直，天平托起两边，真诚担当是铁肩。

看职业万般，汗水有苦有甜，立足脚下的岗位，追赶那日月旋转，态度决定一切，好的建设者永不自满，自信一生发光发热二百年。

（资料来源：如传双《歌诗谣》之二百）

自学测评

一、单项选择题

1. 下列关于注册会计师职业道德基本原则的相关说法中，正确的是（　　）。

A. 注册会计师执行任何业务，都必须诚信、满足独立性要求、客观公正、具有专业胜任能力、保持应有的关注、遵守保密原则等

B. 为了获得新客户，注册会计师可以利用以前的经验，并适当披露以前职业活动中获知的涉密信息

C. 根据法律法规的要求，为法律诉讼、仲裁准备文件或提供证据时，可以披露客户信息

D. 对于客户涉密信息，未经客户的许可不在会计师事务所以外共享该信息，但不影响其在所内广泛共享该信息

2. （　　）是指注册会计师在执行审计业务时，未能达到签订的合同条款要求给他人造成损失时，注册会计师应负的法律责任。

A. 过失　　B. 违约　　C. 欺诈　　D. 错误

3. 对注册会计师而言，没有完全遵循执业准则的要求执行审计程序。如未对特定审计项目获取充分、适当的审计证据就出具审计报告，可认定为（　　）。

A. 普通过失　　B. 违约　　C. 欺诈　　D. 重大过失

4. 下列各项中不会对注册会计师职业道德产生不利影响的是（　　）。

A. 注册会计师在客户中拥有直接经济利益

B. 注册会计师与客户之间存在密切的商业关系

C. 注册会计师对接触到的涉密信息严格保密

D. 注册会计师接受客户赠予的重要礼品

二、多项选择题

1. 我国注册会计师的过失责任按其过失程度可分为（　　）。

A. 普通过失　　B. 违约　　C. 重大过失　　D. 欺诈

2. 注册会计师法律责任预防的具体措施包括（　　）。

A. 严格签订业务约定书　　B. 谨慎选择被审计单位

C. 深入了解被审计单位业务　　D. 聘请懂行的律师

3. 可能对注册会计师职业道德基本原则产生不利影响的因素包括（　　）。

A. 自身利益　　B. 自我评价　　C. 过度推介　　D. 密切关系

4. 下列有关注册会计师职业道德的相关说法中，正确的有（　　）。

A. 注册会计师应当遵守诚信、客观和公正原则，在执行审计和审阅以及其他鉴证业务时保持独立性

B. 注册会计师应当获取和保持专业胜任能力，保持应有的关注，勤勉尽责

C. 注册会计师应当履行保密义务，对职业活动中获知的涉密信息保密

D. 注册会计师应当维护职业声誉，树立良好的职业形象

三、判断题

1. 注册会计师可以利用审计业务中获悉涉密信息谋取私利。 （ ）

2. 审计项目团队成员的主要近亲属或其他近亲属不可以担任审计客户的董事或高级管理人员。 （ ）

3. 职业道德概念框架中对各种可能影响注册会计师职业道德基本原则的情形作出明确规定，那么未明确禁止的情形就是允许的。 （ ）

4. 任何情况下，注册会计师都不允许披露审计活动中获悉的涉密信息。 （ ）

第三章 审计目标与审计过程

【知识目标】

1. 能够说出财务报表审计的审计总体目标；
2. 能够说出交易或事项、账户余额、列报相关的审计具体目标；
3. 能够解释管理层认定的含义与内容；
4. 能够总结总体审计目标、管理层认定与审计具体目标的关系；
5. 能够重述审计过程。

【技能目标】

1. 能够精准判断违反管理层认定的情况；
2. 能够推断管理层认定与审计程序的对应关系。

【思维目标】

1. 树立审计的整体思维，建立财务报表审计系统化思维；
2. 关注注册会计师行业，具有社会利益为先的理想信念，具备社会责任感与维护社会经济秩序的使命感。

【导入案例】

经审查查明，万隆所在对金荔科技2006年年度报告审计过程中未勤勉尽责，未按照中国注册会计师执业准则规定的程序审计，未对所依据文件资料内容的真实性、准确性、完整性进行核查和验证，出具了含有虚假内容的审计报告。具体行为如下：

1. 万隆所对金荔科技2006年度会计报表审计建立在金荔科技完成资产置换、实现重组的基础上。在审计报告日前金荔科技没有完成资产置换，业务环境已发生变化的情况下，万隆所没有修改其审计策略，在审计过程中忽略了对风险的再评估。其行为不符合《中国注册会计师鉴证业务基本准则》第十三条和第五十六条的规定。

2. 万隆所在对金荔科技进行2006年年度报告审计时，没有制订具体审计计划，没有安排项目组讨论，存在审计内部控制上的重大遗漏。其行为不符合《中国注册会计师审计准则第1201号——计划审计工作》第十三条的规定。

3. 万隆所以“避免公司退市”作为审计目的，偏离了财务报表审计目标，不符合《中国注册会计师审计准则第1101号——财务报表审计的目标和一般原则》第四条和第六条的规定。

（资料来源：中国证券监督管理委员会行政复议决定书（卫宗泙）[EB/OL]. 中国证监会官网，http://www.csrc.gov.cn/csrc/c105938/c1044400/content.shtml，2010-06-17）

思考：1. 财务报表审计的目标是什么？

2. 为什么要在审计过程中对风险再评估？

第一节 审计目标

审计目标是指人们通过审计实践活动所期望达到的理想境界或最终结果。审计目标规定了审计的基本任务，决定了审计的基本过程和应办理的审计手续。审计目标的确定，除受审计对象的制约以外，还取决于审计种类、审计基本职能和审计授权者或委托者对审计工作的要求。审计目标包括审计总体目标和审计具体目标。

审计目标的含义和内容

一、审计总体目标

审计总体目标是注册会计师所要达到的目的和要求。审计的目的是提高财务报表预期使用者对财务报表的信赖程度。这一目的可以通过注册会计师对财务报表是否在所有重大方面按照适用的财务报告编制基础编制发表审计意见得以实现。

《中国注册会计师审计准则第 1101 号——注册会计师的总体目标和审计工作的基本要求》规定，在执行财务报表审计工作时，注册会计师的总体目标是：

（1）对财务报表整体是否不存在由于舞弊或错误导致的重大错报获取合理保证，使得注册会计师能够对财务报表是否在所有重大方面按照适用的财务报告编制基础编制发表审计意见；

（2）按照审计准则的规定，根据审计结果对财务报表出具审计报告，并与管理层和治理层沟通。

该准则同时规定，在任何情况下，如果不能获取合理保证，并且在审计报告中发表保留意见也不足以实现向财务报表预期使用者报告的目的，注册会计师应当按照审计准则的规定出具无法表示意见的审计报告，或者在法律法规允许的情况下终止审计业务或解除业务约定。由此可见，审计的总体目标是注册会计师获取充分、适当的审计证据，为针对被审计单位财务报表是否在所有重大方面按照财务报告编制基础编制并实现公允反映提供合理保证。

二、认定和审计具体目标

审计具体目标是审计总体目标的具体化。审计总体目标的实现有赖于财务报表各项目审计具体目标的实现。审计具体目标就是对管理层认定的再认定。

管理层认定的含义和内容

（一）认定

认定是指管理层针对财务报表要素的确认、计量和列报（包括披露）作出的一系列明确或暗含的意思表达。认定体现于财务报表反映的信息中。

1. 关于各类交易、事项及相关披露的认定。关于所审计期间各类交易、事项及相关披露的认定反映的是企业在一定期间内所开展经营活动及其成果的信息，通常对应利润表账户。

（1）发生——记录或披露的交易和事项已发生，且这些交易和事项与被审计单位有关；

（2）完整性——所有应当记录的交易和事项均已记录，所有应当包括在财务报表中的相关披露均已包括；

（3）准确性——与记录的交易和事项有关的金额及其他数据已恰当记录，相关披露已得到恰当计量和描述；

（4）截止——交易和事项已记录于正确的会计期间；

（5）分类——交易和事项已记录于恰当的账户；

（6）列报——交易和事项已被恰当地汇总或分解且表述清楚，依据适用的财务报告编制基础，相关披露是相关的、可理解的。

2. 关于期末账户余额及相关披露的认定。关于期末账户余额及相关披露的认定反映的是企业截至特定时点的账户余额信息，通常对应资产负债表账户。

（1）存在——记录的资产、负债和所有者权益是存在的；

（2）权利和义务——记录的资产由被审计单位拥有或控制，记录的负债是被审计单位应当履行的偿还义务；

（3）完整性——所有应当记录的资产、负债和所有者权益均已记录，所有应当包括在财务报表中的相关披露均已包括；

（4）准确性、计价和分摊——资产、负债和所有者权益以恰当的金额包括在财务报表中，与之相关的计价或分摊调整已恰当记录，相关披露已得到恰当计量和描述；

（5）分类——资产、负债和所有者权益已记录于恰当的账户；

（6）列报——资产、负债和所有者权益已被恰当地汇总或分解且表述清楚，依据适用的财务报告编制基础，相关披露是相关的、可理解的。

（二）审计具体目标

注册会计师运用交易、账户余额、列报和披露认定，来确定每个报表项目的审计具体目标，考虑可能发生的错报类型，评估重大错报风险以及设计、实施进一步审计程序。

1. 与所审计期间各类交易、事项及相关披露认定有关的审计具体目标。

（1）发生。由发生认定推导的审计目标是确认已记录的交易是真实发生的。利润表组成要素的高估（即多记）与发生认定的审计目标相关。例如，如果没有发生销售交易，却在销售明细账中记录了这笔销售收入，就违反了该目标。

（2）完整性。由完整性认定推导的审计目标是确认所有已发生的交易和事项是否都已记录。与发生目标相反，利润表组成要素的低估（即漏记）与完整性有关。例如，如果发生了一笔销售交易，却没有在销售明细账和总账中记录这笔交易，就违反了该目标。

（3）准确性。由准确性认定推导的审计目标是确认已记录的交易是按正确金额反映的。例如，对销售交易而言，开账单时使用了错误的销售价格、账单中的乘积或加总有误、在销售明细账中记录了错误的金额，都违反了该目标。

（4）截止。由截止认定推导的审计目标是确认接近资产负债表日的交易记录于恰当的期间。例如，将在本期销售但于下期收到款项的一笔业务收入确认为下期的销售收入，就违反了这一目标。因此，注册会计师必须对各交易事项的入账时间进行截止测试，确定被审计单位在会计上记录和确认交易事项的时间是恰当的。

（5）分类。由分类认定推导的审计目标是确认被审计单位记录的交易经过适当分类。例如，将出售经营性固定资产所得的收入记录为营业收入，就违反了这一目标。

（6）列报。由列报认定推导的审计目标是确认被审计单位的交易和事项已被恰当地汇总或分解且表述清楚，相关披露在适用的财务报告编制基础上是相关的、可理解的。

2. 与期末账户余额及相关披露认定有关的审计具体目标。

（1）存在。由存在认定推导的审计目标是确认资产负债表上表述的各项资产、负债和权益账户的余额在资产负债表日是否存在。该目标主要与虚增资产、高估负债有关。例如，如果在存货的期末余额中存在某项材料，但仓库中实际并没有这项材料，就违反了这一目标。

（2）权利和义务。由权利和义务认定推导的审计目标是确认资产是属于被审计单位的权利，负债是属于被审计单位的义务。例如，将经营租入的生产设备计入固定资产项目，就违反了权利目标；将已还清的应付账款仍记录在应付账款总账中，则违反了义务目标。因此，对于被审计单位的资产和负债项目，注册会计师除了要检查其存在认定外，还必须确定被审计单位对这些资产和负债所拥有的权利与义务。

（3）完整性。由完整性认定推导的审计目标是确认所有应当列入的金额是否均已列入。例如，存在对某客户的应付账款，但在应付账款明细表中却没有记录对该客户的应付账款，就违反了这一目标。

（4）准确性、计价和分摊。由准确性、计价和分摊认定推导的审计目标是确认资产、负债和所有者权益以恰当的金额包括在财务报表中，与之相关的计价或分摊调整已恰当记录。也就是说，报表上所有项目的金额必须符合企业会计准则的具体要求。

（5）分类。由分类认定推导的审计目标是确认资产、负债和所有者权益已记录于恰当的账户。

（6）列报。由列报认定推导的审计目标是资产、负债和所有者权益已被恰当地汇总或分解且表述清楚，相关披露在适用的财务报表编制基础上是相关的、可理解的。

如表 3－1 所示，可以看出，被审计单位的认定是确定审计具体目标的基础，在审计过程中，注册会计师通常需要将被审计单位的有关认定转化为通过有关审计程序可以实现的具体目标。针对具体项目的有关认定，注册会计师应相应确认一项或多项审计目标，并通过执行有关的审计程序，获得充分、适当的审计证据，进而实现审计总体目标，完成审计工作。

表 3－1　　认定、审计目标和审计程序之间的关系举例

认定	审计目标	审计程序
存在	资产负债表列示的存货存在	实施存货监盘程序
完整性	销售收入包括了所有已发货的交易	检查发货单和销售发票的编号以及销售明细账
准确性	销售业务是否基于正确的价格和数量，计算是否准确	比较价格清单与发票上的价格、发货单与销售订购单上的数量是否一致，重新计算发票上的金额
截止	销售业务记录在恰当的期间	比较上一年度最后几天和下一年度最初几天的发货单日期与记账日期
权利和义务	资产负债表中的固定资产确实为公司所有	查阅所有权证书、购货合同、结算单和保险单
准确性、计价和分摊	以净值记录应收款项	检查应收账款账龄分析表，评估计提的坏账准备是否充足

【思维小课堂】

审计工作像一场马拉松跑步

山田本一是日本著名的马拉松运动员。他曾在 1984 年和 1987 年的国际马拉松比赛中两次夺得世界冠军。山田本一在自传中对夺冠的原因写道："每次比赛之前，我都要乘车把比赛的路线仔细地看一遍，并把沿途比较醒目的标志画下来，比如第一标志是银行；第二标志是一棵古怪的大树；第三标志是一座高楼……这样一直画到赛程的结束。

比赛开始后，我就以百米的速度奋力地向第一个目标冲去，到达第一个目标后，我又以同样的速度向第二个目标冲去。40 多公里的赛程，被我分解成几个小目标，跑起来就轻松多了。开始我把我的目标定在终点线的旗帜上，结果当我跑到十几公里的时候就疲惫不堪了，因为我被前面那段遥远的路吓到了。"

在审计工作中既要制定总体审计目标，又要制定具体审计目标，总体审计目标的实现要依靠一个个可执行的具体审计目标的实现。

第二节　审计过程

审计程序概述（审计过程）

审计过程是指审计组织及注册会计师在从承接审计业务至审计业务完成过程中采取的系统性工作步骤。

一、初步业务活动

注册会计师应当在本期审计业务开始时开展下列初步业务活动。

（一）针对客户关系和审计业务的接受与保持实施相应的质量控制程序

客户关系和审计业务的接受与保持是会计师事务所进行审计风险和审计质量控制的起点，会计师事务所应在具备执行审计业务能力的基础上，针对业务的性质和具体情况以及客户（包括客户的管理层和治理层）的诚信和道德价值观获取充分信息支持客户关系和审计业务的接受与保持。

会计师事务所应当在客户关系和具体业务的接受与保持方面树立风险意识，确保项目风险评估真实、到位。对于在客户关系和具体业务的接受与保持方面具有较高风险的客户，会计师事务所应当设计和实施专门的质量管理程序，如加强与前任注册会计师的沟通、与相关监管机构沟通、访谈拟承接客户以了解有关情况、加强内部质量复核等。对于从其他会计师事务所转入人员带来的客户，会计师事务所应当严格执行与客户关系和具体业务的接受与保持相关的程序，审慎承接新客户。

会计师事务所应当制定针对客户关系和具体业务的接受与保持的政策和程序，在全所范围内统一决策。在决策时，会计师事务所应当充分考虑相关职业道德要求、管理层和治理层（如适用）的诚信状况、业务风险以及是否具备执行业务必要的时间和资源，审慎作出承接与保持的决策。项目合伙人应当确定会计师事务所就客户关系和审计业务的接受与保持制定的政策和程序已得到遵守，并且得出的相关结论是适当的。下列信息可能有助于审计项目合伙人确定针对客户关系和审计业务的接受与保持得出的结论是否适当。

（1）被审计单位的主要所有者、实际控制人、关键管理层、治理层的诚信状况和道德价值观；

（2）是否具备充分、适当的资源以执行该审计项目；

（3）被审计单位管理层和治理层是否认可其与该审计项目相关的责任；

（4）审计项目组是否具备足够的胜任能力，包括充足的时间以执行该审计项目；

（5）本期或以前期间审计中发现的重大事项是否影响该审计业务的保持。

（二）评价遵守相关职业道德要求（包括独立性要求）的情况

会计师事务所具备法律法规和职业准则规定执行业务的能力，是会计师事务所客户关系和审计业务的接受与保持的重要条件，所以在初步业务活动中，注册会计师不仅要对客户的审计风险进行评价，也需要对自身的独立性及专业胜任能力进行评估。会计师事务所应当制定政策和程序，委派具有足够专业胜任能力、时间，并且无不良执业诚信记录的项目合伙人执行业务。会计师事务所对自身的评价包括对自身专业胜任能力的评价和对独立性的评价。

1. 对专业胜任能力的评价。对专业胜任能力的评价，包括对相关法律法规和监管要求的了解程度，对相关职业准则规定的掌握和运用情况，对客户所在行业的业务特点、发展趋势、重大风险的了解程度，以及该行业对信息技术的运用情况等。

2. 对独立性的评价。注册会计师在执行审计业务时应当遵循独立性原则，从实质上和形式上保持独立性，不得因任何利害关系影响其客观公正。评价实质上的独立性是指评价注册会计师能否不受损害职业判断因素的影响，做到诚信行事、遵循客观和公正原则以及保持职业怀疑态度；评价形式上的独立性是指注册会计师的业务实施能否使一个理性且掌握充分信息的第三方在权衡所有相关事实和情况后，认为其没有损害诚信、客观、公正原则或职业怀疑态度。

注册会计师除评价自身的独立性和专业胜任能力之外，有时还需要考虑是否能获得计算机专业技术人员以及熟悉法律、工程等方面的专家的协助，以便解决审计过程中的特殊问题。在计划利用专家工作时，审计人员应当对专家的专业胜任能力和独立性进行评价。审计人员在评价专家的专业胜任能力时，应当考虑其专业资格、专业经验与声望等；在评价专家的独立性时，应当考虑专家与被审计单位是否存在重大经济利益关系，专家及其直系亲属在被审计单位的有关部门是否任职等。除此之外，会计师事务所还应当考虑其是否有足够的时间和资源完成该客户业务委托。如果会计师事务所时间不充裕或拥有的资源不匹配，则不应接受业务委托。

（三）就审计业务条款与被审计单位达成一致意见

注册会计师只有在确认审计的前提条件存在，和管理层就审计业务约定条款达成一致意见后，才承接或保持审计业务。

1. 确认审计的前提条件。审计的前提条件是指管理层在编制财务报表时采用可接受的财务报告编制基础，以及管理层对注册会计师执行审计工作的前提的认同。审计的前提条件包括两个方面。

（1）财务报告编制基础是可接受的。注册会计师承接鉴证业务的条件之一是，《中国注册会计师鉴证业务基本准则》中提及的标准适当，且能够为预期使用者获取。适当的标准使注册会计师能够运用职业判断对鉴证对象作出合理一致的评价或计量。就审计准则而言，适用的财务报告编制基础为注册会计师提供了用以审计财务报表（包括公允反映，如相关）的标准。

注册会计师在确定被审计单位财务报告编制基础是否可接受时，通常需要考虑的相关因素包括：第一，被审计单位的性质，例如，被审计单位是商业企业、公共部门实体还是非营利组织；第二，财务报表的目的，例如，编制财务报表是用于满足广大财务报表使用者共同的财务信息需求，还是用于满足财务报表特定使用者的财务信息需求；第三，财务报表的性质，例如，财务报表是整套财务报表还是单一财务报表；第四，法律法规是否规定了适用的财务报告编制基础。

（2）就管理层的责任达成一致意见。审计准则中规定的管理层责任包括：按照适用的财务报告编制基础编制财务报表，并使其实现公允反映（如适用）；设计、执行和维护必要的内部控制，使财务报表不存在由于舞弊或错误导致的重大错报；向注册会计师提供必要的工作条件，例如允许注册会计师接触与编制财务报表相关的所有信息（如记录、文件和其他事项），向注册会计师提供审计所需要的其他信息，允许注册会计师在获取审计证据时不受限制地接触其认为必要的内部人员和其他相关人员。

在承接审计业务前，注册会计师需要与管理层就管理层认可并理解其责任达成一致意见。按照《中国注册会计师审计准则第 1341 号——书面声明》的规定，注册会计师应当要求管理层就其已履行某些责任提供书面声明。因此，注册会计师需要获取针对管理层责任的书面声明、其他审计准则要求的书面声明，以及在必要时需要获取用于支持其他审计证据（用以支持财务报表或者一项或多项具体认定）的书面声明。注册会计师需要使管理层意识到这一点，即管理层声明必要时用于支持其他审计证据。如果管理层不认可其责任，或不同意提供书面声明，注册会计师将不能获取充分、适当的审计证据。在这种情况下，注册会计师承接此类审计业务是不恰当的，除非法律法规另有规定。如果法律法规要求承接此类审计业务，注册会计师可能需要向管理层解释这种情况的重要性及其对审计报告的影响。

2. 就审计业务约定条款达成一致意见。注册会计师应当就审计业务约定条款与管理层或治理层（如适用）达成一致意见，将达成一致意见的审计业务约定条款记录于审计业务约定书或其他适当形式的书面协议中。

注册会计师开展上述初步业务活动有助于其计划审计工作，实现保持执行业务所需的独立性和能力、确定不存在因管理层诚信问题而可能影响注册会计师保持该项业务的意愿的事项、确定与被审计单位之间不存在对业务约定条款的误解等目的。

二、签订审计业务约定书

审计业务约定书是注册会计师与被审计单位签订的用以记录和确认审计业务的委托与受托关系、审计目标和范围、双方责任等事项的书面协议。在审计工作开始前，注册会计师向被审计单位致送审计业务约定书，有助于避免管理层对审计产生误解，符合被审计单位和注册会计师双方的利益。

审计业务约定书的格式和内容可能因被审计单位而异，审计业务约定书的主要内容包括：

（1）财务报表审计的目标与范围；

（2）注册会计师的责任；

（3）管理层的责任；

（4）指出用于编制财务报表所适用的财务报告编制基础；

（5）提及注册会计师拟出具审计报告的预期形式和内容，以及对在特定情况下出具的审计报告可能不同于预期形式和内容的说明。

（6）详细说明审计工作的范围，包括提及适用的法律法规、审计准则，以及注册会计师协会发布的职业道德守则和其他公告；

（7）对审计业务结果的其他沟通形式；

（8）关于注册会计师按照《中国注册会计师审计准则第 1504 号——在审计报告中沟通关键审计事项》的规定，在审计报告中沟通关键审计事项的要求；

（9）说明由于审计和内部控制的固有限制，即使审计工作按照审计准则的规定得到恰当的计划和执行，仍不可避免地存在某些重大错报未被发现的风险；

（10）计划和执行审计工作的安排，包括审计项目组的构成；

（11）预期管理层将提供书面声明；

（12）预期管理层将允许注册会计师接触管理层知悉的与财务报表编制相关的所有信息（包括与披露相关的所有信息）；

（13）管理层同意向注册会计师及时提供财务报表草稿（包括与财务报表及披露的编制相关的所有信息，无论该信息是从总账和明细账中获取，还是从总账和明细账之外的其他途径获取）和其他信息（如有），使注册会计师能够按照预定的时间表完成审计工作；

（14）管理层同意告知注册会计师在审计报告日至财务报表报出日之间注意到的可能影响财务报表的事实；

（15）收费的计算基础和收费安排；

（16）管理层确认收到审计业务约定书并同意其中的条款。

如果情况需要，审计业务约定书也可列明在某些方面对利用其他注册会计师和专家工作的安排；对审计涉及的内部审计人员和被审计单位其他员工工作的安排；在首次审计的情况下，与前任注册会计师（如存在）沟通的安排；提及或描述在法律法规或相关职业道德要求下注册会计师向被审计单位之外的适当机构报告识别出的或怀疑存在的违反法律法规行为的责任；说明对注册会计师责任可能存在的限制；注册会计师与被审计单位之间需要达成进一步协议的事项；向其他机构或人员提供审计工作底稿的义务等内容。

审计业务约定书有合同式和信函式两种，两者在格式上略有不同，但在内容上基本相同。

三、计划审计工作

计划审计工作是整个审计业务过程中一个重要的准备阶段，是对审计预期的性质、时间和范围制定总体审计策略和具体审计计划。计划审计工作因审计业务情况的变化、被审计单位的规模和复杂程度、项目组关键成员以前从被审计单位获得的经验的不同而不同，其目的是使审计工作以有效的方式得到执行。

计划审计工作对审计人员能否顺利有效地完成审计工作并控制审计风险具有重要的影响。对于审计人员而言，合理的计划审计工作，有助于关注重点领域、及时发现并纠正问题及合理组织审计工作，使审计工作更加有效。充分的审计计划有助于对项目组成员进行恰当的分工和指导、监督，并复核其工作，还有助于协调其他审计人员和专家的工作。对于任何一家审计机构或任何一个审计项目来说，不论其规模大小或业务繁简，计划审计工作都是极其重要的。

计划审计工作并非审计业务的一个孤立阶段，而是一个持续的、不断修正的过程，贯穿整个审计业务的始终。

四、识别和评估重大错报风险

注册会计师识别和评估重大错报风险，以确定用于获取充分、适当的审计证据的进一步审计程序的性质、时间安排和范围。这些证据使得注册会计师能够以可接受的审计风险的低水平对财务报表发表意见。

识别和评估重大错报风险的过程可以分为以下几个方面。

（一）在了解被审计单位及其环境的整个过程中识别风险

注册会计师对被审计单位及其环境和适用的财务报告编制基础的了解可以帮助注册会计师就可能的相关交易类别、账户余额和披露形成初步预期。这些预期的相关交易类别、账户余额和披露为注册会计师了解被审计单位信息系统的范围奠定了基础。而了解被审计单位及其环境、适用的财务报告编制基础以及被审计单位的内部控制体系是一个动态和不断修正的收集、更新与分析信息的过程，贯穿于整个审计过程的始终。因此，注册会计师的预期可能随着获取的新信息而发生变化。

注册会计师对被审计单位及其环境和适用的财务报告编制基础的了解，有助于其了解与被审计单位相关的事项和情况，并识别被审计单位在按照适用的财务报告编制基础编制财务报表时，固有风险因素怎样影响各项认定易于发生错报的可能性以及影响的程度。这些信息为注册会计师识别和评估重大错报风险提供了重要依据。

（二）识别两个层次的重大错报风险

注册会计师应当识别重大错报风险，并确定其存在于财务报表层次，还是各类交易、账户余额和披露的认定层次。

1. 识别财务报表层次的重大错报风险。财务报表层次的重大错报风险是指与财务报表整体存在广泛联系并潜在影响多项认定的风险。这种性质的风险不限定于某类交易、账户余额和披露层面的特定认定，如管理层凌驾于控制之上的风险，而在一定程度上代表了可能广泛增加认定层次重大错报风险的情况。注册会计师评价识别的风险是否与财务报表存在广泛联系，能够支持其对财务报表层次重大错报风险的评估。注册会计师可能识别出多个易于发生错报的认定，并因此影响对认定层次重大错报风险的识别和评估。例如，被审计单位面临经营亏损且资产流动性出现问题，并依赖于尚未获得保证的资金。对于识别出的财务报表层次重大错报风险，注册会计师应当从下列两方面对其进行评估，即评价这些风险对财务报表整体产生的影响；确定这些风险是否影响对认定层次风险的评估结果。注册会计师识别财务报表层次重大错报风险，确定对财务报表具有广泛的影响，应根据需要采取总体应对措施。

2. 识别认定层次重大错报风险

认定层次重大错报风险是指与财务报表整体不存在广泛联系的重大错报风险。对于识别出的认定层次重大错报风险，注册会计师应当分别评估固有风险和控制风险。

注册会计师应当通过评估错报发生的可能性和严重程度来评估固有风险。在评估时，注册会计师应当考虑：固有风险因素如何以及在何种程度上影响相关认定易于发生错报的可能性；财务报表层次重大错报风险如何以及在何种程度上影响认定层次重大错报风险中固有风险的评估。因为错报发生的可能性和严重程度综合起来的影响程度决定了所评估风险的固有风险等级，从而影响注册会计师设计进一步审计程序以应对重大错报风险。

注册会计师对测试控制运行有效性的计划基于其对控制运行有效的预期，这也是注册会计师评估控制风险的基础。对控制运行有效性的初始预期，基于注册会计师对识别的控制活动要素中的控制的设计作出的评价，以及确定这些控制是否得到执行的结果。如果控制未如预期有效运行，则注册会计师需要修正对控制风险的评估。注册会计师可以根据自身偏好的审计技术或方法，以不同的方式实施和体现对控制风险的评估。

在评估重大错报风险时，注册会计师应当确定其是否为特别风险。以下事项可能导致重大错报风险被评估为特别风险：

（1）交易具有多种可接受的会计处理方法，因此涉及主观性；

（2）会计估计具有高度估计不确定性或涉及使用复杂的模型；

（3）支持账户余额的数据收集和处理较为复杂；

（4）账户余额或定量披露涉及复杂的计算；

（5）对会计政策存在不同的理解；

（6）被审计单位业务的变化涉及会计处理发生变化，如合并和收购。

（三）考虑内部控制对评估重大错报风险的影响

报表层次的重大错报风险很可能源于薄弱的控制环境。例如，被审计单位管理层不重视内部控制，没有建立必要的政策和程序；管理层缺乏诚信；管理层经营理念过于激进。这些情况表明控制环境薄弱，可能对财务报表产生广泛影响，难以限于某类交易账户余额和披露。

有效的控制有助于防止或发现并纠正认定层次的重大错报，降低特定认定错报发生的可能性，而存在控制不当或缺乏控制，错报可能变成现实。因此在评估认定层次的重大错报风险时，要考虑控制对错报风险可能性的抵消和遏制作用。例如，将发货单与开具的销售发票核对，有助于预防销售收入完整性的认定错报。

（四）汇总识别的重大错报风险

注册会计师在综合考虑上述因素后，评估重大错报风险水平，并将识别的所有重大错报风险予以汇总，记录于审计工作底稿，以便有针对性地采取有效的应对措施。

五、应对重大错报风险

注册会计师针对评估的重大错报风险，通过设计和实施恰当的应对措施，获取充分、适当的审计证据。

（一）总体应对措施

注册会计师应当针对评估的财务报表层次重大错报风险，设计和实施总体应对措施。

（二）进一步审计程序

注册会计师应当针对评估的认定层次重大错报风险，设计和实施进一步审计程序，包括审计程序的性质、时间安排和范围。

在设计拟实施的进一步审计程序时，注册会计师应当针对每项相关交易类别、账户余额和披露，考虑评估出认定层次重大错报风险的依据，如因相关交易类别、账户余额和披露的具体特征而导致的发生错报的可能性和严重程度（即固有风险），风险评估是否考虑了应对重大错报风险的控制（即控制风险），从而要求注册会计师获取审计证据以确定控制是否有效运行，即注册会计师在确定实质性程序的性质、时间安排和范围时拟测试控制运行的有效性。注册会计师评估的风险越高，需要获取越有说服力的审计证据。

（三）控制测试

1. 控制测试的适用范围。当存在下列情形之一时，注册会计师应当设计和实施控制测试，针对控制运行的有效性，获取充分、适当的审计证据。

（1）在评估认定层次的重大错报风险时，预期控制的运行是有效的（即在确定实质性程序的性质、时间安排和范围时，注册会计师拟测试控制运行的有效性）；

（2）仅实施实质性程序并不能提供认定层次充分、适当的审计证据。

2. 控制测试的内容。在设计和实施控制测试时，注册会计师应当：

（1）将询问与其他审计程序结合使用，以获取有关控制运行有效性的审计证据；

（2）确定拟测试的控制是否依赖其他控制（间接控制），如果依赖其他控制，确定是否有必要获取支持这些间接控制有效运行的审计证据。

注册会计师获取的有关控制运行有效性的审计证据应当包括：控制在所审计期间的相关时点是如何运行的；控制是否得到一贯执行；控制由谁或以何种方式执行。

（四）实质性程序

无论评估的重大错报风险结果如何，注册会计师都应当针对所有重大类别的交易、账户余额和披露，设计及实施实质性程序。注册会计师实施的实质性程序应当包括下列与财务报表编制完成阶段相关的审计程序：将财务报表中的信息与其所依据的会计记录进行核对或调节，包括核对或调节披露中的信息，无论该信息是从总账和明细账中获取，还是从总账和明细账之外的其他途径获取；检查财务报表编制过程中作出的重大会计分录和其他调整。

需要指出的是，如果认为评估的认定层次重大错报风险是特别风险，注册会计师应当专门针对该风险实施实质性程序。

六、完成审计工作和编制审计报告

（一）完成审计工作

完成审计工作是整个审计业务过程中的最后阶段，是注册会计师在执行了对各项交易及账户余额测试后，编制和签发审计报告前进行的综合性审计测试工作。这一阶段的工作对审计报告的产生具有直接而重要的影响。通常由审计项目负责人或高级经理在资产负债表日后来执行，关注综合影响，不注重特定交易或账户余额，较多地涉及注册会计师的主观判断。

完成审计工作的主要内容包括对被审计单位持续经营的考虑、首次接受业务委托时对期初余额的审计、对期后事项与或有事项的复核、获取被审计单位管理层的书面声明、评价审计结果并复核审计工作底稿、与被审计单位沟通并确定拟出具的审计意见类型等。

【思维小课堂】

审计工作以审计目标为方向

人活着要有生活的目标：一辈子的目标，一段时间的目标，一个阶段的目标，一年的目标，一个月的目标，一个星期的目标，一天一小时一分钟的目标。

——（俄国）列夫·托尔斯泰

审计活动的全过程也要有目标，审计总体目标是大方向的指引，审计具体目标就是将审计总体目标进行分解，便于执行。

（二）编制审计报告

编制审计报告是注册会计师在评价根据审计证据得出的结论的基础上，对财务报表形成审计意见，并通过书面报告的形式清楚地表达审计意见的过程。

审计报告是指注册会计师根据审计准则的规定，在执行审计工作的基础上，对财务报表发表审计意见的书面文件。审计报告是对审计过程和审计结果的集中总结，是完成审计工作的重要标志，是审计工作的最终成果，具有法定证明效力，是审计档案的重要组成部分，也是明确注册会计师责任、发挥鉴证作用的重要条件。

自学测评

一、单项选择题

1. 下列各项中，与各类交易和事项无关的是（　　）。

A. 截止认定　　B. 存在认定　　C. 发生认定　　D. 准确性认定

2. 没有发生销售交易，却在销售日记账中记录了一笔销售收入，违反的审计认定是（　　）。

A. 发生　　B. 完整性　　C. 准确性　　D. 截止

3. 下列选项中，违反“分类”认定的是（　　）。

A. 将已发生的销售业务不登记入账

B. 把寄销商品作为自有商品记录在会计账上

C. 将现销记录为赊销，将出售固定资产的收益作为营业收入记录

D. 将接近资产负债表日的交易记录于下年度

4. 在被审计单位发生的下列事项中，违反“准确性、计价和分摊”认定的是（　　）。

A. 将应收账款420万元记为360万元

B. 将应付天成公司的款项280万元计入甲公司名下

C. 未将向外单位拆借的120万元款项列入所属项目中

D. 将经营租赁的固定资产原值80万元计入固定资产账户中

5. “发生”认定的审计目标与（　　）相关。

A. 资产负债的漏记　　B. 收入费用的漏记

C. 资产负债的多记　　D. 收入费用的多记

二、多项选择题

1. 完成审计工作阶段的主要工作包括（　　）。

A. 整理、评价审计证据　　B. 复核审计工作底稿

C. 编写审计报告　　D. 后续跟踪

2. 下面关于财务报表审计目标的说法中正确的有（　　）。

A. 财务报表审计目标之一是注册会计师通过执行审计工作，对财务报表是否按照适用的会计准则和相关会计制度的规定编制发表意见

B. 财务报表审计目标之一是注册会计师通过执行审计工作，对财务报表是否在所有重大方面公允反映被审计单位的财务状况、经营成果和现金流量发表审计意见

C. 注册会计师的审计意见旨在提高财务报表的可信赖程度

D. 审计工作可以对财务报表整体不存在重大错报提供担保

3. 注册会计师在审查上市公司财务报表的（　　）项目时，应验证“存在”认定。

A. 货币资金　　B. 应收账款　　C. 营业收入　　D. 固定资产

三、判断题

1. “完整性”认定主要与财务报表组成要素高估有关。（　　）

2. 一般地说，审计具体目标是根据被审计单位管理层认定和审计总体目标来确定的。（　　）

3. 审计总体目标是审计所要达到的目标和要求，是审计人员进行审计工作的基本原则，也是审计工作的指南和归宿。（　　）

4. 无论评估的重大错报风险结果如何，注册会计师都应当针对所有重大类别的交易、账户余额和披露，设计与实施实质性程序。（　　）

5. 了解被审计单位及其环境的过程属于对被审计单位的风险识别。（　　）

第四章　审计证据和审计工作底稿

【知识目标】

1. 能够完整阐述审计证据的分类和特征；
2. 能够独立归纳获取审计证据的程序，分析及鉴定的方法；
3. 理解阐述审计工作底稿的含义；
4. 能够总结审计工作底稿的编制、复核及归档要求。

【技能目标】

1. 能够根据审计目标获取审计证据；
2. 能够分析审计证据充分性和适当性之间的关系；
3. 能够正确编制、复核审计工作底稿，能够正确归档审计工作底稿。

【思维目标】

1. 关注科技对审计证据的影响，具有独立思考和解决问题的思维方式，增强职业判断能力，培养诚信谨慎、客观公正的职业态度；

2. 树立科学审计的理念，敢于创新，实事求是，培养认真负责的职业态度及终身学习的意识；

3. 坚持专业、细致的执业要求，具有不断提升专业技能的职业态度。

【导入案例】

案例一：云南某会计师事务所（普通合伙）雇佣其他会计师事务所合伙人冯某某复核审计工作底稿，且由冯某某执行部分审计工作。该所还存在抽查的部分审计项目未对收入、银行存款、往来款项和存货执行必要的审计程序，未获取充分适当的审计证据等其他违规行为。云南省注册会计师协会对该所及首席合伙人谭某某作出公开谴责的行业惩戒。

案例二：广州某会计师事务所有限公司未按检查要求提供审计工作底稿，涉及1 570份审计报告，占该所出具审计报告总量的85.33%，涉嫌无审计工作底稿出具审计报告。该所还存在抽查的部分审计项目未发现库存现金期末余额为负数、未实施银行函证等必要的审计程序、未获取充分适当的审计证据等其他违规行为。广东省注册会计师协会对该所及注册会计师商某某、胡某某、黄某、赵某某、张某、李某某、胡某某、陈某作出公开谴责的行业惩戒。

思考：1. 如何理解审计证据的充分性和适当性？
2. 审计工作底稿有什么作用？
3. 如何评价审计证据的充分性和适当性？

第一节　审计证据

一、审计证据的含义

审计证据的含义和类型

审计证据是指注册会计师为了得出审计结论和形成审计意见而使用的信息，包括构成财务报表基础的会计记录所含有的信息和从其他来源获取的信息。

会计记录是指对初始会计分录形成的记录和支持性记录。例如，支票、电子资金转账记录、发票和合同；总分类账、明细分类账、会计分录以及对财务报表予以调整但未在账簿中反映的其他分录；支持成本分配、计算、调节和披露的手工计算表和电子数据表。会计记录中含有的信息本身并不足以提供充分的审计证据作为对财务报表发表审计意见的基础，注册会计师还应获取用作审计证据的其他信息。可作为审计证据的其他信息主要包括：审计人员从被审计单位内部或外部获取的会计记录以外的信息，如被审计单位的会议记录、内部控制手册、询证函的回函、分析师的报告、与竞争者的比较数据等；通过询问、观察和检查等审计程序获取的信息，如通过检查存货获取存货存在的证据等；自身编制或获取的可以通过合理推断得出结论的信息，如注册会计师编制的各种计算表、分析表等。

【知识点拨】

为什么注册会计师获取财务报表依据的会计记录中包含的信息后，还需要获取其他信息呢？

对于隐蔽性较强的财务报表舞弊，高管人员直接参与的“一条龙”造假，注册会计师在审计中仅仅获取并查证企业提供的会计账簿和报表，是无法有效地查出财务报表舞弊的，还应获取并查证与企业生产经营、市场状况、行业发展、管理报告相关的其他信息，才能对会计报表整体发表意见提供合理保证。

会计记录中含有的信息和其他信息共同构成了审计证据，两者缺一不可。没有会计记录中含有的信息，审计工作将无法进行；没有其他信息，可能无法识别重大错报风险。如果不同来源、不同性质的审计证据，其反映的结果具有一致性，则可以佐证会计记录中记录的信息；如果出现不一致的情况，并且这种不一致可能是重大的，审计人员应当扩大审计程序的范围，直至不一致的问题得到解决，并针对账户余额或各类交易获得必要保证。只有将会计记录中含有的信息和其他信息结合在一起，才能将审计风险降至可接受的低水平，为注册会计师发表审计意见提供合理基础。

二、审计证据的特征

审计证据的
特征

注册会计师进行审计的目标是通过恰当的方式设计和实施审计程序，获取充分、适当的审计证据，以得出合理的结论，作为形成审计意见的基础。即审计证据必须具备充分性和适当性两大特征。

（一）充分性

审计证据的充分性是对审计证据数量的衡量。审计证据的充分性是支持注册会计师为形成合理的审计意见所需审计证据的最低数量要求。

注册会计师在判断证据是否充分时，应当考虑下列主要因素。

（1）审计风险。审计风险是由重大错报风险（即固有风险与控制风险）和检查风险构成，审计人员对重大错报风险的估计水平与所需证据的数量呈正向关系，即重大错报风险的估计水平越高，所需搜集证据的数量就越多。

（2）具体审计项目的重要程度。越重要的审计项目，需要审计证据的数量越多，因为审计人员需有足够多的证据来证明其审计结论的可靠性。

（3）审计人员的经验。审计过程中所需证据的数量也取决于审计人员的经验，拥有丰富经验的审计人员会选取更具代表性的样本，从而在选取的数量上要求更少。

（4）审计过程中是否发现错误或舞弊。如果在审计过程中发现错误或舞弊现象说明审计过程可能性下降，审计质量值得怀疑。因此，为了保证最后结果的准确，经常要增加证据的数量。

（5）审计证据的质量。审计证据质量越高，需要的审计证据可能越少。如果审计证据的质量存在缺陷，注册会计师仅靠获取更多的审计证据可能无法弥补审计证据质量上的缺陷。

（二）适当性

审计证据的适当性是对审计证据质量的衡量，即其在支持审计意见所依据的结论方面具有的相关性与可靠性。审计证据的适当性会影响其充分性。一般而言，审计证据的相关与可靠程度越高，则所需审计证据的数量就越少。相关性和可靠性是审计证据适当性的核心内容，只有相关且可靠的审计证据才是有质量的审计证据。

1. 相关性。审计证据的相关性是指用作审计证据的信息与审计程序的目的和所考虑的相关认定之间的逻辑关系。注册会计师只有获取与审计目标相关的审计证据，才能据以证明或否定被审计单位在财务报表中的相关认定。例如，注册会计师在审计过程中审计的目标是确认销售业务的完整性，则注册会计师应采用顺查法，从被审计单位的发货单中抽取一定数量的样本，检查抽取的发货单是否具有相应的销售发票副本，确定是否每张发货单均已出具发票，据以获得与审计目标相关的审计证据；如果为实现上述审计目标，注册会计师采用逆查法，查验一定样本的销售发票副本是否具有相应的发货单，则不能获得相关审计证据，无法证明被审计单位销售

审计书面资料的
顺查法
和逆查法

业务的完整性。

特定的审计程序可能只为某些认定提供相关的审计证据，而与其他认定无关。例如，检查期后应收账款收回的记录和文件可以提供有关存在和计价的审计证据，但未必提供与截止测试相关的审计证据。另外，不同来源或不同性质的审计证据可能与同一认定相关。

2. 可靠性。审计证据的可靠性是指审计证据的真实、可信程度。审计证据的可靠性受其来源和性质的影响，并取决于获取审计证据的具体环境。在判断审计证据的可靠性时，通常会依据下列惯例或原则。

（1）从被审计单位外部获取的审计证据比从内部等其他来源获取的审计证据更可靠。直接从被审计单位外部获取的审计证据可能比从其他来源获取的审计证据更可靠，如银行询证函回函比银行存款对账单更可靠；从被审计单位外部获取的审计证据可能比从内部获取的审计证据更可靠，如银行对账单比银行存款余额调节表更可靠；在被审计单位外部流转的审计证据可能比仅在被审计单位内部流转的证据更可靠，如销售发票副本比被审计单位的工资计算单更可靠。

（2）直接获取的审计证据比间接获取或推论得出的审计证据更可靠。如注册会计师通过直接观察某项控制的运行获得的审计证据比通过询问被审计单位主管人员或相关业务负责人得到的证据更加可靠。

（3）相关控制有效时内部生成的审计证据比内部控制薄弱时内部生成的审计证据更可靠。如被审计单位的内部控制健全且得到一贯执行时会计记录比被审计单位的内部控制薄弱、缺失或无效时会计记录的可靠性强。

（4）以文件记录形式（包括纸质、电子或其他介质）存在的审计证据比口头形式的审计证据更可靠，如会议的同步书面记录比事后对讨论事项进行口头表述更可靠。口头证据仅仅提供一些重要线索，可用于进一步调查确认，但其本身并不足以证明事实的真相，其真实性未能得到确认和证明。因此，口头证据往往需要得到其他相应证据的支持，才能够作为得出审计结论的依据。

（5）原件形式的审计证据比复制件形式的审计证据更可靠。即从原件获取的审计证据比从复印、传真或者通过拍摄、数字化或其他方式转化成电子形式的文件获取的审计证据更可靠。未被涂改或伪造的原件一般是真实有效的审计证据，采用这些原件可以提高证据的可信程度。

需要注意的是，如果不同来源、不同性质的审计证据不一致，注册会计师对审计证据可靠性存在疑虑等情况下，注册会计师应当确定修改或追加哪些审计程序予以解决。

【例4－1】 注册会计师小张在对ABC公司2022年度财务报表进行审计时，收集到以下5组证据：

1. 入库单与购货发票；

2. 销货发票副本与产品出库单；

3. 工资计算单与工资发放单；

4. 存货盘点表与存货监盘记录；

5. 银行询证函回函与银行对账单。

请分别说明每组审计证据中的哪项审计证据更可靠，并说明理由。

参考答案：

(1) 购货发票更可靠。理由：购货发票是外部证据，入库单是内部证据，外部证据比内部证据更可靠。

(2) 销售发票副本更可靠。理由：销售发票副本是在被审计单位外部流转的审计证据，产品出库单是在被审计单位内部流转的证据，在外部流转的证据比在内部流转的证据更可靠。

(3) 工资发放单更可靠。理由：工资发放单是在被审计单位内部多部门流转的证据，工资计算单是只在一个部门使用的证据，在多部门流转的证据比在单一部门使用的证据更可靠。

(4) 存货监盘记录更可靠。理由：存货监盘记录是注册会计师直接形成的审计证据，存货盘点表是从被审计单位获取的审计证据，注册会计师自己编制的审计证据比从被审计单位内部获取的审计证据更可靠。

(5) 银行询证函回函更可靠。理由：银行询证函回函是注册会计师直接获取的；银行对账单是从被审计单位处获取的，注册会计师直接获取的审计证据比间接获取的审计证据更可靠。

(三) 审计证据充分性与适当性之间的关系

充分性和适当性是审计证据的两个重要特征，两者缺一不可，只有依据充分且适当的审计证据才能形成准确的审计意见。注册会计师获取的审计证据数量受审计质量的影响，审计质量越高，需要的审计证据数量越少，审计证据数量无法弥补审计质量存在的缺陷。

在评价审计证据充分性和适当性时注册会计师应当考虑以下几点。

1. 对文件记录可靠性的考虑。注册会计师应当考虑用作审计证据的信息的可靠性，并考虑与这些信息生成和维护相关控制的有效性。如果在审计过程中识别出的情况使其认为文件记录可能是伪造的，或文件记录中的某些条款已发生变动，注册会计师应当作出进一步调查，包括直接向第三方询证，或考虑利用专家的工作以评价文件记录的真伪。

2. 使用被审计单位生成信息时的考虑。注册会计师为获取可靠的审计证据，实施审计程序时使用的被审计单位生成信息需要足够完整和准确。

3. 证据相互矛盾时的考虑。如果针对某项认定从不同来源获取的审计证据或获取的不同性质的审计证据能够相互印证，与该项认定相关的审计证据则具有更强的说服力。例如，注册会计师通过检查委托加工协议发现被审计单位有委托加工材料，且委托加工材料占存货比重较大，经发函询证后证实委托加工材料确实存在。委托加工协议和询证函回函这两个具有不同来源的审计证据互相印证，证明委托加工材料真实存在。

如果从不同来源获取的审计证据或获取的不同性质的审计证据不一致，表明某项审计证据可能不可靠，注册会计师应当追加必要的审计程序。延续上例，如果注册会计师发函询证后证实委托加工材料已加工完成并返回被审计单位，委托加工协议和询证函回函这两个具有不同来源的证据不一致，委托加工材料是否真实存在受到质疑。这时，注册会计师应追加审计程序，确认委托加工材料收回后是否未入库或被审计单位收回后予以销售而未入账。

4. 获取审计证据时对成本的考虑。注册会计师可以考虑获取审计证据的成本与所获取信息的有用性之间的关系，但不应以获取审计证据的困难和成本为理由减少不可替代的审计程序。在保证获取充分、适当的审计证据的前提下，控制审计成本也是会计师事务所增强竞争能力和获利能力所必需的。但为了保证得出的审计结论、形成的审计意见是恰当的，注册会计师不应将获取审计证据的成本高低和难易程度作为减少不可替代审计程序的理由。

三、审计证据的分类

审计证据可按照不同的标准或标志进行分类。

（一）按审计证据形式分类

审计证据按其形式可分为实物证据、书面证据、口头证据、环境证据和电子证据。

1. 实物证据。实物证据是注册会计师通过实地观察或清查盘点取得的，以确定相应实物资产是否确实存在的审计证据。实物证据对证实资产的存在性具有很强的证明力，但对于资产价值的大小和所有权的归属情况，还需要通过取得其他形式的审计证据方可得以完善补充。

2. 书面证据。书面证据是指注册会计师获得的各种以书面形式存在的证实经济活动的一类审计证据。这类审计证据包括各种会计记录、经济合同、有关会议记录、文件、声明书等，它既包括被审计单位的书面资料，也包括从外部单位获得的书面资料，是注册会计师收集的数量最多、来源最广的一种证据，也是审计人员形成审计结论的重要基础。

3. 口头证据。口头证据是指由注册会计师从有关人员那里得到的口头答复所形成的一类证据。例如，关于会计政策选择的理由、内部控制制度的设计和执行情况所给予注册会计师的答复。一般来说，口头证据可能带有个人主观选择和判断，可靠性较差，证明力较弱，不足以使注册会计师据此下结论，但可以提供审计线索，以利于对某些审核的情况做进一步调查。

在审计过程中，注册会计师需要对各种重要的口头证据及时形成记录，必要时应取得陈述人的签名确认。虽然口头证据可靠性较低，需要其他证据的支持和佐证，但如果不同人员对同一问题所做的口头陈述一致，口头证据具有较高可靠性。

4. 环境证据。环境证据是指对被审计单位产生影响的各种环境事实。环境证据一般包括被审单位内部控制的情况、被审计单位管理人员的素质、各种管理条件和管理水平等。环境证据可靠性较差，但可以帮助审计人员在了解被审计单位及其经济活动所处环境的基础上，合理制定审计策略和审计计划，提高审计质量和审计效率，是注册会计师进行判断所必须掌握的资料。

5. 电子证据。电子证据是指以电子形式存在的，用作证据使用的一切材料及其派生物。或者说，电子证据是借助电子技术或电子设备而形成的证据，包括电子数据、电子邮件、手机短信、通信记录、访问记录、聊天记录、网页或者网络文件、视频资料等。判断电子证据的证明力大小，主要看它在实质上的可靠程度及与待证事实的关联程度。

（二）按审计证据来源分类

审计证据按其来源可分为外部证据、内部证据和亲历证据三类。

1. 外部证据。外部证据是指从被审计单位以外的组织机构或人员处取得的审计证据。外部证据一般具有较强的证明力。外部证据又可以分为两类：一是未经被审计单位的外部证据，是指由被审计单位以外的组织机构或人员出具，并由其直接交给注册会计师的审计证据，如应收账款函证回函、被审计单位律师的证明函件、政府或民间机构发布的行业报告和统计数据；二是经过被审计单位的外部证据，即由被审计单位以外的组织机构或人员出具，为被审计单位所持有并提交给审计人员的审计证据，如银行对账单、购货发票等。

第一类审计证据因没有经过被审计单位职员之手，不存在被涂改和被伪造的可能，可靠性相对更强；第二类审计证据经由被审计单位提交给注册会计师，存在被篡改的可能，注册会计师获取这类证据中有被涂改或伪造的痕迹应予以高度关注和警觉。

2. 内部证据。内部证据是指由被审计单位内部机构或人员编制的审计证据。内部证据包括：一是在外部流转的内部证据，如销售发票，虽然由被审计单位编制，但要在被审计单位外部流转使用，得到其他单位的认可，可靠性较强；二是内部流转的内部证据，如被审计单位的会计记录、管理部门声明书等，其可靠程度依赖于被审计单位内部控制制度的有效性。

3. 亲历证据。亲历证据是指由注册会计师通过运用专业判断和相应的程序与方法，对被审计单位执行审计时亲眼目击、亲自参与或亲自动手取得的，对被审计项目的有关资料进行计算和分析而得到的证据，包括注册会计师监督财产物资盘点表，亲自动手编制的各种计算表、分析表等。对于书面证据而言，亲历证据强调的是注册会计师对有关基础证据必须进行重新加工，因而它具有较其他来源形式证据更为可靠的证明力。

（三）按照审计证据的相关程度分类

审计证据按照其相关程度可分为直接证据和间接证据。

1. 直接证据。直接证据是指对审计事项具有直接证明力，能单独、直接地证明审计事项真相的资料和事实。例如，注册会计师通过监盘获取的实物资产和现金的资料，就是证明实物资产和现金实存数的直接证据。直接证据证明力较强，注册会计师获取了直接证据，无须再收集其他证据，就能根据直接证据得出有关审计事项的结论。

2. 间接证据。间接证据，也称旁证，是指对审计事项只起间接证明作用，需要与其他证据结合起来，经过分析、判断、核实才能证明审计事项真相的资料和事实。

在审计工作中，单凭直接证据就能直接影响审计人员意见和结论的情况并不多见。因此一般情况下，除直接证据以外，往往需要一系列的间接证据才能对审计事项得出完整的结论。当然，直接证据和间接证据是相对的，仍以凭证为例，凭证对于财务报表是间接证据，而对于会计账簿则是直接证据。

四、获取审计证据的审计程序

获取审计证据的审计程序

审计程序是指获取审计证据的具体方法。在审计过程中，注册会计师可根据需要单独或综合运用审计程序，以获取充分、适当的审计证据，得出合理的审计结论，作为形成审计意见的基础。审计人员在风险评估程序、控制测试或实质性程序中可以采用的审计程序包括检查记录或文件、检查有形资产、观察、询问、函证、重新计算、重新执行和分析程序。

（一）检查记录或文件

检查记录或文件是指注册会计师对被审计单位内部或外部生成的，以纸质、电子或其他介质形式存在的记录或文件进行审查。记录和文件主要包括原始凭证、记账凭证、会计账簿、财务报表以及其他文件（如合同、会议记录、构成金融工具的股票、债券等）。

检查记录或文件的目的是对财务报表所包含或应包含的信息进行验证。例如，通过检查被审计单位销售交易的客户订购单、发货单、销售发票副本、客户验收单，注册会计师可以验证被审计单位记录的销售交易的发生、准确性和截止认定。

（二）检查有形资产

检查有形资产是指注册会计师对被审计单位的现金、存货、固定资产等实物资产进行审查。检查有形资产可为其存在认定提供可靠的审计证据，但不一定能为其权利和义务的归属、计价是否准确等提供可靠的审计证据。

（三）观察

观察是指注册会计师查看相关人员正在从事的活动或执行的程序。例如，对客户执行的存货盘点或控制活动进行观察。

观察提供的审计证据仅限于观察发生的时点，并且在相关人员已知被观察时，相关人员从事活动或执行程序可能与日常的做法不同，从而会影响注册会计师对真实情况的了解。因此，注册会计师有必要获取其他类型的佐证证据。

（四）询问

询问是指注册会计师以书面或口头的方式，向被审计单位内部或外部的知情人员获取财务信息和非财务信息，并对答复进行评价的过程。它是获取口头证据的重要方式，广泛应用于整个审计过程。

知情人员对询问的答复可能为注册会计师提供尚未获悉的信息或佐证证据，也可能提供与注册会计师已获悉信息存在重大差异的信息，注册会计师应当根据询问结果考虑修改审计程序或实施追加的审计程序。询问本身不足以发现认定层次存在的重大错报，也不足以测试内部控制运行的有效性，注册会计师还应当实施其他审计程序以获取充分、适当的审计证据。

（五）函证

函证是指注册会计师直接从第三方（被询证者）获取书面答复以作为审计证据的过程，书面答复可以采用纸质、电子或者其他介质等形式。通过函证获取的证据可靠性较高，因此，函证是受到高度重视并经常被使用的一种重要程序。

1. 函证目标。函证通常用于确认账户余额，如应收账款、银行存款；也可能用于获取不存在某些情况的审计证据，如不存在可能影响被审计单位收入确认的“背后协议”；还可能用于获取某些细节信息，如某重大交易细节、合同的细节。

2. 函证方式。函证有积极式函证和消极式函证两种。积极式函证是指要求被询证者直接向注册会计师回复，表明是否同意询证函所列示的信息，或填列所要求信息的一种询证方式。消极式函证是指要求被询证者只有在不同意询证函所列示的信息时才直接向注册会计师回复的一种询证方式。

3. 函证控制。当实施函证程序时，注册会计师应当对询证函保持控制，包括：

（1）确定需要确认或填列的信息；

（2）选择适当的被询证者；

（3）设计询证函，包括正确填列被询证者的姓名和地址，以及被询证者直接向注册会计师回函的地址等信息；

（4）发出询证函并予以跟进，必要时再次向被询证者寄发询证函。

通过函证获取的证据可靠性较高，因此，函证是受到高度重视并经常被使用的一种重要程序。

【知识点拨】

管理层要求不实施函证时的处理，注册会计师应如何处理呢？

当被审计单位管理层要求对拟函证的某些账户余额或其他信息不实施函证时，注册会计师应当考虑该项要求是否合理，并获取审计证据予以支持。如果认为管理层的要求合理，注册会计师应当实施替代审计程序，以获取与这些账户余额或其他信息相关的充分、适当的审计证据。如果认为管理层的要求不合理，且被其阻挠而无法实施函证，注册会计师应当将之视为审计范围受到限制，并考虑对审计报告可能产生的影响。

分析管理层要求不实施函证的原因时，注册会计师应当保持职业怀疑态度，并考虑：

1. 管理层是否诚信；
2. 是否可能存在重大的舞弊或错误；
3. 替代审计程序能否提供与这些账户余额或其他信息相关的充分、适当的审计证据。

（六）重新计算

重新计算是指注册会计师以人工方式或使用计算机辅助审计技术，对记录或文件中数据计算的准确性进行核对。重新计算通常包括计算销售发票和存货的总金额、加总日记账和明细账、检查折旧费用的计算、检查应纳税额的计算等。

（七）重新执行

重新执行是指注册会计师重新独立执行作为被审计单位内部控制组成部分的程序或控制。例如，注册会计师利用被审计单位的银行存款日记账和银行对账单，重新编制银行存款余额调节表，并与被审计单位编制的银行存款余额调节表进行比较，验证被审计单位银行存款对账控制的执行情况。

（八）分析程序

分析程序是指注册会计师通过研究不同财务数据之间，以及财务数据与非财务数据之间的内在关系，对财务信息作出评价。分析程序还包括在必要时调查识别出的、与其他相关信息不一致或与预期数据严重偏离的波动和关系。对于异常变动项目，注册会计师应重新考虑其所采用的审计方法是否合适；必要时，应追加适当的审计程序，以获取相应的审计证据。

一般而言，在整个审计过程中，注册会计师都将运用分析程序。按照目的不同可以分为以下三种情况。

一是用于风险评估程序，以了解被审计单位及其环境，识别那些可能表明财务报表存在重大错报风险的异常变化，进而评估重大错报风险。在风险评估过程中使用分析程序是审计准则的强制要求。

二是用于实质性程序，收集审计证据，直接识别重大错报，以适当减少细节测试的工作量，节约审计成本，降低审计风险。实质性分析程序不是必须实施的程序，并不适用于所有的财务报表认定。

三是用于审计工作临近结束时对财务报表进行总体复核。总体复核时的分析程序往往集中在财务报表层次，主要解释财务报表项目自上个会计期间以来发生的重大变化，以及正式财务报表中列报的所有信息与注册会计师对被审计单位及其环境的了解是否一致，与注册会计师取得的审计证据是否一致。在总体复核时使用分析程序也是审计准则的强制要求。

【思维小课堂】

IAASB 针对两项国际审计准则公开征求意见

国际审计与鉴证准则理事会（IAASB）正在针对国际审计准则在全球范围公开征求意见。

1. 审计证据准则。

IAASB 发布《国际审计准则第 500 号——审计证据》修订文本征求意见稿，对该准则作出重大修订。征求意见稿充分考虑了近年来审计环境方面的发展，进一步强调在获取和评价审计证据的过程中保持职业怀疑的重要性，为如何基于审计证据的性质和来源作出职业判断提供进一步指导，并进一步梳理和解释了该准则与其他准则的关系，使该准则更加易于理解、便于操作且更好地适应和运用于当前的环境。

2. 针对较不复杂实体的审计准则。

为了将国际审计准则更好地运用于较不复杂实体的审计，使准则体系更加清晰、简洁和便于理解，IAASB 针对较不复杂实体的财务报表审计新拟订了一项单独的准则。该准则在现行国际审计准则的概念框架和原则的基础上，将与较不复杂实体财务报表审计有关的所有要求整合在一项准则中。该准则前期已在全球范围公开征求意见。基于意见反馈情况及综合考虑，IAASB 针对该准则发布了一项补充文本。补充文本在原征求意见稿的基础上，主要针对与集团审计相关的内容作出一定调整和进一步指导。IAASB 针对该补充文本再次公开征求意见。

（资料来源：IAASB 针对两项国际审计准则公开征求意见［EB/OL］. 中国注册会计师协会官网，https：//www. cicpa. org. cn/xxfb/topnews/202302/t20230213_63931. html，2023－02－13）

第二节 审计工作底稿

审计工作底稿的含义及作用

一、审计工作底稿概述

（一）审计工作底稿的含义

审计工作底稿是指注册会计师对制订的审计计划、实施的审计程序、获取的相关审计证据以及得出的审计结论作出的记录。

审计工作底稿可以以纸质、电子或者其他存储介质形式存在。一般来说，审计工作底稿应包括总体审计策略、具体审计计划、分析表、问题备忘录、重大事项概要、询证函回函、管理层声明书、核对表、有关重大事项往来信件（包括电子邮件）以及对被审计单位文件记录的摘要或复印件等。

审计工作底稿是审计过程中形成的审计工作记录和获取的资料，形成于整个审计过程，是最终形成审计结论的依据。审计工作底稿的所有权属于会计师事务所。

（二）审计工作底稿的作用

审计工作底稿记录了注册会计师从接受审计委托到形成审计结论，发表审计意见的整个审计过程，是审计证据的重要载体，对整个审计工作具有十分重要的作用。

1. 审计工作底稿是出具审计报告的基础。审计工作底稿记载着审计人员对被审计单位的审计过程中所收集到的审计证据和所作出的职业判断。审计人员形成审计意见、出具审计报告必须以充分、适当的审计证据作为依据，而审计工作底稿是审计证据的载体，所以说审计工作底稿是出具审计报告的基础。

2. 审计工作底稿是明确审计责任的依据。在审计工作中，注册会计师难免会与委托人、被审计单位产生纠纷，甚至会被他们及相关的利害关系人提起诉讼，此时审计工作底稿便成为审计人员进行辩护、驳斥指控的重要工具，因为审计工作底稿可以为证明注册会计师已按照审计准则及相关法律法规的规定计划和执行了审计工作提供证据，证明其不存在过失或其他不当行为，减轻或免除注册会计师的法律责任。

3. 审计工作底稿有助于计划和执行审计工作。审计工作底稿记载了审计项目的总体审计策略和具体审计计划，以及已经执行的审计工作，审计项目组负责人可以根据审计工作底稿的记录，掌握项目组的工作进展，协调小组成员的工作，明确项目进度进一步审计程序的性质、时间和范围；项目进行过程中如发生人员变动，接续人员可以根据审计工作底稿快速熟悉业务进展，避免耽误项目进度。

4. 审计工作底稿有助于审计工作质量控制。审计工作底稿是审计工作情况的真实写照，记录了审计工作中项目组成员采用的审计方法、执行的审计程序及注册会计师的职业判断，便于会计师事务所实施项目质量复核、其他类型的项目复核以及质量管理体系中的监控活动；便于监管机构和注册会计师协会根据相关法律法规或其他相关要求，对会计师事务所实施执业质量检查。

5. 审计工作底稿对后续审计工作具有参考价值。审计工作底稿能提供永久性历史记录，包括被审计单位的股权结构、内部控制情况等重要资料，也包括注册会计师采用的审计程序和方法。这些程序和方法能够为同一审计事项再次审计提供参考，便于掌握审计重点，提高审计效率，也可以为同一性质的审计业务提供借鉴。由于审计业务具有连续性，因此，对被审计单位年度财务报表进行审计形成的审计工作底稿可以为以后年度审计计划的制订和审计工作的实施提供重要参考价值。

二、审计工作底稿的要素和编制

（一）审计工作底稿的要素

一般来说，审计工作底稿通常包括下列全部或部分要素。

1. 审计工作底稿的标题。

（1）被审计单位的名称（可简称）。

（2）审计项目名称。即某财务报表项目（或会计科目）名称或者某审计程序及实施对象的名称，如应付职工薪酬专项审计。

（3）审计项目时点或期间。即明确审计项目在时间上的截止点或时间跨度，如果是资产负债表中的项目应写明审计内容截止时间点，如果是损益类项目应写明底稿覆盖的会计期间。

2. 审计过程记录。

（1）实施的审计程序的性质、时间安排和范围，以及实施审计程序的结果和获取的审计证据。

（2）具体项目或事项的识别特征，即测试项目或事项表现出的唯一标志。根据这一识别特征可以从总体中找到该项目或事项。如对库存现金日记账进行测试，可以将金额范围作为识别特征，测试一定金额以上的所有记录。

（3）重大事项，即对整个审计工作和审计结论产生重大影响的事项。例如，无法实施重要存货的监盘、引起特别风险的事项、实施审计程序的结果（该结果表明可能存在重大错报或需要修正以前对重大错报风险的评估）、导致出具非标准审计报告的事项等。

有关重大事项的记录可能分散在审计工作底稿的不同部分，为了便于注册会计师评价重大事项对审计工作的影响，有效地复核底稿，需要将其汇总在“重大事项概要”中，并记录重大事项如何得到解决，交叉索引相关支持性审计工作底稿。

3. 审计结论。审计结论是指注册会计师通过实施必要的审计程序及获得的审计证据，对被审计事项作出职业判断，得出审计结论。注册会计师恰当地记录审计结论非常重要，这是最终对财务报表发表审计意见的基础，但要注意判断在审计工作底稿中记录的审计程序和审计证据是否足以得出相应的审计结论。

4. 审计标识及其说明。审计工作底稿中可使用各种审计标识，需要说明其含义，且保持前后一致。这些标识及其完整的含义应详细记录于审计标识一览表内以供检查、复核者正常阅读（如表4－1所示）。

表4－1　　常见的审计标识及含义

审计标识	含义	审计标识	含义
Λ	纵向加总核对	<	横向加总核对
B	与上年结存数核对一致	T	与原始凭证核对一致
G	与总分类账核对一致	S	与明细账核对一致
C	已发询证函	C\	已收回询证函
T/B	与试算平衡表核对一致	N/A	不适应

5. 索引号及页次。为了方便查找，审计工作底稿需要注明索引号及页次，以便审计工作底稿的整理、交叉索引及复核。索引号就是按照一定的规律对审计工作底稿进行的分类编号。注册会计师可以按照所记录的审计工作内容、层次进行编号，编号

具有唯一性，不允许重复。页次是同一索引号下多页审计工作底稿的顺序编号，一般以分数形式表示（如 3/6 表示本页为本索引号下 6 页底稿中的第 3 页）。页次编排时应连续。

6. 编制者姓名及编制日期。审计工作的执行人员在审计工作底稿上签名并注明完成审计工作的日期，以明确责任。

7. 复核者姓名、复核日期和范围。审计工作底稿一般都要经过复核，以保证审计质量。复核者必须在复核过的审计工作底稿上签名，注明复核日期。多级复核，每级复核者均应签名并注明复核日期。

8. 其他应说明事项。

（二）审计工作底稿的编制要求

审计工作底稿的性质

根据《中国注册会计师审计准则第 1131 号 ——审计工作底稿》应用指南要求，注册会计师应及时编制充分、适当的审计工作底稿。

注册会计师编制的审计工作底稿，应当使未曾接触该项审计工作的有经验的专业人士清楚地了解：按照审计准则和相关法律法规规定实施的审计程序的性质、时间安排和范围；实施审计程序的结果和获取的审计证据；审计中遇到的重大事项和得出的结论，以及作出的重大职业判断。

有经验的专业人士是指会计师事务所内部或外部的具有审计实务经验，并且对下列方面有合理了解的人士：审计过程；审计准则和相关法律法规的规定；被审计单位所处的经营环境；与被审计单位所处行业相关的会计和审计问题。

需要说明的是：第一，已被取代的审计工作底稿的草稿、不全面或对初步思考的记录、存在印刷错误或其他错误而作废的文本，以及重复的文件记录，不能作为审计工作底稿。第二，审计工作底稿的内容不限于注册会计师所作的记录，还可以包括其他适当的记录，如由被审计单位人员编制且注册会计师认可的会议纪要。

三、审计工作底稿的复核和归档

（一）审计工作底稿的复核

审计工作底稿由执行具体审计工作的人员填制后，负责人必须进行复核。对审计工作底稿的复核是会计师事务所进行项目质量控制的重要组成部分。审计工作底稿是审计证据的载体，是形成审计结论的依据，通过复核审计工作底稿，可以减少或消除人为审计误差，及时发现和解决问题，确保审计计划的执行，提高审计效率。会计师事务所对审计工作底稿的复核，一般分为项目经理、部门经理和主任会计师三个层次的复核，以确保审计工作质量。

项目经理复核属于详细复核，通常在每一份审计工作底稿完成后进行。复核的内容包括核实每一重要程序、步骤、数字，了解助理人员是否按规定程序、步骤进行审计，审计方法是否正确，作出判断是否正确，结论表达是否清楚等。

部门经理复核又称一般复核，通常在审计业务接近尾声时实施。复核内容一般为重要会计账项的审计、重要审计程序的执行及审计调整事项。

主任会计师复核又称重点复核，一般对审计过程中的重大会计审计问题、重大审计调整事项及重要的审计工作底稿进行复核。

（二）审计工作底稿的归档

审计工作底稿形成后，审计人员应对其进行分类、整理和归档，形成审计档案。审计工作底稿的归档期限为审计报告日后60天内。如果注册会计师未能完成审计业务，审计工作底稿的归档期限为审计业务中止后的60天内。

（三）审计工作底稿的保管

审计工作底稿的归档可分为一般档案和永久性档案两种。一般档案是与本年度审计有关的文件；永久性档案是被审计单位的组织机构、人员编制、会计核算程序、内部控制制度、生产经营状况和财务状况等方面的资料。对于一般档案，应当自审计报告日起至少保存10年；对于永久性档案，应当长期保存。如果注册会计师未能完成审计业务，会计师事务所应当自审计业务中止日起，对审计工作底稿至少保存10年。

在完成最终审计档案的归整工作后，注册会计师不得在规定的保存期届满前删除或销毁。

【思维小课堂】

压力是最高效的成长动力，创新是最美丽的锦上添花

喷泉之所以漂亮是因为它有了压力，瀑布之所以壮观是因为它没了退路。

既然选择了审计事业，就选择了奉献，选择了忙碌。审计实务包含年报审计、税务鉴证、财政资金专项审计、国有企业改制、清算审计等多种类型，涉及施工建筑、工业、商品流通、仓储物流、旅游饮食服务等各种不同行业，对专业理论水平和实务水平要求都很高，对审计出来的问题要向客户提出有建设性的整改意见和建议，所以审计工作是繁重的，压力是巨大的，除了通过工作中各种途径努力学习和钻研业务知识外，还需通过不断学习补充自己的专业能力，如可以考取税务师、注册会计师、资产评估师、高级会计师。

现在审计涉及的行业和领域更加复杂，有一些新的审计内容都面临新的挑战。为了适应市场需求，结合自身的条件可以尝试开拓投资融资、绩效考核、司法会计鉴定和管理咨询等新的业务领域。

近几年，电信诈骗、非法集资和贷款诈骗等事件频发，可以用审计的专业知识为公安机关和检察机关提供大力支持。如第21届全国青年岗位能手、辽宁某某会计师事务所有限公司副主任会计师张某在司法会计鉴定方面，主审完成了白某某非法集资、张某某贷款诈骗案等多个非法集资、贷款诈骗案件的鉴定工作，为公安机关和检察院提供了鉴定意见以作为诉讼证据。

每一个新的业务领域都是一次新的挑战，无论是心理上还是专业知识范畴，我们都需要做好十足的准备，为自己充电加油，为审计行业树威。

（资料来源：吴进．十年磨一剑 利刃秉公持——记第21届全国青年岗位能手张楠［N］．中国会计报，2022－10－21）

自学测评

一、单项选择题

1. 下列有关审计证据的说法中，错误的是（ ）。
A. 审计证据可能包括与管理层认定相矛盾的信息
B. 信息的缺乏本身不构成审计证据
C. 审计证据可能包括以前审计中获取的信息
D. 审计证据可能包括被审计单位聘请的专家编制的信息

2. 下列审计证据中，既属于书面证据，又属于内部证据的是（ ）。
A. 注册会计师编制的有关计算表　B. 应收账款函证回函
C. 银行对账单　D. 材料入库单

3. 注册会计师获取的下列以文件形式记录的证据中，证明力最强的是（ ）。
A. 应收账款回函　B. 材料出库单　C. 销货发票　D. 银行对账单

4. 审计工作底稿的所有权属于（ ）。
A. 工作底稿的编写者　B. 执行该审计项目的会计师事务所
C. 被审计单位　D. 审计项目的委托人

5. 下列有关分析程序的说法中，错误的是（ ）。
A. 注册会计师不需要在所有审计业务中运用分析程序
B. 对某些重大错报风险，分析程序可能比细节测试更有效
C. 分析程序并不适用于所有财务报表认定
D. 分析程序所使用的信息可能包括非财务数据

6. 消极式函证必须满足的条件不包括（ ）。
A. 个别账户的欠款金额较大　B. 欠款余额小的债务人数量很多
C. 预计差错率较低　D. 相关的内部控制是有效的

二、多项选择题

1. 下列各项中，可能构成审计证据的有（ ）。
A. 注册会计师在本期审计中获取的信息
B. 被审计单位聘请的专家编制的信息
C. 注册会计师在以前审计中获取的信息
D. 会计师事务所接受业务时实施质量管理程序获取的信息

2. 关于审计证据的可靠性，以下不正确的提法有（　　）。

A. 书面证据比实物证据可靠

B. 内部证据均不能认为是可靠的证据

C. 注册会计师自行获得的证据比被审计单位提供的证据可靠

D. 口头证据比实物证据可靠

3. 审计工作底稿是指注册会计师对（　　）作出的记录。

A. 制定的审计计划　　B. 实施的审计程序

C. 获取的审计证据　　D. 确定的审计结论

4. 下列有关审计工作底稿的说法中，正确的有（　　）。

A. 如果注册会计师未能完成审计业务，审计工作底稿的归档期限为审计业务中止后的 60 天内

B. 如果注册会计师未能完成审计业务，即审计业务已经中止，审计工作底稿无须归档

C. 审计工作底稿可以以纸质、电子或其他介质形式存在

D. 对于顺利完成审计工作的项目，会计师事务所应当自审计报告日起，对审计工作底稿至少保存 10 年

5. 当债务人符合（　　）情况时，注册会计师采用积极式函证较好。

A. 欠款可能存在差错　　B. 预计的差错率较低

C. 相关的内部控制有效　　D. 个别账户的欠款金额较大

三、判断题

1. 审计证据充分性与适当性相互影响，越适当的证据，需要的证据数量越少，多获取证据，可以增进审计证据的适当性。（　　）

2. 审计人员在审计过程中所收集到的审计证据，都应列示在审计工作底稿中。（　　）

3. 积极式函证方式没有得到复函的，应采用追查程序，一般说来应第二次发送询证函，如果仍得不到答复，注册会计师应考虑采用必要的替代程序。（　　）

第五章　审计抽样

【知识目标】

1. 能够阐述审计抽样的定义、特征和适用性；
2. 能够总结抽样风险不同类型的特点；
3. 能够总结抽样技术在控制测试中的应用过程；
4. 能够总结抽样技术在细节测试中的应用过程。

【技能目标】

1. 能够分辨抽样风险及其影响；
2. 能够在控制测试中使用统计抽样方法；
3. 能够选择正确的审计抽样方法执行审计工作。

【思维目标】

1. 审计方法的演化，鼓励培养求知、创新的意识；
2. 审计抽样风险的存在，培养辩证思维和风险意识；
3. 审计抽样过程环环相扣，培养系统思维和钻研专注的求实精神；
4. 感受注册会计师的严谨、审慎、负责态度、培养实事求是的科学精神。

【导入案例】

为什么注册会计师被批评了？

20×3 年 2 月 25 日，注册会计师李霞负责对一家公司 20×2 年的销售与收款业务进行审计。为了得到领导的赞许，李霞加班加点对销售与收款的全部业务进行了详细审计，但是，由于事务所与委托人之间的业务约定书规定 3 月 2 日提交审计报告，李霞在规定的时间内没有完成相关内容的审计，从而使事务所没能及时提交审计报告，对被审计单位造成了违约，项目经理以李霞专业胜任能力不够为由对她进行了批评。

思考： 1. 在本案例中，李霞的问题出在哪里？

2. 详细审计是否可在所有项目都适用？

第一节　审计抽样概述

随着企业规模的扩大和经营复杂程度的不断上升，在对被审计单位进行审计的时候，不可能对被审计单位所有的项目进行审计，原因有三个：一是详细审计会耗费大量的时间和人力、物力、财力，注册会计师要在合理的时间以合理的成本完成审计业务，而且企业的内部控制已日渐健全与完善，审计的主要目标不再局限于查错防弊，因此为了提高审计效率，降低审计成本，注册会计师开始采用抽样技术；二是风险导向审计的要求，要将更多精力投入到被审计单位容易发生重大错报风险的地方；三是概率论和数理统计理论的发展，为审计抽样提供了科学的理论依据，促使审计抽样真正走上了科学化的道路。

因此注册会计师要作出审计结论，发表审计意见，需要根据样本结果来推断总体。审计抽样十分重要，如果抽样有偏差，或者选出的样本不代表整体，或者错误地评价了抽样结果，则可能导致注册会计师发表错误的审计意见，因此注册会计师需要关注审计抽样，这也是注册会计师必须掌握的审计工作工具之一。

一、审计抽样的定义、特征及适用性

（一）审计抽样的定义

审计抽样（以下简称抽样）是指注册会计师对具有审计相关性的总体中低于百分之百的项目实施审计程序，使所有抽样单元都有被选取的机会，为注册会计师针对整个总体得出结论提供合理基础。

抽样单元是指构成总体的个体项目。

总体是指注册会计师从中选取样本并期望据此得出结论的整个数据集合。

【知识点拨】

注册会计师在审计中是否针对所有项目应用抽样技术呢？

注册会计师为获取充分、适当的审计证据，需要选取项目进行测试。选取方法包括三种：一是对某总体包含的全部项目进行测试（如对资本公积项目）；二是对选出的特定项目进行测试，但不推断总体；三是审计抽样，以样本结果推断总体结论。随着企业规模的扩大和经营复杂程度的不断上升，注册会计师对每一笔交易进行检查变得既不可行，也没有必要。为了在合理的时间内以合理的成本完成审计工作，审计抽样应运而生。审计抽样旨在帮助注册会计师确定实施审计程序的范围，以获取充分、适当的审计证据，得出合理的结论，作为形成审计意见的基础。

（二）审计抽样的特征

审计抽样应当同时具备三个基本特征。

1. 对具有审计相关性的总体中低于百分之百的项目实施审计程序；
2. 所有抽样单元都有被选取的机会；
3. 可以根据样本项目的测试结果推断出有关抽样总体的结论。

审计抽样时，所有抽样单元都应有被选取成为样本的机会，注册会计师不能存有偏向，只挑选具备某一特征的项目（例如，金额大或账龄长的应收账款）进行测试。如果只选取特定项目实施审计程序，并不是审计抽样。在这种情形下，注册会计师只能针对这些特定项目得出结论，而不能根据特定项目的测试结果推断总体的特征。

值得关注的是，只有当从抽样总体中选取的样本具有代表性时，注册会计师才能根据样本项目的测试结果推断出有关总体的结论。

【知识点拨】

什么是样本的代表性?

代表性是指在既定的风险水平下，注册会计师根据样本得出的结论，与对整个总体实施和样本相同的审计程序得出的结论类似。具体包括：

（1）样本具有代表性时，注册会计师才能根据样本项目的测试结果推断出有关总体的结论；

（2）样本具有代表性并不意味着根据样本测试结果推断的错报一定与总体中的错报完全相同，如果样本的选取是无偏向的，该样本通常就具有了代表性；

（3）代表性与样本整体而非样本中的单个项目相关；

（4）代表性与样本规模无关，而与如何选取样本相关；

（5）代表性通常只与错报的发生率而非错报的特定性质相关。

（三）审计抽样的适用性

审计抽样并非在所有审计程序中都可使用。注册会计师拟实施的审计程序将对运用审计抽样产生重要影响。在风险评估程序、控制测试和实质性程序中，有些审计程序可以使用审计抽样，有些审计程序则不宜使用审计抽样，具体如表 5 - 1 所示。

表 5 - 1　　审计抽样的适用性

审计测试流程	具体内容	是否适合采用审计抽样
风险评估流程	—	否
控制测试	留下运行轨迹的内部控制	是
	未留下运行轨迹的内部控制	否
	信息技术应用控制	否
实质性程序	细节测试	是
	实质性分析程序	否

除此之外，审计抽样通常不适用于下列情况：

1. 检查总体的完整性。
2. 抽样单位较少。
3. 总体中的每笔业务金额均超过重要性水平。
4. 可接受检查风险过低或要求审计检查保证程度过高。
5. 有特殊风险或需要特别关注的事项。
6. 使用审计抽样不符合成本效益原则。

审计抽样可以与其他选取测试项目的方法结合进行。例如，在审计应收账款时，注册会计师可以使用选取特定项目的方法将应收账款中的单个重大项目挑选出来单独测试，再针对剩余的应收账款余额进行抽样。

【思维小课堂】

抽样技术的演变

抽样技术作为一种审计方法，可以追溯到19世纪末。在审计发展的早期阶段，注册会计师大都运用详细审计技术对会计资料或其他记录进行逐笔审查。这种方法起源于英国，故被称为“英式审计技术”。当时，企业规模较小，经济业务不复杂，注册会计师有能力做到。但是，随着社会生产力的发展，企业规模的扩大，经营活动日趋复杂，会计记录数量与日俱增，致使无论是从审计费用的开支，还是从审计程序来看，无法继续运用详细审计。于是，改革传统的审计方法成为注册会计师的燃眉之急。

有证据表明，1895年，英国已倡议在审计工作中采用抽样技术。在伦敦总行案中，首席法官作了如下说明：在没有疑问的地方，少做些调查是合乎情理的，是充分的。事实上，商人们随机地抽取一些样本，如果这些样本正确，由此可以推断类似的其他样本也是正确的。几乎同时，美国也运用了抽样技术，要求注册会计师抽取一些账户进行审查，而不是对该时期发生的所有经济业务进行详细审计。

随着经济的发展，审计方法也在不断演化，这不仅是行业的需求，也体现了人类的智慧。所以，注册会计师要关注社会、行业的趋势变化，挖掘和学习更多的新知识，才能迎接时代的新挑战。

（资料来源：文硕. 世界审计史［M］. 北京：企业管理出版社，1998）

二、审计抽样的种类

审计抽样的种类

（一）统计抽样和非统计抽样

所有的审计抽样都需要注册会计师运用职业判断，计划并实施抽样程序，评价样本结果。审计抽样时，注册会计师既可以使用统计抽样方法，也可以使用非统计抽样方法。

1. 统计抽样。统计抽样是指同时具备下列特征的抽样方法：第一，随机选取样本项目；第二，运用概率论评价样本结果，包括计量抽样风险。如果注册会计师严格按照随机原则选取样本，却没有对样本结果进行统计评估，或者基于非随机选样进行统计评估，都不能认为使用了统计抽样。

统计抽样能够科学地确定抽样规模，并且审计对象总体中各项目被抽取的机会均等，可以防止人为的偏见，保证审计结论在规定的可靠程度之上和一定的精确度之内作出。统计抽样还能使注册会计师人员量化控制抽样风险，但统计抽样的技术性较强，可能需要花费较高成本来训练注册会计师掌握这种技术。

目前统计抽样主要有属性抽样和变量抽样两种。

（1）属性抽样。属性抽样是一种用来对总体中某一事件发生率得出结论的统计抽样方法。属性抽样在审计中最常见的用途是测试某一设定控制的偏差率，以支持注册会计师评估的控制风险水平。无论交易的规模如何，针对某类交易的设定控制预期将以同样的方式运行。因此，在属性抽样中，设定控制的每一次发生或偏离都被赋予同样的权重，而不管交易的金额大小。

属性抽样在审计中的主要用途是进行控制测试。其对某一特定控制的抽样个体测试的结果，通常给出定性的"对或错""是或否"的结论。

（2）变量抽样。变量抽样是一种用来对总体金额得出结论的统计抽样方法。变量抽样通常要回答下列问题：金额是多少？账户是否存在重大错报？变量抽样在审计中的主要用途是进行细节测试，以确定记录金额是否合理。注册会计师在实施实质性程序时，通常可以采用单位平均值估计抽样、差额估计抽样、比率估计抽样等变量抽样方法。

2. 非统计抽样。非统计抽样又称判断抽样，一般是由注册会计师根据专业判断来确定样本量、选取样本和对样本结果进行评估。不同时具备统计抽样两个基本特征的抽样方法均属于非统计抽样。因此，注册会计师可能不知不觉地将个人的"偏见"应用在样本的选取中，使样本不能客观地反映总体的真实情况。而统计抽样能够客观地计量抽样风险，并通过调整样本规模精确地控制风险，这是与非统计抽样最重要的区别。不计量抽样风险的抽样方法都是非统计抽样，即便注册会计师按照随机原则选取样本项目，或使用统计抽样的表格确定样本规模，如果没有对样本结果进行统计评估，仍然是非统计抽样。注册会计师使用非统计抽样时，也必须考虑抽样风险并将其降至可接受水平，但无法精确地测定抽样风险。

但是，非统计抽样只要设计得当，也可达到同统计抽样一样的效果。非统计抽样方法在对内部控制运行的内部控制测试中，特别是对差错和舞弊的审查中能起到很好的作用。在这类审计中，它并不需要正确推断出总体的情况，而只需知道某项控制是有还是没有，已设立的控制是有效还是无效。因此，凭借长期从事审计工作的经验，注册会计师便能较快地完成这项工作。

统计抽样和非统计抽样对比如表 5－2 所示。

表 5－2　　统计抽样和非统计抽样对比

项目	统计抽样	非统计抽样
定义	同时具备下列特征的抽样方法： （1）随机选取样本项目； （2）运用概率论评价样本结果，包括计量抽样风险	不同时具备统计抽样两个基本特征的抽样方法
优点	有助于注册会计师： （1）高效地设计样本； （2）采用随机原则进行样本选择，减少人为偏见； （3）计量所获取证据的充分性，定量评价样本结果； （4）能将抽样风险量化并加以控制	（1）操作简单，成本较低； （2）能充分利用注册会计师的实践经验和判断能力； （3）主要用于定性分析
缺点	可能发生额外的成本	（1）根据注册会计师的经验和主观判断来推断总体特征，易导致审计结论不够准确； （2）不能对抽样误差和抽样风险进行计量与控制

（二）抽样方法的选择

注册会计师在统计抽样与非统计抽样方法之间进行选择时主要考虑成本效益。不管是统计抽样还是非统计抽样，两种方法都要求注册会计师在设计、选取和评价样本时运用职业判断。如果设计适当，非统计抽样也能提供与统计抽样方法同样有效的结果。

另外，对选取的样本项目实施的审计程序通常与使用的抽样方法无关。

三、抽样风险和非抽样风险

抽样风险
和非抽样风险

在获取审计证据时，注册会计师应当运用职业判断，评估重大错报风险，并设计进一步审计程序，以将审计风险降至可接受的低水平。在使用审计抽样时，审计风险既可能受到抽样风险的影响，又可能受到非抽样风险的影响。抽样风险和非抽样风险在重大错报风险的评估与检查风险的确定过程中均可能涉及。

（一）抽样风险

抽样风险是指注册会计师根据样本得出的结论，不同于对整个总体实施与样本相同的审计程序得出的结论的可能性。抽样风险是由抽样引起的，与样本规模和抽样方法相关。

1. 控制测试中的抽样风险。控制测试中的抽样风险包括信赖过度风险和信赖不足风险。信赖过度风险是抽样结果使注册会计师对内控制度信赖程度超过了其实际上可予信赖的可能性，结果导致注册会计师形成不正确的审计结论。如果注册会计师评估的控制有效性高于其实际有效性，从而导致评估的重大错报风险水平偏低，注册会计师可能不适当地减少从实质性程序中获取的证据，因此审计的有效性下降。对于注册会计师而言，信赖过度风险更容易导致注册会计师发表不恰当的审计意见，因而更应予以关注。

相反，信赖不足风险是抽样结果使注册会计师没有充分信赖实际上应予信赖内部控制的可能性，导致注册会计师执行额外的审计程序，降低审计效率。

2. 细节测试中的抽样风险。细节测试中的抽样风险包括误受风险和误拒风险。误受风险是指注册会计师推断某一重大错报不存在而实际上存在的可能性。与信赖过度风险类似，误受风险影响审计效果，容易导致注册会计师发表不恰当的审计意见。

误拒风险是指注册会计师推断某一重大错报存在而实际上不存在的可能性。与信赖不足风险类似，误拒风险影响审计效率。

无论是在控制测试还是在细节测试中，抽样风险都可以分为两种类型：一类是影响审计效果的抽样风险，包括控制测试中的信赖过度风险和细节测试中的误受风险；另一类是影响审计效率的抽样风险，包括控制测试中的信赖不足风险和细节测试中的误拒风险。相较于影响审计效率的抽样风险，注册会计师更应关注影响审计效果的抽样风险。

只要使用了审计抽样，抽样风险总会存在。抽样风险与样本规模是反向变动关系：样本规模越小，抽样风险越大；样本规模越大，抽样风险越小。无论是控制测试还是细节测试，注册会计师都可以通过扩大样本规模降低抽样风险。如果对总体中的所有项目都实施检查，就不存在抽样风险，此时审计风险完全由非抽样风险产生。

（二）非抽样风险

非抽样风险是指由于采用的抽样审计方法之外的其他因素造成的风险，即注册会计师因采用不恰当的审计程序或方法，或者因误解审计证据、工作疏忽等而未能发现样本中实际存在的误差的可能性。非抽样风险与注册会计师采用的抽样方法无关。

非抽样风险对审计工作的效率和效果都有一定的影响。非抽样风险一般难以量化，但是可以通过对注册会计师有效的训练，对审计程序的精心设计，对审计工作的适当的计划、指导、监督和复核等，将之降低到可接受的水平。

第二节　审计抽样在控制测试中的运用

审计抽样在控制测试中的运用（属性抽样）

控制测试中的审计抽样通常被称作属性抽样。属性抽样用于检查内部控制制度情况。它是根据样本检查的结果，推断总体中某些特征或属性发生的频率或次数，借以评价客户的内部控制是否值得信赖并为实质性程序提供依据。具体运用程序如图 5－1 所示。

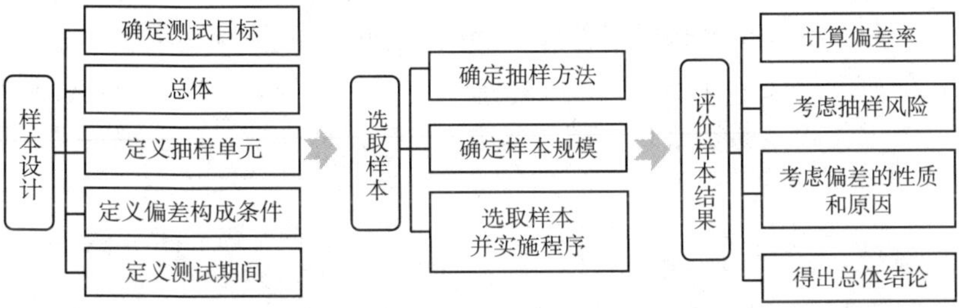

图 5－1　控制测试中统计抽样技术的运用程序

一、样本设计阶段

（一）确定测试目标

注册会计师实施控制测试的目标是提供关于控制运行有效性的审计证据，以支持计划的重大错报风险评估水平。因此，控制测试主要关注：

1. 控制在所审计期间的相关时点是如何运行的；
2. 控制是否得到一贯执行；
3. 控制由谁或以何种方式执行。

（二）定义总体

总体是指注册会计师从中选取样本并期望据此得出结论的整个数据集合。注册会计师在界定总体时，应当确保以下内容。

1. 适当性。总体应适合于特定的审计目标，包括适合于测试的方向。例如，要测试用以保证所有发运商品都已开单的控制是否有效运行，注册会计师从已开单的项目中抽取样本不能发现误差，因为该总体不包含那些已发运但未开单的项目。

2. 完整性。注册会计师应当从总体项目内容和涉及时间等方面确定总体的完整性。例如，如果注册会计师从档案中选取付款证明，除非确信所有的付款证明都已归档，否则注册会计师不能对该期间的所有付款证明得出结论。

3. 同质性。同质性是指总体中的所有项目应具备相同或相类似的性质。如果完全不同质的项目存在于一个总体中，将影响抽样结果的可靠性。对于所含项目存在一定差异的总体，应考虑是否需要进行分层，即将该总体划分若干子层次，使每一层内的数据具有类似的特征。分层时，总体的每一个项目只能属于一个层次。通过分层，可以减少每一层次内各项目的差异，使各层次内的项目具有更相似的性质。例如，如果被审计单位的出口和内销业务的处理方式不同，注册会计师应分别评价两种不同的控制情况，因而出现两个独立的总体。

（三）定义抽样单元

注册会计师定义的抽样单元应与审计测试目标相适应，要避免定义过于宽泛可能导致的缺乏效率。抽样单元通常是能够提供控制运行证据的一份文件资料、一个记录或其中一行，每个抽样单元构成了总体中的一个项目。在控制测试中，注册会计师应根据被测试的控制定义抽样单元。例如，如果测试目标是确定付款是否得到授权，且设定的控制要求付款之前授权人在付款单据上签字，抽样单元可能被定义为每一张付款单据。

（四）定义偏差构成条件

在控制测试中，偏差是指偏离对设定控制的预期执行。注册会计师应根据对内部控制的了解，确定哪些特征能够显示被测试控制的运行情况，然后据此定义偏差构成条件。例如，设定的控制要求每笔支付都应附有发票、收据、验收报告和订购单等证明文件，且均盖上“已付”戳记。注册会计师认为盖上“已付”戳记的发票和验收报告足以显示控制的适当运行。在这种情况下，偏差可能被定义为缺乏盖有“已付”戳记的发票和验收报告等证明文件的款项支付。

（五）定义测试期间

注册会计师通常在期中实施控制测试。由于期中测试获取的证据只与控制截至期中测试时点的运行有关，注册会计师需要确定如何获取关于剩余期间的证据，有两种做法。

第一，将初始测试扩展至在剩余期间发生的交易，以获取额外的证据。如果初始测试控制运行有效，注册会计师在剩余期间选取样本进行测试，得出财务报表涵盖期间控制运行有效的结论，支持计划评估的重大错报风险水平。

第二，不将初始测试扩展至在剩余期间发生的交易。如果初始测试时，注册会计师发现的误差可能足以使其得出结论，即使在发生于期中测试以后的交易中未发现任何误差，控制也不能支持计划评估的重大错报风险水平。

二、选取样本阶段

（一）确定抽样方法

选取样本时，只有从抽样总体中选出具有代表性的样本项目，注册会计师才能根据样本的测试结果推断有关总体的结论。因此，不管使用统计抽样还是非统计抽样，在选取样本项目时，注册会计师应当使总体中的每个抽样单元都有被选取的机会。

1. 随机选样。随机选样是指对审计对象总体中的所有项目，按随机原则选取样本，总体中的每个项目都有均等的机会被选中。在简单随机抽样中，通常利用随机数表选取样本项目。随机数表也称乱数表，它是由随机生成的从0到9十个数字所组成的数表，每个数字在表中出现的次数是大致相同的，它们出现在表中的顺序是随机的。随机数表与其他数学用表的主要差别在于，随机数表不是唯一的，只要按照上述原则制定出来的表格都是随机数表。表5-3是一个5位随机数表的一部分。

表5-3　　随机数表示例（部分）

栏行	1	2	3	4	5	6	7	8	9	10
1	32 044	69 037	29 655	92 114	81 034	40 582	01 584	77 184	85 762	46 505
2	23 821	96 070	82 592	81 642	08 971	07 411	09 037	81 530	56 195	98 425
3	82 383	94 987	66 441	28 677	95 961	78 346	37 916	09 416	42 438	48 432
4	68 310	21 792	71 635	86 089	38 157	95 620	96 718	79 554	50 209	17 705
5	94 856	76 940	22 165	01 414	01 413	37 231	05 509	37 489	56 459	52 983
6	95 000	61 958	83 430	98 250	70 030	05 436	74 814	45 978	09 277	13 827
7	20 764	64 638	11 359	32 556	89 822	02 713	81 293	52 970	25 080	33 555
8	71 401	17 964	50 940	95 753	34 905	93 566	36 318	79 530	51 105	26 952
9	38 464	75 707	16 750	61 371	01 523	69 205	32 122	03 436	14 489	02 086
10	59 442	59 247	74 955	82 835	98 378	83 513	47 870	20 795	01 352	89 906

使用随机数表选取样本的步骤如下。

注册会计师运用此法时，应先确定随机数表中的数字与审计对象总体中项目的一一对应关系。如果总体中的项目已连续编号，则这种一一对应关系就很容易建立，但有时需要重新编号才能建立这种一一对应关系。编号可利用总体项目中原有的某些编号，如凭证号、支票号、发票号等。注册会计师使用随机数表时，应选择一个起点，按照一定的方向（上下左右均可）依次查找，符合总体项目编号要求的数字，即为选中的号码，与此号码相对应的总体项目即为选取的样本项目，一直到选足所需的样本量为止。起点和选号路线可任意选择，但一经选定，就不得改变，必须从起点开始，按照选号路线依次选取。

例如，在对主营业务收入进行审计时，注册会计师要从本期 4000 张连续编号的发票总体中抽取 10 张（此处为方便说明，选取的样本较少，实际工作可选取更多样本）发票，构成样本实施审计，可采用 4 位随机数表，也可利用 5 位随机数表的前 4 位数字或后 4 位数字。如从表 5 - 3 第 1 行第 1 列开始，使用前 4 位随机数，逐行向右查找，选中的样本为编号 3204、2965、0158、2382、0897、0741、0903、2867、3791、0941 的 10 个记录。

随机选样可以避免主观成分，不仅使总体中每个抽样单元被选取的概率相等，而且使相同数量抽样单元组成的每种组合被选取的概率相等。这种方法在统计抽样和非统计抽样中均适用。

2. 系统选样。系统选样也称等距选样，是指按照相同的间隔从审计对象总体中等距离地选取样本的一种选样方法。采用系统选样，首先要计算选样间距，确定选样起点；其次根据间距有顺序地选取样本。

选样间隔计算公式为：

$$选样间隔 = 总体规模/样本规模$$

例如，注册会计师拟采用系统抽样从 2000 张销货发票中选取 200 张作为样本，则选样间隔为 10。假定注册会计师把第 101 号发票作为随机起点，每隔 10 张凭证选取一个样本。则所选取的样本号码依次为 101、111、121、131、141、151……。当计算出的间距不是整数时，注意坚持只舍不入的原则。

系统选样使用方便，并可用于无限总体，但使用系统选样方法要求总体必须是随机排列的，如果测试的特征在总体内分布具有某种规律性，则选取的样本的代表性就可能较差。例如，应收账款明细表每页的记录均以账龄的长短按先后次序排列，则选中的 200 个样本可能多数是账龄相同的记录。

因此，在确定选样方法之前，需对总体特征的分布进行观察。如总体特征的分布呈随机分布，则可以使用系统选样；否则，可考虑使用其他选样方法。为克服系统选样法的这一缺点可采用选取多个随机起点的方法。采用这个方法后，抽样间距也随之增大，其计算公式为：

$$抽样间距 = (总体容量/样本量) \times 随机起点个数$$

在使用多个随机起点的情况下，每一个样本项目之间的间隔是不同的，既保留了系统选样便于操作、效率高的优点，又保证了样本项目选取的较强随机性。

3. 分层抽样。分层抽样是按照一定标准将总体划分为若干层次，然后对每一层次进行随机抽样的方法。

分层抽样的特点是依据注册会计师的判断，将总体分成若干性质相近的层次，然后再进行随机抽样。审查各层次时，对每一层次所使用的方法并不局限于随机抽样。例如，注册会计师审查某企业库存材料时，将库存材料分为三类：第一类是价值高、使用频繁的重要材料；第二类是价值中等、比较重要的材料；第三类是价值低的一般材料。运用分层抽样，第一类材料为第一层次，该层次要全部审查；第二类材料为第二层次，该层次可利用随机数表进行抽查；第三类材料为第三层次，该层次可按系统抽样抽取样本。

分层抽样的优点主要在于，它能使注册会计师将样本选择与总体中的关键项目联系起来，并能对不同的层次采用不同的审计方法，可以提高样本的代表性和审计的有效性。

4. 整群抽样。使用这种方法，注册会计师从总体中选取一群（或多群）连续的项目。例如，总体为20×1年的所有付款单据，从中选取2月3日、5月17日和7月19日这三天的所有付款单据作为样本。整群抽样通常不能在审计抽样中使用，因为大部分总体的结构都使连续的项目之间可能具有相同特征，但与总体中其他项目的特征不同。

【例5－1】 将全年的营业收入凭证按月份分为12个群，现要从中抽出2个月进行审查。假设从随机数表中选出2、10两个随机数，那么样本就由2月、10月两个月的营业收入凭证组成。

整群抽样的优点是抽选单位比较集中，避免了样本过于分散，简化了审计工作，但以群为单位进行抽样，显著地影响了总体中各单位分配的均匀性，抽样误差较大，代表性较低。

5. 随意选样。随意选样也叫任意选样，是指注册会计师不带任何偏见地选取样本，即注册会计师不考虑样本项目的性质、大小、外观、位置或其他特征而选取样本项目。随意选样的主要缺点在于很难完全无偏见地选取样本项目，即这种方法难以彻底排除注册会计师个人偏好对选取样本的影响，因而很可能使样本失去代表性。

（二）确定样本规模

样本规模是指从总体中选取样本项目的数量。在审计抽样中，如果样本规模过小，就不能反映出审计对象总体的特征，注册会计师就无法获取充分的审计证据，其审计结论的可靠性就会大打折扣，甚至可能得出错误的审计结论。因此，注册会计师应当确定足够的样本规模，以将抽样风险降至可接受的低水平。相反，如果样本规模过大，则会增加审计工作量，造成不必要的时间和人力上的浪费，加大审计成本，降低审计效率，就会失去审计抽样的意义。

1. 影响样本规模的因素。在控制中可能影响样本规模的因素包括可接受的信赖过度风险、可容忍偏差率、预计总体偏差率、总体规模和其他因素。

（1）可接受的信赖过度风险。可接受的信赖过度风险与样本规模是反向变动关系。注册会计师愿意接受的信赖过度风险越低，样本规模通常越大。反之，注册会计师愿意接受的信赖过度风险越高，样本规模越小。由于控制测试是控制是否有效运行的主要证据来源，因此，可接受的信赖过度风险应确定在相对较低的水平上。通常情况下，相对较低的水平在数量上是指5%～10%的信赖过度风险。注册会计师一般将信赖过度风险确定为10%，特别重要的测试则可以将信赖过度风险确定为5%。在实务中，注册会计师通常对所有控制测试确定一个统一的可接受信赖过度风险水平，然后对每一测试根据计划的重大错报风险评估水平和控制有效性分别确定其可容忍偏差率。

（2）可容忍偏差率。在控制测试中，可容忍偏差率是指注册会计师设定的偏离规定的内部控制的比率，注册会计师试图对总体中的实际偏差率不超过该比率获取适当水平的保证。换言之，可容忍偏差率是注册会计师能够接受的最大偏差数量，如果偏差超过这一数量则减少或取消对内部控制的信赖。

可容忍偏差率与样本规模是反向变动关系。在确定可容忍偏差率时，注册会计师应考虑计划评估的控制有效性。计划评估的控制有效性越低，注册会计师确定的可容忍偏差率通常越高，所需的样本规模就越小。一个很高的可容忍偏差率通常意味着，控制的运行不会大大降低相关实质性程序的程度。在这种情况下，由于注册会计师预期控制运行的有效性很低，特定的控制测试可能不需要进行。换言之，注册会计师在风险评估时越依赖控制运行的有效性，确定的可容忍偏差率越低，进行控制测试的范围越大，因而样本规模增加。

偏离规定的内部控制将增加重大错报风险，但不是所有的偏离都一定导致财务报表出现重大错报。因此，与细节测试中设定的可容忍错报相比，注册会计师通常为控制测试设定相对较高的可容忍偏差率。在实务中，注册会计师通常认为，当偏差率为3%～7%时，控制有效性的估计水平较高；可容忍偏差率最高为20%，偏差率超过20%时，由于估计控制运行无效，注册会计师不需要进行控制测试。当估计控制运行有效时，如果注册会计师确定的可容忍偏差率较高就被认为不恰当。表5－4列示了可容忍偏差率与计划评估的控制有效性之间的关系。

表5－4　可容忍偏差率和计划评估的控制有效性之间的关系

计划评估的控制有效性	可容忍偏差率（近似值）
高	3%～7%
中	6%～12%
低	11%～20%
最低	不进行控制测试

（3）预计总体偏差率。对于控制测试，注册会计师需要根据对相关控制的了解或对总体中少量项目的检查来评估预期偏差率。注册会计师可以根据上年测试结果、内部控制的设计和控制环境等因素对预计总体偏差率进行评估。在考虑上年测试结果时，应考虑被审计单位内部控制和人员的变化。在实务中，如果以前年度的审计结果无法取得或被认为不可靠，注册会计师可以在抽样总体中选取一个较小的初始样本，以初始样本的偏差率作为预计总体偏差率的估计值。

预计总体偏差率与样本规模是同向变动关系。在既定的可容忍偏差率下，预计总体偏差率越大，所需的样本规模越大。预计总体偏差率不应超过可容忍偏差率，如果预期总体偏差率高得令人无法接受，意味着控制有效性很低，注册会计师通常决定不实施控制测试，而实施更多的实质性程序。

（4）总体规模。除非总体非常小，一般而言，总体规模对样本规模的影响几乎为零。注册会计师通常将抽样单元超过 2 000 个的总体视为大规模总体。对大规模总体而言，总体的实际容量对样本规模几乎没有影响。对小规模总体而言，审计抽样比其他选择测试项目的方法的效率低。

（5）其他因素。控制运行的相关期间越长（年或季度），需要测试的样本越多，因为注册会计师需要对整个拟信赖期间控制的有效性获取证据。控制程序越复杂，测试的样本越多。样本规模还取决于所测试的控制的类型，通常对人工控制实施的测试要多过自动控制，因为人工控制更容易发生错误和偶然的失败，而针对计算机系统的信息技术一般控制只要有效发挥作用，曾经测试过的自动控制一般都能保持可靠运行。

2. 针对运行频率较低的内部控制的考虑。某些重要的内部控制并不经常运行，注册会计师可以根据表 5 –5 确定样本规模。如果控制发生变化或曾发现存在缺陷，样本规模更可能接近甚至超过样本数量区间的上限。

表 5 –5　　测试运行频率较低的内部控制的有效性

控制运行频率和总体的规模	测试的样本数量
1 次/季度（4）	2
1 次/月度（12）	2 ~ 5
1 次/半月（24）	3 ~ 8
1 次/周（52）	5 ~ 15

3. 确定样本量。使用统计抽样或非统计抽样时，注册会计师可以根据具体情况，从简单随机选样、系统选样或随意选样中挑选适当的选样方法选取样本。注册会计师应当针对选取的样本项目，实施适当的审计程序，以发现并记录样本中存在的控制偏差。

表 5 –6 提供了在控制测试中确定的可接受信赖过度风险为 10% 时所使用的样本量。注册会计师根据可接受的信赖过度风险选择相应的抽样规模表，然后读取预计总体偏差率栏找到适当的比率。接下来注册会计师确定与可容忍偏差率对应的列。可容忍偏差率所在列与预计总体偏差率所在行的交点就是所需的样本规模。例如，注册会计师确定的可接受信赖过度风险为 10%，可容忍偏差率为 5%，预计总体偏差率为 0，确定的样本规模为 45。

表 5 –6　　控制测试统计抽样样本规模——可接受的信赖过度风险 10%

预计总体偏差率（%）	可容忍偏差率										
	2%	3%	4%	5%	6%	7%	8%	9%	10%	15%	20%
0.00	114(0)	76(0)	57(0)	45(0)	38(0)	32(0)	28(0)	25(0)	22(0)	15(0)	11(0)
0.25	194(1)	129(1)	96(1)	77(1)	64(1)	55(1)	48(1)	42(1)	38(1)	25(1)	18(1)

续表

预计总体偏差率（%）	可容忍偏差率										
	2%	3%	4%	5%	6%	7%	8%	9%	10%	15%	20%
0.50	194(1)	129(1)	96(1)	77(1)	64(1)	55(1)	48(1)	42(1)	38(1)	25(1)	18(1)
0.75	265(2)	129(1)	96(1)	77(1)	64(1)	55(1)	48(1)	42(1)	38(1)	25(1)	18(1)
1.00	*	176(2)	96(1)	77(1)	64(1)	55(1)	48(1)	42(1)	38(1)	25(1)	18(1)
1.25	*	221(3)	132(2)	77(1)	64(1)	55(1)	48(1)	42(1)	38(1)	25(1)	18(1)
1.50	*	*	132(2)	105(2)	64(1)	55(1)	48(1)	42(1)	38(1)	25(1)	18(1)
1.75	*	*	166(3)	105(2)	88(2)	55(1)	48(1)	42(1)	38(1)	25(1)	18(1)
2.00	*	*	198(4)	132(3)	88(2)	75(2)	48(1)	42(1)	38(1)	25(1)	18(1)
2.25	*	*	*	132(3)	88(2)	75(2)	65(2)	42(2)	38(2)	25(1)	18(1)
2.50	*	*	*	158(4)	110(3)	75(2)	65(2)	58(2)	38(2)	25(1)	18(1)
2.75	*	*	*	209(6)	132(4)	94(3)	65(2)	58(2)	52(2)	25(1)	18(1)
3.00	*	*	*	*	132(4)	94(3)	65(2)	58(2)	52(2)	25(1)	18(1)
3.25	*	*	*	*	153(5)	113(4)	82(3)	58(2)	52(2)	25(1)	18(1)
3.50	*	*	*	*	194(7)	113(4)	82(3)	73(3)	52(2)	25(1)	18(1)
3.75	*	*	*	*	*	131(5)	98(4)	73(3)	52(2)	25(1)	18(1)
4.00	*	*	*	*	*	149(6)	98(4)	73(3)	65(3)	25(1)	18(1)
5.00	*	*	*	*	*	*	160(8)	115(6)	78(4)	34(2)	18(1)
6.00	*	*	*	*	*	*	*	182(11)	116(7)	43(3)	25(2)
7.00	*	*	*	*	*	*	*	*	199(14)	52(4)	25(2)

注：①括号内是可接受的偏差数。②*表示样本规模太大，因而在大多数情况下不符合成本效益原则。③本表假设总体足够大。

（三）选取样本并对其实施审计程序

使用统计抽样或非统计抽样时，注册会计师可以根据具体情况选择适当的选样方法选取样本。注册会计师应当针对选取的样本项目，实施适当的审计程序，以发现并记录样本中存在的控制偏差。

在对选取的样本项目实施审计程序时可能出现以下几种情况，如表5-7所示。

表5-7　　样本情况

样本情形	注册会计师采取的措施
无效单据 （空白、作废单据）	如果合理确信该单据无效是正常的，且不构成偏差，用另外的单据替代
未使用或不适用的单据 （空白、作废单据）	如果合理确信该单据未使用或该交易不适用且不构成控制偏差，要用另一笔交易替代该项目

续表

样本情形	注册会计师采取的措施
对总体的估计出现错误	如果注册会计师高估了总体规模和编号范围，选取的样本中超出实际编号的所有数字都被视为未使用单据。在这种情况下，注册会计师要用额外的随机数代替这些数字，以确定对应的适当单据
在结束之前停止测试	注册会计师可能在对样本的第一部分进行测试时发现大量偏差。可能认为，即使在剩余样本中没有发现更多的偏差，样本的结果也不支持计划的重大错报风险评估水平。在这种情况下，注册会计师要重估重大错报风险并考虑是否有必要继续进行测试
无法对选取的样本实施检查（单据丢失、污损）	（1）考虑在评价样本时将该样本项目视为控制偏差； （2）考虑造成该限制的因素； （3）考虑该限制可能对其了解内部控制和评估重大错报风险产生的影响

三、评价样本结果阶段

在完成对样本的测试并汇总控制偏差之后，注册会计师应当评价样本结果，对总体得出结论，即样本结果是否支持计划评估的控制有效性，从而支持计划的重大错报风险评估水平。在此过程中，无论使用统计抽样还是非统计抽样方法，注册会计师都需要运用职业判断。

（一）计算偏差率

偏差率的计算公式为：

$$样本偏差率 = 偏差数量 \div 样本量$$

在实务中，多数样本可能不会出现控制偏差。因为注册会计师实施控制测试，通常意味着准备信赖内部控制，预期控制有效运行。

（二）考虑抽样风险

在控制测试中评价样本结果时，注册会计师应当考虑抽样风险。即如果总体偏差率（即样本偏差率）低于可容忍偏差率，注册会计师还要考虑实际的总体偏差率仍有可能高于可容忍偏差率的风险。

1. 使用统计抽样方法。

（1）使用统计公式评价样本结果，总体偏差率上限计算公式为：

$$总体偏差率上限 = 风险系数(R) \div 样本量(n)$$

表 5－8 列示了在控制测试中常用的风险系数。

表 5 -8　　控制测试中常用的风险系数

样本中发现偏差的数量	信赖过度风险	
	5%	10%
0	3.0	2.3
1	4.8	3.9
2	6.3	5.3
3	7.8	6.7
4	9.2	8.0
5	10.5	9.3
6	11.9	10.6
7	13.2	11.8
8	14.5	13.0
9	15.7	14.2
10	17.0	15.4

（2）查表法评价样本结果。注册会计师可以使用样本结果评价表评价统计抽样的结果，表 5 -9 列示了可接受的信赖过度风险为 10% 时的总体偏差率上限。

表 5 -9　控制测试中统计抽样结果评价——可接受的信赖过度风险 10% 的偏差率上限

样本规模	实际发现的偏差数										
	0	1	2	3	4	5	6	7	8	9	10
20	10.9	18.1	*	*	*	*	*	*	*	*	*
25	8.8	14.7	19.9	*	*	*	*	*	*	*	*
30	7.4	12.4	16.8	*	*	*	*	*	*	*	*
35	6.4	10.7	14.5	18.1	*	*	*	*	*	*	*
40	5.6	9.4	12.8	16.0	19.0	*	*	*	*	*	*
45	5.0	8.4	11.4	14.3	17.0	19.7	*	*	*	*	*
50	4.6	7.6	10.3	12.9	15.4	17.8	*	*	*	*	*
55	4.1	6.9	9.4	11.8	14.1	16.3	18.4	*	*	*	*
60	3.8	6.4	8.7	10.8	12.9	15.0	16.9	18.9	*	*	*
70	3.3	5.5	7.5	9.3	11.1	12.9	14.6	16.3	17.9	19.6	*
80	2.9	4.8	6.6	8.2	9.8	11.3	12.8	14.3	15.8	17.2	18.6
90	2.6	4.3	5.9	7.3	8.7	10.1	11.5	12.8	14.1	15.4	16.6
100	2.3	3.9	5.3	6.6	7.9	9.1	10.3	11.5	12.7	13.9	15.0
120	2.0	3.3	4.4	5.5	6.6	7.6	8.7	9.7	10.7	11.6	12.6
160	1.5	2.5	3.3	4.2	5.0	5.8	6.5	7.3	8.0	8.8	9.5
200	1.2	2.0	2.7	3.4	4.0	4.6	5.3	5.9	6.5	7.1	7.6

注：① * 表示超过 20%。②本表以百分比表示偏差率上限；本表假设总体足够大。

(3) 比较总体偏差率上限与可容忍偏差率。计算出估计的总体偏差率上限后，注册会计师通常可以对总体进行如下判断。

①如果总体偏差率上限低于可容忍偏差率，则总体可以接受。这时注册会计师对总体得出结论，样本结果支持计划评估的控制有效性，从而支持计划的重大错报风险评估水平。

②如果总体偏差率上限高于或等于可容忍偏差率，则总体不能接受。这时注册会计师对总体得出结论，样本结果不支持计划评估的控制有效性，从而不支持计划的重大错报风险评估水平。此时注册会计师应当修正重大错报风险评估水平，并增加实质性程序的数量。注册会计师也可以对影响重大错报风险评估水平的其他控制进行测试，以支持计划的重大错报风险评估水平。

③如果总体偏差率上限低于但接近可容忍偏差率，注册会计师应当结合其他审计程序的结果，考虑是否接受总体，并考虑是否需要扩大测试范围，以进一步证实计划评估的控制有效性和重大错报风险水平。

2. 使用非统计抽样方法。

总体偏差率的计算公式是：

$$总体偏差率 = 样本偏差率 = 样本中发现的偏差数量 \div 样本规模$$

在非统计抽样中，抽样风险无法直接计量。注册会计师通常将估计的总体偏差率（即样本偏差率）与可容忍偏差率相比较，运用职业判断确定总体是否可以接受。

(1) 如果总体偏差率高于可容忍偏差率，则总体不能接受。

(2) 如果总体偏差率大大低于可容忍偏差率，注册会计师通常认为总体可以接受。

(3) 如果总体偏差率虽然低于可容忍偏差率，但两者很接近，注册会计师通常认为实际的总体偏差率高于可容忍偏差率的抽样风险很高，因而总体不可接受。

(4) 如果总体偏差率与可容忍偏差率之间的差额不是很大也不是很小，以至于不能认定总体是否可以接受时，注册会计师则要考虑扩大样本规模或实施其他测试，以进一步收集证据。

（三）考虑偏差的性质和原因

除了评价偏差发生的频率之外，注册会计师还要对偏差进行定性分析，包括考虑偏差的性质和原因。注册会计师对偏差的性质和原因的分析包括：是有意的还是无意的？是误解了规定还是粗心大意？是经常发生还是偶然发生？是系统的还是随机的？如果对偏差的分析表明是故意违背了既定的内部控制政策或程序，注册会计师应考虑存在重大舞弊的可能性。与错误相比，舞弊通常要求对其可能产生的影响进行更为广泛的考虑。

一般情况下，如果在样本中发现了控制偏差，注册会计师有两种处理办法：一是扩大样本规模，以进一步收集证据；二是认为控制没有有效运行，样本结果不支持计划的控制运行有效性和重大错报风险的评估水平，因而提高重大错报风险评估水平，增加对相关账户的实质性程序。但是，如果确定控制偏差是系统偏差或舞弊导致，扩大样本规模通常无效，注册会计师需要直接采用第二种处理办法。

在分析偏差的性质和原因时，注册会计师还要考虑已识别的偏差对财务报表的直接影响。控制偏差虽然增加了金额错报的风险，但并不一定导致财务报表中的金额错报。如果某项控制偏差更容易导致金额错报，该项控制偏差就更加重要。例如，与被审计单位没有定期对信用限额进行检查相比，如果被审计单位的销售发票出现错误，则注册会计师对后者的容忍度较低。这是因为被审计单位即使没有对客户的信用限额进行定期检查，其销售收入和应收账款的账面金额也不一定发生错报。但如果销售发票出现错误，通常会导致被审计单位确认的销售收入和其他相关账户金额出现错报。

（四）得出总体结论

在计算偏差率、考虑抽样风险并分析偏差的性质和原因之后，注册会计师需要运用职业判断得出总体结论。如果样本结果及其他相关审计证据支持计划评估的控制有效性，从而支持计划的重大错报风险评估水平，注册会计师可能不需要修改计划的实质性程序。

如果样本结果不支持计划的控制运行有效性和重大错报风险的评估水平，注册会计师通常有两种选择：第一，进一步测试其他控制（如补偿性控制），以支持计划的控制运行有效性和重大错报风险的评估水平；第二，提高重大错报风险评估水平，并相应修改计划的实质性程序的性质、时间安排和范围。

【思维小课堂】

数字经济发展对于审计抽样风险的影响

对于传统审计来说，因为会计工作有着一定事后性特点，相关审计人员要一直等到被审计单位做好会计工作，以及形成需要的财务报表之后，才可以进行审计工作，全面审查被审计单位前期阶段会计工作。然而此时的审计工作有较大滞后性，不能第一时间找到被审计单位出现的各种问题。

数字经济时代背景下，基于区块链以及互联网，还有云计算等一系列现代化信息技术手段，会计师事务所得到数据的速度变得越来越快，借助数据系统可以随时找到被审计单位中出现的各种问题，也能够预警将要发生的问题等，而且还可以汇总相关的问题数据，将其传给审计人员，然后审计人员借助专业水平来深入研究种种数据，建立起科学的审计流程。由此可见，数字经济时代背景下，可以给被审计单位经济管理活动带来长时间的监督，有效减少审计工作过程中出现的检查隐患。

现阶段，对一些中大型单位而言，因为经济活动不但数量庞大，而且类型多样，事务所进行审计的时候往往会使用审计抽样手段，抽取适量样本继而来推导整体。但是，只要抽样就绝对会出现抽样风险，这是由于样本存在局限性，导致审计人员忽视部分重大错报，进一步提高审计风险。

在数字经济不断发展下，通过区块链还有大数据等一系列先进技术可以使事务所科学研究被审计单位中的全部数据，基于各个方面来分析，可以找到被审计单位不容易被发现的问题，从而降低审计抽样过程中的风险。

（资料来源：许静．数字经济时代下审计的机遇和挑战［J］．轻纺工业与技术，2020，49（3）：132－133）

第三节　审计抽样在实质性细节测试中的运用

在细节测试中进行审计抽样，可能使用统计抽样，也可能使用非统计抽样，两种抽样方法的基本流程和主要步骤相同，注册会计师在细节测试中使用的统计抽样方法主要包括传统变量抽样和概率比例规模抽样（以下简称 PPS 抽样）两种。两种统计抽样方法的区别主要体现在确定样本规模和推断总体两个方面。

一、传统变量抽样

传统变量抽样主要包括：均值估计抽样、差额估计抽样和比率估计抽样三种方法。

（一）均值估计抽样

均值估计抽样是指通过抽样审查确定样本的平均值，再根据样本平均值推断总体的平均值和总值的一种变量抽样方法。使用这种方法时，注册会计师先计算样本中所有项目审定金额的平均值，然后用这个样本平均值乘以总体规模得出总体金额的估计值。总体估计金额和总体账面金额之间的差额就是推断的总体错报。

例如，注册会计师从总体规模为 2 500 个、账面金额为 2 250 000 元的存货项目中选择了 500 个项目作为样本。在确定了正确的采购价格并重新计算了价格与数量的乘积之后，注册会计师将 500 个样本项目的审定金额加总后（412 000 元）除以 500，确定样本项目的平均审定金额为 824 元。然后计算出估计的存货余额为 2 060 000 元（824×2 500）。推断的总体错报就是 190 000 元（2 250 000－2 060 000）。

（二）差额估计抽样

差额估计抽样是指以样本实际金额与账面金额的平均差额来估计总体实际金额与账面金额的平均差额、然后再以这个平均差额乘以总体规模，从而求出总体的实际金额与账面金额的差额（即总体错报）的一种方法。

差额估计抽样的计算公式如下：

$$平均错报 = 样本实际金额与账面金额的差额 \div 样本规模$$

$$推断的总体错报 = 平均错报 \times 总体规模$$

使用这种方法时，注册会计师先计算样本项目的平均错报，然后根据这个样本平均错报推断总体。例如，注册会计师从总体规模为2 500个的存货项目中选取了500个项目进行检查。总体的账面金额总额为2 250 000元。注册会计师逐一比较500个样本项目的审定金额和账面金额并将账面金额（412 000元）和审定金额（391 400元）之间的差异加总，本例中为20 600元。20 600元的差额除以样本项目个数500，得到样本平均错报41.2元。最后注册会计师用这个平均错报乘以总体规模，计算出总体错报为103 000元（41.2×2 500）。

（三）比率估计抽样

比率估计抽样是指以样本的实际金额与账面金额之间的比率关系来估计总体实际金额与账面金额之间的比率关系，然后再以这个比率去乘总体的账面金额，从而求出估计的总体实际金额的一种抽样方法。比率估计抽样的计算公式如下：

比率＝样本审定金额÷样本账面金额

估计的总体实际金额＝总体账面金额×比率

推断的总体错报＝估计的总体实际金额－总体账面金额

如果注册会计师使用比率估计抽样，样本审定金额合计与样本账面金额的比率为0.95（391 400÷412 000）。注册会计师用总体的账面金额乘以该比率（0.95），得到估计的存货余额2 137 500元（2 250 000×0.95）。推断的总体错报则为112 500元（2 250 000－2 137 500）。

如果未对总体进行分层，注册会计师通常不使用均值估计抽样，因为此时所需的样本规模可能太大，以至于对一般的审计而言不符合成本效益原则。比率估计抽样和差额估计抽样都要求样本项目存在错报。如果样本项目的审定金额和账面金额之间没有差异，这两种方法使用的公式所隐含的机理就会导致错误的结论。如果注册会计师决定使用统计抽样，且预计只发现少量差异，就不应使用比率估计抽样和差额估计抽样，而考虑使用其他的替代方法，如均值估计抽样或PPS抽样。

二、概率比例规模抽样

细节测试中运用的两种统计抽样方法，即传统变量抽样和概率比例规模抽样（probability-proportional-to-size sampling，PPS抽样）都能为注册会计师实现审计目标提供充分的证据。但在有些情况下，PPS抽样比传统变量抽样更实用。

PPS抽样是一种运用属性抽样原理对货币金额而不是对发生率得出结论的统计抽样方法。PPS抽样是以货币单位作为抽样单元，有时也被称为金额加权抽样、货币单元抽样、累计货币金额抽样以及综合属性变量抽样等。

在该方法下总体中的每个货币单位被选中的机会相同，所以总体中某一项目被选中的概率等于该项目的金额与总体金额的比率。项目金额越大，被选中的概率就越大。但实际上注册会计师并不是对总体中的货币单位实施检查，而是对包含被选取货币单位的余额或交易实施检查。注册会计师检查的余额或交易被称为逻辑单元。PPS

抽样有助于注册会计师将审计重点放在较大的余额或交易。此抽样方法之所以得名，是因为总体中每一余额或交易被选取的概率与其账面金额（规模）成比例。

（一）PPS 抽样的应用原理

PPS 抽样中可以使用随机数表法、系统选样法等方法选取样本，以货币单位作为抽样单元，但注册会计师却不是对具体货币单位进行审计，而必须确定实物单位（即逻辑单元）来执行审计测试。注册会计师进行 PPS 抽样必须满足以下两个条件：

第一，总体的错报率很低（低于 10%），且总体规模在 2 000 以上。这是 PPS 抽样使用的泊松分布的要求。

第二，总体中任一项目的错报不能超过该项目的账面金额。这就是说，如果某账户的账面金额是 100 元，其错报金额不能超过 100 元。

PPS 抽样方法运用如下。

假设检查 10 个应收账款明细账户，各明细账户的账面金额如表 5－10 所示。

表 5－10　　货币单位选样示例计算

项目号（逻辑单元）	账面金额（元）	累计金额（元）	相关的货币单元	选取的随机数
A1	500	500	1～500	450
A2	680	1 180	501～1 180	950
A3	1 210	2 390	1 181～2 390	1 450、1 950
A4	230	2 620	2 391～2 620	2 450
A5	110	2 730	2 621～2 730	
A6	90	2 820	2 731～2 820	
A7	20	2 840	2 821～2 840	
A8	270	3 110	2 841～3 110	2 950
A9	560	3 670	3 111～3 670	3 450
A10	1 100	4 770	3 671～4 770	3 950、4 450

表 5－10 中共有 10 个逻辑单元，账面累计金额数 4 770 为总体。假设采用 PPS 抽样拟从中抽取样本，基本步骤如下。

1. 计算总体项目的累计金额。计算结果如表 5－10 所示。

2. 如果注册会计师采用系统选样，确定的选样间隔为 500 元，然后从 1～500 元（含 500 元）之间选择一个随机起点，例如选择的随机起点为第 450 元，则随后挑选出的样本依次为第 950 元（450＋500）、第 1 450 元、第 1 950 元 ……。

3. 根据所需的样本规模，找出包含被抽取的随机数最小的累计金额数，与此相对应的项目即为逻辑单元。注册会计师将对其实施检查的逻辑单元分别为 A1、A2、A3、A4、A8、A9、A10，所以这几个明细账户即为被抽取的样本项目。

通过上述示例，可以发现：

1. 如果逻辑单元的账面金额等于或高于选样间距，则该项目肯定会被选中，如逻辑单元 A2、A3、A9、A10，而规模只有选样间距一半的逻辑单元被选中的概率为 50%。

2. 如果逻辑单元的账面金额是选样间隔的数倍，该项目将不止一次地被挑选出来，如逻辑单元 A3、A10，在这种情况下，最终选取的逻辑单元数量小于确定的样本规模。

3. 为简化样本评价工作，注册会计师可能对账面金额大于或等于选样间隔的项目实施 100% 检查，而不将其纳入抽样总体。

（二）PPS 抽样的优点

第一，PPS 抽样以属性抽样原理为基础，注册会计师可以很方便地计算样本规模和评价样本结果，因而通常比传统变量抽样更易于使用；

第二，PPS 抽样在确定所需的样本规模时无须直接考虑总体的特征（如变异性），因为总体中的每一个货币单元都有相同的规模，而传统变量抽样的样本规模是在总体项目共有特征的变异性或标准差的基础上计算的；

第三，PPS 抽样中，项目被选取的概率与其货币金额大小成比例，因而无须通过分层减少变异性，而传统变量抽样通常需要对总体进行分层以减小样本规模；

第四，在 PPS 抽样中使用系统选样法选取样本时，如果项目金额等于或大于选样间距，PPS 抽样将自动识别所有单个重大项目，即该项目一定会被选中；

第五，如果注册会计师预计不存在错报，PPS 抽样的样本规模通常比传统变量抽样更小；

第六，PPS 抽样的样本更容易设计，且可在能够获得完整的最终总体之前开始选取样本。

（三）PPS 抽样的缺点

第一，PPS 抽样不适用于测试总体的低估，因为账面金额小但被严重低估的项目被选中的概率低，如果在 PPS 抽样中发现低估，注册会计师在评价样本时需要特别考虑；

第二，对零余额或负余额的选取需要在设计时予以特别考虑，例如，如果准备对应收账款进行抽样，注册会计师可能需要将贷方余额分离出去，作为一个单独的总体，如果检查零余额的项目对审计目标非常重要，注册会计师需要单独对其进行测试，因为零余额的项目在 PPS 抽样中不会被选取；

第三，当发现错报时，如果风险水平一定，PPS 抽样在评价样本时可能高估抽样风险的影响，从而导致注册会计师更有可能拒绝一个可接受的总体账面金额；

第四，在 PPS 抽样中，注册会计师通常需要逐个累计总体金额，以确定总体是否完整并与财务报表一致，不过如果相关会计数据以电子形式储存，就不会额外增加大量的审计成本；

第五，当预计总体错报的金额增加时，PPS 抽样所需的样本规模也会增加，在这种情况下，PPS 抽样的样本规模可能大于传统变量抽样所需的规模。

自学测评

一、单项选择题

1. 下列有关统计抽样和非统计抽样共同点的说法中，错误的是（　　）。【2021 年 CPA 考试真题】

A. 统计抽样和非统计抽样都能客观计量抽样风险

B. 统计抽样和非统计抽样都难以量化非抽样风险

C. 统计抽样和非统计抽样都需要注册会计师运用职业判断

D. 如果设计得当，非统计抽样能够提供与统计抽样同样有效的结果

2. 下列有关信赖不足风险和信赖过度风险的说法中，正确的是（　　）。

A. 信赖不足风险影响审计结论

B. 信赖不足风险属于非抽样风险

C. 注册会计师可以通过扩大样本规模降低信赖过度风险

D. 信赖过度风险与控制测试和细节测试均相关

3. 下列各项风险中，对注册会计师审计工作的效率和效果均会产生影响的是（　　）。

A. 误受风险　　B. 信赖不足风险　　C. 信赖过度风险　　D. 非抽样风险

4. 存货总金额为 500 万元，重要性水平为 10 万元，根据抽样结果推断的错报额为 4.5 万元，而账户的实际错报额为 16 万元，这时，注册会计师承受了（　　）。

A. 误拒风险　　B. 信赖不足风险　　C. 误受风险　　D. 信赖过度风险

5. 在运用审计抽样实施控制测试时，下列各项中与样本规模同向变动的是（　　）。【2021 年 CPA 考试真题】

A. 总体规模　　B. 可容忍偏差率

C. 预计总体偏差率　　D. 可接受的信赖过度风险

6. 注册会计师李霞在对光华公司主营业务收入进行测试的同时，一并对应收账款进行了测试。假定光华公司 2022 年 12 月 31 日应收账款明细账显示其有 2 000 户顾客，账面余额为 10 000 万元。李霞拟通过抽样函证应收账款账面余额，抽取 130 个样本。样本账户账面余额为 500 万元，审定后认定的余额为 450 万元。根据样本结果采用差额法推断应收账款的总体余额为（　　）万元。

A. 769.2　　B. 9 230.8　　C. 1 000　　D. 9 000

二、多项选择题

1. 下列与内部控制有关的审计工作中，通常不可以使用审计抽样的有（　　）。

A. 评价内部控制设计的合理性

B. 测试自动化应用控制的运行有效性

C. 确定控制是否得到执行

D. 测试留下运行轨迹的人工控制的运行有效性

2. 统计抽样应同时具备的两个条件是（　　）。

A. 随意选取样本项目　　B. 随机选取样本项目

C. 运用职业判断　　D. 运用概率论评价样本结果

3. 下列有关抽样风险的说法中，正确的有（　　）。

A. 只要使用了抽样，就会有抽样风险

B. 抽样风险与样本规模和抽样方法相关

C. 无论是抽样风险还是非抽样风险都可以被精确地计量和控制

D. 如果对总体中的所有项目都实施检查，则抽样风险为零

4. 下列审计程序中可以采用审计抽样的有（　　）。

A. 应收账款函证　　B. 实质性分析程序

C. 存货计价测试　　D. 风险评估程序

三、判断题

1. 变量抽样适用于控制测试。（　　）

2. 随机数表选样属于随机基础选样方法，即对总体的所有项目按照随机规则选择样本。（　　）

3. 系统选样方法使用方便，并可用于无限总体。但使用系统选样方法要求总体必须是随机排列的，否则容易发生较大的偏差。（　　）

4. 注册会计师可以通过扩大样本规模降低非抽样风险。（　　）

5. 不论选用统计抽样还是非统计抽样，只要运用得当，都能获取充分、适当的审计证据。（　　）

6. PPS 抽样不适用于测试总体的低估，因为账面金额小但被严重低估的项目被选中的概率低。（　　）

7. PPS 抽样的样本规模无须考虑被审计金额的变异性，因为总体中的每一个货币单元都有相同的规模。（　　）

第六章　审计计划、审计重要性和审计风险

【知识目标】

1. 能够阐述总体审计策略与具体审计计划的内容；
2. 能够解释审计重要性的含义；
3. 能够阐述审计风险模型及要素；
4. 能够分析重要性水平、审计风险与审计证据之间的关系。

【技能目标】

1. 能够编制总体审计策略与具体审计计划；
2. 能够计算不同层次的重要性水平；
3. 能够计算可接受审计风险。

【思维目标】

1. 坚持计划优先，具有认真负责的职业态度；
2. 关注事物内部各要素之间的影响，有整体与局部的意识，具有大局观思维；
3. 树立风险意识，不为金钱所诱惑，服务社会公众利益的观念。

【导入案例】

中国证券监督管理委员会行政复议决定书［中兴华会计师事务所（特殊普通合伙）］

申请人不服被申请人作出的《行政处罚决定书》（〔2017〕84号），向中国证券监督管理委员会（以下简称本会）提出行政复议申请，请求予以撤销。本会受理后，依法对本案进行了审查，现已审查终结。

申请人称，应当厘清会计责任和审计责任的区别，其已勤勉尽责，复议请求撤销处罚。理由为：(1) 审计计划只是项目的初始阶段编制，审计项目是否履行恰当程序、获取充分适当的证据需要在后续底稿中体现。申请人后续审计工作底稿已显示，在评估与票据置换相关业务的风险时，履行了审计计划之外的大量非常规的审计程序，仅未及时修改审计计划的存档底稿。申请人已保持了合理的职业怀疑和应有的职业审慎。(2) 申请人已按审计计划“应收票据需获取银行的确认函”的要求执行审计程序。审计人员前往银行获取票据相关信息的确认，银行出示了支付系统专用凭证。审计人员要求银行出具票据真实性的证明，银行不出具书面证明。审计人员已将

查询过程记录于审计工作底稿及审计小结中，并非未执行该程序。（3）针对异常的银行账户已实施有效的进一步审计程序。审计人员对所有银行存款的相关凭证均进行了检查，对原始凭证进行了拍照留底。审计人员前往银行对所有账户进行函证，但银行以系统无法调出已销户账户相关信息为由不接受函证。由于银行存款未被确定为特别风险，故未记录相关的跟函情况。

经查，申请人制定审计计划执行“应收票据需获取银行的确认函”程序。审计工作底稿中没有执行获取相关票据银行确认函的记录，未记录申请人对相关异常银行账户的函证情况，未说明未执行的理由。审查认为，申请人审计工作底稿中无了解公司层面内部控制的记录，申请人对博元投资内部控制的审计不符合审计准则的规定。审计工作底稿中无申请人与券商、律所沟通的记录，无法判断其执行情况，不能证明申请人保持了合理的职业怀疑和应有的职业审慎。审计准则规定注册会计师应当对银行存款实施函证，无客观证据证明申请人对相关银行账户进行了函证，亦无客观证据证明申请人按照审计计划的要求对相关票据执行了审计程序。综上，被申请人根据《中华人民共和国证券法》第二百二十三条对申请人作出处罚，认定事实清楚，证据充分，适用依据正确，程序合法，内容适当。

（资料来源：中国证券监督管理委员会行政复议决定书［中兴华会计师事务所（特殊普通合伙）］［EB/OL］. 中国证监会官网，http：//www.csrc.gov.cn/csrc/c105938/c1044005/content.shtml，2018－04－20）

思考：1. 什么是审计计划？

2. 审计计划中应包含哪些信息呢？

3. 审计计划制订后，是否可以修改呢？

审计计划

第一节 审计计划

一、审计计划的含义和作用

（一）审计计划的含义

审计计划是注册会计师为了完成各项审计业务，达到预期审计目标，在具体执行审计程序之前编制的工作计划。审计计划包括制定总体审计策略和具体审计计划，对注册会计师顺利完成审计工作和控制审计风险具有重要意义。

审计计划一般由审计项目负责人在审计工作开始时起草，作为审计工作的预先规划。在审计工作开始后，审计人员应当按照审计计划执行审计业务。随着审计工作的推进，如发现审计计划与被审计单位的实际情况不符，则应对审计计划进行补充和修订。对审计计划的补充和修订贯穿于审计业务的始终。

（二）审计计划的作用

1. 审计人员能根据审计计划收集充分、适当的审计证据。审计工作开始后，审计人员按照审计计划实施审计程序，收集审计证据并形成审计工作底稿，作为最终形成审计意见的依据。详尽的审计计划可以使审计人员收集充分、适当的审计证据，避免审计过度造成的资源浪费或审计不足影响审计结果。

2. 保持合理审计成本、提高审计工作效率和质量。通过审计计划的制定，项目负责人可以充分调配各项审计资源，合理安排审计人员，调控审计进度，使各项审计工作有序衔接，通过有效利用审计资源，使审计成本保持在合理范畴，提高审计效率和质量。

3. 避免与被审单位之间发生误解。通过制定审计计划，可以合理安排审计工作内容和进度，收集充分、适当的审计证据，确保可以如期完成审计工作，避免因延期而造成的违约。

二、总体审计策略

总体审计策略是指从接受审计委托到出具审计报告全过程工作内容的预期综合规划，用以确定审计范围、时间及方向，并指导制定具体审计计划。

（一）制定总体审计策略时考虑的事项

审计人员在制定总体审计策略时，应当考虑下列事项。

（1）确定审计业务的特征，包括被审计单位的经营背景、组织结构、财务管理、人事政策、管理层情况、被审计单位依据的财务报告编制基础、特定行业的报告要求以及被审计单位组成部分的分布等，以界定审计范围。

（2）明确审计业务的报告目标，以计划审计的时间安排和所需沟通的性质，如提交审计报告的时间要求、项目组成员之间沟通的预期性质和时间安排、与前任注册会计师沟通等。

（3）根据职业判断，考虑用以指导项目组工作方向的重要因素，如确定适当的重要性水平、识别重大错报风险较高的审计领域、识别重大的行业发展情况及会计准则及会计制度的变化等。

（4）考虑初步业务活动的结果，并考虑项目合伙人对被审计单位执行其他业务时获得的经验是否与审计业务相关（如适用）。

（5）确定执行业务所需资源的性质、时间安排和范围。

（二）总体审计策略的主要内容

总体审计策略应包括下列主要内容，并根据实施的风险评估程序结果进行调整。

（1）重要会计问题和重点审计领域，主要由注册会计师根据被审计单位业务的复杂程度、账户的重要性及对重大错报风险的评价，并结合以往的审计经验来确定。

（2）向具体审计领域调配的资源，包括向高风险领域分派有适当经验的项目组成员、就复杂的问题利用专家工作等。

（3）向具体审计领域分配资源的数量，包括安排到重要存货存放地、观察存货盘点的项目组成员的数量、对其他注册会计师工作的复核范围、对高风险领域安排的审计时间预算等。

（4）何时调配这些资源，包括是在期中审计阶段还是在关键的截止日期调配资源等。

（5）如何管理、指导、监督这些资源的利用，包括预期何时召开项目组预备会和总结会、预期项目负责人和经理如何进行复核、是否需要实施项目质量控制复核等。

在编制总体审计策略时，时间预算是一项重要工作。时间预算是合理确定审计收费的依据，也是评价审计工作进度的重要尺度，是完成审计工作的保证。总体审计策略的详略程度应随被审计单位的规模及审计业务的复杂程度而变化。

三、具体审计计划

具体审计计划是根据总体审计策略制定的，是对实施总体审计策略所需审计程序的性质、时间和范围作出详细的规划与说明。

（一）具体审计计划的内容

具体审计计划比总体审计策略更加详细，其内容包括获取充分、适当的审计证据以将审计风险降至可接受的低水平，项目组成员拟实施的审计程序的性质、时间和范围。具体审计计划包括以下内容。

（1）计划对项目组成员实施指导、监督并复核其工作的性质、时间安排和范围。

（2）为了足够识别和评估财务报表重大错报风险，注册会计师计划实施的风险评估程序的性质、时间和范围。

（3）针对评估的认定层次重大错报风险，注册会计师计划实施的进一步审计程序的性质、时间和范围，包括进一步程序的总体方案和具体审计程序两个层次。

（4）根据中国注册会计师审计准则的规定，注册会计师针对审计业务需要实施的其他审计程序。

注册会计师应当对项目组成员工作的指导、监督与复核的性质、时间和范围制定计划。项目组成员工作的指导、监督与复核的性质、时间和范围主要取决于：被审计单位的规模和复杂程度；审计领域；重大错报风险；执行审计工作的项目组成员的素质和专业胜任能力。

（二）总体审计策略与具体审计计划的关系

总体审计策略和具体审计计划是审计计划的两个层次，两者之间具有紧密的内在联系，相互支持、相互影响，总体审计策略的编制通常在具体审计计划之前。注册会计师在实施具体审计计划过程中，如果被审计单位的有关事项具有重要性，可能会对总体审计策略的内容予以调整。

制定总体审计策略和具体审计计划的过程紧密联系，并且两者的内容也紧密相关。注册会计师应当针对总体审计策略中所识别的不同事项制定具体审计计划，并考虑通过有效利用审计资源以实现审计目标。在实务中，注册会计师将制定总体审计策略和具体审计计划相结合进行，可能会使计划审计工作更有效率及效果。

【思维小课堂】

合理的审计计划是保障审计质量的重要前提之一

凡事预则立、不预则废。

——西汉·戴圣《礼记·中庸》

计划审计工作对于注册会计师顺利完成审计工作和控制审计风险具有非常重要的意义。合理的审计计划有助于注册会计师关注重点审计领域、及时发现和解决潜在问题并恰当地组织与管理审计工作，使审计工作更加有效。

四、审计过程对审计计划的更新和修改

计划审计工作是一个持续的、不断修正的过程，贯穿于整个审计业务的始终。注册会计师应在审计过程中对总体审计策略和具体审计计划作出必要的更新与修改。通常这些更新和修改所涉及的大多是比较重要的事项，如对重要性水平的更新与修改，对某类交易、账户余额和列报的重大错报风险的评估及进一步审计程序的更新与修改等。审计计划更新和修改后，审计工作也应进行修正。

在审计过程中对总体审计策略或具体审计计划作出的任何重大修改及其理由，包括对项目组成员实施指导、监督和复核的计划作出的重大修改及其理由均应在审计工作底稿中进行详细记录。

第二节　审计重要性

审计重要性是贯穿审计全过程的一个非常重要的概念，正确理解和运用审计重要性对注册会计师制定审计计划、选择审计方法、降低审计风险及出具恰当的审计意见都十分重要。审计重要性不仅体现在注册会计师的财务报表审计项目中，在执行其他鉴证业务时也应进行参照。

一、审计重要性的含义

审计重要性的含义

为规范注册会计师在计划和执行财务报表审计工作时运用重要性概念，《中国注册会计师审计准则第 1221 号——计划和执行审计工作时的重要性》规定：财务报告编制基础通常从编制和列报财务报表的角度阐释重要性概念。财务报告编制基础可能以不同的术语解释重要性，但通常而言，重要性概念可从下列方面进行理解。

(1) 审计重要性的概念是针对财务报表的。如果合理预期错报（包括漏报）单独或汇总起来可能影响财务报表使用者依据财务报表作出的经济决策，则通常认为错报是重大的。

(2) 审计重要性的判断离不开具体环境。对重要性的判断是根据具体环境作出的，并受错报金额或性质的影响，或受两者共同作用的影响。

(3) 审计重要性是针对财务报表使用者而言的。判断某事项对财务报表使用者是否重大，是在考虑财务报表使用者整体共同的财务信息需求的基础上作出的。由于不同财务报表使用者对财务信息的需求可能差异很大，因此不考虑错报对个别财务报表使用者可能产生的影响。

需要明确的是，注册会计师对重要性的确定属于职业判断，受注册会计师对财务报表使用者对财务信息需求的认识的影响。就审计而言，注册会计师针对财务报表使用者作出下列假定是合理的。

①拥有经营、经济活动和会计方面的适当知识，并有意愿认真研究财务报表中的信息；

②理解财务报表是在运用重要性水平基础上编制、列报和审计的；

③认可建立在对估计和判断的应用以及对未来事项的考虑的基础上的会计计量具有固有的不确定性；

④依据财务报表中的信息作出合理的经济决策。

审计重要性的运用

二、审计重要性水平的确定

（一）确定审计重要性水平应考虑的因素

在制定审计计划时，审计人员应当确定一个可接受的重要性水平，以发现在金额上重大的错报。可接受的重要性水平就是注册会计师认为财务报表中存在的错报尚不会影响财务报表使用者决策的最大金额。注册会计师在确定审计计划的重要性水平时，需要考虑以下几个因素。

1. 对被审计单位及其环境的了解。被审计单位的行业状况、法律环境与监管环境等其他外部因素，以及被审计单位业务的性质，被审计单位对会计政策的选择和应用，被审计单位的目标、战略及相关的经营风险，被审计单位的内部控制等内部因素，都将影响注册会计师对重要性水平的判断。

2. 审计的目标。审计的目标包括特定报告要求、信息使用者的要求等因素，会影响注册会计师对重要性水平的确定。例如，对特定报表项目进行审计的业务，其重要性水平可能需要以该项目金额加以确定，而不是以财务报表的一些汇总性财务数据为基础加以确定。

3. 财务报表各项目的性质及其相互关系。财务报表使用者对不同报表项目的关心程度不同。一般而言，财务报表使用者十分关心流动性较高的项目，如果认为流动性较高的项目出现较小金额的错报就会影响报表使用者的决策，那么注册会计师应当对此从严确定重要性水平。由于财务报表各项目之间是相互联系的，注册会计师在确定重要性水平时，需要考虑这种相互联系。

4. 财务报表项目的金额及其波动幅度。财务报表项目的金额及其波动幅度可能促使财务报表使用者作出不同的反应。因此，注册会计师在确定重要性水平时，应当深入研究这些项目的金额及其波动幅度。

总之，只要影响预期财务报表使用者决策的因素，都可能对重要性水平产生影响。注册会计师应当在计划阶段充分考虑这些因素，并采用合理的方法确定重要性水平。

（二）从两个层次确定重要性水平

审计重要性水平的确定

注册会计师审计最终是要对财务报表的合法性和公允性发表审计意见，因此，注册会计师应当确定财务报表整体的重要性水平。同时由于财务报表中提供的信息均来源于各个账户或各项交易，注册会计师仍需通过各账户和各交易来获得对财务报表整体性的结论，因此，注册会计师还必须考虑交易余额、账户或披露层次的重要性水平。

1. 财务报表整体重要性水平的确定。注册会计师在制定总体审计策略时，应当确定财务报表层次的重要性水平。注册会计师通常先选择一个恰当的基准，再选用适当的百分比乘以该基准，从而得出财务报表层次的重要性水平。

（1）判断基础和计算方法。在实务中，注册会计师选择判断基准时，通常考虑以下几点。

①所选择的判断基准通常为汇总性财务数据，如总资产、净资产、营业收入、税前利润、净利润等，必须反映被审计单位的规模。

②是否存在特定会计主体的财务报表使用者特别关注的项目，如为了评价财务业绩，报表使用者可能更关注利润、收入或净资产。

③被审计单位的性质、所处的生命周期、所处的行业及经济环境。例如，如果企业为新设企业，处于开办期，尚未开始经营，目前正在建设厂房及购买设备，可以以总资产作为基准。

④被审计单位的所有权结构和融资方式。

⑤基准的波动情况。注册会计师为被审计单位选择的基准在各年度中通常会保持稳定，波动较大的项目一般不会作为基准。

在确定恰当的基准后，注册会计师通常运用职业判断合理选择百分比，以确定重要性水平。在审计实务中，经常使用的一些经验参考数值包括：对于以营利为目的的企业，采用税前利润或税后净利润的5%或总收入的0.5%；对于非营利组织，采用费用总额或总收入的1%～2%或者资产总额的0.5%～1%；对于共同基金公司，采用净资产的0.5%。

（2）财务报表层次重要性水平的选取。注册会计师执行具体审计业务时，可以采用比上述百分比更高或更低的比例来确定财务报表层次的重要性水平。当所确定的各个财务报表的重要性水平不同时，应当选择其中最低者作为财务报表层次的重要性水平。

（3）财务报表尚未完成时重要性水平的确定。在编制审计计划时，如果被审计单位的财务报表尚未编制完成，注册会计师应当根据期中财务报表推算出年度财务报表，或者根据被审计单位经营环境和经营情况变动对上年度财务报表作出必要修正，以确定财务报表层次的重要性水平。注册会计师通常在资产负债表日之前对重要性水平作出初步判断，此时，尚无法取得年末财务报表的数据。因此，审计人员应当根据期中财务报表或上年度财务报表进行推算或作必要修正，得出年末财务报表数据，并据此确定财务报表层次的重要性水平。

【知识点拨】

在实务中，常用的重要性水平基准有哪些呢？

表6－1对实务中常用的基准进行举例说明。

表6－1　常用的基准

被审计单位的情况	可能选择的基准
企业的盈利水平保持稳定	经常性业务的税前利润
企业近年来经营状况大幅度波动。盈利和亏损交替发生，或者由正常盈利变为微利成微亏，或者本年度税前利润因情况变化而出现意外增加或减少	过去3～5年经常性业务的平均税前利润或亏损（取绝对值），或者其他基准，例如营业收入
企业为新设企业，处于开办期，尚未开始经营，目前正在建造厂房及购买机器设备	总资产
企业处于新兴行业，目前侧重于抢占市场份额、扩大企业知名度和影响力	营业收入
开放式基金，致力于优化投资组合、提高基金净值、为基金持有人创造投资价值	净资产
国际企业集团设立的研发中心，主要为集团下属各企业提供研发服务，并以成本加成的方式向相关企业收取费用	成本与营业费用总额
公益性质的基金会	捐赠收入或捐赠支出总额

注册会计师为被审计单位选择的基准在各年度中通常会保持稳定，但是并非必须保持一贯不变。注册会计师可以根据经济形势、行业状况和被审计单位具体情况的变化对采用的基准作出调整。例如，被审计单位处在新设立阶段时注册会计师可能采用总资产作为基准，被审计单位处在成长期时注册会计师可能采用营业收入作为基准，被审计单位进入经营成熟期后注册会计师可能采用经常性业务的税前利润作为基准。

2. 交易余额、账户或披露层次重要性水平的确定。根据被审计单位的特定情况，如果存在一个或多个特定类别的交易、账户余额或披露，其发生的错报金额虽然低于财务报表整体的重要性，但合理预期可能影响财务报表使用者依据财务报表作出的经济决策，注册会计师应当确定适用于这些交易、账户余额或披露的一个或多个重要性水平。

注册会计师可以将此前确定的财务报表层次重要性水平分配至各类交易或各个账户，也可以单独确定各类交易或各个账户的重要性水平。在确定各类交易或各个账户的重要性水平时，注册会计师应当考虑各类交易或各个账户的性质和错报的可能性，以及各类交易或各个账户重要性水平与财务报表层次重要性水平的关系。对于重要的交易或账户，审计人员应当从严确定重要性水平；对于出现错报可能性较大的交易或账户，宜将重要性水平确定得高一些。如果将财务报表层次的重要性水平分配至各类交易或各个账户，则各类交易或各个账户的重要性水平之和应当等于财务报表层次重要性水平。

审计人员若不将财务报表层次的重要性水平分配至各类交易或各个账户，则可根据各类交易或各个账户的性质及错报的可能性，将其重要性水平分别确定为财务报表层次重要性水平的一定百分比或比率（如 20% ~50% 或 1/6 ~ 1/3）。在审计过程中，若发现某类交易或某个账户的错报超过这一水平，应建议被审计单位予以调整；同时，编制和分析调整事项汇总表，若发现未调整的错报超过财务报表层次的重要性水平，也应建议被审计单位予以调整。

（三）从性质方面确定重要性水平

金额不重要的错报从性质上来看有可能是重要的。注册会计师在判断错报的性质是否重要时应该考虑的具体情况包括：

（1）错报对遵守法律法规要求的影响程度；

（2）错报对遵守债务契约或其他合同要求的影响程度；

（3）错报掩盖收益或其他趋势变化的程度（尤其是在联系宏观经济背景和行业状况进行考虑时）；

（4）错报对用于评价被审计单位财务状况、经营成果或现金流量的有关比率的影响程度等。

三、实际执行的重要性

（一）实际执行的重要性的含义

实际执行的重要性是指注册会计师确定的低于财务报表整体重要性的一个或多个金额，旨在将未更正和未发现错报的汇总数超过财务报表整体的重要性的可能性降至适当的低水平。如果适用，实际执行的重要性还指注册会计师确定的低于特定类别的交易、账户余额或披露的重要性水平的一个或多个金额。

确定财务报表整体的实际执行的重要性，旨在将财务报表中未更正和未发现错报的汇总数超过财务报表整体的重要性的可能性降至适当的低水平。确定特定类别的交易、账户余额或披露的重要性水平相关的实际执行的重要性，旨在将这些交易、账户余额或披露中未更正与未发现错报的汇总数超过这些交易、账户余额或披露的重要性水平的可能性降至适当的低水平。

确定实际执行的重要性并非简单机械的计算，需要注册会计师运用职业判断，并考虑下列因素的影响：

（1）对被审计单位的了解；

（2）前期审计工作中识别出的错报的性质和范围；

（3）根据前期识别出的错报对本期错报作出的预期。

（二）实际执行的重要性的确定

对实际执行的重要性的运用体现在计划和执行审计工作阶段，实际执行的重要性直接影响注册会计师的审计工作量及需要获取的审计证据。对于审计风险较高的审计项目，需要确定较低的实际执行的重要性。通常而言，实际执行的重要性通常为财务报表整体重要性的50%～75%。

1. 在下列情况下，注册会计师可能考虑选择较低的百分比来确定实际执行的重要性。

（1）首次接受委托的审计项目；

（2）连续审计项目，以前年度审计调整较多；

（3）项目总体风险较高，例如处于高风险行业、管理层能力欠缺、面临较大市场竞争压力或业绩压力等；

（4）存在或预期存在值得关注的内部控制缺陷。

2. 在下列情况下，注册会计师可能考虑选择较高的百分比来确定实际执行的重要性。

（1）连续审计项目，以前年度审计调整较少；

（2）项目总体风险为低到中等，例如处于非高风险行业、管理层有足够能力、面临较低的业绩压力等；

（3）以前期间的审计经验表明内部控制运行有效。

审计准则要求注册会计师确定低于财务报表整体重要性的一个或多个金额作为实际执行的重要性，注册会计师无须通过将财务报表整体的重要性平均分配或按比例分配至各个报表项目的方法来确定实际执行的重要性，而是根据对报表项目的风险评估结果，确定如何确定一个或多个实际执行的重要性。例如，根据以前期间的审计经验和本期审计计划阶段的风险评估结果，注册会计师认为可以以财务报表整体重要性的75%作为大多数报表项目的实际执行的重要性；与营业收入项目相关的内部控制存在控制缺陷，而且以前年度审计中存在审计调整，因此考虑以财务报表整体重要性的50%作为营业收入项目的实际执行的重要性，从而有针对性地对高风险领域执行更多的审计工作。

注册会计师应当在审计工作底稿中充分记录在确定实际执行的重要性时所作出的职业判断的依据。

四、错报

（一）错报的含义

错报是指某一财务报表项目的金额、分类或列报，与按照适用的财务报告编制基础应当列示的金额、分类或列报之间存在的差异。错报可能是由于错误或舞弊导致的，舞弊和错误的区别在于，导致财务报表发生错报的行为是故意行为还是非故意行为。

具体包括下列情形。

（1）收集或处理用以编制财务报表的数据时出现错误；

（2）遗漏某项金额或披露；

（3）由于疏忽或明显误解有关事实导致作出不正确的会计估计；

（4）注册会计师认为管理层对会计估计作出不合理的判断或对会计政策作出不恰当的选择和运用；

（5）信息的分类、汇总或分解不恰当。

【知识点拨】

在确定明显微小错报的临界值时，注册会计师可能考虑哪些因素？

在确定明显微小错报的临界值时，注册会计师可能考虑以下因素：

1. 以前年度审计中识别出的错报（包括已更正和未更正错报）的数量和金额；

2. 重大错报风险的评估结果；

3. 被审计单位治理层和管理层对注册会计师与其沟通错报的期望；

4. 被审计单位的财务指标是否勉强达到监管机构的要求或投资者的期望。

注册会计师对上述因素的考虑，实际上是在确定审计过程中对错报的过滤程度。注册会计师的目标是要确保不累积的错报（即低于临界值的错报）连同累积的未更正错报不会汇总成为重大错报。如果注册会计师预期被审计单位存在数量较多、金额较小的错报，可能考虑采用较低的临界值，以避免大量低于临界值的错报积少成多构成重大错报。如果注册会计师预期被审计单位错报数量较少，则可能采用较高的临界值。

（二）累计识别出的错报

注册会计师应当累积审计过程中识别出的错报，除非错报明显微小。明显微小的错报是指无论在数量、性质或发生环境，无论单独或汇总，都明显不会对财务报表产生重大影响的错报。注册会计师可能将明显微小错报的临界值确定为财务报表整体重要性的3%～5%，也可能低一些或高一些，但通常不超过财务报表整体重要性的10%，除非注册会计师认为有必要单独为重分类错报确定一个更高的临界值。“明显微小”不等于“不重要”，而是“远低于重要性水平”，如果注册会计师不确定一个或多个错报是否明显微小，就不能认为这些错报是明显微小的。

为了帮助注册会计师评价审计过程中累积的错报的影响以及与管理层和治理层沟通错报事项，可将错报分为以下三类。

1. 事实错报。事实错报是毋庸置疑的错报。这类错报产生的原因可能为被审计单位收集和整理数据时出现错误、对交易事项的遗漏及被审计单位的舞弊行为。

2. 判断错报。判断错报是由于注册会计师认为管理层对财务报表中的确认、计量和列报（包括对会计政策的选择或运用）作出不合理或不恰当的判断而导致的差异。

3. 推断错报。推断错报是注册会计师对总体存在的错报作出的最佳估计数，涉及根据在审计样本中识别出的错报来推断总体的错报。

事实错报和判断错报是注册会计师在审计过程中发现的能够具体识别的错报，对于这两类错报，注册会计师应建议被审计单位进行调整。推断错报是注册会计师不能明确识别的错报，对于此类错报，注册会计师不能直接建议被审计单位进行调整，可要求被审计单位对有关交易余额、账户或披露自行检查，以确定错报的金额并进行调整。

（三）审计过程中对识别出的错报的考虑

错报可能不会孤立发生，一项错报的发生还可能表明存在其他错报。例如，注册会计师识别出由于内部控制失效而导致的错报，或被审计单位广泛运用不恰当的假设或评估方法而导致的错报，均可能表明还存在其他错报，

抽样风险和非抽样风险可能导致某些错报未被发现。审计过程中累积错报的汇总数接近按照《中国注册会计师审计准则第 1221 号——计划和执行审计工作时的重要性》规定确定的重要性，则表明存在比可接受的低风险水平更大的风险，即可能未被发现的错报连同审计过程中累积错报的汇总数，可能超过重要性。

注册会计师可能要求管理层检查某类交易、账户余额或披露，以使管理层了解注册会计师识别出的错报的发生原因，并要求管理层采取措施以确定这些交易账户余额或披露实际发生错报的金额，以及对财务报表作出适当的调整。例如在根据从审计样本中识别出的错报推断总体错报时，注册会计师可能提出这些要求。

审计风险

第三节　审计风险

一、审计风险的概念

审计风险是指财务报表存在重大错报而注册会计师发表不恰当审计意见的可能性。

审计风险的特征可以概括为以下几个方面。

1. 审计风险是客观存在的。由于审计的固有限制，即使注册会计师按照审计准则的规定恰当计划和实施了审计工作，也不可避免地存在财务报表中的某些重大错报未被发现的风险，审计风险是注册会计师在执业过程中无意识形成的，不以人的意志为转移，也无法完全消除，只能通过相应的手段或措施尽量将其降低。

2. 审计风险贯穿于审计全过程。审计风险往往通过最终审计结论与预期的偏差体现出来，注册会计师在执行审计的过程中一般很难察觉。实际上审计过程中每一个环节微小的因素都可能导致审计风险的产生，因此审计风险存在于审计全过程。

3. 审计风险是可控的。审计风险中包含了某些可以控制的风险，这些风险一般与对日常和重大的某类交易或账户余额作出的不准确或不完整的记录相关。在这种情况下，通过关注这类风险的发生过程，识别风险领域并进行相应的管控，便能将其降低至可接受的水平。

二、审计风险模型及审计风险要素间的关系

（一）审计风险模型

审计风险模型

在审计的发展过程中，审计风险模型可分为传统审计模型和风险导向审计模型。

1. 传统审计模型。传统风险审计模型中审计风险包括固有风险、控制风险和检查风险。它们之间的关系为：

审计风险 = 固有风险 × 控制风险 × 检查风险

固有风险是指在不考虑内部控制的情况下，导致交易类别、账户余额和披露的某一认定易于发生错报的因素。固有风险因素可以是定性的，也可以是定量的。固有风险因素包括事项或情况的复杂性、主观性、变化、不确定性、管理层偏向以及其他舞弊风险因素。

控制风险是指某一账户或交易类别单独或连同其他账户、交易类别产生错报，而未能被内部控制防止、发现或纠正的可能性。

检查风险是指某一账户或交易类别单独或连同其他账户、交易类别产生错报，而未能被实质性测试发现的可能性。检查风险取决于审计程序设计的合理性和实施的有效性。审计人员应当合理设计审计程序的性质、时间和范围，并有效实施审计程序，以控制检查风险。

对于传统风险审计模型，由于注册会计师很难合理量化固有风险和控制风险，严重影响其应用效果，不利于注册会计师发现被审计单位与财务报告有关的舞弊行为。由于模型本身存在的缺陷，该模型的应用范围比较受限，后面不再对该模型进行详细叙述。

2. 风险导向审计模型。在风险导向审计模型中，审计风险取决于重大错报风险和检查风险，它们之间的关系为：

审计风险 = 重大错报风险 × 检查风险

重大错报风险是指财务报表在审计前存在重大错报的可能性。重大错报风险可能是错误导致的，也可能是舞弊导致的。

在审计计划阶段，注册会计师根据外部使用者对财务报表的依赖程度、自身的风险承受能力等确定可接受的审计风险水平，然后根据实施的审计程序对被审计单位的重大错报风险进行评估，确定可接受的检查风险，进而计划拟实施的进一步审计程序的性质、时间和范围。

（二）审计风险的组成要素

1. 重大错报风险。重大错报风险可分为财务报表层次的重大错报风险和认定层

次的重大错报风险。财务报表层次的重大错报风险通常与控制环境有关，如管理层缺乏诚信、治理层形同虚设、经济萧条等，财务报表层次的重大错报风险与财务报表整体存在广泛联系，它可能影响多项认定，但难以被界定于某类交易、账户余额、列报的具体认定。认定层次的重大错报风险可分为固有风险和控制风险。固有风险和控制风险是被审计单位的风险，独立于财务报表审计而存在。

注册会计师应当识别和评估财务报表层次的重大错报风险，并根据评估结果确定总体应对措施，包括向项目组强调在搜集和评价审计证据过程中保持职业怀疑态度的必要性、分派更有经验或具有特殊技能的审计人员、利用专家的工作或提供更多的督导、在选择进一步审计程序时应注意使某些程序不被管理层预见或事先了解以及对拟实施审计程序的性质、时间和范围作出总体修改等。

注册会计师应当识别和评估认定层次的重大错报风险，并根据既定的审计风险水平和评估的认定层次重大错报风险，确定可接受的检查风险水平。在审计风险水平既定的情况下，可接受的检查风险水平与认定层次的重大错报风险的评估结果呈反向关系。注册会计师应当获取认定层次充分、适当的审计证据，以便在完成审计工作时，能够以可接受的低审计风险对财务报表整体发表审计意见。

2. 检查风险。检查风险是指某一认定存在错报，该错报单独或连同其他错报是重大的，但注册会计师通过执行审计程序未能发现这种错报的可能性。检查风险取决于审计程序设计的合理性和实施的有效性。注册会计师应当合理设计审计程序的性质、时间和范围，并有效实施审计程序，以控制检查风险。由于注册会计师通常并不对所有的交易、账户余额和列报进行检查，所以检查风险只能降低而无法消除。因此，检查风险始终存在。

下列措施有助于提高审计程序及其执行的有效性，降低注册会计师选取不适当的审计程序、错误执行适当的审计程序或错误解释审计结果的可能性。

（1）制定恰当的计划；

（2）为项目组分派合适的人员；

（3）保持职业怀疑；

（4）监督和复核已执行的审计工作。

在既定的审计风险水平下，可接受的检查风险水平与评估的认定层次重大错报风险呈反向关系。例如，注册会计师认为重大错报风险越高，可接受的检查风险越低，相应地，注册会计师需要获取更具有说服力的审计证据。

（三）各风险要素之间的关系

由上述审计风险关系模型可知，审计风险各要素之间的关系如下。

（1）审计风险是由各个构成要素共同作用的结果。

（2）注册会计师只能评估而不能控制重大错报风险，通过对重大错报风险的评估而控制检查风险。

（3）在既定审计风险水平下，可接受的检查风险水平与认定层次重大错报风险的评估结果呈反向关系，评估的重大错报风险越高，可接受的检查风险越低；反之，可接受的检查风险越高。

三、重要性、审计风险之间的关系

重要性、审计风险与审计证据的关系

重要性是注册会计师能容忍的最大误差。审计风险的高低与注册会计师对重要性水平的判断和确定紧密相关。注册会计师确定的重要性水平越低，表明审计对象越重要，审计风险越高，注册会计师必须执行较多的审计程序，获取较多的证据。可见，重要性与审计证据之间呈反向变动关系。

由于重要性和审计风险呈反向关系，在可接受审计风险一定的情况下，重要性水平越低应当获取的审计证据越多，注册会计师越需要执行更详细的审计程序。只有这样才能保证会计报表中错报和漏报未被审计出的风险保持在既定水平。即重要性与审计证据之间呈反向关系。

四、审计的固有限制

由于审计的固有限制，即使注册会计师按照审计准则的规定恰当计划和执行了审计工作，也不可避免地存在财务报表中的某些重大错报未被发现的风险，所以注册会计师在按照审计准则的规定执行审计工作时，有责任对财务报表整体是否不存在舞弊或错误导致的重大错报获取合理保证。

由于审计存在固有限制，注册会计师据以得出结论和形成审计意见的大多数审计证据是说服性而非结论性的，因此，审计只能提供合理保证，不能提供绝对保证。合理保证是一种高水平保证。当注册会计师获取充分、适当的审计证据将审计风险降低至可接受的低水平时，就获取了合理保证。

注册会计师是否按照审计准则的规定执行了审计工作，取决于注册会计师在具体情况下实施的审计程序，由此获取的审计证据的充分性和适当性，以及根据总体目标和对审计证据的评价结果而出具审计报告的恰当性。

审计的固有限制来源于以下方面。

1. 财务报告的性质。管理层编制财务报表，需要根据被审计单位的事实和情况运用适用的财务报告编制基础的规定，在这一过程中需要作出判断。此外，许多财务报表项目涉及主观决策、评估或一定程度的不确定性，并且可能存在一系列可接受的解释或判断。因此，某些财务报表项目的金额本身就存在一定的变动幅度，这种变动幅度不能通过实施追加的审计程序来消除。例如，某些会计估计通常如此。

2. 审计程序的性质。注册会计师获取审计证据的能力受到实务和法律上的限制，具体包括以下内容。

（1）管理层或其他人员可能有意或无意地不提供与财务报表编制相关的或注册会计师要求的全部信息。因此，即使实施了旨在保证获取所有相关信息的审计程序，注册会计师也不能保证信息的完整性。

（2）舞弊可能涉及精心策划和蓄意实施以进行隐瞒。因此，用以收集审计证据的审计程序可能对于发现舞弊是无效的，如舞弊导致的错报涉及串通伪造文件，使得注册会计师误以为有效的证据实际上是无效的。注册会计师没有接受文件真伪鉴定方面的培训，不应被期望成为鉴定文件真伪的专家。

（3）审计不是对涉嫌违法行为的官方调查。因此，注册会计师没有被授予特定的法律权力（如搜查权），而这种权力对调查是必要的。

3. 在合理的时间内以合理的成本完成审计的需要。制定适当的审计计划有助于保证执行审计工作需要的充分的时间和资源。尽管如此，信息的相关性及其价值会随着时间的推移而降低，所以需在信息的可靠性和成本之间进行权衡。

【思维小课堂】

重要性水平与审计风险负相关吗？

在 2007 年之前的旧审计准则和目前部分教材中，的确是这样讲的，即重要性水平与审计风险负相关。其中的基本原理是：重要性水平越低，意味着容忍的错报越小，因此，在投入相同数量审计资源的情况下，注册会计师查不出问题的概率越大，即审计风险越高。例如，A 公司和 B 公司的总资产规模相同，重要性水平分别为 10% 和 5%，也就是总资产的 10% 和 5%，显然审计 A 公司更轻松、审计风险更低。

但后来为何修订了呢？原因有如下几点：

第一，“重要性水平越低、审计风险越高”是建立在同一个注册会计师审计两个或多个客户的情形之下的。但是，我们设定重要性水平的初衷是用于指导对某一客户执行审计的粗细程度。预期的重大错报风险越高，应将重要性水平设定越低，所执行的审计工作将更加细致，最终的审计风险将越低。这才是现代风险导向审计的应有之义。

第二，在比较不同客户的审计风险时，不仅要看未发现错报的金额，还要看信息使用者的决策。例如，A 公司的重要性水平设为 10%，是因为其信息使用者能够容忍 10% 的错报；B 公司的重要性水平设为 5%，是因为其信息使用者仅能够容忍 5% 的错报。即使在执行审计后 A 公司仍存在的未发现错报可能更多，但是因为 A 公司的信息使用者能容忍更多错报，所以审计 A 公司所将实际承担的审计风险并不一定比 B 公司高。

第三，如果重要性水平越低、审计风险越大，那么注册会计师的工作将变得极为简单——将重要性水平设定为 100%。这样就意味着，注册会计师什么事情都不做，审计风险反而更低。显然这不符合常识，也不符合审计工作的实际。

（资料来源：笔者根据相关资料整理而成）

自学测评

一、单项选择题

1. 重大错报风险是由固有风险和（　　）构成的。

A. 控制风险　　B. 检查风险　　C. 经营风险　　D. 审计风险

2. 理解和运用重要性要站在（　　）的视角去判断。

A. 被审计单位管理层　　B. 财务报表使用者

C. 注册会计师　　D. 被审计单位全体员工

3. 在确定重要性时，对于会计报表使用人非常关心的会计报表项目，注册会计师应当（　　）。

A. 确定较高的重要性水平　　B. 确定较低的重要性水平

C. 不考虑项目的流动性　　D. 以上各项均不对

4. 下列与重大错报风险相关的表述中，正确的是（　　）。【2008 年 CPA 考试试题】

A. 重大错报风险是因错误使用审计程序产生的

B. 重大错报风险是假定不存在相关内容控制，某一认定发生重大错报的可能性

C. 重大错报风险独立于财务报表审计而存在

D. 重大错报风险可以通过合理实施审计程序予以控制

5. 下列有关重大错报风险的说法中，错误的是（　　）。【2020 年 CPA 考试试题】

A. 财务报表层次的重大错报风险通常是舞弊导致的，认定层次的重大错报风险通常是错误导致的

B. 财务报表层次的重大错报风险增大了认定层次发生重大错报的可能性

C. 财务报表层次的重大错报风险和认定层次的重大错报风险均可能构成特别风险

D. 所有被审计单位的财务报表都可能存在财务报表层次的重大错报风险和认定层次的重大错报风险

二、多项选择题

1. 为了帮助注册会计师评价审计过程中累积的错报的影响以及与管理层和治理层沟通错报事项，可将错报分为（　　）。

A. 判断错报　　B. 事实错报　　C. 推断错报　　D. 微小错报

2. 重要性取决于在具体环境下对错报金额和性质的判断。以下关于重要性的理解正确的有（　　）。

A. 重要性的确定离不开具体环境

B. 重要性包括对数量和性质两个方面的考虑

C. 重要性概念是针对管理层决策的信息需求而言的

D. 对重要性的评估需要运用职业判断

3. 以下说法中，正确的有（　　）。

A. 重要性与客观存在的审计风险之间存在反向变动关系

B. 客观存在的审计风险与审计证据的数量之间存在反向变动关系

C. 重要性和审计证据的数量之间存在反向变动关系

D. 注册会计师可以将审计风险降低到零

4. 在既定的审计风险水平下，下列表述错误的有（　　）。

A. 评估的认定层次重大错报风险越低，可接受的检查风险越高

B. 可接受的检查风险与认定层次重大错报风险的评估结果呈正向关系
C. 评估的认定层次重大错报风险越高，可接受的检查风险可能不变
D. 可接受的检查风险与认定层次重大错报风险的评估结果呈反向关系

5. 下列关于审计计划的说法中，表述正确的有（　　）。
A. 计划审计工作是一个持续的过程
B. 审计计划制定后不可以修改
C. 制定审计计划时要考虑重要性和审计风险
D. 具体审计计划是总体审计策略的细化

三、判断题

1. 审计重要性是客观存在的，注册会计师不必运用职业判断确定重要性水平。（　　）

2. 检查风险是注册会计师可以控制的风险，但是注册会计师一般无法完全消除检查风险。（　　）

3. 对于识别和评估出的财务报表层次的重大错报风险，注册会计师应当根据评估结果确定总体应对措施。（　　）

4. 金额大的错报比金额小的错报影响更大。（　　）

5. 重大错报风险是指被审计单位财务报表存在重大错报而注册会计师发表不恰当审计意见的可能性。（　　）

第七章　风险评估与风险应对

【知识目标】

1. 能够归纳了解被审计单位及其环境、适用的财务报告编制基础的主要内容；
2. 能够总结了解被审计单位内部控制的主要内容；
3. 能够阐述控制测试和实质性程序的含义。

【技能目标】

1. 能够举例说明审计风险评估程序；
2. 能够对评估的财务报表层次重大错报风险执行总体应对措施；
3. 能够对评估的认定层次重大错报风险执行应对程序。

【思维目标】

1. 培养学生正确看待事物整体与局部的关系，事物内部各要素之间和实物之间的相互影响，相互作用的关系；
2. 培养风险意识，融入“坚持准则、提高技能”的职业准则；
3. 融入职业谨慎、提高技能职业素养。

【导入案例】

注册会计师因风险评估程序执行不到位被罚

2023 年 2 月 7 日，×市证监局关于对容×会计师事务所（特殊普通合伙）及注册会计师胡某、孙某出具警示函。原因是×市证监局检查容×会计师事务所审计某公司 2021 年财务报表时，发现存在诸多问题，对风险评估程序、控制测试和营业收入、应收账款、其他非流动资产、公允价值变动损益等项目的审计程序执行不到位。

其中，在进行风险评估，了解被审计单位及其环境时，注册会计师仅通过与被审计单位管理人员进行访谈就对风险进行识别和评估，缺乏其他审计程序的佐证。而了解内部控制时，未对被审计单位非外包业务涉及的材料领用相关内部控制进行了解，未将合同签订时的预计总成本是否经过正式确认等识别作为关键控制点。注册会计师将“建造合同完工百分比的计算和审批”以及“建造合同工程结算的确认”与控制相关的风险评估为“低”，但未恰当说明原因。

根据初步了解，被审计单位收入舞弊被评估为特别风险，公司以投入法确定的履约进度确认收入，成本是收入核算的基础，但注册会计师未将成本评估为特别风险，且未说明原因。并将持续经营能力风险评估为认定层次特别风险，持续经营能力与财务报表整体相关，注册会计师未能解释说明将其评估为认定层次特别风险的原因。

基于以上注册会计师审计中存在的程序执行不到位问题，×市证监局最终出具警示函，并在警示函中作出如下提示："你所应严格遵照相关法律法规和《中国注册会计师执业准则》的规定，采取措施加强内部管理，建立健全质量控制制度，确保审计执业质量；相关注册会计师应加强对证券期货相关法规的学习，勤勉尽责履行审计工作义务。"

思考：1. 为什么注册会计师在审计工作中需要了解被审计单位及其环境？

2. 在案例中，注册会计师仅通过访谈对风险进行识别和评估，对审计工作和审计证据是否会产生影响？

注册会计师实施审计的目的是对财务报表不存在由于错误或舞弊导致的重大错报获取合理保证。审计风险准则要求注册会计师在审计过程中贯彻风险导向审计的理念，目的是对财务报表不存在由于错误或舞弊导致的重大错报获取合理保证，而产生风险的根本原因在于审计报告与被审计单位的实际财务状况或经营成果有可能不相符。为降低审计风险或控制审计风险，审计人员必须将风险降至可以接受的低水平。

为了保持审计准则与国际趋同，以提高审计质量，降低行业风险，我国陆续出台了各项审计风险准则，其中，《中国注册会计师审计准则第 1211 号——重大错报风险的识别和评估》是专门规范风险评估的准则。它规定注册会计师应当了解被审计单位及其环境、适用的财务报告编制基础，以充分识别和评估财务报表的重大错报风险，设计和实施进一步审计程序。因此，如何识别和评估重大错报风险构成了注册会计师应对重大错报风险的前提。

第一节 风险评估

风险评估程序

一、风险评估概述

风险评估是指注册会计师了解被审计单位及其环境、适用的财务报告编制基础（包括内部控制），以识别及评估财务报表层次的重大错报风险和认定层次的重大错报风险（无论该错报是由舞弊还是错误导致），从而为设计和实施针对评估重大错报采取的应对措施提供基础。

在财务报表审计中，风险评估程序是必要程序，了解被审计单位及其环境、适用的财务报告编制基础应贯穿于整个审计过程的始终。注册会计师在设计和实施风险评估程序时，不应当偏向于获取佐证性的审计证据，也不应当排斥相矛盾的审计证据。

二、风险评估程序及信息来源

注册会计师了解被审计单位及其环境、适用的财务报告编制基础，目的是识别和评估财务报表的重大错报风险。为了解被审计单位及其环境而实施的程序被称为风险评估程序。注册会计师应当依据实施这些程序所获取的信息，评估重大错报风险。

通常情况下，注册会计师可以实施以下风险评估程序，以了解被审计单位及其环境、适用的财务报告编制基础。

第一，询问管理层和被审计单位内部其他人员。注册会计师通过询问获取的大部分信息来自管理层和负责财务报告的人员。注册会计师也可以通过询问被审计单位内部的其他不同层级的人员获取信息，或为识别重大错报风险提供不同的视角，例如，治理层、内部审计人员、内部法律顾问、销售人员以及参与生成、处理或记录复杂或异常交易的员工等。但是，询问本身并不足以评价控制的设计以及确定其是否得到执行，注册会计师应当将询问与其他风险评估程序结合使用。

第二，分析程序。注册会计师实施分析程序有助于识别异常的交易或事项，以及对财务报表和审计产生影响的金额、比率与趋势。例如，目前行业低迷，呈现颓势，市场需求上供明显大于求，但被审计单位营业收入与上一期对比有明显上涨幅度，存在“逆势”情况。

第三，观察和检查。观察和检查程序可以支持对管理层及其他相关人员的询问结果，并可以提供有关被审计单位及其环境的信息。例如，观察被审计单位的经营活动，检查文件、记录和内部控制手册，阅读由管理层和治理层编制的报告，实地察看被审计单位的生产经营场所和厂房设备。

第四，追踪交易在财务报告信息系统中的处理过程（穿行测试）。通过追踪某笔或某几笔交易在业务流程中如何生成、记录、处理和报告，以及相关控制如何执行，注册会计师可以确定被审计单位的交易流程和相关控制是否与之前通过其他程序所获得的了解一致，并确定相关控制是否得到执行。

除了以上程序从被审计单位内部获取信息以外，如果根据职业判断认为从被审计单位外部获取的信息有助于识别重大错报风险，注册会计师应当实施其他审计程序以获取这些信息。例如，询问被审计单位聘请的外部法律顾问、专业评估师、投资顾问和财务顾问，阅读外部信息等。外部信息包括证券分析师、银行、评级机构出具的有关被审计单位及其所处行业的经济或市场环境等状况的报告，贸易与经济方面的报纸期刊，法规或金融出版物，以及政府部门或民间组织发布的行业报告和统计数据等。

需要注意的是，注册会计师无须在了解每个方面时都实施以上所有的风险评估程序。例如，在了解内部控制时通常不用分析程序，但是，在对被审计单位及其环境获取了解的整个过程中，注册会计师通常会实施上述所有的风险评估程序。

【思维小课堂】

“审计风险”相关准则背景

审计风险准则项目最早由国际审计与鉴证准则理事会（IAASB）起草，并受到联合工作组和美国公共监督理事会的审计效率研究工作组（原美国注册会计师协会下设组织）的影响。1998 年，加拿大、英国、美国的准则制定机构与学者组成联合工作组，了解并研究审计实务的发展情况，并为准则制定机构对审计准则作出必要修订提供建议。

2000 年 5 月，联合工作组发表了研究报告——《大型会计师事务所的审计方法发展》；2000 年 8 月，公共监督理事会发布了关于审计效率的研究报告。这两份报告的主要研究结论是，审计风险基本模型并没有被废弃，但需要作出适当的调整。

国际审计与鉴证准则理事会和美国审计准则委员会（ASB，原美国注册会计师协会下设组织）都确定了有关项目，应对审计环境的变化，并考虑联合工作组和公共监督理事会的研究建议。由于两个准则制定机构面临相似的问题，具有提高审计质量的共同目的，因此，两个项目小组合并成立了联合风险评估工作组，制定共同的审计风险准则，从源头上实现国际协调。

在审计风险准则项目开展的初期，相继发生了一些国际知名公司和国内企业财务舞弊丑闻，严重损害了社会公众对审计有效性的信心，并导致准则制定机构对注册会计师的工作进行了大量和深入的调查，之后经过几轮完善，才有了完整的审计风险准则。

我国为加快与国际准则趋同，中注协加快审计准则建设，出台审计风险准则，以提高审计质量，降低行业风险。

所以，发现变化并据以提出某方面的改革是行业的很大进步，但是任何一项制度的建立都是一个逐步累积的过程，是不可能一蹴而就的。

（资料来源：汪祥耀，李连华．美国会计准则的历史演进：经验与启示［EB/OL］．中国会计学会官网，http：//www. asc. net. cn/News/NewsContent. aspx？NewsID = 284822aa - 5dee - 4b3d - a501 - 71c14058c12c，2020 - 11 - 12）

第二节　了解被审计单位及其环境、适用的财务报告编制基础

为了对被审计单位及其环境进行真正的熟悉了解，注册会计师需要全面、客观地了解被审计单位的相关信息。而关于市场主体的信息可以从单位内部和外部两个方面取得。因此注册会计师应当从三大方面了解被审计单位及其环境、适用的财务报告编制基础，具体如图 7 - 1 所示。

注册会计师针对上述三个方面实施的风险评估程序的性质、时间安排和范围取决于审计业务的具体情况，如被审计单位的规模和复杂程度，以及注册会计师的相关审计经验，包括以前为被审计单位提供审计和相关服务的经验以及对类似行业、类似企业的审计经验。此外，识别被审计单位及其环境在上述各方面与以前期间相比发生的重大变化，对于充分了解被审计单位及其环境、识别和评估重大错报风险尤为重要。

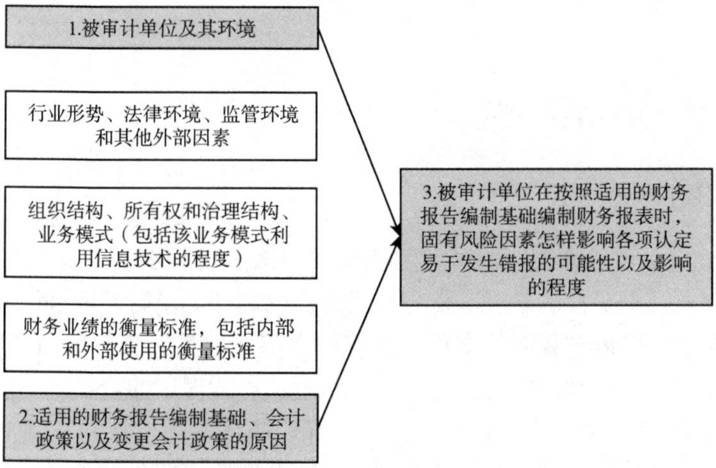

图7－1　了解被审计单位及其环境、适用的财务报告编制基础的三大方面

第三节　了解被审计单位的内部控制体系

一、内部控制体系的含义

内部控制体系是指由治理层、管理层和其他人员设计、执行及维护的体系，以合理保证被审计单位能够实现财务报告的可靠性、提高经营效率和效果以及遵守适用的法律法规等目标。

设计和实施内部控制的责任主体是治理层、管理层与其他人员。组织中的每一个人都对内部控制负有责任。实现内部控制目标的手段是设计和执行控制政策及程序。

内部控制体系包含五个相互关联的要素：内部环境（控制环境）；风险评估；内部监督；信息与沟通（信息系统与沟通）；控制活动。

【知识点拨】

注册会计师是否需要了解被审计单位所有内部控制呢?

注册会计师审计的目标是对财务报表是否不存在重大错报发表审计意见，尽管要求注册会计师在财务报表审计中考虑与审计相关的内部控制，但目的并非对被审计单位内部控制的有效性发表意见。因此，注册会计师需要了解和评价的内部控制只是与财务报表审计相关的内部控制，并非被审计单位所有的内部控制。

被审计单位的目标与为实现目标提供合理保证的控制之间存在直接关系。被审计单位的目标和控制，与财务报告、经营及合规有关。但这些目标和控制并非都与注册会计师的风险评估相关。

被审计单位通常有一些与目标相关但与审计无关的控制，注册会计师无须对其加以考虑。

二、内部控制体系的要素

内部控制的含义和要素

（一）内部环境

1. 含义。内部环境即控制环境，包括治理职能和管理职能，以及治理层和管理层对内部控制及其重要性的态度、认识与措施。内部环境设定了被审计单位的内部控制基调，影响员工对内部控制的意识。良好的内部环境是实施有效内部控制的基础。防止或发现并纠正舞弊和错误是被审计单位治理层和管理层的责任。

2. 注册会计师对内部环境的了解。在评价控制环境的设计和实施情况时，注册会计师应当了解在治理层的监督下，管理层是否营造并保持了诚实守信和合乎道德的文化；根据被审计单位的性质和复杂程度，内部环境是否为内部控制体系的其他要素奠定了适当的基础；识别出的内部环境方面的控制缺陷是否会削弱被审计单位内部控制体系的其他要素。

实际上，在审计业务承接阶段，注册会计师就需要对控制环境作出初步了解和评价。

注册会计师应当了解与财务报表编制相关的内部环境，涉及的控制、流程和组织结构包括以下内容。

（1）管理层如何履行其管理职责。例如，被审计单位的组织文化，管理层是否重视诚信、道德和价值观。对诚信和道德价值观念的沟通与落实，既包括管理层如何处理不诚实、非法或不道德行为，也包括在被审计单位内部，通过行为规范以及高层管理人员的身体力行，对诚信和道德价值观念的营造和保持。例如，管理层在行为规范中指出，员工不允许从供货商那里获得超过一定金额的礼品，超过部分都须报告和退回。尽管该行为规范本身并不能绝对保证员工都照此执行，但至少意味着管理层已对此进行明示，它连同其他程序可能构成一个有效的预防机制。

（2）在治理层与管理层分离的体制下，治理层的独立性以及治理层监督内部控制体系的情况。被审计单位的控制环境在很大程度上受治理层的影响。治理层的职责应在被审计单位的章程和政策中予以规定。治理层（董事会）通常通过其自身的活动，在审计委员会或类似机构的支持下，监督被审计单位的财务报告政策和程序。因此，董事会、审计委员会或类似机构应关注被审计单位的财务报告，并监督被审计单位的会计政策以及内部、外部的审计工作和结果。治理层的职责还包括监督用于复核内部控制有效性的政策和程序设计是否合理，执行是否有效。

（3）被审计单位内部权限和职责的分配情况。责权配置将影响到企业各部门及员工对所授予权利和责任的理解与贯彻。例如，若将组织中有关的政策及规定以正式书面文件的形式落实下来，下发到有关人员并督促大家严格遵守，就可以大大增强有关人员对这些规定的控制意识及履行这些规定的自觉性。

（4）被审计单位如何吸引、培养和留住具有胜任能力的人员。为了保证员工素质能够不断适应内部控制的需要，企业必须在员工招聘、培训、考核、提升、奖励、处罚及定期的职务轮换等方面建立有效的用人机制和措施。

（5）被审计单位如何使其人员致力于实现内部控制体系的目标。任何一种控制制度都需要人去执行，企业员工的诚实状况、敬业精神、业务知识及在工作技能、创新能力等方面素质的优劣是内部控制有效与否的重要决定因素。如果员工诚实可靠、专业能力强，即使缺乏相关的控制，企业也能够编制出可靠的财务报表。反之，如果员工尤其是关键岗位上的员工不诚实、不可靠或者专业能力差，即使企业设置了许多控制措施，也得不到有效的执行。

（二）风险评估

1. 含义。风险评估是指企业及时识别、系统分析经营活动中与实现内部控制目标相关的风险。合理确定风险应对策略。任何一个企业乃至其中的各个责任中心，无时无刻不面临着诸多风险的侵袭。企业的各个部门应该能够及时识别来自企业内部和外部的各种风险，并针对每一种风险采取科学的措施加以防范，以使企业规避风险，减少损失。

可能产生风险的事项和情形包括：

（1）监管及经营环境的变化。监管和经营环境的变化会导致竞争压力的变化以及重大的相关风险。

（2）新员工的加入。新员工可能对内部控制有不同的认识和关注点。

（3）新信息系统的使用或对原系统进行升级。信息系统的重大变化会改变与内部控制相关的风险。

（4）业务快速发展。快速的业务扩张可能会使内部控制难以应对，从而增加内部控制失效的可能性。

（5）新技术。将新技术运用于生产过程和信息系统可能改变与内部控制相关的风险。

（6）新生产型号、产品和业务活动。进入新的业务领域和发生新的交易可能带来新的与内部控制相关的风险。

（7）企业重组。重组可能带来裁员以及管理职责的重新划分，将影响与内部控制相关的风险。

（8）发展海外经营。海外扩张或收购会带来新的并且往往是特别的风险，进而可能影响内部控制，如外币交易的风险。

（9）新的会计准则。采用新的或变化了的会计准则可能会增大财务报告发生重大错报的风险。

2. 注册会计师对风险评估的了解。在评价被审计单位风险评估过程的设计和执行时，注册会计师应当确定管理层如何识别与财务报告相关的经营风险，如何估计该风险的重要性，如何评估风险发生的可能性，以及采取措施管理这些风险。例如，风险评估可能会涉及被审计单位如何考虑对某些交易未予记录的可能性，或者识别和分析财务报告中的重大会计估计发生错报的可能性。与财务报告相关的风险也可能与特定事项和交易有关。

注册会计师应当了解被审计单位的风险评估过程和结果，根据被审计单位的性质和复杂程度，评价其风险评估工作是否适合其具体情况。

在审计过程中，如果发现与财务报表有关的风险因素，注册会计师可通过向管理层询问和检查有关文件确定被审计单位的风险评估过程是否也发现了该风险；如果识别出管理层未能识别的重大错报风险，注册会计师应当考虑被审计单位的风险评估过程为何没有识别出这些风险，以及评估过程是否适合于具体环境，或者确定与风险评估过程相关的内部控制是否存在值得关注的内部控制缺陷。

（三）控制活动

1. 含义。控制活动是企业根据风险评估结果，采用相应的控制措施，将风险控制在可承受范围之内。这些控制措施是针对企业在实现其既定目标过程中可能遭遇到的风险所建立的各种必要的防范措施。控制活动贯穿企业的所有层次和各个职能部门，是内部控制的主要组成部分。

（1）合规、合法性控制。建立健全企业内部控制系统必须符合国家规律、财经政策、法令和财经制度的规定，每一项经济业务活动必须控制在合规、合法的范围内。例如，一切会计凭证都必须由会计部门认真审核，对不合规、不合法的经济业务应坚决予以揭露和制止；生产和销售的产品必须符合质量标准等。

（2）业务授权控制。业务授权控制的目的在于保证每一笔业务都必须经过授权才能产生。通过授权，可以尽可能地减少不合法或不合规、不合理业务的发生，从而保证决策和计划的正确执行。

授权包括一般授权和特别授权。一般授权是指经办常规业务的授权，如制定产品售价、顾客赊销限额的批准等。特别授权是指超出常规范围的例外或特殊业务的授权，它意味着该项业务必须经过特别准许方可执行，如重大的资产购置、股票的发行等。

（3）职责分离控制。职责分离控制的目的在于预防和及时发现有关人员在履行其职责时所发生的错误或舞弊行为。它要求互不相容的职责不应由一个人兼任，以减少发生错弊的可能性。主要的职责分离包括：

①业务的批准与执行相分离。批准某项交易的职责与经办该项交易的职责不应由一个人兼任。

②业务的执行与记录相分离。执行某项交易的人员不得兼任对该项交易的记录。例如，采购员、售货员不能同时兼任记账、出纳工作。

③不相容的会计责任相分离。一项业务活动从填制凭证开始到最后过入总分类账的过程应分别由不同的会计人员来完成。在不相容的会计责任之间进行适当的分工，可以使不同会计人员之间的记录有一个相互核对检验的机会，以减少记账错误的发生。

④资产的保管与会计相分离。保管资产实物的人员不得兼任该项资产的会计记录

工作。例如，出纳员不得既负责保管现金，又负责登记现金总账和应收账款明细账，否则就会为出纳员实施舞弊行为创造条件。又如，该出纳员可以在将其所收到的客户交来的现金据为己有的同时，采取漏记销货或虚列应收账款贷方发生额的手段调整会计记录，从而达到其掩盖违法行为的目的。

⑤资产的保管与账实核对相分离。负责账实核对的职位应由保管资产以外的人员来担任。

⑥计算机信息系统部门内部，以及信息部门与使用部门之间的职责分离。信息部门内部应分离的职责包括系统分析、程序设计、计算机操作和数据控制等，此外，信息部门在组织上应独立于使用部门。

（4）业务程序标准化控制。为了提高工作效率，实行科学化管理，现代企业一般会建立标准化业务处理程序，以确保实际业务活动可以按照事先规定的轨道进行，并且对实际业务活动做到了事前、事中和事后的控制。这种标准化处理程序可用成文的制度表示，如各种管理制度，也可以绘成流程图，如各种业务处理程序图。采取这种方式控制，可以保障工作，避免职责不清的问题。

按照标准化处理程序的要求，会计部门的每一个工作人员必须有严密的组织分工，会计资料力求做到统一格式、统一编号、专人填制、专人保管，防止混乱、丢失。例如，每项经济业务发生之后，都应取得或填制会计凭证，作为该项经济业务的书面证明；凭证的设计必须科学，力求标准格式；凭证的填写必须认真；凭证的传递必须合理，环环紧扣；凭证的复核、审查必须严格；需要套写的凭证，不准分别填写；需要事先连续编号的凭证，不准临时编号；填错的凭证要按规定的程序和手续改正，不准任意涂改；每种凭证均应按规定的要求和手续整理、归档、调阅、销毁；等等。

（5）复查核对控制。对已完成的经济业务记录进行复查核对是控制记录使其正确可靠的重要方法，以避免发生差错和舞弊。复查核对一般分为两种：一种是将记录与所记的实物相核实；另一种是记录之间的相互复查核对。通过这两种复查核对，能进一步保证记录真实、完整、正确。复查核对的内容包括证证、证账、账账、账实、账表、表表等。建立严格的复查核对制度，有利于及时发现并改正会计记录中的错误，做到证、账、表、实物相符。

（6）人员素质控制。内部控制系统实施是否有效，关键取决于实施内部控制系统人员的素质。要使内部控制系统的功能按预定的目标正常发挥，必须配备与承担的职务相适应的高素质人员。人员的素质包括良好的思想品德和职业道德，具备较好的知识水平、业务素质和专业技能。人员素质的控制除了对人员本身的素质提出较高要求外，还应包括对人员的选择、使用和培训，以控制内部控制系统执行人员的素质。除此之外，还应当对人员的职务进行定期轮换，以增加对某项职务的全面复核，从而达到控制的目的。

2. 注册会计师对控制活动的了解。在了解控制活动时，注册会计师应当重点考虑一项控制活动单独或连同其他控制活动，是否能够以及如何防止或发现并纠正各类交易、账户余额和披露存在的重大错报。注册会计师的工作重点是识别和了解针对重大错报更高的领域的控制活动。如果多项控制活动能够实现同一目标，注册会计师不必了解与该目标相关的每项控制活动。

注册会计师为了解控制活动，应当实施以下程序。

（1）识别用于应对认定层次重大错报风险的控制，包括：应对特别风险的控制；与会计分录相关的控制，这些会计分录包括用以记录非经常性的、异常的交易，以及用于调整的非标准会计分录；注册会计师拟测试运行有效性的控制，包括用于应对仅实施实质性程序不能提供充分、适当审计证据的风险的控制；注册会计师根据职业判断认为适当的、能够有助于其实现与认定层次重大错报风险有关目标的其他控制。

（2）注册会计师对被审计单位已经识别的控制，应识别哪些信息技术应用程序及信息技术环境的其他方面，可能面临运用信息技术导致的风险。并进一步识别运用信息技术导致的相关风险和被审计单位用于应对这些风险的信息技术一般控制。

（3）注册会计师对被审计单位已经识别的控制，应当评价控制的设计是否有效，即这些控制能否应对认定层次重大错报风险或为其他控制的运行提供支持，同时询问被审计单位内部人员，并实施其他风险评估程序，以确定控制是否得到执行。

（四）信息与沟通

1. 含义。信息与沟通是企业及时、准确地收集、传递与内部控制相关的信息，确保信息在企业内部、企业与外部之间进行有效沟通。为了能够及时、准确并最大限度地获取和运用来自企业内部、外部与本企业有关的技术、市场及管理等各方面的信息，并在企业内部进行纵向与横向的有效传递，企业必须建立一个良好的信息沟通系统。

2. 注册会计师对信息与沟通的了解。注册会计师为了解被审计单位与财务报表编制相关的信息与沟通，应当实施以下程序。

（1）了解被审计单位的信息处理活动（包括数据和信息），在这些活动中使用的资源，针对相关交易类别、账户余额和披露的信息处理活动的政策。具体包括：信息在被审计单位信息系统中的传递情况，包括交易如何生成，与交易相关的信息如何进行记录、处理、更正、结转至总账、在财务报表中报告，以及其他方面的相关信息如何获取、处理、在财务报表中披露；与信息传递相关的会计记录、财务报表特定项目以及其他支持性记录；被审计单位的财务报告过程；以上相关的被审计单位资源，包括信息技术环境。

（2）了解被审计单位如何沟通与财务报表编制相关的重大事项，以及信息系统和内部控制体系其他要素中的相关报告责任。具体包括：被审计单位内部人员之间的沟通，包括就与财务报告相关的岗位职责和相关人员的角色进行的沟通；管理层与治理层之间的沟通；被审计单位与监管机构等外部各方的沟通。

（3）评价被审计单位的信息与沟通是否能够为被审计单位按照适用的财务报告编制基础编制财务报表提供适当的支持。

（五）监督

1. 含义。对控制的监督是指被审计单位内部特定人员对各项内部控制设计、职责及其运行情况的监督检查。它包括适当及时地评估内部控制的设置和执行情况，以及采取必要的纠正措施。对控制的监督可分为日常监督和专项监督。日常监督是指对建立与实施内部控制的情况进行常规、持续的监督检查；专项监督是指在企业发展战略、组织结构、经营活动、业务流程、关键岗位员工等发生较大调整或变化的情况下，对内部控制的某一或者某些方面进行有针对性的监督检查。

对许多企业来说，内部审计部门在有效监督方面的作用是非常关键的。为了能使内部审计职能得以有效发挥，内部审计部门应当在本单位主要负责人或者权力机构的领导下开展工作。

2. 注册会计师对监督的了解。注册会计师为了解被审计单位对与财务报表编制相关的内部控制体系的监督工作，应当实施以下程序：

（1）了解被审计单位实施的持续性评价和单独评价，以及识别出控制缺陷的情况和整改的情况；

（2）了解被审计单位的内部审计，包括内部审计的性质、职责和活动；

（3）了解被审计单位在监督内部控制体系的过程中所使用信息的来源，以及管理层认为这些信息足以信赖的依据；

（4）根据被审计单位的性质和复杂程度，评价被审计单位对内部控制体系的监督是否适合其具体情况。

【思维小课堂】

人人都是唯一一道防线，每道防线都是最后一道防线

很多企业的内部控制制度都是在发展中逐步建立起来的，经常是发现管理中出现了某种问题，于是相应地出台一个制度来规范。例如，今天发现电话费高了，就制定一个通信费管理办法，明天发现办公用品浪费严重，就拟订出办公用品采购与使用办法。这种“救火式”的制度往往只能防范已发生过的风险，而对未发生的风险则考虑不足。此外，这样的制度体系无论是在内容上还是形式上，都缺乏系统性和完整性，没有科学合理的分类，甚至不同制度之间存在矛盾或重叠的现象。有的单位还存在不同部门根据自身需要制定制度现象，政出多门，相互打架。

因此，企业应有一套规范的制度制定程序和形式规范，包括对制度的编号、格式、分类、内容、审批程序、执行及其他应注意事项进行统一的规范化管理，并以书面形式予以约束。制定好内部控制后，也要有保证制度执行的机制，一些单位对内部控制执行情况既没有检查监督，又没有相应的奖惩措施，内部控制制度成为墙上摆设和一纸空文。

所有的内部控制流程最终需要依靠“人”来执行，并不是一个部门、一个经理做到就可以。内部控制一定是全员参与的，所以想要保证企业合规不出现问题，就要摒弃侥幸心理，提高全员参与内部控制的效率和质量，切记人人都是唯一一道防线，每道防线都是最后一道防线。

三、对内部控制体系了解的深度

对内部控制体系了解的深度是指在了解被审计单位及其环境时对内部控制体系了解的程度，包括评价控制的设计，并确定其是否得到执行，但不包括对控制是否得到一贯执行的测试。

（一）评价控制的设计

注册会计师在了解内部控制体系时，应当评价控制的设计，并确定其是否得到执行。评价控制的设计涉及考虑该控制单独或连同其他控制是否能够有效防止或发现并纠正重大错报。控制得到执行是指某项控制存在且被审计单位正在使用。评估一项无效控制的运行没有什么意义，因此，需要率先考虑控制的设计。设计不当的控制可能表明存在值得关注的内部控制缺陷。

（二）了解内部控制与测试控制运行有效性的关系

除非存在某些可以使控制得到一贯运行的自动化控制，否则注册会计师对控制的了解并不足以测试控制运行的有效性。

例如，获取某一人工控制在某一时点得到执行的审计证据，并不能证明该控制在所审计期间内的其他时点也有效运行。但是，信息技术可以使被审计单位持续一贯地对大量数据进行处理，提高了被审计单位监督控制活动运行情况的能力，信息技术还可以通过对应用软件、数据库、操作系统设置安全控制来实现有效的职责划分。由于信息技术处理流程的内在一贯性，实施审计程序确定某项自动控制是否得到执行，也可能实现对控制运行有效性测试的目标，这取决于注册会计师对控制（如针对程序变更的控制）的评估和测试。

四、信息技术对内部控制的影响

随着现代信息技术的飞速发展。传统的人工控制越来越多地被自动控制所取代。被审计单位采用信息系统处理业务，能够有效处理大流量交易和数据，不仅提高了信息的及时性、准确性，使信息获取变得更加便捷，而且提高了管理层对于业务活动和经营管理的监督能力。例如，采用自动控制，一些手工控制条件下的控制风险会因为自动控制不容易绕过而得到降低，自动信息系统、数据库及操作系统的相关安全控制可以实现有效的职责分离。

信息系统对内部控制的影响，取决于被审计单位对信息系统的依赖程度，自动控制还不能完全取代人工控制。由于被审计单位信息系统的特点和复杂程度不同，被审计单位手工及自动控制的组合方式会有所区别。

信息技术在改进被审计单位内部控制的同时，也会带来一些特定的风险。这些风险包括：

1. 信息系统或相关系统程序可能会对数据进行错误处理，也可能会去处理那些本身就错误的数据。

2. 自动信息系统、数据库及操作系统的相关安全控制如果无效，会增加对数据信息非授权访问的风险，这种风险可能导致系统对非授权交易及虚假交易进行处理，系统程序、系统内的数据遭到不适当改变，系统对交易或事项进行不适当的记录，以及信息技术人员获得超过其职责范围的过大系统权限等。

3. 数据丢失风险或数据无法访问风险如系统瘫痪、灾难等。

4. 不恰当的人工干预，或人为绕过自动控制等。

五、内部控制的局限性

内部控制无论如何有效，都只能为被审计单位实现财务报告目标提供合理保证。内部控制实现目标的可能性受其固有限制的影响。例如，在决策时人为判断可能出现错误和因人为失误而导致内部控制失效。控制可能由于两个或更多的人员串通或者管理层不当地凌驾于内部控制之上而被规避。

此外，如果被审计单位内部行使控制职能的人员素质不适应岗位要求，也会影响内部控制功能的正常发挥。被审计单位实施内部控制的成本效益问题也会影响其效能，当实施某项控制成本大于控制效果而发生损失时，就没有必要设置该控制环节或控制措施。内部控制一般都是针对经常而重复发生的业务设置的，如果出现不经常发生或未预计到的业务，原有控制就可能不适用。

第四节 评估重大错报风险

评估重大错报风险是风险评估阶段的最后一个步骤。获取的关于风险因素和控制对相关风险的抵销信息（通过实施风险评估程序），通常将全部用于对财务报表层次以及各类交易、账户余额和披露认定层次评估重大错报风险。评估将作为确定进一步审计程序的性质、范围和时间安排的基础，以应对识别的风险。

评估重大错报风险

一、评估重大错报风险的程序

在评估重大错报风险时，注册会计师应当实施下列审计程序。

1. 在了解被审计单位及其环境（包括与风险相关的控制）的整个过程中，结合对财务报表中各类交易、账户余额和披露（包括定量披露和定性披露）的考虑识别风险。例如，被审计单位因相关环境法规的实施需要更新设备，可能面临原有设备闲置或贬值的风险；宏观经济的低迷可能预示应收账款的回收存在问题；竞争者开发的新产品上市，可能导致被审计单位的主要产品在短期内过时，预示将出现存货跌价和长期资产（如固定资产等）的减值。

2. 结合对拟测试的相关控制的考虑，将识别出的风险与认定层次可能发生错报的领域相联系。例如，销售困难使产品的市场价格下降，可能导致年末存货成本高于其可变现净值而需要计提存货跌价准备，这显示存货的计价认定可能发生错报。

3. 评估识别出的风险，并评价其是否更广泛地与财务报表整体相关，进而潜在地影响多项认定。

4. 考虑发生错报的可能性（包括发生多项错报的可能性），以及潜在错报的重大程度是否足以导致重大错报。

注册会计师应当利用实施风险评估程序获取的信息，包括在评价控制设计和确定其是否得到执行时获取的审计证据，作为支持风险评估结果的审计证据。

（一）识别财务报表层次和认定层次的重大错报风险

在对重大错报风险进行识别和评估后，注册会计师应当确定识别的重大错报风险是与特定的某类交易、账户余额和披露的认定相关，还是与财务报表整体广泛相关，进而影响多项认定。

某些重大错报风险可能与特定的某类交易、账户余额和披露的认定相关。例如，被审计单位存在复杂的联营或合资，这一事项表明长期股权投资账户的认定可能存在重大错报风险。又如，被审计单位存在重大的关联方交易，该事项表明关联方及关联方交易的披露认定可能存在重大错报风险。

某些重大错报风险可能与财务报表整体广泛相关，进而影响多项认定。例如，在经济不稳定的国家和地区开展业务、资产的流动性出现问题、重要客户流失、融资能力受到限制等，可能导致注册会计师对被审计单位的持续经营能力产生重大疑虑。又如，管理层缺乏诚信或承受异常的压力可能引发舞弊风险，管理层凌驾于内部控制之上，或者是频繁更换关键岗位人员，信息技术一般控制缺陷等，这些风险与财务报表整体相关。

（二）控制环境对评估财务报表层次重大错报风险的影响

财务报表层次的重大错报风险很可能源于薄弱的控制环境。薄弱的控制环境带来的风险可能对财务报表产生广泛影响，难以限于某类交易、账户余额和披露，注册会计师应当采取总体应对措施。

例如，被审计单位治理层、管理层对内部控制的重要性缺乏认识，没有建立必要的制度和程序；或管理层经营理念偏于激进，又缺乏实现激进目标的人力资源等。这些缺陷源于薄弱的控制环境，可能对财务报表产生广泛影响，需要注册会计师采取总体应对措施。

（三）控制对评估认定层次重大错报风险的影响

1. 识别控制与特定认定关系。注册会计师应当将所了解的控制与特定认定相联系，以评估认定层次的重大错报风险。

控制可能与某一认定直接相关，也可能与某一认定间接相关。关系越间接，控制在防止或发现并纠正认定中错报的作用越小。例如，销售经理对分地区销售网点的销售情况进行复核，与销售收入完整性的认定只是间接相关。

注册会计师可能识别出有助于防止或发现并纠正特定认定发生重大错报的控制。在确定这些控制是否能够实现上述目标时，注册会计师应当将控制活动和其他要素综合考虑。如将销售和收款的控制置于其所在的流程与系统中考虑，以确定其能否实现控制目标。因为单个的控制活动（如将发货单与销售发票相核对）本身并不足以控制重大错报风险，只有多种控制活动和内部控制的其他要素综合作用才足以控制重大错报风险。

也有某些控制活动可能专门针对某类交易或账户余额的个别认定。例如，被审计单位建立的、以确保盘点工作人员能够正确地盘点和记录存货的控制活动，直接与存货账户余额的存在和完整性认定相关。注册会计师只需要对盘点过程和程序进行了解，就可以确定控制是否能够实现目标。

2. 评估固有风险和控制风险。对于识别出的认定层次重大错报风险，注册会计师应当分别评估固有风险和控制风险。通过评估错报发生的可能性和严重程度来评估固有风险。在评估时，注册会计师应当考虑：

（1）固有风险因素如何以及在何种程度上影响相关认定易于发生错报的可能性；

（2）财务报表层次重大错报风险如何以及在何种程度上影响认定层次重大错报风险中固有风险的评估。

二、需要特别考虑的重大错报风险

（一）特别风险的含义

特别风险是指注册会计师识别出的符合下列特征之一的重大错报风险。

1. 根据固有风险因素对错报发生的可能性和错报的严重程度的影响，注册会计师将固有风险评估为达到或接近固有风险等级的最高级。

2. 根据《中国注册会计师审计准则》的规定，注册会计师应当将其作为特别风险，例如，识别出的、超出被审计单位正常经营过程的重大关联方交易导致的风险；舞弊导致的重大错报风险；管理层凌驾于控制之上的风险等。

（二）确定特别风险时考虑的因素

在判断哪些风险是特别风险时，注册会计师应当至少考虑以下因素。

1. 风险是否属于舞弊风险；

2. 风险是否与近期经济环境、会计处理方法或其他方面的重大变化相关，因而需要特别关注；

3. 交易的复杂程度；

4. 风险是否涉及重大的关联方交易；

5. 财务信息计量的主观程度，特别是计量结果是否具有高度不确定性；

6. 风险是否涉及异常或超出正常经营过程的重大交易。

在判断哪些风险是特别风险时，注册会计师不应考虑识别出的控制对相关风险的抵销效果。

（三）非常规交易和判断事项导致的特别风险

由于日常正规处理的交易不太可能产生特别风险。因此，特别风险通常与重大的非常规交易和判断事项有关。非常规交易是指由于金额或性质异常而不经常发生的交易，例如企业购并、债务重组、重大或有事项等。

1. 非常规交易特征。

（1）管理层更多地干预会计处理；

（2）数据收集和处理进行更多的人工干预；

（3）复杂的计算或会计处理方法；

（4）非常规交易的性质可能使被审计单位难以对由此产生的特别风险实施有效控制。

2. 判断事项。判断事项通常包括作出的会计估计。如资产减值准备金额的估计、需要运用复杂估值技术确定的公允价值计量等。与重大判断事项相关的特别风险可能导致更高的重大错报风险：对涉及会计估计、收入确认等方面的会计原则存在不同的理解；所要求的判断可能是主观和复杂的，或需要对未来事项作出假设。

第五节　风险应对

应对重大错报风险（风险应对）

在评估重大错报风险的基础上，注册会计师应当针对评估的财务报表层次重大错报风险确定总体应对措施，并针对评估的认定层次重大错报风险设计和实施进一步审计程序，以将审计风险降至可接受的低水平。

一、针对财务报表层次重大错报风险实施的应对程序

注册会计师应当针对评估的财务报表层次重大错报风险确定下列总体应对措施：

1. 向项目组强调在收集和评价审计证据过程中保持职业怀疑态度的必要性；

2. 分派更有经验或具有特殊技能的审计人员，或者利用专家的工作，提供更多的督导；

3. 在选择实施进一步审计程序时，应当注意使某些程序不被管理层预见或事先了解，以防客户采取规避手段、掩盖财务报告中的舞弊行为；

4. 对拟实施审计程序的性质、时间和范围作出总体修改，应当考虑在期末而非期中实施更多的审计程序、主要依赖实质性程序获取审计证据、修改审计程序的性质

以获取更具说服力的审计证据或扩大审计程序的范围。

二、针对评估的认定层次重大错报风险实施的应对程序

针对评估的认定层次重大错报风险实施的应对程序被称为进一步审计程序，包括控制测试和实质性程序。在设计和实施进一步审计程序时，包括审计程序的性质、时间安排和范围，注册会计师应当针对每项相关交易类别、账户余额和披露，考虑评估出认定层次重大错报风险的依据，评估的风险越高，需要获取越有说服力的审计证据。

只有在评估认定层次重大错报风险时，预期控制的运行是有效的或者仅实施实质性程序不足以提供认定层次充分、适当的审计证据情况下，才执行控制测试；对实质性程序，无论评估的重大错报风险结果如何，注册会计师都应当针对所有重大的各类交易、账户余额、列报实施实质性程序。实质性程序包括细节测试以及实质性分析程序。此外，注册会计师应当专门针对特别风险实施实质性程序。如果针对特别风险仅实施实质性程序，注册会计师应当使用细节测试，或将细节测试和实质性分析程序结合使用，以获取充分、适当的审计证据。

三、对风险评估水平的修正

注册会计师对客户及其环境的了解和重大错报风险的评估是一个持续的过程，贯穿于审计过程的始终，对认定层次重大错报风险的评估应以获取的审计证据为基础，并可能随着不断获取审计证据而作出相应的变化。例如，通过对客户内部控制的了解，认为相关控制可以防止或纠正重大错报，然而，内部控制测试却发现相关内部控制并未有效运行，这时就需要对原有的风险评估作出修正，并重新考虑执行合适的审计程序。

因此，如果通过实施进一步审计程序获取的审计证据与初始评估获取的审计证据相矛盾，注册会计师应当修正风险评估结果，并相应修改原计划实施的进一步审计程序。注册会计师对风险评估的修正要贯穿审计过程的始终。

四、控制测试

（一）控制测试的含义

控制测试的目的是测试内部控制运行的有效性。例如，注册会计师了解到被审计单位的规章制度明确规定，在赊销时，由信用管理部门根据赊销政策在每个客户经授权的信用额度内进行赊销审批，并在销售单上签署意见，对于超过信用额度的客户订购单，需要经过适当授权批准，才可生成销售单。关于这项控制程序的控制测试内容就是注册会计师从被审计年度的销售单抽取若干张，检查是否所有生成的销售单均有对应的客户订购单为依据；对于系统外授权审批的销售单，检查是否经过适当批准，

从而确定上述规章制度是否在被审计年度得到一贯遵循。如果测试后，存在销售单上有批准签字但是没有客户订购单为依据，说明控制得到了执行，但是并非有效。

（二）控制测试的要求

当存在下列情形之一时，注册会计师应当实施控制测试。

1. 在评估认定层次重大错报风险时，预期控制的运行是有效的。如果在评估认定层次重大错报风险时预期控制的运行是有效的，注册会计师应当实施控制测试，就控制在相关期间或时点的运行有效性获取充分、适当的审计证据。只有认为控制设计合理、能够防止或发现和纠正认定层次的重大错报，注册会计师才有必要对控制运行的有效性实施测试。

2. 仅实施实质性程序不足以提供认定层次充分、适当的审计证据。如果认为仅实施实质性程序获取的审计证据无法将认定层次重大错报风险降至可接受的低水平，注册会计师应当实施相关的控制测试，以获取控制运行有效性的审计证据。例如，某公司采用系统处理业务，审计证据可能仅以电子形式存在，此时审计证据是否充分和适当通常取决于自动化信息系统相关控制的有效性。如果信息的生成、记录、处理和报告均通过系统化而缺乏适当的控制，则生成信息被修改的可能性就会有所增加。在认为仅通过实施实质性程序不能获取充分、适当的审计证据情况下，注册会计师必须实施控制测试，且这种测试不再是因为成本效益，而是必须获取的审计证据。

在测试控制运行的有效性时，注册会计师应当从下列方面获取关于控制是否有效运行的审计证据：

（1）控制在所审计期间的相关时点是如何运行的；

（2）控制是否得到一贯执行；

（3）控制由谁或以何种方式执行。

为评价控制设计和确定控制是否得到执行而实施的某些风险评估程序并非专为控制测试而设计，但可能提供有关控制运行有效性的审计证据，注册会计师应当考虑这些审计证据是否足以实现控制测试的目的。注册会计师可以考虑在评价控制设计和获取其得到执行的审计证据的同时测试控制运行的有效性，以提高审计效率。

被审计单位在所审计期间内可能由于技术更新或组织管理变更而更换了信息系统，从而导致在不同时期使用了不同的控制。如果被审计单位在所审计期间内的不同时期使用了不同的控制，注册会计师应当考虑不同时期控制运行的有效性。

（三）控制测试的性质

1. 控制测试的性质的含义。控制测试的性质是指控制测试所使用审计程序的类型及其组合。

注册会计师应当选择适当类型的审计程序以获取有关控制运行有效性的保证。计划的保证水平越高，对有关控制运行有效性的审计证据的可靠性要求越高。当拟实施的进一步审计程序主要以控制测试为主，尤其是仅实施实质性程序获取的审计证据无法将认定层次重大错报风险降至可接受的低水平时，注册会计师应当获取有关控制运行有效性的更高的保证水平。

控制测试的程序通常包括询问、观察、检查、重新执行。

（1）询问。注册会计师可以向被审计单位适当员工询问，获取与内部控制运行情况相关的信息。然而，仅仅通过询问不能为控制运行的有效性提供充分的证据，它必须和其他测试手段结合使用才能发挥作用。在询问过程中，注册会计师应当保持职业怀疑态度。

（2）观察。观察是测试不留下书面记录的控制（如职责分离）的运行情况的有效方法。通常情况下，注册会计师通过观察直接获取的证据比间接获取的证据更可靠。但是，注册会计师还要考虑其所观察到的控制在注册会计师不在场时可能未被执行的情况。

（3）检查。对于运行情况留有书面证据的控制，检查非常适用。书面说明、复核时留下的记号，或其他记录在偏差报告中的标志都可以被当作控制运行情况的证据。

（4）重新执行。通常只有当询问、观察和检查程序结合在一起仍无法获得充分的证据时，注册会计师才考虑通过重新执行来证实控制是否有效运行。但是，如果需要进行大量的重新执行，注册会计师就要考虑通过实施控制测试以缩小实质性程序的范围是否有效率。

值得注意的是，注册会计师在了解内部控制执行穿行测试时，也可能获取部分控制运行有效性的审计证据。

2. 实施控制测试时对双重目的的实现。控制测试的目的是评价控制是否有效运行，细节测试的目的是发现认定层次的重大错报。尽管两者目的不同，但注册会计师可以考虑针对同一交易同时实施控制测试和细节测试，以实现双重目的。例如，注册会计师通过检查某笔交易的发票可以确定其是否经过适当的授权，也可以获取关于该交易的金额、发生时间等细节证据。当然，如果拟实施双重目的的测试，注册会计师应当仔细设计和评价测试程序。

3. 实施实质性程序的结果对控制测试结果的影响。如果通过实施实质性程序未发现某项认定存在错报，这本身并不能说明与该认定有关的控制是有效运行的，但如果通过实施实质性程序发现某项认定存在错报，注册会计师应当考虑实施实质性程序发现的错报对评价相关控制运行有效性的影响。如果实施实质性程序发现被审计单位没有识别出的重大错报，通常表明内部控制存在重大缺陷，注册会计师应当就这些缺陷与管理层和治理层进行沟通。

（四）控制测试的范围

控制测试的范围主要是指某项控制活动的测试次数。注册会计师应当设计控制测试范围，以获取控制在整个拟信赖的期间有效运行的充分、适当的审计证据。

1. 确定控制测试范围时的一般考虑因素。

（1）在整个拟信赖的期间，被审计单位执行控制的频率。控制执行的频率越高，控制测试的范围越大。

（2）在所审计期间，注册会计师拟信赖控制运行有效性的时间长度。拟信赖控制运行有效性的时间长度不同，在该时间长度内发生的控制活动次数也不同。注册会计师需要根据拟信赖控制的时间长度确定控制测试的范围，拟信赖期间越长，控制测试的范围越大。

（3）为证实控制能够防止或发现并纠正认定层次重大错报，所需获取审计证据的相关性和可靠性。对审计证据的相关性和可靠性要求越高，控制测试的范围越大。

（4）通过测试与认定相关的其他控制获取的审计证据的范围。针对同一认定，可能存在不同的控制。当针对其他控制获取审计证据的充分性和适当性较高时，测试该控制的范围可适当缩小。

（5）在风险评估时拟信赖控制运行有效性的程度。注册会计师在风险评估时对控制运行有效性的拟信赖程度越高，需要实施控制测试的范围越大。

（6）控制的预期偏差。控制的预期偏差率越高，需要实施控制测试的范围越大。如果控制的预期偏差率过高，注册会计师应当考虑控制可能不足以将认定层次的重大错报风险降至可接受的低水平，从而针对某一认定实施的控制测试可能是无效的。

2. 对自动化控制的测试范围的特别考虑。除非系统发生变动，注册会计师通常不需要扩大自动化控制的测试范围，例如系统使用的表格、文档或其他永久性数据发生变化都属于系统发生变动。

信息技术处理具有内在一贯性，如果确定被审计单位正在执行该控制，注册会计师通常无须扩大控制测试的范围，但需要考虑执行下列测试以确定该控制是否持续有效运行：

（1）测试与该应用控制有关的一般控制的运行有效性；

（2）确定系统是否发生变动，如果发生变动，是否存在适当的系统变动控制；

（3）确定对交易的处理是否使用授权批准的软件版本。

例如，注册会计师可以检查信息系统安全控制记录，以确定是否存在未经授权的接触系统硬件和软件，以及系统是否发生变动。

【知识点拨】

控制测试与了解内部控制的联系与区别

控制测试与了解内部控制的区别主要表现在：（1）目的不同。了解内部控制主要是为了识别被审计单位存在哪些内部控制制度，设计是否合理，是否执行，对控制风险进行初步评估或直接初步评估重大错报风险；控制测试的目的是评价内部控制制度的执行是否有效，对控制风险（或重大错报风险）进行进一步评估，以确定实质性程序的性质、时间和范围。（2）内容和获取审计证据的数量不同。了解内部控制只需注册会计师抽取少量的样本进行询问、检查和观察；控制测试是判断内部控制制度能否在各个不同时点按照既定设计得以一贯执行，这要求注册会计师抽取足够数量的交易进行检查或针对多个不同时点进行观察。

控制测试与了解内部控制的联系主要表现在：（1）了解内部控制是控制测试的

基础；（2）两者采用审计程序的类型通常相同，包括询问、观察、检查，此外，了解内部控制程序通常还包括穿行测试，控制测试程序还包括重新执行。

（资料来源：何秀英．审计学（第七版）[M]．大连：东北财经大学出版社，2022）

五、实质性程序

（一）实质性程序的含义

实质性程序是指注册会计师针对评估的重大错报风险实施的直接用以发现认定层次重大错报的审计程序。由于注册会计师对重大错报风险的评估是一种判断，可能无法充分识别所有的重大错报风险，并且由于内部控制存在固有局限性，因此，无论评估的重大错报结果如何，注册会计师都应当针对所有重大类别的交易、账户余额和披露，设计及实施实质性程序。

实质性程序包括对各类交易、账户余额、列报的细节测试以及实质性分析程序。

实质性分析程序从技术特征上讲仍然是分析程序，主要是通过研究数据间关系评价信息，只是将该技术方法用作实质性程序，即用以识别各类交易、账户余额和披露及相关认定是否存在错报。实质性分析程序通常更适用于在一段时间内存在可预期关系的大量交易。

细节测试是对各类交易、账户余额、列报的具体细节进行测试，目的在于直接识别财务报表认定是否存在错报。实质性分析程序则主要是通过研究数据间关系评价信息，用以识别各类交易、账户余额、列报及相关认定存在错报的迹象。

（二）实质性程序的要求

注册会计师实施的实质性程序应当包括下列与财务报表编制完成阶段相关的审计程序：

1. 将财务报表中的信息与其所依据的会计记录相核对；

2. 检查财务报表编制过程中作出的重大会计分录和其他会计调整。

注册会计师对会计分录和其他会计调整检查的性质和范围，取决于被审计单位财务报告过程的性质和复杂程度以及由此产生的重大错报风险。

除此之外，注册会计师应当考虑是否将函证程序用作实质性程序。

（三）细节测试和实质性分析程序的适用性

由于细节测试和实质性分析程序的目的及技术手段存在一定差异，因此，各自有不同的适用领域。注册会计师应当根据各类交易、账户余额和披露的性质选择实质性程序的类型。细节测试适用于对各类交易、账户余额和披露认定的测试，尤其是对存在或发生、计价认定的测试；对在一段时期内存在可预期关系的大量交易，注册会计师可以考虑实施实质性分析程序。

如果认为评估的认定层次重大错报风险是特别风险，注册会计师应当专门针对该风险实施实质性程序。如果针对特别风险实施的程序仅为实质性程序，这些程序应当包括细节测试。

【知识点拨】

控制测试与实质性程序的联系与区别

控制测试与实质性程序的联系主要表现为：控制测试是实质性程序的基础，控制测试的结果会对实质性程序产生直接影响。如果通过执行控制测试，注册会计师评价重大错报风险为低水平，注册会计师就可以适当减少实质性程序；如果评价重大错报风险为高水平，注册会计师就应扩大实质性程序的范围，以保证检查风险为低水平。

控制测试与实质性程序的区别主要表现在以下方面。

(1) 测试对象方面。实质性程序是针对各类交易、账户余额、列报而言的，控制测试是针对内部控制而言的。实质性程序是通过收集审计证据，以证实各类交易、账户余额、列报认定的恰当性；控制测试是通过评价控制运行的有效性，进而确定实质性程序中所需收集审计证据的数量。

(2) 测试必要性方面。实质性程序是不可缺少的；控制测试则不一定。在没有内部控制或内部控制无效的情况下，必须依靠大量的实质性程序才能得出审计结论；即使内部控制可信度很高，为发表恰当的审计意见，也需收集适当的审计证据，因而也必须执行实质性程序。但控制测试则不同，并不是每次财务报表审计都必须执行。在下列情况下，注册会计师才进行控制测试：①在评估认定层次重大错报风险时，预期控制的运行是有效的；②仅实施实质性程序不足以提供认定层次充分、适当的审计证据。

(3) 取证过程方面。实质性程序的取证过程是一个取得直接证据的过程，而控制测试只取得间接证据，其目的还是为进一步的实质性程序服务。

(4) 测试依据和方法。控制测试以建立内部控制的基本原则为依据，实质性程序一般以会计准则为依据。实质性程序一般采用变量抽样，审计过程中经常需要采用观察、函证、检查、监盘、计算、分析程序等多种方法；控制测试一般采用属性抽样法，审计中通常采用询问、观察、检查、重新执行等方法，一般不采用函证、监盘等方法。

（资料来源：刘明辉. 审计（第五版）[M]. 大连：东北财经大学出版社，2015）

（四）实质性程序的范围

评估的认定层次重大错报风险和实施控制测试的结果是注册会计师在确定实质性程序范围时的重要考虑因素。注册会计师评估的认定层次重大错报风险越高，需要实施实质性程序的范围越广。如果对控制测试结果不满意，注册会计师可能需要考虑扩大实质性程序的范围。

注册会计师在设计实质性分析程序时，应当确定已记录金额与预期值之间可接受的差异额。在确定差异额时，注册会计师应当主要考虑各类交易、账户余额、列报及相关认定的重要性和计划的保证水平。在设计细节测试时，注册会计师除了从样本量的角度考虑测试范围外，还要考虑选样方法的有效性等因素。

自学测评

一、单项选择题

1. 注册会计师通常实施下列风险评估程序，以获取有关控制设计和执行的审计证据。但下列（　　）程序难以为此获取充分、适当的证据。

A. 实地察看被审计单位的生产经营场所和设备

B. 询问被审计单位的会计人员

C. 检查文件、记录和内部控制手册

D. 执行穿行测试，追踪交易在财务报告信息系统中的处理过程

2. 以下内部控制要素中，主要与财务报表层次重大错报风险相关的是（　　）。

A. 控制活动　　B. 内部环境　　C. 对控制的监督　　D. 信息与沟通

3. 下列结论中，不属于了解内部控制后对控制的评价的是（　　）。

A. 控制本身的设计是合理的，但没有得到执行

B. 控制本身的设计就是无效的

C. 内部控制运行有效

D. 所设计的控制单独或者连同其他控制能够防止或发现并纠正重大错报，并得到了执行

4. 下列有关风险评估程序的说法中错误的是（　　）。

A. 风险评估程序是注册会计师为了解被审计单位及其环境而执行的程序

B. 注册会计师执行风险评估程序，目的是识别和评估财务报表重大错报风险，无论该风险是由错误导致还是由舞弊导致

C. 风险评估程序本身能为形成审计意见提供充分、适当的审计证据

D. 分析程序可以在风险评估程序中使用

5. 如果注册会计师了解到被审计单位所在行业审计年度销售放缓，但是被审计单位还是提出了比上年增长25%的销售业绩目标，注册会计师应将（　　）重大错报风险评估为高水平。

A. 财务费用的发生认定　　B. 管理费用的发生认定

C. 营业收入的发生认定　　D. 营业收入的完整性认定

6. 下列审计程序中，不适用于细节测试的是（　　）。

A. 函证　　B. 检查　　C. 重新执行　　D. 询问

7. 在了解内部控制时，注册会计师无须（　　）。

A. 了解内部控制的设计　　B. 确定内部控制是否得到执行

C. 记录了解到的内部控制　　D. 评价内部控制制度的执行是否有效

二、多项选择题

1. 在识别重大错报风险时，注册会计师应当关注下列（　　）事项和情况可能表明被审计单位存在重大错报风险。

A. 在经济不稳定的国家或地区开展业务，行业环境发生变化
B. 发生重大收购、重组或其他非经常性交易
C. 在复杂的监管环境中开展业务，融资能力受到限制
D. 持续经营和资产流动性出现问题，发生重要客户流失

2. 下列关于风险评估程序的说法中正确的有（　　）。
A. 风险评估贯穿于审计过程的始终
B. 风险评估程序并不是必须实施的，注册会计师可以根据职业判断作出选择
C. 注册会计师应当在了解被审计单位及其环境每一个方面实施询问、观察、检查和分析程序
D. 注册会计师实施风险评估程序是为了识别和评估财务报表重大错报风险

3. 下列有关控制测试和实质性程序的说法中，正确的有（　　）。【2021 年 CPA 考试真题改编】
A. 无论是否实施控制测试，注册会计师均应当对所有重大类别交易、账户余额和披露实施实质性程序
B. 如果认为仅通过实施实质性程序无法获取认定层次的充分、适当的审计证据，注册会计师应当实施控制测试
C. 注册会计师可以针对同一交易同时实施控制测试和实质性程序，以实现双重目的
D. 实质性程序包括对各类交易、账户余额、列报的细节测试以及实质性分析程序

4. 下列人员中，属于被审计单位设计和实施内部控制的责任主体的有（　　）。
A. 被审计单位董事　　B. 被审计单位财务人员
C. 证监会　　D. 被审计单位内部审计人员

5. 注册会计师对被审计单位内部控制了解后，对内部控制评价的结论可能有（　　）。
A. 内部控制设计合理，并得到执行
B. 内部控制设计合理，但没有得到执行
C. 内部控制运行有效
D. 内部控制不存在

三、判断题

1. 多数经营风险最终都会产生财务后果，从而可能导致重大错报风险。（　　）
2. 财务报表层次的重大错报风险通常是舞弊导致的，认定层次的重大错报风险通常是错误导致的。（　　）
3. 注册会计师在风险评估程序实施分析程序可能有助于识别异常的交易或事项，以及对审计产生影响的金额、比率或趋势。（　　）
4. 注册会计师需要了解和评价的内部控制只是与非财务报表相关的内部控制。（　　）
5. 小型被审计单位通常没有正式的内部控制，注册会计师通常无须对其内部控制进行了解。（　　）
6. 在审计业务承接阶段，注册会计师无须了解和评价控制环境。（　　）

第二部分

审计实务

第八章　销售与收款循环审计

【知识目标】

1. 能够举例说明销售与收款循环的主要业务活动及相应的凭证、记录；
2. 能够举例说明销售与收款循环的主要内部控制及控制测试的基本内容；
3. 能够总结主营业务收入的实质性程序；
4. 能够总结应收账款的实质性程序。

【技能目标】

1. 能够独立对主营业务收入进行审计；
2. 可以独立编制应收账款询证函。

【思维目标】

1. 培养学生理论联系实际，分析问题及解决问题的能力；

2. 从销售与循环审计中学会从整体出发、将问题分解、深入分析，最后再整合为整体的系统思维；

3. 感知抓住关键的、少数的矛盾论观点，并以此作为解决矛盾的出发点，了解马克思主义唯物辩证法中的“重点论”。

【导入案例】

同×堂2016年至2019年累计虚增收入211.21亿元

2016～2018年，同×堂通过三家子公司虚构销售及采购业务、虚增销售及管理费用、伪造银行回单等方式，累计虚增收入207.35亿元，虚增成本178.51亿元，虚增利润总额24.3亿元。2019年同×堂通过虚构业务的方式虚增营业收入——其他业务收入3.86亿元，虚增利润总额3.86亿元，虚增净利润2.99亿元，占2019年年度报告中披露净利润的226.52%，上述情况导致同×堂披露的2016～2019年年度报告存在虚假记载。

在审查中发现公司账簿记载的确认收入的会计凭证、原始单据缺失情况较为严重。公司无法完整提供与收入确认相关的完整原始单据。检查人员从2016年至2018年涉嫌虚构银行流水的客户、供应商中抽取了一部分进行现场核实，相关客户（供货商）提供了《情况说明》，记录了与公司销售（采购）业务的交易品种、数量、金额等相关信息，实际走访数据与公司财务确认数据存在重大差异。同时税务资料显示公司纳税记录造假。经从武汉、南京、新沂税务机关调取同×堂医药2016~2019年纳税记录，显示与公司披露的已交纳税款存在重大差异，且上述公司记载的已通过银行存款交纳税款的会计记录，均没有实际的银行资金支付流水。

上述行为违反了《中华人民共和国证券法》第七十八条第二款的规定，构成《中华人民共和国证券法》第一百九十七条第二款所述“信息披露义务人报送的报告或者披露的信息有虚假记载、误导性陈述或者重大遗漏”的行为。

上市公司财务舞弊极大地扰乱了金融秩序，给投资者和资本市场的稳定发展带来沉重的打击，同时也给注册会计师的工作带来很大的挑战。

思考： 1. 上市公司收入舞弊的原因可能有哪些？

2. 注册会计师在审计中应该如何应对舞弊风险？

财务报表审计有两种组织方式。一是账户法，是针对每个财务报表账户的列报情况单独进行审计，这种方法可以对账户做到较为细致而全面的评价，但是在工作中，因为该方法将紧密联系的相关账户进行了人为分割（如存货和产品销售成本），所以会造成整个审计工作的脱节和重复，降低工作效率。二是业务循环法，是将财务报表根据业务事项和特点合并成几个模板，按业务循环组织实施审计工作。例如销售、销售退回、收取现金及坏账冲销是导致应收账款增减变动的交易内容，因此，把这些交易及应收账款合并到“销售与收款循环”进行审计。

在财务报表审计中将被审计单位的所有交易和账户余额划分为销售与收款循环、采购与付款循环、生产与存货循环、人力资源与工薪循环、投资与筹资循环等业务循环，在实务中，可以把与某个循环相关的报表项目都交给一个或数个注册会计师进行，加深了审计小组成员对被审计单位经济业务的理解，便于审计的合理分工，这种方法提高了审计的效率，更有利于审计成本效益的实现。

第一节　销售与收款循环业务概述

一、销售与收款循环涉及的主要业务活动

了解企业在销售与收款循环中的典型活动，对该业务循环的审计非常重要。销售与收款循环所涉及的主要业务活动及适当的内部控制具体如下（如图8-1所示）。

1. 接受顾客订单。客户提出订货是整个销售与收款循环的起点。该项业务由销售业务员接受“客户订单”，再经销售经理对“客户订单”授权审批后才能接受。订单处理部门需要区分该笔业务是现销还是赊销，一般情况下，在企业系统中都会提前录入可以赊销的顾客名单，销售业务员在处理订单之前应追查该客户是否已经在名单之中。订单管理部门根据审批后的“客户订购单”编制连续编号的“销售单”。销售单是证明管理层有关销售交易的“发生”认定的凭据之一。

2. 批准赊销。赊销批准是由信用管理部门根据管理层的赊销政策在每个客户已

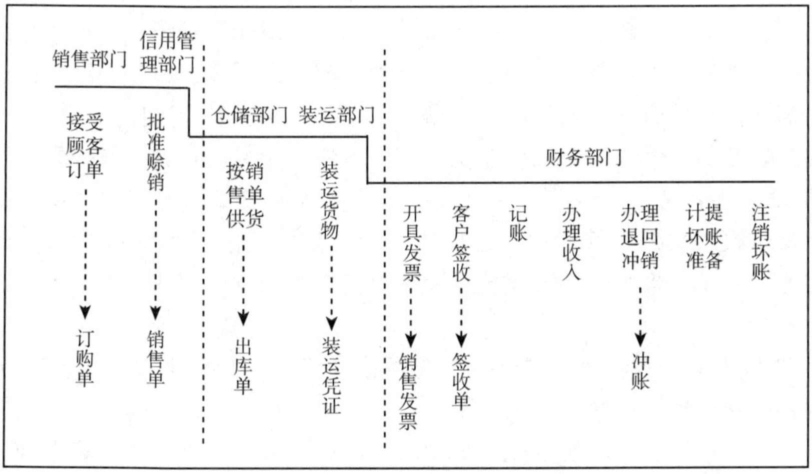

图8-1　销售与收款循环业务流程

授权的信用额度内进行的。信用管理部门的员工在收到销售部门的销售单后，应将销售单与该客户已被授权的赊销信用额度以及至今尚欠的账款余额加以比较，信用部门经理复核“客户订购单”，并在“销售单”上签字。对于超过既定信用政策规定范围的特殊销售交易，企业应当进行“集体决策”。信用管理部门与销售部门不能是同一个部门，应当实施职责分离控制。设计信用批准控制的目的是降低信用损失风险，因此，这些控制与应收账款账面余额的“准确性、计价和分摊”认定有关。

3. 按销售单供货。企业管理部门通常要求商品仓库只有在收到经过批准的销售单时才能供货。设立这项控制程序的目的是防止仓库在未经授权的情况下擅自发货。

4. 按销售单装运货物。将按经批准的销售单供货与按销售单装运货物职责分离，有助于避免装运职员在未经授权的情况下装运产品。此外，装运部门职员在装运之前，还必须进行独立验证，以确定从仓库提取的商品都附有经批准的销售单，并且，所提取商品的内容与销售单一致。

装运凭证提供了商品确实已装运的证据，因此，它是证实销售交易“发生”认定的另外一种形式的凭据。而定期检查以确定在编制的每张装运凭证后均已附有相应的销售发票，则有助于保证销售交易“完整性”认定的正确性。

5. 向顾客开具发票。会计部门根据销售单、出库单、发运凭证、商品价目表及批准的商业折扣条件开具发票。开具发票包括编制和向顾客寄送事先连续编制的销售发票。这项流程所针对的主要问题是：是否对所有装运的货物都开具了发票（即“完整性”认定问题）；是否对实际装运的货物才开具发票，有无重复开具账单或虚构交易（即“发生”认定问题）；是否按已授权批准的商品价目表所列价格计价开具发票（即“准确性”认定问题）。

6. 记录销售。记账人员根据销售发票等原始凭证编制转账凭证，登记应收账款明细账和销售明细账。记录销售的控制程序包括：只根据附有有效装运凭证和销售单的销售发票记录销售；控制所有事先连续编号的销售发票；独立检查已销售发票上的销售金额与会计记录金额的一致性；记录销售的职责应与处理销售交易的其他功能相分离；对记录过程中所涉及的有关记录的接触权限予以限制，减少未经授权批准的记录发生；定期独立检查应收账款的明细账与总账的一致性；定期向客户寄发对账单，如有差异及时查明原因，并向未涉及执行或记录销售交易的会计主管报告。

7. 办理和记录现金、银行存款收入。这项业务涉及货款的收回，现金、银行存款增加以及应收账款减少等活动。处理这项业务最重要的是保证将全部贷款必须如数、及时地记入库存现金、银行存款日记账以及应收账款明细账，并如数、及时地将现金存入银行。

8. 办理和记录销售退回、销售折扣与折让。客户如果对商品不满意，销售企业一般会同意接受退货，或给予一定的销售折让；客户如果提前支付货款，销售企业则可能给予一定的销售折扣。发生此类事项时，必须经授权批准，并应确保与办理此事有关的部门职员各司其职，分别控制实物流和会计处理。

9. 计提坏账准备。企业一般定期对应收账款的预期信用损失进行估计，根据估计结果确认信用减值损失并计提坏账准备，坏账准备的数额必须能够抵补企业以后无法收回的销货款。

10. 注销坏账。销售企业如果有确凿证据表明某项货款确实无法收回，应当经适当审批后注销该笔货款并及时做会计调整。

二、销售与收款循环涉及的主要凭证和会计记录

在内部控制制度比较健全的企业中，处理销售与收款业务通常需要使用很多凭证与会计记录。典型的销售与收款循环涉及的主要凭证与会计记录如下。

1. 客户订购单。客户订购单即客户提出的书面购货要求。

2. 销售单。销售单是列示客户所订商品的名称、规格、数量，以及其他与客户订购单有关信息的凭证，可作为销售方内部处理客户订购单的凭证。

3. 发运凭证。发运凭证（出库单或提货单）是在发运货物时编制的以反映发出商品的规格、数量和其他有关内容的凭据。发运凭证的一联寄送给客户，其余联（一联或数联）由企业保留。

4. 销售发票。销售发票是一种用来表明已销售商品的名称、规格、数量、价格、销售金额、运费和保险费、开票日期、付款条件等内容的凭证。

5. 商品价目表。商品价目表是列示已经授权批准的、可供销售的各种商品的价格的清单。

6. 贷项通知单。贷项通知单是一种用来表示由于销售退回或经批准的折让而引起的应收销货款减少的凭证。这种凭证的格式通常与销售发票的格式相同，只不过它不是用来证明应收账款的增加。

7. 应收账款账龄分析表。通常应收账款账龄分析表按月编制，反映月末尚未收回的应收账款总额和账龄，并详细反映每个客户月末尚未偿还的应收账款数额和

账龄。

8. 应收账款明细账。应收账款明细账是用来记录每个客户各项赊销、还款、销售退回及折让的明细账。各应收账款明细账的余额合计数应与应收账款总账的余额相等。

9. 主营业务收入明细账。主营业务收入明细账是一种用来记录销售交易的明细账，通常记载和反映不同类别商品或服务营业收入的明细发生情况和总额。

10. 折扣与折让明细账。折扣与折让明细账是一种用来核算企业销售商品时，按销售合同规定为了及早收回货款而给予客户的销售折扣和因商品品种、质量等因素而给予客户的销售折让情况的明细账。企业也可以不设置折扣与折让明细账，而将该业务记录于主营业务收入明细账。

11. 汇款通知书。汇款通知书是一种与销售发票一起寄给客户，由客户在付款时再寄回销售单位的凭证。这种凭证注明了客户的姓名、销售发票号码、销售单位开户银行账号以及金额等内容。

12. 库存现金日记账和银行存款日记账。库存现金日记账和银行存款日记账是用来记录应收账款的收回、现销收入，以及其他各种现金、银行存款收入和支出的日记账。

13. 坏账审批表。坏账审批表是一种用来批准将某些应收款项注销为坏账，仅在企业内部使用的凭证。

14. 客户月末对账单。客户月末对账单是一种按月定期寄送给客户的用于购销双方定期核对账目的凭证。客户月末对账单上应注明应收账款的月初余额、本月各项销售交易的金额、本月已收到的货款、各贷项通知单的数额以及月末余额等内容。

15. 转账凭证。转账凭证是指记录转账业务的记账凭证，是根据有关转账业务（即不涉及现金、银行存款收付的各项业务）的原始凭证编制的。

16. 收款凭证。收款凭证是用来记录现金和银行存款收入业务的记账凭证。

第二节　销售与收款循环的重大错报风险

一、了解销售与收款循环的业务活动及其内部控制

了解被审计单位重大业务循环的业务活动及其相关的内部控制是注册会计师实施的一项必要工作，其目的：一方面是识别和评估认定层次的重大错报风险，另一方面是对相关内部控制的有效性作出初步判断，以便设计和实施应对重大错报风险的进一步审计程序。

销售与收款循环通常是大多数企业的重大业务环节，注册会计师需要在审计计划阶段了解该循环涉及的业务活动及其相关的内部控制。注册会计师通常实施下列程序了解该循环的业务活动及相关内部控制：

1. 询问销售、仓储和财务等参与销售与收款流程各业务活动的被审计单位人员，

调查主要控制制度是否被执行；

2. 获取并阅读企业相关业务流程图或内部控制手册等资料；

3. 观察销售与收款循环的关键控制点及特定控制点的控制实践；

4. 检查销售单、发运凭证、客户对账单等文件资料；

5. 实施穿行测试，追踪销售交易在财务报告系统中的处理过程。

在审计计划阶段，注册会计师应当对销售与收款循环中的业务活动进行充分了解和记录，通过分析业务流程中可能发生重大错报的环节，识别和了解被审计单位为应对可能的错报而设计的相关控制，并通过采取穿行测试等方法对这些流程和相关控制加以证实。

二、销售与收款循环的内部控制要点

销售与收款循环的内部控制

（一）适当的职责分离

适当的职责分离不仅是预防舞弊的必要手段，也有助于防止各种有意或无意的错误。例如，主营业务收入账如果是由记录应收账款之外的员工独立登记，并由另一位不负责账簿记录的员工定期调节总账和明细账，就构成了一项交互牵制；负责主营业务收入和应收账款记账的员工不得经手货币资金，也是防止舞弊的一项重要控制。另外，销售人员通常有一种追求更大销售数量的固有倾向，而不考虑是否将以巨额坏账损失为代价，赊销的审批则在一定程度上可以抑制这种倾向。因此，赊销批准职能与销售职能的分离也是一种理想的控制。

为确保办理销售与收款业务的不相容岗位相互分离、制约和监督，一个企业销售与收款业务相关职责适当分离的基本要求通常包括：企业应当分别设立办理销售、发货、收款三项业务的部门（或岗位）；企业在销售合同订立前，应当指定专门人员就销售价格、信用政策、发货及收款方式等具体事项与客户进行谈判。谈判人员至少应有两人，并与订立合同的人员相分离；编制销售发票通知单的人员与开具销售发票的人员应相互分离；销售人员应当避免接触销货现款；企业应收票据的取得和贴现必须经由保管票据以外的主管人员书面批准。

（二）恰当的授权审批

对于授权审批问题，注册会计师应当关注四个关键点上的审批程序：

第一，在销售发生之前，赊销已经正确审批。

第二，未经正当审批，不得发出货物。

第三，销售价格、销售条件、运费、折扣等必须经过审批。

第四，审批人应当根据销售与收款授权批准制度的规定，在授权范围内进行审批，不得超越审批权限。对于超过企业既定销售政策和信用政策规定范围的特殊销售交易，需要经过适当的授权。

前两项控制的目的在于防止企业因向虚构的或者无力支付货款的客户发货而蒙

受损失；价格审批控制的目的在于保证销售交易按照企业定价政策规定的价格开票收款；对授权审批范围设定权限的目的则在于防止因审批人决策失误而造成严重损失。

（三）充分的凭证和记录

充分的凭证和记录有助于企业执行各项控制以实现控制目标。例如，企业在收到客户订购单后，编制一份预先编号的一式多联的销售单，分别用于批准赊销、审批发货、记录发货数量以及向客户开具发票等。在这种制度下，通过定期清点销售单和销售发票，可以避免出现漏开发票或漏记销售的情况。又如，财务人员在记录销售交易之前，对相关的销售单、出库单和销售发票上的信息进行核对，以确保入账的营业收入是真实发生的、准确的。

（四）凭证的预先编号

对凭证预先进行编号，旨在防止销售以后遗漏向客户开具发票或登记入账，也可防止重复开具发票或重复记账。当然，如果对凭证的编号不作清点，预先编号就会失去其控制意义。定期检查全部凭证的编号，并调查凭证缺号或重号的原因，是实施这项控制的关键点。在目前信息技术得以广泛运用的环境下，凭证预先编号这一控制在很多情况下由系统执行，同时辅以人工的监控。

（五）定期寄发对账单

由不负责现金出纳和销售及应收账款记账的人员定期向客户寄发对账单，能促使客户在发现应付账款余额不正确后及时反馈有关信息。为了使这项控制更加有效，最好将账户余额中出现的所有核对不符的账项，指定由一位既不负责货币资金也不记录主营业务收入和应收账款的主管人员处理，然后由独立人员定期编制对账情况汇总报告并交管理层审阅。

（六）内部核查程序

由内部审计人员或其他独立人员核查销售与收款交易的处理和记录，是实现内部控制目标所不可缺少的一项控制措施。销售与收款内部控制检查的主要内容包括：

1. 销售与收款交易相关岗位及人员的设置情况。重点检查是否存在销售与收款交易不相容、职务混岗的现象。

2. 销售与收款交易授权批准制度的执行情况。重点检查授权批准手续是否健全、是否存在越权审批行为。

3. 销售的管理情况。重点检查信用政策、销售政策的执行是否符合规定。

4. 收款的管理情况。重点检查销售收入是否及时入账、应收账款的催收是否有效、坏账核销和应收票据的管理是否符合规定。

5. 销售退回的管理情况。重点检查销售退回手续是否齐全、退回货物是否及时入库。

【知识点拨】

哪些销售与收款循环的内部控制要点是预防性控制?

适当的职责分离、恰当的授权审批、充分的凭证和记录、凭证的预先编号是预防性控制。

定期寄发对账单、内部核查程序是检查性控制。

三、销售与收款循环重大错报风险

被审计单位的控制环境、收入来源以及合同安排等方面的不同，都可能对收入交易的会计核算产生影响，因此，注册会计师需要结合对销售与收款循环业务流程和相关控制的了解，并且考虑在该循环中发生错报的可能性以及潜在的错报是否足以导致重大错报，进而评估该循环相关交易和余额存在的重大错报风险，为设计和实施进一步审计程序提供基础。

同销售与收款循环相关的资产负债表项目主要为应收票据、应收账款、应收款项融资、合同资产、长期应收款、预收款项、应交税费、合同负债；利润表项目主要为营业收入、税金及附加等。

以制造业为例，赊销销售相关交易和余额存在的重大错报风险通常包括：

1. 收入确认存在的舞弊风险。由于收入直接关系到企业的财务状况和经营成果，企业可能为了达到粉饰财务报表的目的而采用虚增或隐瞒收入等方式实施舞弊。收入确认已成为注册会计师审计的高风险领域，在财务报表舞弊案件中，涉及收入确认的舞弊占有很大比例。中国注册会计师审计准则要求注册会计师基于收入确认存在舞弊风险的假定，评价哪些类型的收入、收入交易或认定导致舞弊风险。

2. 收入的复杂性可能导致的错误，如可变对价安排、特殊的退货约定、特殊的服务期限安排等。

3. 发生的收入交易未能得到准确记录。例如，没有及时更新商品价目表，商品可能以错误的价格登记：销售量较大时，如果扫描时没有读取商品条形码，收款员使用错误的手册，售出商品的数量发生错误或收款员给客户的找零出现差错，错误均会发生。

4. 期末收入交易和收款交易可能未计入正确的期间。企业将属于下一会计期间的收入有意或无意地计入本期，或者将属于本期的收入有意或无意地计入下一会计期间，可能导致本期收入以及本期期末应收账款余额、货币资金余额和应交税费余额被高估或低估。

5. 收款未及时入账或记入不正确的账户，导致应收账款（或应收票据）银行存款的错报。

6. 应收账款坏账准备的计提不准确。

四、重大错报风险——舞弊风险的评估

重大错报风险如舞弊风险，既可能与财务报表整体广泛相关，影响到多项认定，也可能与特定的某类交易或账户余额及披露的认定相关，因此在评估重大错报风险时，应当具体落实到该风险所涉及的相关认定，有针对性地设计进一步的审计程序。

注册会计师在识别和评估与收入确认相关的重大错报风险时，应当先基于收入确认存在舞弊风险的假定，评价哪些类型的收入、收入交易或认定导致舞弊风险。假定收入确认存在舞弊风险，并不意味着注册会计师应当将与收入确认相关的所有认定都假定为存在舞弊风险。因此，注册会计师需要结合对被审计单位及其环境的具体了解，考虑收入确认舞弊可能如何发生。被审计单位不同，管理层实施舞弊的动机或压力不同，其舞弊风险所涉及的具体认定也不同，注册会计师需要作出具体分析。

例如，如果管理层有隐瞒收入而降低税负的动机，被审计单位容易发生低估收入的重大错报风险，则注册会计师需要更加关注与收入“完整性”认定相关的舞弊风险。又如，如果被审计单位预期难以达到下一年度的销售目标，而已经超额实现了本年度的销售目标，就可能倾向于将本期的收入推迟至下一年度确认，收入的截止认定存在舞弊风险的可能性较大。

如果注册会计师认为收入确认存在舞弊风险的假定不适用于业务的具体情况，从而未将收入确认作为由于舞弊导致的重大错报风险领域，注册会计师应当在审计工作底稿中记录得出该结论的理由。

【知识点拨】

舞弊与错误的区别

舞弊是指被审计单位的管理层、治理层、员工或第三方使用欺骗手段获取不当或非法利益的故意行为。

错误是指出于无意而造成会计核算资料和其他经济资料失真或不合规、不合法，即该失真不是行为人的意志和愿望，其结果不是人为设计和努力实现的，而是其工作中出现闪失以及其他因素所致，非行为人本意。

【思维小课堂】

注册会计师要严格执行审计准则，提高应对财务舞弊的执业能力

随着我国社会主义市场经济高质量发展深入推进，注册会计师行业规模和服务范围不断扩大，在社会主义市场经济建设中发挥着日益重要的作用。《国务院办公厅关于进一步规范财务审计秩序促进注册会计师行业健康发展的意见》指出，注册会计师要严格执行审计准则，在整个审计过程中保持充分的职业怀疑，对财务舞弊等风险因素保持警觉，当识别出可能存在由于财务舞弊导致的错报且涉及管理层时，应当考虑重新评价由于财务舞弊导致的重大错报风险的评估结果，以及该结果对审计程序的

性质、时间安排和范围的影响。要针对相应风险点强化审计程序、扩大抽查比例、增加审计证据，有效控制审计风险。要在审计过程中对企业遵守会计准则情况作出职业判断；要在做好其他领域审计的同时，加大对货币资金、存货、在建工程和购置资产、资产减值、收入、境外业务、企业合并、商誉、金融工具、滥用会计政策和会计估计、关联方关系及交易这11个近年来财务舞弊易发高发领域的关注力度，做好有效应对。

（资料来源：《关于加大审计重点领域关注力度 控制审计风险 进一步有效识别财务舞弊的通知》）

第三节　销售与收款循环的控制测试

销售与收款循环的控制测试

销售与收款循环的控制测试是在评价销售与收款循环内部控制设计合理并被执行的基础上，考虑成本效益原则和风险水平，获取销售与收款循环的控制是否有效运行的审计证据。

销售与收款循环的控制测试程序一般包括：

1. 询问被审计单位人员，了解被审计单位销售与收款的主要控制是否被执行。

2. 观察销售与收款关键控制点及特定控制点。如被审计单位工作人员在执行授权、发货、开票等职责时的表现，确定被审计单位是否存在必要职务分离，执行是否到位。

3. 检查关键控制点生成的有关文件和记录。如检查销售发票、发运凭证是否连续编号，检查销售发票是否附有发运凭证及销售单，确定被审计单位是否确系发货给真实的客户，以及是否将交易登记入账。

4. 必要时用重新执行来证实控制执行的有效性。如重新执行销售截止检查程序，确定收入入账的会计期间的正确性。

5. 评估销售与收款控制是否可信赖。

注册会计师在对被审计单位的内部控制系统进行了必要的了解与测试之后，应当对其控制风险作出评价，并对实质性测试的内容作出相应的调整。同时，对测试过程中发现的问题，应当在审计工作底稿中进行记录，并以适当的形式告知被审计单位的管理层。

【例8-1】注册会计师A和B于2022年1月10～12日对甲公司销售与收款循环的内部控制进行了解和测试，并在相关审计工作底稿中进行记录，摘录内容如下：

（1）销售部门收到客户订购单后，由销售经理对品种、规格、数量、价格、付款条件、结算方式等详细审核后签章，由销售部门打印一式二联的销售单，一份送到信用部门批准，另一份与顾客订单一起存档，销售单未连续编号。

（2）甲公司往来客户的信用期由信用管理部审核批准，如长期客户临时申请延长信用期，由销售部经理批准。

（3）甲公司在收到发运单并与销售单核对无误后，编制预先连续编号的销售发票，并将其连同发运单和销售单及时送交会计部门。会计部门在核对无误后由财务部门职员王某据以登记营业收入和应收账款明细账。

要求：根据上述摘录，请代注册会计师 A 和 B 指出甲公司在销售与收款循环内部控制方面的缺陷，并提出改进建议。

解答：甲公司销售与收款循环内部控制的缺陷有如下方面。

（1）销售单未连续编号，且一式两联不能向相关环节传递凭证进行核对，容易出现遗漏和虚假。建议销售单应当连续编号，且最少一式五联以保管，包括销售部门、信用管理部门、仓库、装运部门、财务部门。

（2）销售部门与信用管理部门未实现职责分离，销售人员可能为扩大销售而使企业承受不适当的信用风险。建议长期客户临时申请延长信用期，应经由信用管理部批准。

（3）财务人员同时登记营业收入和应收账款明细账，不相容职务未进行分离，建议登记营业收入和应收账款明细账的职员应当是两个人。

【知识点拨】

重新执行和穿行测试一样吗？

重新执行和穿行测试是两种不同的审计程序，穿行测试是集询问、观察、检查于一身的集合程序，通常适用于风险评估程序，但也可以在控制测试中使用。

穿行测试是注册会计师为了验证以前程序获取的有关内部控制信息而实行的程序，例如进一步了解销售与收款循环的内部控制情况，注册会计师会抽取几笔销售业务，检查这几笔业务在整个会计系统留下的有关原始凭证，从而能够掌握相关内部控制的设计以及执行情况，但这在通常情况下并不涉及对内部控制有效性的确定。

重新执行是对内部控制程序重新过一遍，测试其是否得到有效执行，也就是说，不是检查已有的凭证或记录，而是会产生新的证据。如注册会计师按照被审计单位相关内部控制制度的规定，重新编制银行存款余额调节表，来验证相应内部控制是否有效运行。

整体而言，穿行测试主要是在了解内部控制时使用，重新执行主要是在控制测试程序中使用；重新执行是一项具体的审计程序，穿行测试是多种审计程序的综合运用。

第四节　营业收入审计

营业收入核算企业在销售商品、提供劳务等主营业务活动中所产生的收入，以及企业确认的除主营业务活动以外的其他经营活动实现的收入，包括出租固定资产、出租无形资产、出租包装物和商品、销售材料等实现的收入。

在完成控制测试之后，注册会计师基于控制测试的结果（即控制运行是否有效），考虑从控制测试中已获得的审计证据及其保证程度，确定是否需要对具体审计计划中涉及的实质性程序的性质、时间安排和范围作出适当调整。例如，如果控制测试的结果表明内部控制未能有效运行，那么注册会计师需要从实质性程序中获取更多的相关审计证据，注册会计师可以修改实质性程序的性质，如采用细节测试而非实质性分析程序、获取更多的外部证据等，或修改实质性程序的范围，如扩大样本规模。

一、营业收入的审计目标

营业收入审计目标与认定对应关系如表 8－1 所示。

表 8－1　　审计目标与认定对应关系

审计目标	财务报表认定					
	发生	完整性	准确性	截止	分类	列报
A. 利润表中记录的营业收入已发生，且与被审计单位有关	√					
B. 所有应当记录的营业收入均已记录，应当包括在财务报表中的相关披露均已包括		√				
C. 与营业收入有关的金额及其他数据已恰当记录，包括对销售退回、可变对价的处理是否恰当，相关披露已得到恰当计量和描述			√			
D. 营业收入已记录于正确的会计期间				√		
E. 营业收入已记录于恰当的账户					√	
F. 营业收入已被恰当地汇总或分解且表述清楚，按照企业会计准则的规定在财务报表中作出的相关披露是相关的、可理解的						√

二、营业收入具体审计目标与财务报表相关认定的实质性程序

营业收入具体审计目标与财务报表相关认定的实质性程序如表 8－2 所示。

表 8－2　　审计目标与相关实质性程序对应关系

审计目标	营业收入常规审计程序
C	获取营业收入明细表，并复核加计、检查折算
AC/BC	实施实质性分析程序
ACD/BCD	检查营业收入确认方法是否符合企业会计准则的规定
C	检查交易价格
ACD	检查与收入交易相关的原始凭证与会计分录，即“逆查”

续表

审计目标	营业收入常规审计程序
B	从出库单（客户签收联）中选取样本，追查至主营业务收入明细账，以确定是否存在遗漏事项，即“顺查”
AC	结合对应收账款实施的函证程序，选择客户函证本期销售额
D	实施销售截止测试
A	对于销货退回，检查相关手续是否符合规定，结合原始销售凭证检查其会计处理是否正确，结合存货项目审计关注其真实性
C	检查可变对价的会计处理
F	检查营业收入在财务报表中的列报和披露是否符合企业会计准则的规定

三、主营业务收入的实质性程序

主营业务收入的实质性程序

（一）获取或编制主营业务收入项目明细表

注册会计师应获取或编制主营业务收入项目明细表，复核其加计数是否正确，并与总账数和明细账合计数核对是否相符，如表8-3所示。

表8-3　　主营业务收入明细表

被审计单位：

项　　目：主营业务收入　　编制：　　日期：　　索引号：

报表截止日：　　复核：　　日期：　　页　次：

月份	主营业务收入明细项目												
	合计												
1月													
2月													
3月													
……													
11月													
12月													
合计													
上期数													
变动额													
变动比例													
审计说明：													

（二）实施分析程序

1. 将账面销售收入、销售清单和销售增值税销项清单进行核对，分析各项数据之间的勾稽关系是否合理。

2. 将本期销售收入金额与以前可比期间的对应数据或预算数进行比较，分析产品销售的结构和价格的变动是否正常，并分析异常变动的原因。

3. 分析月度或季度销售量、销售单价、销售收入金额、毛利率变动趋势是否正常，并查明出现异常现象和重大波动的原因。

4. 将销售收入变动幅度与销售商品及提供劳务收到的现金、应收账款、存货、税金等项目的变动幅度进行比较，注意收入与成本、收款项目之间是否配比，并查明出现重大波动和异常情况的原因。

5. 将销售毛利率、应收账款周转率、存货周转率等关键财务指标与可比期间数据、预算数或同行业其他企业数据进行比较，注意与同行业其他企业指标相比明显异常的项目，并分析异常的原因和合理性。

6. 分析销售收入等财务信息与投入产出率、劳动生产率、产能、水电能耗、运输数量等非财务信息之间的关系，注意收入与消耗数据之间是否配比，并查明出现重大波动和异常情况的原因。

7. 分析销售收入与销售费用之间的关系，包括销售人员的人均业绩指标、销售人员薪酬、广告费、差旅费，以及销售机构的设置、规模、数量、分布等，并查明出现重大波动和异常情况的原因。

【知识点拨】

如何通过分析程序找到可能存在的不合理之处?

注册会计师可以通过考虑配比原则来分析某一项目是否合理，例如收入与成本配比，计算毛利率，观察上期和本期毛利率波动变化、本期每个月毛利率变化、被审计单位与同行业企业毛利率变化等，从中发现数据波动异常，包括数据波动大的月份、科目等，计算平均值，对于与平均值差异过大的数据，分析数据与事实不符的异常，例如，供产销的形式与上年相同，但毛利率远高于上一年；账龄分析中，2～3年的年初数只有100万元，但是3年的年初数是50万元，年末数却有300万元，这是不可能的。

（三）审查主营业务收入的确认是否正确

1. 确认原则。注册会计师应当审查被审计单位是否遵守了《企业会计准则》有关收入确认时间与计量的规定。企业应当在客户取得商品控制权时确认收入。

2. 确认时间。企业主营业务收入的确认时间（即产品销售的实现时间），取决于产品销售方式和货款结算方式。因此，对主营业务收入确认时间的审计，应结合不同的产品销售方式和货款结算方式进行。

（1）采用交款提货方式销售，在货款已经收到或取得收取货款的权利，同时发票账单和提货单已交给购货方时确认收入实现。注册会计师应审查被审计单位是否收到货款或取得收取货款的权利，并已将发票账单和提货单交付购货单位，应注意有无扣押结算凭证，将当期收入转入下期入账，或者开假发票，将虚列的收入记账在下期予以冲销的情况。

（2）采用预收账款方式销售，在商品已经发出时确认收入实现。注册会计师应审查被审计单位是否收到了货款，是否在货物发出之后确认收入，是否存在开具虚假出库凭证，提前确认收入的情况。

（3）采用托收承付方式销售，在商品已经发出，并办妥托收手续时确认收入实现。注册会计师应审查被审计单位是否发货、托收手续是否办妥、发运凭证是否真实、托收承付结算回单是否正确。

（4）采用委托其他单位代销方式销售，应在代销商品已经销售，并收到代销清单时确认收入实现。注册会计师应查明有无编制虚假代销清单、虚增本期收入的情况。

（5）采用分期收款方式销售，应按合同约定的收款日期分期确认收入。注册会计师应审查本期是否收到货款，查明合同约定的本期应收款日期是否真实，是否存在已实现的收入不入账、少入账或缓入账的情况。

（6）对长期工程合同收入，应根据完工进度或完工合同合理确认收入。注册会计师应重点审查收入的计算、确认方法是否符合规定，并核对应计收入与实际收入一致，注意查明有无随意确认收入、虚增或虚减本期收入的情况。

（7）委托外贸代理出口、实行代理制方式的，应在收到外贸企业代办的发运凭证和银行交款凭证时确认收入实现。对此，注册会计师应重点审查代办发运凭证和银行交款单是否真实，注意有无内外勾结、出具虚假发运凭证或虚假银行交款单的情况。

（8）对外转让土地使用权和销售商品房的，在土地使用权和商品房已经移交，并将发票结算账单提交对方时确认收入实现。对此，注册会计师应重点审查应办理的移交手续是否符合规定要求，发票账单是否已交对方。注意查明被审计单位有无编造虚假移交手续，采用“分层套写”的方法开具虚假发票的行为，防止其高价出售、低价收款，从中贪污货款。

（四）主营业务收入真实性测试

以主营业务收入明细账中的会计分录为起点，检查相关原始凭证，如订购单、销售单、出库单、发票等，评价已入账的营业收入是否真实发生。检查客户订购单和销售单，可以确认业务的真实性和销售交易是否经过适当的授权批准。

逆查程序，针对主营业务收入的高估，与营业收入发生认定直接相关。

（五）主营业务收入完整性测试

从出库单（客户签收联）中选取样本，追查至主营业务收入明细账，以确定是否存在遗漏事项。注册会计师需要确认已获取全部出库单，通常可以通过检查出库单的顺序编号来查明。

顺查程序，针对主营业务收入的低估，与营业收入完整性认定直接相关。

（六）销售的截止测试

1. 目的。其目的主要在于确定被审计单位主营业务收入的会计记录归属期是否正确，即应记入本期或下期的主营业务收入是否被推延至下期或提前至本期。

2. 时间节点。强调资产负债日前后若干天。

3. 测试关键。根据收入确认的基本原则，注册会计师在审计中应该注意把握三个与主营业务收入确认有着密切关系的日期，检查三者是否归属于同一适当会计期间是主营业务收入截止测试的关键所在。

（1）发票开具日期或者收款日期。发票开具日期是指开具增值税专用发票或者普通发票的日期。

（2）记账日期。记账日期是指被审计单位确认主营业务收入实现，并将该笔经济业务记入"主营业务收入"账户的日期。

（3）发货日期（服务行业则是提供劳务的日期）。发货日期是指仓库开具出库单并发出库存商品的日期。

4. 测试路径。围绕关注的日期，注册会计师可以考虑选择三条审计路线实施主营业务收入的截止测试，具体内容如表 8－4 所示。

表 8－4　　主营业务收入截止测试的三条审计路径

风险	起点	路径	目的	优点	缺点
高估	账簿记录	从报表日前后若干天的账簿记录追查至记账凭证，检查发票存根与发货凭证	证实已入账收入是否在同一期间已开具发票并发货，有无多记收入	比较直观，目的性明确，容易追查相关凭证记录	缺乏全面性和连贯性，无法针对漏记进行检查
低估	销售发票	从报表日前后若干天的发票存根追查至发货凭证与账簿记录	确认已开具发票的货物是否已发货并于同一会计期间确认收入	较全面，连贯，容易发现漏记问题	工作量较大，费时费力，不易发现多记收入
	发运凭证	从报表日前后若干天的发货凭证追查至发票开具情况与账簿记录	确认收入是否已记入适当的会计期间		

（七）检查有无销售退回、销售折扣和折让等特殊销售行为

对于销售退回，检查相关手续是否符合规定，结合原始销售凭证检查其会计处理是否正确，结合存货项目审计关注其真实性。企业在销售交易中，往往会因产品品种不符、指令不符合要求以及结算方面的因素发生销售退回、销售折扣与折让。尽管引

起销售退回、折扣与折让的因素不尽相同，其表现形式也不尽一致，但都是对收入的抵减，直接影响收入的确认与计量。因此，注册会计师应当重视对销售退回、折扣与折让的审计。

检查有无特殊的销售行为，如附有销售退回条件的商品销售、委托代销、售后回购、以旧换新、商品需要安装和检验的销售、分期收款销售、出口销售、售后租回等，确定恰当的审计程序进行审核。

（八）检查主营业务收入的列报是否恰当

注册会计师应当审查利润表上的主营业务收入项目，数字是否与审定数相符，主营业务收入确认所采用的会计政策是否已在财务报表附注中披露。

第五节　应收账款审计

应收账款是指企业因销售商品、提供劳务而形成的债权，即由于企业销售商品、提供劳务等因素，应向购货客户或接受劳务的客户收取的款项或代垫的运杂费，是企业在信用活动中所形成的各种债权性资产。应收账款的审计应结合销售活动进行。

一、应收账款的审计目标

应收账款审计目标与认定对应关系如表 8－5 所示。

表 8－5　　应收账款审计目标与认定对应关系

审计目标	财务报表认定					
	存在	完整性	权利和义务	准确性、计价和分摊	分类	列报
A. 资产负债表中记录的应收账款是存在的	√					
B. 所有应当记录的应收账款均已记录，应当包括在财务报表中的相关披露均已包括		√				
C. 记录的应收账款由被审计单位拥有或控制			√			
D. 应收账款以恰当的金额包括在财务报表中，与之相关的计价调整已恰当记录，相关披露已得到恰当计量和描述				√		

续表

审计目标	财务报表认定					
	存在	完整性	权利和义务	准确性、计价和分摊	分类	列报
E. 应收账款及其预期信用损失已记录于恰当的账户					√	
F. 应收账款已被恰当地汇总或分解且表述清楚，按照企业会计准则的规定在财务报表中作出的相关披露是相关的、可理解的						√

二、应收账款具体审计目标与财务报表相关认定的实质性程序

应收账款具体审计目标与财务报表相关认定的实质性程序如表 8 -6 所示。

表 8 -6　　应收账款审计目标与相关实质性程序对应关系

审计目标	应收账款常规审计程序
D	取得应收账款明细表： （1）复核加计正确，并与总账数和明细账合计数核对是否相符；结合损失准备科目与报表数核对是否相符。 （2）检查非记账本位币应收账款的折算汇率及折算是否正确。 （3）分析有贷方余额的项目，查明原因，必要时，建议作重分类调整。 （4）结合其他应收款、预收款项等往来项目的明细余额，调查有无同一客户多处挂账、异常余额或与销售无关的其他款项（如代销账户、关联方账户或员工账户）。必要时提出调整建议
AD/BD	分析与应收账款相关的财务指标
ACD	对应收账款实施函证程序
A	对应收账款余额实施函证以外的细节测试
D	检查坏账的冲销和转回
F	确定应收账款的列报是否恰当

三、应收账款的实质性程序

应收账款的实质性程序

（一）取得或编制应收账款明细表

注册会计师应从被审计单位取得或自行编制应收账款明细表，复核加计数额是否正确，并核对是否与报表数、总账数和明细账数一致。

涉及应收账款的相关财务指标分析如下。

1. 复核应收账款借方累计发生额与主营业务收入关系是否合理，并将当期应收

账款借方发生额占销售收入净额的百分比与管理层考核指标和被审计单位相关赊销政策作比较，如存在异常应查明原因。

2. 计算应收账款周转率、应收账款周转天数等指标，并与被审计单位相关赊销政策、被审计单位以前年度指标、同行业同期相关指标对比，分析是否存在重大异常并查明原因。

（二）检查应收账款账龄分析是否正确

应收账款的账龄是指资产负债表中的应收账款从销售实现，产生应收账款之日起至资产负债表日止所经历的时间。

注册会计师应当取得或编制应收账款账龄分析表，以便了解应收账款的可回收性。编制应收账款账龄分析表时，可以选择重要的顾客及其余额列示，不重要的或余额较小的汇总列示（如表 8 - 7 所示）。

表 8 - 7　应收账款账龄分析表

顾客名称	期末余额	账龄			
		1 年以内	1 ~ 2 年	2 ~ 3 年	3 年以上
合计					

【思维小课堂】

函证程序的发展

函证作为世界各国审计界公认的审计程序可追溯于麦克森·罗宾斯公司审计案例。1938 年，美国麦克森·罗宾斯（McKesson & Robbins）公司倒闭。在 1939 年美国证券交易委员会（SEC）的听证会上，于纽约证券交易所上市的麦克森·罗宾斯公司已审计的财务报表虚增 1 907.5 万美元的资产（账面总资产 8 700 万美元）——约占资产总额的 25%，其中虚增存货 1 000 万美元，销售收入 900 万美元，银行存款 7.5 万美元。美国证券交易委员会为了吸取教训，颁发了新的报告，要求注册会计师合理确定审计范围和审计程序，新增了“对应收账款进行询证、对存货进行实地检查”等审计程序。同时受该案件的影响，美国注册会计师职业界不得不考虑承担证实存货、应收账款、银行存款等资产的真实性的审计责任，否则将被视为并未尽到保护财务报表使用者的职责。

因此，职业界规定，注册会计师在绝大多数情况下应当亲自观察存货盘点过程，对应收账款应当进行函证。注册会计师通过监盘存货、函证应收账款等审计程序来证实资产的存在性认定，从而确认当期销售业务的发生以及利润的真实性。

（资料来源：胡冀婷，唐莎．试析存货监盘若干问题及对于证券市场会计监管的影响［J］．财会学习，2007（7）：49 - 51）

（三）向债务人函证应收账款

1. 函证目的。函证应收账款是指注册会计师为获取影响财务报表或相关披露认定相关的信息，通过直接来自第三方（被询证者）对有关信息和现存状况的声明，获取和评价审计证据的过程。目的在于证实应收账款账户余额的真实、准确。

2. 是否函证的决策。除非有充分证据表明应收账款对被审计单位财务报表而言是不重要的，或者函证很可能是无效的，否则，注册会计师应当对应收账款进行函证。如果注册会计师不对应收账款进行函证，应当在审计工作底稿中说明理由。如果认为函证很可能是无效的，注册会计师应当实施替代审计程序，获取相关、可靠的审计证据。

3. 函证的范围。注册会计师无须对被审计单位所有的应收账款进行函证。函证数量的大小、范围的确定，主要考虑以下因素：

（1）应收账款在全部资产中的比重。如果应收账款在全部资产中所占的比重较大，则函证的范围应相应大一些。

（2）被审计单位内部控制的强弱。如果内部控制系统较健全，则可以相应减少函证量；反之，则应相应扩大函证范围。

（3）以前期间的函证结果。若以前期间函证中发现过重大差异，或欠款纠纷较多，则函证范围应相应扩大。

（4）函证方式的选择。若采用积极式函证，则可以相应减少函证量；若采用消极式函证，则要相应增加函证量。

4. 函证的对象。除了考虑金额较大的项目，注册会计师还需考虑风险较高的项目。一般应选择以下项目作为函证对象：大额或账龄较长的项目；与债务人发生纠纷的项目；关联方项目；主要客户项目；新增客户项目；交易频繁但期末余额较小甚至为零的项目；可能产生重大错报或舞弊的非正常项目。

5. 函证的方式。注册会计师可采用积极式或消极式函证方式实施函证，也可将两种方式结合使用（如表8－8所示）。

表8－8　积极式函证和消极式函证对照情况

项目	积极式函证	消极式函证
回函要求	向债务人发出询证函，要求其证实所函证的欠款是否正确，无论对错都要求复函的一种函证方式	向债务人发出询证函，注册会计师应当要求被询证者仅在不同意询证函列示信息的情况下才予以回函
函证条件	下列情况下，注册会计师可考虑采用积极式函证： ①金额较大； ②重大错报风险评估为高水平； ③有理由相信欠款有争议或存在差错	当同时满足下列情况时，注册会计师可考虑采用消极式函证： ①重大错报风险评估为低水平； ②涉及大量余额较小的账户； ③预期不存在大量的错误； ④没有理由相信被询证者不认真对待函证

续表

项目	积极式函证	消极式函证
回函结论	在采用积极式函证方式时，只有注册会计师收到回函，才能为财务报表认定提供审计证据。 如果未能收到回函，注册会计师应当考虑与被询证者联系，要求对方作出回应或再次寄发询证函。 如果未能得到被询证者的回复，注册会计师应当实施必要的替代程序，如检查与销售有关的文件，包括销售合同、销售订单、销售发票副本及发运凭证等	如果收到回函，能够为财务报表相关认定提供说服力强的审计证据。 如果未收到回函，并不能为财务报表相关认定提供审计证据
限制	如果注册会计师认为取得积极式询证函回函是获取充分、适当的审计证据的必要程序，则替代程序不能提供注册会计师所需要的审计证据。在这种情况下，如果未获取回函，注册会计师应当确定其对审计工作和审计意见的影响	说服力和可靠性低于积极式询证函
审计成本	较高	较低

积极式询证函示例如下。

企业询证函

编号：

________（公司）：

本公司聘请的××会计师事务所正在对本公司会计报表进行审计，按照中国注册会计师审计准则的要求，应当询证本公司与贵公司的往来账项等事项。下列数据出自本公司账簿记录，如与贵公司记录相符，请在本函下端“数据证明无误”处签章证明；如有不符，请在“数据不符”处列示不符金额。回函请直接寄至××会计师事务所。

回函地址：

邮编：　　电话：　　传真：　　联系人：

（1）本公司与贵公司的往来账项列示如下：

单位：元

截止日期	贵公司欠	欠贵公司	备注

（2）其他事项。

本函仅为复核账目之用，并非催款结算。若款项在上述日期之后已经付清，仍请及时函复为盼。

（公司签章）

年　月　日

结论：1. 数据证明无误。

（公司签章）
年 月 日
经办人：

2. 数据不符，请列明不符金额。

（公司签章）
年 月 日
经办人：

消极式询证函示例如下。

企业询证函

编号：

________（公司）：

本公司聘请的××会计师事务所正在对本公司会计报表进行审计，按照中国注册会计师审计准则的要求，应当询证本公司与贵公司的往来账项等事项。下列数据出自本公司账簿记录，如与贵公司记录相符，则无须回复；如有不符，请直接通知会计师事务所，并在空白处列明贵公司认为是正确的信息。回函请直接寄至××会计师事务所。

回函地址：

邮编： 电话： 传真： 联系人：

（1）本公司与贵公司的往来账项列示如下：

单位：元

截止日期	贵公司欠	欠贵公司	备注

（2）其他事项。

本函仅为复核账目之用，并非催款结算。若款项在上述日期之后已经付清，仍请及时函复为盼。

（公司签章）
年 月 日

××会计师事务所：

上面的信息不正确，差异如下：

（公司签章）
年 月 日
经办人：

6. 函证的时间选择。

（1）通常以资产负债表日为截止日，在资产负债表日后适当时间函证；

（2）如果重大错报风险评估为低水平，注册会计师可选择资产负债表日前适当日期为截止日实施函证，并对所函证项目自该截止日起至资产负债表日发生的变动实施其他实质性程序。

7. 函证过程的控制。

（1）通常利用被审计单位提供的应收账款明细账户名称及客户地址等资料据以编制询证函，但注册会计师应当对函证全过程保持控制。

（2）对确定需要确认或填列的信息、选择适当的被询证者、设计询证函以及发出和跟进（包括收回）询证函保持控制。

8. 对回函不符事项的处理。如果注册会计师发现了不符事项，注册会计师应当先提请被审计单位查明原因，并作进一步分析和核实。不符事项的原因可能是双方登记入账的时间不同，也可能是一方或双方记账错误，还可能是被审计单位的舞弊行为。

如果不符事项构成错报，注册会计师应当重新考虑所实施审计程序的性质、时间安排，注册会计师应当调查不符事项，以确定是否表明存在错报。

【知识点拨】

注册会计师在函证发出前执行哪些程序可以核实被询证者的真实性呢？

例如，注册会计师可以通过拨打公共查询电话核实被询证者的名称和地址；将被询证者的名称和地址信息与被审计单位持有的相关合同等文件核对；通过被询证者的网站或其他公开网站核对被询证者的名称和地址；对于供应商或客户，可以将被询证者的名称、地址与被审计单位收到或开具的增值税专用发票中的对方单位名称、地址进行核对。

第六节　坏账准备审计

坏账是指企业无法收回或收回的可能性很小的应收款项（包括应收票据、应收账款、预付账款和其他应收款及长期应收款等）。由于发生坏账而产生的损失被称为坏账损失。企业应合理预计信用损失并计提坏账准备，不得多提或少提，否则应视为滥用会计估计，按照前期差错更正的方法进行会计处理。

以应收账款相关的坏账准备为例，阐述坏账准备审计常用的实质性程序。

1. 取得坏账准备明细表，复核加计是否正确，与坏账准备总账数、明细账合计数核对是否相符。

2. 将应收账款坏账准备本期计提数与信用减值损失相应明细项目的发生额核对是否相符。

3. 检查应收账款坏账准备计提和核销的批准程序，取得书面报告等证明文件，结合应收账款函证回函结果，评价计提坏账准备所依据的资料、假设及方法。

4. 检查坏账损失。对于被审计期间内发生的坏账损失，注册会计师应检查其原因是否清楚、转销依据是否符合有关规定、有无授权批准、有无已做坏账准备后又重新收回的应收账款、会计处理是否正确。

5. 检查函证结果。对债务人回函中反映的例外事项及存在争议的余额，注册会计师应查明原因并做记录，必要时，应建议被审计单位作相应的调整。

6. 实施分析程序。注册会计师应通过计算坏账准备余额占应收款项余额的比例，并和以前期间的相关比例进行比较，评价企业坏账准备计提的合理性。

7. 注册会计师应检查企业是否在财务报表附注中对坏账的确认标准、坏账准备的计提方法和计提比例进行说明，说明内容是否恰当。

【思维小课堂】

信息化时代，如何精准高效识别财报舞弊呢?

数字化时代，随着各行业竞争加剧，企业的业务模式、业务场景、运营模式、技术应用不断创新和变化，以适应市场的挑战。但同时也为审计工作增加了难度和挑战。纵观国内外资本市场的发展，有些公司出于种种短期目的，不惜对财务报表进行粉饰，甚至故意对其夸大或虚构。近年来，面对错综复杂的国内外经济形势，企业为了维持稳健经营的形象，对财务报表“动手脚”的动机也更强。财务报表舞弊的手段和其进行相关操作动机也高度相关。企业为了挂牌、转板、获取信贷资格而舞弊的方向，和企业为税务策划等动机舞弊的方向大相径庭。

当然，世上没有完美的犯罪，再高明的舞弊也会留下破绽。这就需要注册会计师保持职业谨慎，通过了解被审计单位的异常信号，沿着蛛丝马迹，进一步抽丝剥茧，深入调查，最终挖掘出真相。

传统审计方法面临审查效率较低、耗时耗力、样本覆盖面低等问题，在新兴科技不断成熟的当下，注册会计师可引入更多维的数据，将人工智能（AI）模型、大数据审计与业务经验相结合，通过对数据进行标准化和集中化处理，可交叉进行比对，同时建立多维度、多视角的特征标签，使得数据结果“可视化”，更直观地呈现公司风险，由点及面揭示财务报表舞弊的线索，让精准识别成为可能。

虽然智能审计代替传统审计是大势所趋，然而，在目前阶段还存在诸多困难和挑战，例如数据获取成本较高，专业人才数量少等。

科幻小说家凡尔纳曾经说过：“但凡人能想到的事，必定有人能将它实现。”在技术大爆炸的今天，越来越多的颠覆性技术不断涌现，不断重塑企业的商业模式，我们应该主动拥抱这种变革，并努力引进和学习技术，一步步实现它。

（资料来源：笔者根据相关资料整理得到）

自学测评

一、单项选择题

1. 为了证实已发生的销售业务是否均已登记入账，有效的做法是（　　）。

A. 只审查销售日记账

B. 由日记账追查有关原始凭证
C. 检查顾客订货单、销售发票及产品出库记录
D. 由有关原始凭证追查销售日记账

2. 下列情况下，注册会计师应适当增加函证量的是（　　）。
A. 应收账款在全部资产中所占的比重较小
B. 被审计单位内部控制较为薄弱
C. 以前期间函证中未发现过重大差异
D. 采用消极式函证而非积极式函证

3. 以下不能证明被审计单位销售交易真实发生的原始凭证是（　　）。
A. 客户订购单　　B. 销售单　　C. 发运单　　D. 入库单

4. 整个销售与收款循环的起点是（　　）。
A. 按销售单发货　　B. 向客户开具账单
C. 客户提出订货要求　　D. 编制销售单

5. 注册会计师李霞负责审计 A 公司 2022 年度财务报表中销售与收款循环。李霞检查了销售发票副联是否附有发运凭证及销售单，该程序针对的认定是（　　）。
A. 销售交易的“发生”认定　　B. 销售交易的“完整性”认定
C. 销售交易的“截止”认定　　D. 销售交易的“准确性”认定

6. 对大额逾期应收账款如无法获取询证函回函，则注册会计师应（　　）。
A. 审查所审计期间应收账款回收情况
B. 了解大额应收账款客户的信用情况
C. 查与销货有关的销售订单、发票、发运凭证等文件
D. 提请被审计单位提高坏账准备提取比例

7. 注册会计师审计应收账款的目的，不应包括（　　）。
A. 确定应收账款的存在性
B. 确定应收账款记录的完整性
C. 确定应收账款的回收期
D. 确定应收账款以恰当的金额列报在财务报表中

二、多项选择题

1. 注册会计师在进行实质性测试中，一般先编制或索取所审项目的明细表，这是因为明细表是（　　）。
A. 判断总体合理性的基础　　B. 分析性复核的基础
C. 实质性测试的起点　　D. 控制测试的依据

2. 在对应收账款进行函证时，注册会计师采用的以下做法中不正确的有（　　）。
A. 对个别欠款金额较大的账户采用消极式函证
B. 如果不对应收账款进行函证，注册会计师应当在审计工作底稿中说明理由
C. 以被审计单位的名义发函，并要求回函直接寄至会计师事务所
D. 将回函不符的金额汇总后直接要求被审计单位调整

3. 注册会计师针对被审计单位以下应收账款项目，应当选择作为函证对象的有（　　）。

A. 大额或账龄较长的项目　　B. 与债务人发生纠纷的项目

C. 涉及关联方的项目　　D. 可能存在舞弊的项目

4. 函证应收账款时，函证数量的多少受许多因素影响，在以下各种因素中，与所需函证的数量呈同向变动关系的有（　　）。

A. 应收账款占资产总额比例的高低　　B. 应收账款可容忍误差的大小

C. 应收账款的控制风险的高低　　D. 以前期间函证发现问题的多少

三、判断题

1. 应收账款询证函的寄发和收回均应由注册会计师直接控制。（　　）

2. 注册会计师核对销货发票的日期与登记入账的日期是否一致，其主要目的是进行截止测试。（　　）

3. 应收账款询证函可以用于被审计单位催收货款。（　　）

4. 采用消极式函证方式，注册会计师只要求询证者在不同意询证函列示信息的情况下应回函。（　　）

5. 注册会计师通常在资产负债表日前某一天函证资产负债表日的应收账款余额。（　　）

第九章　采购与付款循环审计

【知识目标】

1. 能够举例说明采购与付款循环的主要业务活动及相应的凭证、记录；
2. 能够举例说明采购与付款循环的主要内部控制及控制测试的基本内容；
3. 能够总结应付账款的实质性程序；
4. 能够总结固定资产的实质性程序。

【技能目标】

1. 能够对固定资产进行重要的实质性程序；
2. 可以独立编制固定资产重要实质性程序的审计工作底稿。

【思维目标】

1. 培养学生理论联系实际，分析问题及解决问题的能力；
2. 培养学生运用系统理论，进行辩证思维的能力；
3. 培养学生职业敏感度，提升批判性思维能力，能够独立思考、敢想敢问、寻找漏洞，克服认知偏差。

【导入案例】

虚假采购掩盖高估利润

2022 年 11 月 21 日，MS 科技收到《中国证券监督管理委员会立案告知书》，因公司涉嫌信息披露违法违规，证监会决定对公司立案调查。《行政处罚事先告知书》披露，经查，MS 科技通过违规多确认收入、少确认成本及费用方式，虚增 2020 年度利润总额 3 197.01 万元，占 2020 年度披露利润总额 3 356.73 万元的 95.24%，MS 科技 2020 年年度报告存在严重的业绩造假行为。

具体包括：MS 科技将 2019 年度与北京 BQ 模塑科技有限公司发生的技术开发服务收入在 2020 年度确认，导致 2020 年度利润总额虚增 2 220 万元；HS 科技确认 BQ 模塑 2020 年度技术开发服务收入时未扣除 BQ 模塑代垫费用，导致 2020 年度利润总额虚增 679.30 万元；MS 科技通过要求供应商配合提供虚假采购折扣以虚减成本，虚增 2020 年度利润总额 100 万元；MS 科技 2021 年度发放 2020 年一次性奖金，并将相关费用确认在 2021 年度，导致 2020 年度利润总额虚增 197.71 万元。

×省证监局表示，MS 科技作为信息披露义务人，未依法真实披露相关财务数据，导致披露的2020年年度报告存在严重的业绩造假，违反了有关规定。×省证监局拟决定对MS科技责令改正，给予警告，并处120万元罚款；对董事长/总经理曹某、财务总监钱某、副总经理朱某、财务经理刘某分别给予警告，并分别处80万元、60万元、50万元、50万元罚款。

思考：企业虚增或虚减采购费用会对利润造成什么影响？

第一节　采购与付款循环业务概述

采购与付款循环是企业经过请购、订货、验收、支付货款等有关活动所组成的业务循环。注册会计师只有了解采购与付款循环涉及的主要凭证、会计记录及主要活动，才能对采购与付款循环涉及的相关账户的审计风险予以把握，进而提高审计的工作质量和效率。

一、采购与付款循环涉及的主要业务活动

采购和付款循环一般包括以下主要业务活动。

1. 请购商品和劳务。生产部门根据采购计划，对需要购买的已列入存货清单的项目填写请购单，其他部门也可以对所需要购买的未列入存货清单的项目编制请购单。请购单可由手工或计算机编制。由于企业内不少部门都可以填列请购单，不便事先编号，为加强控制，每张请购单都必须经过负责这类支出预算的主管人员签字批准。

请购单是证明有关采购交易的“发生”认定的凭据之一，也是采购交易轨迹的起点。

2. 编制订购单。采购部门在收到请购单后，只能对经过批准的请购单发出订购单。

订购单应正确填写所需要购买商品的品名、数量、价格、厂商名称和地址等，预先予以编号并经过被授权的采购人员签名。其正联应送交供应商，副联应送至企业内部的验收部门、应付凭单部门和编制请购单的部门。随后，应独立检查订购单的处理，以确定是否确实收到商品并正确入账。

这项检查与采购交易的“完整性”和“发生”认定有关。

3. 验收商品。购入商品或劳务的验收工作必须由独立于请购、采购和会计部门的人员担任，这既控制了购买环节的业务活动，又控制了存货的管理工作，起到了双重控制的作用。验收部门的控制责任主要是货物的数量和质量，应根据订购单的质量和数量要求独立地检验收到的货物（商品的品名、说明、数量、到货时间以及商品有无损坏等）。验收后，验收部门应对已收货的每张订购单编制一式多联、预先编号的验收单，作为验收和检验商品的依据。

验收单是支持资产或费用以及与采购有关的负债的“存在”认定的重要凭证，

定期检查验收单则与采购交易的“完整性”认定有关。

4. 储存已验收的商品存货。将已验收商品保管与采购的其他职责相分离，可减少未经授权的采购和盗用商品的风险。存放商品的仓储区应相对独立，限制无关人员接近。

这些控制与商品的“存在”认定有关。

5. 编制付款凭单。货物验收后，应核对订购单、验收单和购货发票的一致性，确认负债，编制已经预先编号的付款凭单，并将经审核的付款凭单连同每日的凭单汇总表一起送到会计部门，以编制有关记账凭证和登记有关明细账以及总账账簿。

这些控制与“存在”“发生”“完整性”“权利和义务”“准确性、计价和分摊”等认定有关。

6. 确认与记录负债。正确确认已验收货物和已接受劳务的债务，要求准确、及时地记录负债。负责应付账款确认与记录的相关部门一般有责任核查购置的财产，并在应付凭单登记或应付账款明细账中加以记录。

7. 支付款项。企业将订购商品进行验收入库或交付使用后，应付凭单部门要编制付款凭单。在准备付款前，应核对付款条件，并检验资金是否充足。在签发支票的同时登记支票簿和日记账，以便登记每一笔付款。支票应预先连续编号，保证支出支票存根的完整性和作废支票处理的恰当性。已签发的支票连同有关发票、合同凭证应送交有关负责人审核签字，并将支票送交供应商。这一环节是付款活动的关键环节，应采用邮寄或其他方式以保证支票被安全地送到供应商手中。

8. 记录现金、银行存款支出。以支票结算方式为例，在手工系统下，会计部门应根据已签发的支票编制付款记账凭证，并据以登记银行存款日记账及其他相关账簿。以记录银行存款支出为例，有关控制包括：

（1）会计主管应独立检查记入银行存款日记账和应付账款明细账的金额的一致性，以及与支票汇总记录的一致性；

（2）通过定期比较银行存款日记账记录的日期与支票副本的日期，独立检查入账的及时性；

（3）独立编制银行存款余额调节表。

采购与付款循环业务流程如图 9-1 所示。

二、采购与付款循环中涉及的主要凭证和会计记录

典型的采购与付款循环所涉及的主要凭证和会计记录有以下几种。

1. 请购单。请购单是由产品制造、资产使用等部门的有关人员填写，送交采购部门，申请购买商品、劳务或其他资产的书面凭证。

2. 订购单。订购单是由采购部门填写，向另一企业购买订购单上所指定商品、劳务或其他资产的书面凭证。

3. 验收单。验收单是收到商品、资产时所编制的凭证，列示从供应商处收到的商品、资产的种类和数量等内容。

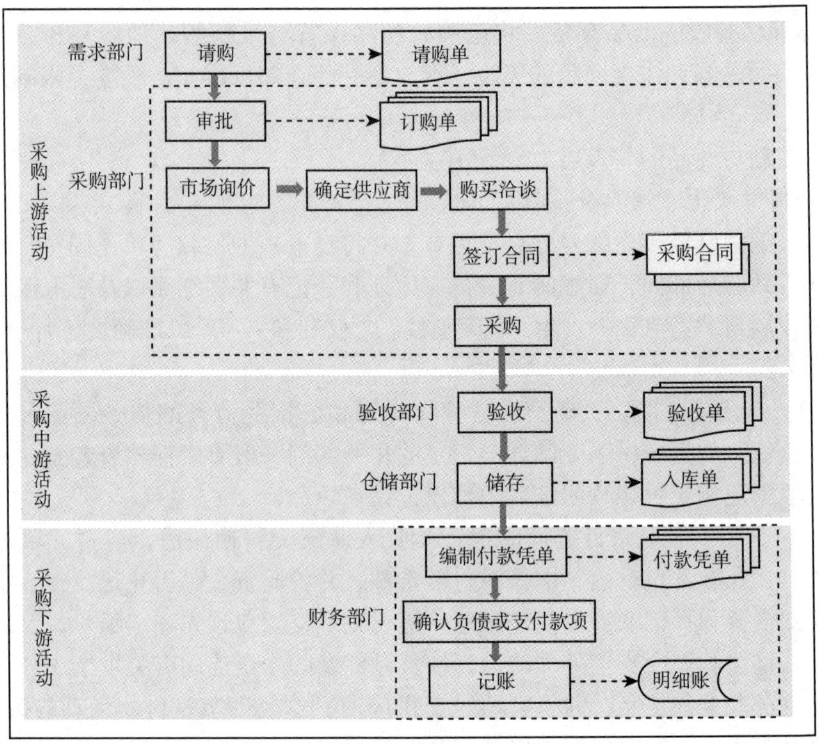

图 9－1　采购与付款循环业务流程

4. 卖方发票。卖方发票是供应商开具的，交给买方以载明发运的货物或提供的劳务、应付款金额和付款条件等事项的凭证。

5. 付款凭单。付款凭单是采购方企业应付凭单部门编制的，载明已收到商品、资产或接受劳务的厂商以及应付款金额、付款日期的凭证。付款凭单是采购方企业内部记录和支付负债的授权证明文件。

6. 转账凭证。转账凭证是指记录转账交易的记账凭证，它是根据有关转账业务（即不涉及库存现金、银行存款收付的各项业务）的原始凭证编制的。

7. 付款凭证。付款凭证包括现金付款凭证和银行存款付款凭证，是指用来记录库存现金和银行存款支出业务的记账凭证。

8. 应付款明细账。应付款明细账是列明企业对供应商应付未付款项详细情况的明细分类账。

9. 付款证明。付款证明包括现金付款凭证和银行存款付款凭证。

10. 供应商对账单。供应商对账单是由供货方按月编制的，标明期初余额、本期购买、本期收到的款项和期末余额的凭证。供应商对账单是供货方对有关交易的陈述，如果不考虑买卖双方在收发货物上可能存在的时间差等因素，其期末余额通常应与采购方相应的应付账款期末余额一致。

第二节　采购与付款循环的重大错报风险

一、了解采购与付款循环的业务活动及其内部控制

对于大多数企业而言，采购与付款循环通常是其重大的业务循环。了解被审计单位采购与付款循环的业务活动及其相关内部控制是注册会计师在审计计划阶段实施的一项必要工作，其目的是：第一，识别和评估认定层次的重大错报风险；第二，对相关内部控制的有效性作出初步判断，以便设计和实施应对重大错报风险的进一步审计程序。

了解采购与付款循环内部控制的主要内容及步骤如下：

1. 询问采购、仓储和财务等参与采购与付款流程各业务活动的被审计单位人员，了解被审计单位采购与付款的主要控制制度是否被执行。

2. 获取并阅读企业相关业务流程图或内部控制手册等资料。

3. 观察采购与付款循环的关键控制点及特定控制点的控制实践，例如观察编制凭证与签发支票、签发支票与保管支票的职责是否分离。

4. 检查订货单、验收单、购货发票等文件资料，例如从采购部门的业务档案中抽取购货合同或订货单，查明是否附有请购单或其他授权批准文件；检查订货单、验收单、卖方发票和货物入库单，检查货物的名称、型号规格、数量、价格等方面是否一致等。

5. 实施穿行测试，追踪采购交易在财务报告系统中的处理过程。

注册会计师应当对采购与付款循环中的业务活动进行充分了解和记录，通过分析业务流程中可能发生重大错报的环节，进而识别和了解被审计单位为应对这些可能的错报而设计的相关控制，并通过诸如穿行测试等方法对这些流程和相关控制加以证实。

二、采购与付款循环的内部控制要点

在内部控制的设置方面，采购与付款循环和销售与收款循环存在很多类似之处，以下以制造企业采购与付款循环常见的业务活动为例，简要说明采购交易内部控制的特殊之处。

（一）适当的职责分离

适当的职责分离有助于防止各种有意或无意的错误。企业应当建立采购与付款交易的岗位责任制，明确相关部门和岗位的职责、权限，确保办理采购与付款交易的不相容岗位相互分离、制约和监督。采购与付款交易不相容岗位至少包括：请购与审批；询价与确定供应商；采购合同的订立与审批；采购与验收；采购、验收与相关会

计记录；付款审批与付款执行。这些都是对企业提出的有关采购与付款交易相关职责适当分离的基本要求，以确保办理采购与付款交易的不相容岗位相互分离、制约和监督。

（二）请购控制

提出货物和劳务的需要是采购环节的第一步。一个企业可以有不同的请购制度，对不同的需要有不同的确定和提出请购的方法。

1. 原材料或零配件的请购。一般先由生产部门根据生产计划或即将签发的生产通知单提出请购单。材料保管人员接到请购单后，应将材料保管卡上记录的库存数与生产部门需要的数量进行比较。当生产所需材料和仓储所需后备数量合计超过库存数量时，则应同意请购（如图9－2所示）。

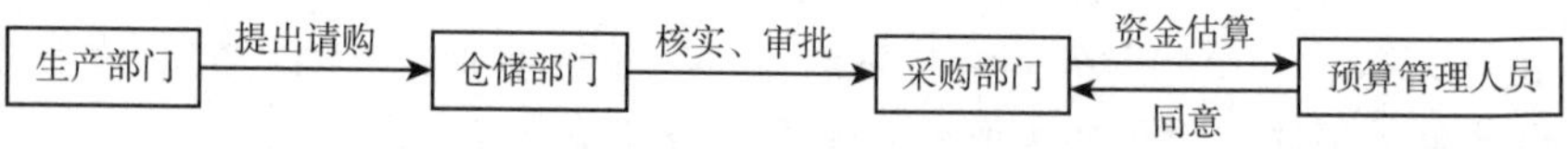

图9－2 原材料或零配件的请购流程

对于从事大批量产品生产且需求一直比较稳定的企业，请购单也可由材料保管部门在库存材料已达到最低存量时就提出。

2. 临时性物品的请购。通常由使用者而不须经过仓储部门直接提出，由于这种需要很难列入计划之中，因此，使用者在请购单上一般要对采购需要作出描述，解释其目的和用途。请购单须由使用者的部门主管审批同意，并须经资金预算的责任人同意签字后，采购部门才能办理采购手续。

3. 经常性服务项目的请购。由同一服务机构或公司所提供的某些经常性服务项目，如公用事业、报纸杂志、保安等服务项目，请购手续的处理通常是一次性的。即当使用者最初需要这些服务时，应提交请购单，由负责资金预算的部门进行审批。

4. 特殊服务项目的请购。例如保险、广告、法律和管理咨询服务等特殊项目的需要，通常由专门指定的人员负责提出需求，可参照过去的服务质量和收费标准，一般由企业最高负责人审批。经批准后，这些特殊服务项目的采购才能进行。

（三）采购实施的控制

1. 采购数量的控制。对每一份请购单，采购部门首先应审查其请购数量是否在计划控制限额的范围内；其次检查使用部门主管是否在请购单上签字。

2. 采购方式的控制。企业应当根据市场情况和采购计划合理选择采购方式。大宗采购应当采用招标方式，合理确定招投标的范围、标准、实施程序和评标规则；一般物资或劳务等的采购可以采用询价或定向采购的方式并签订合同协议；小额零星物资或劳务等的采购可以采用直接购买等方式。

3. 供货对象的控制。企业应当建立科学的供应商评估和准入制度，确定合格供应商清单，与选定的供应商签订质量保证协议，建立供应商管理信息系统，对供应商提供物资或劳务的质量、价格、交货及时性、供货条件及其资信、经营状况等进行实时管理和综合评价，根据评价结果对供应商进行合理选择和调整。企业可委托具有相应资质的中介机构对供应商进行资信调查。

4. 采购价格的控制。采购价格的确定是企业采购控制中的核心问题，企业应当建立采购物资定价机制，采取协议采购、招标采购、谈判采购、询/比价采购等多种方式合理确定采购价格，最大限度地减小市场变化对企业采购价格的影响。

5. 采购时间的控制。采购时间的控制主要由存货管理部门运用经济批量法和分析最低存货点来进行，而不是由采购部门进行。当请购单已提出，采购部门应将对这些请购单的处理结果及时告知仓储和生产部门。

企业应当根据确定的供应商、采购方式、采购价格等情况拟订采购合同，准确描述合同条款，明确双方权利、义务和违约责任，按照规定权限签订采购合同。

（四）验收控制

企业应当建立严格的采购验收制度，确定检验方式，货物的验收应由独立于请购、采购和会计部门的人员来承担，其控制责任是检验收到货物的数量和质量，包括对采购项目的品种、规格、数量、质量等相关内容进行验收，出具验收证明。涉及大宗和新、特物资采购的，还应进行专业测试。

验收过程中发现的异常情况，负责验收的机构或人员应当立即向企业有权管理的相关机构报告，相关机构应当查明原因并及时处理。

（五）应付账款控制

任何应付账款上的不正确记录和不按时偿还该债务，都会导致交易双方不必要的债务纠纷。对应付账款的控制有：应付账款的记录必须由独立于请购、采购、验收、付款的员工来进行；应付账款的入账必须在取得和审核各种必要的凭证以后才能进行；对于有预付货款的交易，在收到供应商发票后，应将预付金额冲抵部分发票金额来记录应付账款；必须分别设置应付账款的总账和明细账；对于享有折扣的交易，应根据供应商发票金额减去折扣金额的净额登记应付账款；每月应将应付账款明细账与客户的对账单进行核对。

（六）付款控制

在付款过程中，合理选择付款方式，并严格遵循合同规定，应当严格审查采购发票的真实性、合法性和有效性。发现虚假发票的，应查明原因，及时报告处理。重视采购付款的过程控制和跟踪管理，发现异常情况的，应当拒绝付款，避免出现资金损失和信用受损。

三、采购与付款循环重大错报风险

在实施控制测试和实质性程序之前，注册会计师应了解被审计单位采购与付款循环和相关账户余额的内部控制的设计、执行情况，评估采购与付款循环中的重大错报风险，并对被审计单位中可能发生的采购与付款循环的重大错报风险保持应有的职业谨慎。

影响采购与付款循环和相关账户余额存在的重大错报风险可能包括以下内容。

（一）低估负债

在承受反映较高盈利水平和营运资本的压力下，被审计单位管理层可能试图低估应付账款等负债，重大错报风险常常集中体现在遗漏交易，例如，未记录已收取货物但尚未收到发票的与采购相关的负债，或未记录尚未付款的已经购买的服务支出，这将对“完整性”等认定产生影响。

（二）管理层错报负债、费用支出的偏好和动机

被审计单位管理层可能为了实现经营目标、达到业绩考核的要求或是满足吸引投资者等动机，通过操纵负债和费用的确认控制损益，例如利用少计费用平滑利润、利用关联方关系转移费用支出、将私人费用并入企业支出等。

（三）费用支出的复杂性

例如，被审计单位刚开始在国外开展销售交易，管理层对于可能遭遇的问题解决经验有限，甚至不具备进行正确交易的能力。这可能导致费用支出分配的错误。

（四）不正确地记录外币交易

当被审计单位进口用于出售的商品时，可能由于采用不恰当的外币汇率而导致该项采购的记录出现差错。此外，还存在未能将诸如运费、保险费和关税等与存货相关的进口费用进行正确分摊的风险。

（五）采用不正确的费用支出截止期

将本期采购并收到的商品计入下一会计期间或者将下一会计期间采购的商品提前计入本期，未及时计提已经购买但尚未付款的服务支出等。

（六）舞弊和盗窃的固有风险

如果被审计单位经营大型零售业务，由于所采购商品和固定资产的数量及支付的款项庞大，交易复杂，容易造成商品发运错误，员工和供应商发生舞弊和盗窃的风险较高。如果那些负责付款的会计人员有权接触应付账款主文档，并能够通过在应付账款主文档中擅自添加新的账户来虚构采购交易，风险也会增加。

（七）存在未记录的权利和义务

这可能导致资产负债表分类错误以及财务报表附注不正确或披露不充分。

在评估重大错报风险时，注册会计师之所以需要充分了解被审计单位对采购与付

款交易的控制活动，目的在于使得计划实施的审计程序更加有效，即注册会计师必须对被审计单位的重大错报风险有一定认识，在此基础上设计并实施进一步审计程序，才能有效应对重大错报风险。

第三节　采购与付款循环的控制测试

一、采购与付款循环控制测试的概述

采购与付款循环的控制测试是在了解与描述的基础上，对其在实际业务中的执行与实施情况及过程进行检查和观察，以确定制定的内部控制与实际执行的是否相符一致，注册会计师进行控制测试，应结合业务控制环节进行。

由于控制测试的结果对注册会计师实施实质性程序的性质、时间和范围有影响，因此，注册会计师应当通过控制测试获取支持将被审计单位的控制风险评价为中或低的证据。如果能获取这些证据，注册会计师就可以接受较高的检查风险，并在很大程度上可以通过实施实质性分析程序获取进一步的审计证据，同时减少对采购与付款交易和相关余额实施细节测试的依赖。

同时，考虑到采购与付款循环控制测试的重要性，注册会计师通常对这一循环采用属性抽样审计方法。在测试该循环中的大多数属性时，注册会计师通常选择相对较低的可容忍误差。

二、采购与付款循环的控制测试

（一）采购交易的控制测试

采购交易的控制测试包括：

1. 抽取请购单、订购单和商品验收单，检查请购单、订购单是否得到适当审批，验收单是否有相关人员的签名。

2. 检查订购单、验收单和应付凭单连续编号的完整性，如编号、日期、摘要、数量、价格、规格、质量及运输要求等是否齐全，审查订购单是否附有请购单或其他授权文件。

有些被审计单位的内部控制要求，应付账款记账员应定期汇总该期间生成的所有订购单，并与请购单核对，编制采购信息报告。对此，注册会计师在实施控制测试时，应抽取采购信息报告，检查其是否已复核，如有不符，是否已经及时调查和处理。

3. 检查内部核查的标记及批准采购价格和折扣的标记。

4. 核对购货发票是否与验收单一致，检查验收单的完整性。

5. 观察验收部门在收货时对货物的检查情况，验收部门是否独立行使职责。

6. 抽查购货发票，核对是否按照现金折扣期限价格支付，是否有丧失应获得的折扣权利。

（二）付款交易的控制测试

付款交易的控制测试包括：

1. 抽取付款凭证，检查其是否经由会计主管复核和审批，款项支付是否得到适当人员的复核和审批，并检查内部核查标记。

2. 根据付款凭证的内容，追查应付账款和存货明细账与总账是否进行平行登记，金额是否一致。

3. 检查银行对账单和银行存款余额调节表，并检查内部核查标记。

（三）固定资产的控制测试

注册会计师在对被审计单位的固定资产实施控制测试时应注意以下几个方面。

1. 选取固定资产投资预算和投资可行性项目讨论报告，检查是否编制预算并进行论证，以及是否经适当层次审批。

2. 对实际支出与预算之间的差异以及未列入预算的特殊事项，应检查其是否履行特别的审批手续。

3. 应检查资产授权批准制度本身是否完整，关注授权批准制度是否切实执行。

4. 检查固定资产的账簿记录制度，固定资产明细分类账和登记卡是否完善。

5. 关注固定资产的职责分工制度。

6. 抽取固定资产盘点明细表，检查账实之间的差异是否经审批后及时处理。

7. 抽取固定资产报废单，检查是否经适当批准和处理。

8. 抽取固定资产内部调拨单，检查调入、调出是否已进行适当处理。

9. 抽取固定资产增减变动情况分析表，检查是否经复核。

10. 了解和评价固定资产盘点制度，并应注意查询盘盈、盘亏固定资产的处理情况。

11. 抽取固定资产保险单盘点表，检查是否已办理商业保险。

三、对选择拟测试的控制和测试方法的考虑

在实务中，注册会计师对某个项目进行控制测试时，并不需要对流程中的每个控制点都进行测试，而是应该依据前期对内部制度的了解和对重大错报风险的分析，识别可能发生错报的环节，选择足以应对评估的重大错报风险的控制进行测试。

例如，针对存货和应付账款的“存在”认定，企业制定的采购计划及审批主要是企业为提高经营效率效果设置的流程及控制，不能直接应对该认定，注册会计师可能不需要对其执行专门的控制测试；请购单的审批与存货和应付账款的“存在”认定相关，但如果企业存在将订购单、验收单和卖方发票的一致性进行核对的“三单核对”控制，该控制通常足以应对存货和应付账款“存在”认定的风险，则可以直接选择“三单核对”控制进行测试，以提高审计效率。

控制测试的具体方法则需要根据具体控制的性质确定。例如，对于入库单连续编号的控制，如果该控制是人工控制，注册会计师可以根据样本量选取一定数量的经复核的入库单清单，检查入库单编号是否完整。如果入库单编号存在跳号情况，向企业的复核人员询问跳号原因，就其解释获取佐证并考虑对审计的影响；如果该控制是系统自动控制，则注册会计师可以选取系统生成的例外事项报告，检查报告并确定是否存在管理层复核的证据以及复核是否在合理的时间内完成；与复核人员讨论其复核和跟进过程，如适当，确定复核人员采取的行动以及这些行动在此环境下是否恰当。确认是否发现了任何调整，调整如何得以解决以及采取的行动是否恰当。同时，由专门的信息系统测试人员测试系统的相关控制，以确认例外事项报告的完整性和准确性。

【思维小课堂】

如何培养审计敏感性呢?

审计职业敏感度是具备一定专业知识的审计人员在长期的审计实践中形成的一种习惯，职业敏感度越强的人越善于从蛛丝马迹中发现被审计对象比较隐蔽的问题。审计人员要保持合理的职业怀疑态度，善于大胆假设、小心求证，透过现象看本质。对被审计单位或当事人的解释要从多个角度来印证，不断拓展思路，严谨细致、精心筛选，不放过任何一个细节和疑点，从而发现案件线索。

审计人员在对审计客体进行分析时，需要避免一头扎进数据和资料的海洋中，“只见树木，不见森林”。

眼前的大树郁郁葱葱，对森林而言，也可能孕育着生态危机。系统论认为，很多问题的存在，是因为它处在一个更大的系统里，如果看不到系统存在的隐患，单纯解决一个局部，最终总是会被系统拉回来。

注册会计师在分析一项业务、评估一个风险、描述一个问题时，必须要有“鹰眼思维”：既看到远处的群山，又看到草丛中的兔子。

要具有“大树模式”的思考，通过观察嫩芽和新枝，并不断把目光拉回母体，帮助我们去体察母体的生命力和（问题）的源头。

（资料来源：笔者根据相关文件整理得到）

第四节　应付账款的实质性程序

应付账款是企业在正常经营过程中，因购买材料、商品和接受劳务供应等经营活动而应付给供应单位的款项，可见，应付账款是随着企业赊购交易的发生而发生，注册会计师应结合赊购交易进行应付账款的审计。

一、应付账款的审计目标

应付账款审计目标与认定对应关系如表 9 - 1 所示。

表9-1　应付账款审计目标与认定对应关系

审计目标	财务报表认定					
	存在	完整性	权利和义务	准确性、计价和分摊	分类	列报
A. 资产负债表中记录的应付账款是存在的	√					
B. 所有应当记录的应付账款均已记录，所有应当包括在财务报表中的相关披露均已包括		√				
C. 资产负债表中记录的应付账款是甲公司应当履行的偿还义务			√			
D. 应付账款以恰当的金额包括在财务报表中				√		
E. 应付账款已记录于恰当的账户					√	
F. 应付账款已被恰当地汇总或分解且表述清楚，按照企业会计准则的规定在财务报表中作出的相关披露是相关的、可理解的						√

二、应付账款具体审计目标与财务报表相关认定的实质性程序

应付账款具体审计目标与财务报表相关认定的实质性程序如表9-2所示。

表9-2　应付账款审计目标与相关实质性程序对应关系

审计目标	应付账款常规审计程序
D	获取应付账款明细表，并执行以下工作： （1）复核加计是否正确，并与报表数、总账数和明细账合计数核对是否相符； （2）检查非记账本位币应付账款的折算汇率及折算是否正确； （3）分析出现借方余额的项目，查明原因，必要时，建议进行重分类调整； （4）结合预付账款、其他应付款等往来项目的明细余额，检查有无针对同一交易在应付账款和预付款项同时记账的情况、异常余额或与购货无关的其他款项（如关联方账户或雇员账户）
AC/BC	实施实质性分析程序
AC	对应付账款实施函证程序
B	检查应付账款是否计入了正确的会计期间，是否存在未入账的应付账款
B	查找未列入或未入账的应付账款
A	检查应付账款长期挂账的原因并作出记录，对确实无须支付的应付账款的会计处理是否正确
F	检查应付账款是否已按照企业会计准则的规定在财务报表中作出恰当列报和披露

三、应付账款的实质性程序

应付账款的实质性程序

（一）获取或编制应付账款明细表

1. 复核加计是否正确，并与总账数和明细账合计数核对是否相符。

2. 检查非记账本位币应付账款的折算汇率及折算是否正确。

3. 分析出现借方余额的项目，必要时，建议进行重分类调整。

4. 结合预付账款、其他应付款等往来项目的明细余额，检查有无针对同一交易在应付账款和预付款项同时记账的情况、异常余额或与购货无关的其他款项（如关联方账户或雇员账户）。

（二）实施分析程序

1. 将期末应付账款余额与期初余额进行比较，分析波动原因。

2. 分析长期挂账的应付账款，要求被审计单位作出解释，判断被审计单位是否缺乏偿债能力或利用应付账款隐瞒利润，并注意其是否可能无须支付，对确实无须支付的应付账款的会计处理是否正确，会计处理的依据是否充分。关注账龄超过 3 年的大额应付账款在资产负债表日后是否偿还，检查偿还记录、单据及披露情况。

3. 计算应付账款与存货的比率、应付账款与流动负债的比率。并与以前年度相关比率对比分析，评价应付账款整体的合理性。

4. 分析存货和营业成本等项目的增减变动，判断应付账款增减变动的合理性。

（三）函证应付账款

一般情况下，并不必须函证应付账款，这是因为函证不能保证查出未记录的应付账款，况且注册会计师能够取得采购发票等外部凭证来证实应付账款的余额。但如果控制风险较高、某应付账款明细账户金额较大或被审计单位处于财务困难阶段，应进行应付账款的函证。

由于采购与付款循环中较为常见的重大错报风险是低估应付账款（“完整性”认定），因此，注册会计师在实施函证程序时可能需要从非财务部门（如采购部门）获取适当的供应商清单，如本期采购清单、所有现存供应商名录等，从中选取样本进行测试。

1. 函证对象。在进行函证时，注册会计师应选择较大金额的债权人，以及那些在资产负债表日金额不大甚至为零，但为企业重要供货人的债权人作为函证对象。

2. 函证方式。函证最好采用积极函证方式，并具体说明应付金额。

3. 函证过程控制。注册会计师应根据审计准则对函证的过程进行控制，要求债权人直接回函，并根据回函情况编制与分析函证结果汇总表，对未回函的，应考虑是否再次函证。

如果存在未回函的重大项目，注册会计师应采用替代审计程序。例如，可以检查决算日后应付账款明细账、库存现金和银行存款日记账，核实其是否已支付，同时检查该笔债务的相关凭证资料，如合同、发票、验收单，核实应付账款的真实性。

4. 回函差异。将询证函回函确认的金额与已记录金额相比较，如存在差异，检查支持性文件，有的差异是由于未达账项、在途货物、账务处理不及时等因素造成的：有的差异可能是由于其他因素造成的，在这种情况下，注册会计师应审查有无凭证和相关资料，作进一步核实。如果函证应付款项时，被审计单位无法提供债权人确切的单位和地址，则可能存在舞弊问题等。

【知识点拨】

应付账款函证与应收账款函证的区别?

第一，必要性不同。一般情况下，应付账款不需要函证；除非有充分证据表明应收账款对被审计单位财务报表而言是不重要的，或者函证很可能是无效的，否则，注册会计师应当对应收账款进行函证。

第二，函证方式不同。应付账款函证最好采用积极方式；而应收账款函证既可以采用积极方式，也可以采用消极方式。

第三，函证对象的选择不同。应付账款函证时，注册会计师应选择较大金额的债权人以及那些在资产负债表日金额不大甚至为零，但为企业重要供货人的债权人；而应收账款函证时，则应选择大额或账龄较长的项目、与债务人发生纠纷的项目等。

（四）检查应付账款是否计入了正确的会计期间，是否存在未入账的应付账款

1. 检查债务形成的相关原始凭证，如供应商发票、验收报告或入库单等，查找有无未及时入账的应付账款，确定应付账款期末余额的完整性。

2. 检查资产负债表日后应付账款明细账贷方发生额的相应凭证，关注其购货发票的日期，确认其入账时间是否合理。

3. 获取被审计单位与其供应商之间的对账单（应从非财务部门，如采购部门获取），并将对账单和被审计单位财务记录之间的差异进行调节（如在途款项、在途货物、付款折扣、未记录的负债等），查找有无未入账的应付账款，确定应付账款金额的准确性。

4. 针对资产负债表日后付款项目，检查银行对账单及有关付款凭证（如银行划款通知、供应商收据等），询问被审计单位内部或外部的知情人员，查找是否有未及时入账的应付账款。

5. 结合存货监盘程序，检查被审计单位在资产负债日前后的存货入库资料（验收报告或入库单），检查是否有大额料到单未到的情况，确认相关负债是否计入了正确的会计期间。

如果注册会计师通过这些程序发现某些未入账的应付账款，应将有关情况详细记入审计工作底稿，并根据其重要性确定是否需要建议被审计单位进行相应的调整。

（五）查找未列入或未入账的应付账款

注册会计师查明未记录的应付账款业务比核实已记录的业务难度更大。但尽管如此，注册会计师必须执行这一程序，因为应付账款审查的主要目的是防止企业低估负债。由于应付账款这项负债最终是要清偿的，即使该项流动负债发生时不入账，支付货款时仍要入账。因此，可在资产负债表日后对有关支出业务进行审查，查明有无未入账应付账款，也可以对资产负债表日前的有关原始凭证进行审查，达到审计目的。

获取期后收取、记录或支付的发票明细，包括获取支票登记簿/电汇报告/银行对账单（根据被审计单位情况不同选择不同方式的发票明细）以及入账的发票和未入账的发票。从中选取项目（尽量接近审计报告日）进行测试并实施以下程序：

1. 检查支持性文件，如相关的发票、采购合同、收货文件以及接受服务明细，以确定收到商品（接受服务）的日期及应在期末之前入账的日期。

2. 追踪已选取项目至应付账款明细账、货到票未到的暂估入账和/或预提费用明细表，并关注费用所计入的会计期间，调查并跟进所有已识别的差异。

3. 评价费用是否被记录于正确的会计期间，并相应确定是否存在期末未入账负债。

（六）检查应付账款长期挂账的原因并作出记录

注册会计师应分析被审计单位长期挂账的应付账款，并检查其确实无须支付的应付账款的会计处理是否正确，依据是否充分。

（七）检查应付账款是否已按照企业会计准则的规定在财务报表中作出恰当列报和披露

一般来说，在财务报表中“应付账款”项目应根据“应付账款”和“预付账款”科目所属明细科目的期末贷方余额的合计数填列。

第五节　固定资产的实质性程序

固定资产是指同时具有下列两个特征的有形资产：（1）为生产商品、提供劳务、出租或经营管理而持有的；（2）使用寿命超过一个会计年度。这里的使用寿命是指企业使用固定资产的预计期间，或者该固定资产所能生产产品或提供劳务的数量。

由于固定资产在企业资产总额中一般都占有较大的比例，固定资产的安全、完整对企业的生产经营影响极大，注册会计师应对固定资产的审计予以高度重视。

固定资产审计涉及固定资产的形成过程、固定资产折旧与清理、固定资产减值准备审查等。除此之外，由于固定资产的增加包括购置、自行建造、投资者投入、融资租入、更新改造、以非现金资产抵偿债务方式取得或以应收债权换入、以非货币性资产交换方式换入、经批准无偿调入、接受捐赠和盘盈等多种途径，相应涉及货币资金、应付账款、预付款项、在建工程、股本、资本公积、长期应付款、递延所得税负债等项目；企业的固定资产又因出售、报废、投资转出、捐赠转出、抵债转出、以非货币性资产交换方式换出、无偿调出、毁损和盘亏等因素而减少，与固定资产清理、其他应收款、营业外收入和营业外支出等项目有关。另外，企业按月计提固定资产折旧，这又与制造费用、销售费用、管理费用等项目联系在一起。因此，在进行固定资产审计时，应当关注这些相关项目。广义的固定资产审计范围，自然也包括这些相关项目在内。

一、固定资产的审计目标

固定资产审计目标与认定对应关系如表9－3所示。

表9－3　固定资产审计目标与认定对应关系

审计目标	财务报表认定					
	存在	完整性	权利和义务	准确性、计价和分摊	分类	列报
A. 资产负债表中记录的固定资产是存在的	√					
B. 所有应当记录的固定资产均已记录，所有应当包括在财务报表中的相关披露均已包括		√				
C. 资产负债表中记录的固定资产是由被审计单位所有或控制			√			
D. 固定资产以恰当的金额包括在财务报表中，与之相关的计价或分摊已恰当记录				√		
E. 固定资产已记录于恰当的账户					√	
F. 固定资产已被恰当地汇总或分解且表述清楚，按照企业会计准则的规定在财务报表中作出的相关披露是相关的、可理解的						√

二、固定资产具体审计目标与财务报表相关认定的实质性程序

固定资产具体审计目标与财务报表相关认定的实质性程序如表9－4所示。

表9－4　固定资产审计目标与相关实质性程序对应关系

审计目标	固定资产常规审计程序
DE	获取或编制固定资产明细表，复核加计是否正确，并与总账数和明细账合计数核对是否相符，结合累计折旧和固定资产减值准备与报表数核对是否相符
AD/BD	实施实质性分析程序
A	实地检查重要固定资产
C	检查固定资产的所有权或控制权
ABCD	检查本期固定资产的增加
ABD	检查本期固定资产的减少
AB	检查固定资产的后续支出
ABCD	检查固定资产的租赁

续表

审计目标	固定资产常规审计程序
D	检查未使用和不需用的固定资产
CF	检查固定资产的抵押、担保情况
F	检查固定资产是否已在资产负债表上恰当披露

三、固定资产实质性程序的介绍

（一）获取或编制固定资产和累计折旧分类汇总表

注册会计师应获取或编制固定资产和累计折旧分类汇总表，注意验证固定资产明细账与总账的金额是否相符，如果不符，则应将明细分类账与有关的原始凭证进行核对，查明差异原因并予以更正。对各项固定资产的累计折旧，注册会计师也要加计汇总与总账核对，揭示并查明差异原因，予以更正。核对无误后，索取或编制固定资产及累计折旧分类汇总表。该汇总表反映了固定资产期初余额（即上年度的期末余额）、本期增加、本期减少、期末余额、折旧方法、折旧率、期初折旧余额、本期增加折旧、本期减少折旧、期末折旧余额等（如表9－5所示）。

表9－5　　固定资产和累计折旧分类汇总表

被审计单位：　　编制：　　日期：

报表截止日：　　复核：　　日期：

固定资产类别	固定资产				累计折旧					
	期初余额	本期增加	本期减少	期末余额	折旧方法	折旧率	期初余额	本期增加	本期减少	期末余额
合计										

需要注意的是期初余额栏，注册会计师对其审计应分三种情况：一是在连续审计情况下，应注意与上期审计工作底稿中的固定资产和累计折旧的期末余额审定数核对相符；二是在变更会计师事务所时，后任注册会计师应查阅前任注册会计师有关工作底稿；三是如果被审计单位以往未经注册会计师审计，即在首次接受审计情况下，注册会计师应对期初余额进行较全面的审计，尤其是当被审计单位的固定资产数量多、价值高，占资产总额比重大时，最理想的方法是全面审计被审计单位设立以来“固定资产”和“累计折旧”账户中所有重要的借贷记录。这样，既可核实期初余额的真实性，又可从中加深对被审计单位固定资产管理和会计核算工作的了解。

（二）对固定资产实施实质性分析程序

1. 计算固定资产原值与本年度产品产量的比率，并与以前年度比较，目的在于查明有无已减少的固定资产未在账面上注销或查明有无闲置的固定资产等问题。

2. 比较本年度与以前各年度固定资产增加额和减少额。因被审计单位的生产经营情况不断变化，各个会计年度固定资产增加和减少数额可能会有很大差异。注册会计师通过深入分析差异原因，同时根据企业过去和未来的生产经营趋势确定产生差异的原因是否合理。

3. 比较本年度各个月份、本年度与以前各年度的修理费用，目的在于确定资本性支出和收益性支出的区分是否正确，有无混淆这两类支出的错误。

4. 计算本年度计提折旧额除以固定资产总值，将该比率与上年计算数比较，目的在于确定本年度折旧额的计算有无错误。

5. 分析比较各年度固定资产保险费，查明变动有无异常。

6. 分析固定资产的构成及增减变动情况，与在建工程、现金流量表、生产能力等信息交叉复核，检查固定资产相关金额的合理性和准确性。

（三）实地检查重要固定资产

确定其是否存在，关注是否存在已报废但仍未核销的固定资产。实施实地检查审计程序时，注册会计师可以以固定资产明细分类账为起点，进行实地追查，以证明会计记录中所列固定资产确实存在，并了解其目前的使用状况；也应考虑以实地为起点，追查至固定资产明细分类账，以获取实际存在的固定资产均已入账的证据。

当然，注册会计师实地检查的重点是本期新增加的重要固定资产，有时，观察范围也会扩展到以前期间增加的重要固定资产。观察范围的确定需要依据被审计单位内部控制的强弱、固定资产的重要性和注册会计师的经验来判断。如为首次接受审计，则应适当扩大检查范围。

（四）检查固定资产的所有权或控制权

对各类固定资产，注册会计师应获取、收集不同的证据以确定其是否确实归被审计单位所有：如对于外购的机器设备等固定资产，通常经审核采购发票、采购合同等予以确定；对于房地产类固定资产，需查阅有关的合同、产权证明、财产税单、抵押借款的还款凭据、保险单等书面文件；对于租赁固定资产，应验证有关租赁合同，核实租赁性质、时间和价值；对于汽车等运输设备，应验证有关运营文件等；对于受留置权限制的固定资产，通常还应审核被审计单位的有关负债项目等予以证实。

如果是在首次接受委托的审计中，注册会计师应花费时间收集足够的证据，证明企业固定资产的归属，并将证明被审计单位固定资产所有权的凭单复印件存入审计的永久性档案中。有的企业在多年的生产经营活动中由于机构变动、人员变更、制度变化等因素，可能会发生证明资产所有权的证据不充足或资产移动放置错误等情况，注册会计师需要采取一定方式，证明资产的所有权及抵押情况。

如果是在连续审计时，注册会计师仍要查验固定资产的所有权，所采用的方法可以与初次审计有所不同。可依据被审计单位的内部控制情况而定，抽取一部分资产记录与资产本身进行查对，特别是对记录中的一些增减项目进行查对。

（五）检查本期固定资产的增加

注册会计师实地检查的重点是本期新增加的重要固定资产，有时，观察范围也会扩展到以前期间增加的重要固定资产。审计中应注意：

1. 询问管理层当年固定资产的增加情况，并与获取或编制的固定资产明细表进行核对。

2. 检查本年度增加固定资产的计价是否正确、手续是否齐备、会计处理是否正确。

固定资产的增加有多种途径，例如外购、自建、投资者投入、更新改造增加、债务人抵债等，不同的增加方式，其具体审计方法各有不同。

（1）对于外购固定资产，通过核对购货合同、发票、保险单、发运凭证等文件，抽查测试其计价是否正确、授权批准手续是否齐备、会计处理是否正确。对于外购房屋，还应检查契税的会计处理是否正确。

（2）对于自建的固定资产，应检查竣工决算、验收和移交报告是否正确，检查在建工程转入固定资产的时点是否符合会计准则的规定，与在建工程相关的记录是否核对相符，借款费用资本化金额是否恰当。对于已经在用或已经达到预定可使用状态但尚未办理竣工决算的固定资产，检查其是否已经暂估入账，并按规定计提折旧；竣工决算完成后，是否及时调整。

（3）对于投资者投入的固定资产，应检查其入账价值与投资合同或协议约定的价值是否一致，合同或协议约定价值是否公允，交接手续是否齐全；须经评估确认的，是否有评估报告并经国有资产管理部门评审备案或核准确认。

（4）对于更新改造增加的固定资产，应检查通过更新改造而增加的固定资产原值是否符合资本化条件，是否真实，会计处理是否正确，重新确定的剩余折旧年限是否恰当。

（5）对于因债务人抵债而获得的固定资产，应检查产权过户手续是否齐备，固定资产计价及确认的损益是否符合相关规定。

（6）对于因其他因素增加的固定资产，应检查相关的原始凭证，核对其计价及会计处理是否正确，法律手续是否齐全。

3. 检查固定资产是否存在弃置费用，如果存在弃置费用，检查弃置费用的估计方法和弃置费用现值的计算是否合理，会计处理是否正确。

固定资产增加检查表如表 9－6 所示。

（六）检查本期固定资产的减少

固定资产的减少主要包括出售、向其他单位投资转出、向债权人抵债转出、报废、毁损、盘亏等。有的被审计单位在全面清查固定资产时，常常会出现固定资产账存实亡的现象，这可能是由于固定资产管理或使用部门不了解报废固定资产与会计核算两者间的关系，擅自报废固定资产而未及时通知财务部门进行相应的会计核算所致，这样势必造成财务报表反映失真。审计固定资产减少的主要目的就在于查明已减少的固定资产是否已进行适当的会计处理。其审计要点如下：

表 9－6　　　　　　　　　　　　固定资产增加检查表

被审计单位：××药业有限公司

项　　目：固定资产—增加检查情况表　编制：崔一　日期：2024 年 1 月 20 日　索引号：GZ4－006

报表截止日：2023 年 12 月 31 日　复核：李霞　日期：2024 年 1 月 20 日　页　次：1/1

固定资产名称	取得日期	取得方式	固定资产类别	增加情况		凭证种类	凭证编号	核对内容								索引号
				数量	原价			1	2	3	4	5	6	7	8	
自动送料设备	20231130	设备大修	机器设备	1 台	9 600.00	记	182	×	×	×	×	×	×	×	×	
电脑	20231222	购入	其他设备	1 台	3 500.00	记	183	√	√						√	

核对内容说明：

1. 与发票是否一致；2. 与付款单据是否一致；3. 与购买/建造合同是否一致；4. 与验收报告或评估报告等是否一致；5. 审批手续是否齐全；6. 与在建工程转出数是否一致；7. 后续支出是否符合资本化条件；8. 会计处理是否正确（入账日期和入账金额）

审计说明：

在审计中发现，新增“固定资产——机器设备”账户中的 9 600.00 元属于 2023 年 11 月发生的生产设备大修理支出，按照企业会计准则的规定，应在发生时直接计入当期损益，应调减该年度的固定资产原值和相应计提的累计折旧（该公司 12 月已经就此项错误计入固定资产的 800.00 元）。被审计单位同意调整，建议调整分录为：

借：管理费用　　　　9 600

　　贷：固定资产　　　　9 600

借：累计折旧　　　　800

　　贷：制造费用　　　　800

1. 检查出售、盘亏、转让、报废或毁损的固定资产是否经授权批准，会计处理是否正确；结合固定资产清理科目，抽查固定资产账面转销额是否正确。

（1）出售固定资产的审查。出售的价值是否合理，有无借职务之便以出售固定资产为名谋取私利的行为。固定资产出售后是否正确进行了账务处理。

（2）盘亏固定资产的审查。审查企业对盘亏的固定资产是否进行了相应的账务处理，盘亏的固定资产是否通过“待处理财产损溢——待处理固定资产损溢”科目核算，盘亏造成的损失是否通过“营业外支出——盘亏损失”科目核算，并计入当期损益。

（3）转让固定资产的审查。如果是有偿转让转出，转让资产是否属于被审计单位闲置、不适用或不需要的；有偿转让转出是否按规定程序审批，是否经过资产评估鉴定，作价是否合理，收入是否及时入账，是否正确进行了账务处理。如果是无偿转让转出，转让是否经授权批准；固定资产转让明细中所列项目、品名、数量、价值是否与实物相符；是否正确进行了账务处理。

（4）报废或毁损固定资产的审查。审查报废固定资产是否达到规定的使用年限，报废后的固定资产残值是否及时收回入库。报废固定资产净损失的计算是否正确，是否按规定计入了营业外支出。如属于提前报废的固定资产还应查明原因。

2. 检查因修理、更新改造而停止使用的固定资产的会计处理是否正确。

3. 检查投资转出固定资产的会计处理是否正确。

4. 检查债务重组或非货币性资产交换转出固定资产的会计处理是否正确。

5. 检查转出的投资性房地产的账面价值及会计处理是否正确。

6. 检查其他减少固定资产的会计处理是否正确。

固定资产减少检查表如表9－7所示。

表9－7　　**固定资产减少检查表**

被审计单位：

项　　目：固定资产—减少检查表　编制：　日期：　索引：

报表截止日：　复核：　日期：　页　次：

固定资产名称	处置方式	处置日期	凭证种类	凭证编号	固定资产原价	累计折旧	减值准备	账面价值	处置收入	净损益	核对内容					索引号
											1	2	3	4	5	
核对内容说明：																
1. 与收款单据是否一致；2. 与合同是否一致；3. 审批手续是否完整；4. 会计处理是否正确；5. ……																
审计说明：																

（七）检查固定资产的后续支出

固定资产的后续支出是指固定资产在使用过程中发生的更新改造支出、修理费用等。注册会计师应确定固定资产有关的后续支出是否满足资产确认条件，如不满足，该支出是否在该后续支出发生时计入当期损益。

（八）检查固定资产的租赁

注册会计师应检查租赁合同是否合法、合规，手续是否完备；租入的固定资产计价是否正确，是否按照成本进行初始计量；是否按合同规定，按期支付租金，支付租金时的账务处理是否正确；是否按期计提折旧，折旧计算是否正确；合同到期，所有权转移是否按原定条件执行。

（九）检查未使用和不需用的固定资产

注册会计师应调查被审计单位有无已完工或已构建的尚未交付使用的新增固定资产，因改扩建等因素暂停使用的固定资产，以及企业多余或不适用的需要进行处理的固定资产。如有，则应进行彻底调查，以确定其真实性。同时，注册会计师还应调查未使用、不需用固定资产启用及停止使用的时间，并进行记录。

（十）检查固定资产的抵押、担保情况

注册会计师应结合对银行借款等的检查，了解固定资产是否存在重大的抵押、担保情况。如存在，应取证，并进行相应的记录，同时提请被审计单位进行恰当披露。

（十一）检查固定资产是否已在资产负债表上恰当披露

注册会计师应检查被审计单位是否在附注中披露与固定资产有关的下列信息：固定资产的确认条件、分类、计量基础和折旧方法；各类固定资产的使用寿命、预计净残值和折旧率；各类固定资产的期初和期末原价、累计折旧额及固定资产减值准备累计金额；当期确认的折旧费用；对固定资产所有权的限制及其金额和用于担保的固定资产账面价值；准备处置的固定资产名称、账面价值、公允价值、预计处置费用和预计处置时间等。

四、累计折旧的实质性程序

固定资产可以长期参加生产经营而保持原有的形态，但其价值将随着固定资产的使用而逐渐转移到所生产的产品中或构成企业的费用。这部分随着固定资产的磨损而逐渐转移的价值就是固定资产的累计折旧。

（一）累计折旧的审计目标

1. 确定折旧政策和方法是否符合规定，是否一贯遵循。
2. 确定累计折旧增减变动的记录是否完整。
3. 确定折旧费用的计算、分摊是否正确、合理和一贯。
4. 确定累计折旧的期末余额是否正确。
5. 确定累计折旧在财务报表上的披露是否恰当。

（二）累计折旧实质性程序的介绍

1. 获取或编制固定资产及累计折旧分类汇总表。注册会计师应获取或编制固定资产及累计折旧分类汇总表，复核其加计数是否正确，并与报表数、总账数和明细账合计数核对是否相符。

2. 被审计单位制定的折旧政策和方法。按照企业会计准则的规定，企业应当根据与固定资产有关的经济利益的预期实现方式，合理选择固定资产折旧方法，可选用的折旧方法包括年限平均法、工作量法、年数总和法、双倍余额递减法等，且折旧方法一经确定，不允许任意变动，否则它将直接影响成本、利润的真实性。如需变更应当在财务报表附注中予以说明。

注册会计师应检查被审计单位制定的折旧政策和方法是否符合《企业会计准则》的规定，确定其所采用的折旧方法能否在固定资产使用寿命内合理分摊其成本，是否

遵循一贯性原则。

3. 实施分析程序。

（1）注册会计师应将应计提折旧的固定资产乘以本期的折旧率，将计算出的本年折旧费用与以前年度折旧费用进行比较，以判断本期计提折旧的总体合理性。如果两者相近，且固定资产及累计折旧的内部控制较健全，就可以适当减少累计折旧的其他实质性程序工作量。需要注意的是，在计算之前，注册会计师应对本期增加和减少的固定资产、使用寿命长短不一的和折旧方法不同的固定资产作适当调整。

（2）计算本期计提折旧额占固定资产原值的比例，并与上期比较，分析本期计提折旧额的合理性。

（3）分析累计折旧占固定资产原值的比例，评价固定资产新旧程度，并估计因闲置、报废等因素可能发生的固定资产损失，结合固定资产减值准备，分析其合理性。

（4）将"累计折旧"账户贷方的本期折旧计提额与相应的成本费用中的折旧费用明细账户的借方发生额进行比较，查明所计提折旧金额是否全部计入本期生产成本或期间费用。一旦发现差异，应及时追查原因，并考虑是否建议被审计单位作出适当调整。

4. 检查本期折旧的计提。在不考虑固定资产减值准备的前提下，固定资产折旧额应以月初固定资产原值乘以折旧率计算得出，审查时，应注意固定资产的月初原值的确定是否正确，有无将本月新增的固定资产计提了折旧、本月减少的固定资产未提取折旧。

同时应注意折旧率是否正确，是否符合各类固定资产使用年限的规定，注册会计师应该核实年限平均法的折旧率及其他的折旧率，并复核折旧额的计算。对已计提减值准备的固定资产，应按照该固定资产的账面价值及尚可使用寿命重新计算确定折旧率和折旧额，审查时，应结合固定资产减值准备账户，确认其折旧额计算的正确性。

5. 检查累计折旧的披露是否恰当。财务报表附注中通常应按固定资产类别分别列示累计折旧的期初余额、本期计提额、本期减少披露额及期末余额。

五、固定资产减值准备的实质性程序

固定资产的可收回金额低于其账面价值被称为固定资产减值。可收回金额应当根据固定资产的公允价值减去处置费用后的净额与资产预计未来现金流量的现值之间的较高者确定。固定资产减值准备的审查要点主要有：

第一，获取或编制固定资产减值准备明细表，复核加计正确，并与总账数和明细账合计数核对相符。

第二，检查固定资产减值准备计提和核销的批准程序取得书面报告等证明文件。

第三，实施分析程序，计算本期末固定资产减值准备占期末固定资产原值的比率，并与期初数比较，分析固定资产的质量状况。

第四，检查被审计单位计提固定资产减值准备的依据是否充分及会计处理是否正确；检查资产组的认定是否恰当；结合累计折旧账户，确认已计提减值准备的固定资产是否按照账面价值和尚可使用寿命调整折旧计提金额；检查被审计单位处置固定资产时原计提的减值准备是否同时结转，会计处理是否正确。

第五，审查固定资产减值准备是否按照企业会计准则进行正确披露。

【思维小课堂】

审计就是发现疑点吗?

在审计中，注册会计师可能会发现被审计单位存在一些疑点，但是发现疑点是否就意味着注册会计师工作可以结束了呢?

假设案例：注册会计师李霞在参与疫情防控政策落实跟踪审计过程中，对公司采购的常态化防疫物资进行抽样检查。在抽查到一批口罩的电子采购信息时，李霞发现该批次口罩执行标准是GB1234567，第一感觉是和药店里买的医用防护口罩不同。

李霞通过权威网站的资料得知，满足防控要求的一次性防护口罩对应的执行标准是GB19083－2010、YY/T0969－2013。为了确认这个情况，李霞到库房去抽取货物验证，并未发现这批货物的存在，后经核实，确认被审计单位本次货物存在录入错误。

作为注册会计师的李霞可以保持职业怀疑，对信息和数据具有敏感性，但是审计并不是发现疑点就万事大吉，还需要对疑点具有快速核实能力、对问题表现具有准确反馈能力，例如在案例中李霞通过收集信息、分析思考，穿过迷雾，最终才进一步确认是不是问题。

注册会计师总是会面对未知的领域，过去积累的经验值和判断素养不可能覆盖未来和未知。而逻辑则是面对未知领域时，协助作出有效正确判断的强大支撑。这个时候，不能走“思维捷径”，让“观点抢跑了事实”，而是要控制自己的大脑，提升批判性思维能力，克服认知偏差，防止简单归因。

（资料来源：笔者根据相关资料整理得到）

自学测评

一、单项选择题

1. 某企业应付账款明细账年末余额和本年度进货金额如下所列，注册会计师对应付账款进行审计时，如只选择一家公司进行函证，应选择的公司是（　　）。

A. 70 650 万元　78 265 万元　　B. 4 658 万元　5 225 万元

C. 0　500 369 万元　　D. 2 470 万元　2 830 万元

2. 对购入固定资产审计人员实地观察的重点是（　　）重要固定资产。

A. 本期新增加的　B. 本期减少的　C. 计提折旧的　D. 正在使用的

3. 注册会计师对采购与付款循环业务实施的下列程序中，不属于控制测试的是（　　）。

A. 复核加计是否正确，并与报表数、总账数和明细账合计数核对是否相符

B. 检查采购与付款业务授权批准手续是否健全，是否存在越权审批行为

C. 检查有关凭证上内部核查的标记

D. 检查订购单连续编号的完整性

4. 计算固定资产原值与本期产品产量的比率，并与以前期间比较，是对固定资产实施（　　）。

A. 控制测试　　B. 穿行测试　　C. 细节测试　　D. 分析程序

5. 函证被审计单位的应付账款时，注册会计师的以下做法中正确的是（　　）。

A. 某账户在资产负债表日账户余额较小，但为被审计单位重要供应商，注册会计师决定不对其函证

B. 如果存在被询证者最终未作回复的重大项目，注册会计师应采用替代审计程序

C. 注册会计师不需要对函证的全过程进行控制

D. 注册会计师决定对被审计单位所有应付账款账户采用消极式函证

二、多项选择题

1. 注册会计师在验证应付账款是否真实存在时，通常实施的审计程序有（　　）。

A. 将应付账款清单加总

B. 从应付账款清单追查至卖方发票和卖方对账单

C. 函证应付账款，重点是大额、异常项目

D. 对未列入本期的负债进行测试

2. 在对应付账款进行审计时，注册会计师能证实应付账款被低估的有（　　）。

A. 从应付账款明细账追查至购货合同、购货发票和入库单等凭证

B. 检查采购文件以确定是否使用预先编号的采购单

C. 抽取购货合同、购货发票和入库单等凭证，追查至应付账款明细账

D. 向供应商函证零余额的应付账款

3. 注册会计师在审查公司暂时闲置的固定资产时，应执行的审计程序包括（　　）。

A. 审阅相关证明文件　　B. 实地观察固定资产

C. 检查其是否按规定计提折旧　　D. 检查其会计核算是否正确

4. 关于应付账款的函证，下列说法中正确的有（　　）。

A. 注册会计师应对询证函保持控制

B. 将询证函回函确认的余额与已记录金额相比较，如存在差异，检查支持性文件

C. 对未回函的项目实施替代程序

D. 如果认为回函不可靠，评价对评估的重大错报风险以及其他审计程序的性质、时间安排和范围的影响

5. 注册会计师进行应付账款函证，根据函证结果分别作出的处理包括（　　）。

A. 回函金额不符的，应查明原因

B. 未回函的，进行再次函证

C. 未回函的重要项目应执行替代审计程序

D. 回函金额相符的，应抽查有关原始凭证

三、判断题

1. 应付账款通常情况下不需要函证，如函证，最好采用消极式函证。 ( )

2. 通过审查关于固定资产所有权的有关书面文件，可以实现验证固定资产所有权的目标。 ( )

3. 注册会计师在检查未入账应付账款的审计程序中，最有效的是函证应付账款。 ( )

4. 企业内部独立检查订购单的处理，以确定是否确实收到商品并入账，这与采购交易的“发生”和“准确性”认定有关。 ( )

第十章　生产与存货循环审计

【知识目标】

1. 能够举例说明生产与存货循环的主要业务活动及相应的凭证、记录；
2. 能够举例说明生产与存货循环的主要内部控制及控制测试的基本内容；
3. 能够总结存货的实质性程序；
4. 能够总结主营业务成本的实质性程序。

【技能目标】

1. 能够独立对存货进行审计；
2. 可以独立编制存货监盘计划。

【思维目标】

1. 培养学生理论联系实际，分析问题及解决问题的能力；
2. 从生产与存货审计中理解注册会计师的责任，警醒学生职业道德的重要性；
3. 从不同行业对审计工作的影响，鼓励学生“爱岗敬业、提升技能”的职业素养。

【导入案例】

扇贝怎么又“跑了”？

2014 年，曾被奉为 A 股神话的 × × 集团披露：受冷水团异动导致的自然灾害影响，贝类饵料生物生长受限，造成虾夷扇贝的基础摄食率不足、生长趋慢和营养积累不足。2011 年、2012 年底播海域共 148.66 万亩虾夷扇贝绝收，死不见尸。公司 2014 年第三季度存货核销及存货跌价准备共计提 7.63 亿元。这个事件被网民戏称“扇贝跑了”。最终，证监会调查报告指出，× × 集团在决策程序、信息披露以及财务核算等方面存在不规范问题，而不涉嫌造假。大连证监局下发“责令改正的决定”和“警示函”。公司负责人吴某某自愿承担 1 亿元灾害损失，11 名总裁办成员计划在股票复牌后拿出 2 000 万元增持股票，且两年内不减持。

2018 年 2 月，× × 集团在《关于底播虾夷扇贝 2017 年终盘点情况的公告》中又宣布对底播虾夷扇贝存货进行核销处理，对底播虾夷扇贝存货计提跌价准备，两项合计计提 6.29 亿元。这次扇贝的死亡原因为“饥饿”，包括“降水量大幅下降，导致海域内营养盐补充不足”和“养殖规模过大，局部超出养殖容量”。

在发生多次“扇贝”事件之后，证监会于2018年2月就开始对××集团进行立案调查。证监会表示：“××集团案的查证涉及对深海养殖水产品底播、捕捞、运输和销售记录的全过程追溯。”证监会借助卫星定位数据，对公司27条采捕船只数百余万条海上航行定位数据进行分析，委托两家第三方专业机构运用计算机技术还原了采捕船只的真实航行轨迹，复原了公司最近两年真实的采捕海域，进而确定实际采捕面积，并据此认定××集团成本、营业外支出、利润等存在虚假信息披露。

面对深交所的业绩关注函，2019年4月，××集团发布一季度季报，公司一季度亏损4 314万元，理由依然是“底播虾夷扇贝受灾”，俗称“扇贝跑路”。

2020年6月25日，××集团发布了证监会对××集团的《行政处罚决定书》和《市场禁入决定书》的公告，公告中披露了2016年和2017年××集团对业绩的虚报和对公司及其高层的处罚决定。该公告中所披露的信息显示，在2016年和2017年，××集团存在业绩造假行为。2016年××集团虚增1.3亿元净利润，2017年虚减2.7亿元净利润。对此，证监会决定对××集团处罚60万元，对共计16人进行了处罚或警告。

思考： 1. 为什么养殖业容易存货舞弊？

2. 在此案例中证监会利用了什么技术手段？

第一节　生产与存货循环业务概述

生产与存货循环涉及的内容主要是存货的管理及费用归集和生产成本的计算等。该循环所涉及的资产负债表项目主要是存货，所涉及的利润表项目是营业成本等。

一、生产与存货循环涉及的主要业务活动

了解企业在生产与存货循环中的典型活动，对该业务循环的审计非常重要。生产与存货循环所涉及的主要业务活动及适当的内部控制具体如下。

1. 计划和安排生产。生产计划部门的职责是根据顾客订单或者对销售预测和存货需求的分析来制定生产计划，决定生产授权。如决定授权生产，即签发预先编号的生产通知单，并对整个生产过程进行控制。该部门通常应将发出的所有生产通知单顺序编号并加以记录控制。此外，还需要编制一份材料需求报告，列示所需要的材料和零件及其库存。

2. 发出原材料。仓库部门根据从生产部门收到的领料单发出原材料。领料单上必须列示所需的材料数量和种类，以及领料部门的名称。领料单可以一单一料，也可以一单多料，通常需一式三联。仓库发料后，将其中一联连同材料交还领料部门，其余两联经仓库登记材料明细账后，送会计部门进行材料收发核算和成本核算。原材料出库单一式四联：一联仓库发料、一联仓库留存、一联车间记录、一联递交财务部作为记账凭证。原材料出库单作为内部凭证在不同部门流转和确认，增

加了其可靠性。

3. 生产产品。生产部门在收到生产通知单及领取原材料后，便将生产任务分解到每一个生产工人，并将所领取的原材料交给生产工人，据以执行生产任务。生产工人在完成生产任务后，将完成的产品移交生产部门查点，然后转交检验员验收并办理入库手续；或是将所完成的产品移交下一部门，做进一步加工。整个生产过程既是将原材料加工成在产品，最终生产出产成品的实物流转过程，也是生产成本的汇集和计算过程。

4. 核算产品成本。为了正确地核算并有效控制产品成本，必须建立健全成本会计制度，将生产控制和成本核算有机结合在一起。一方面，生产过程中的各种记录、生产通知单、领料单、计工单、入库单等文件资料都要配给到会计部门，由会计部门对其进行核算和控制；另一方面，会计部门要设置相应的会计账户，会同有关部门对生产过程中的成本进行核算和控制。

5. 储存产成品。产成品入库须由仓库部门先行点验和检查，清点产成品数量，然后签收并填写预先连续编号的产成品入库单。签收后，将实际入库数量通知会计部门。除此之外，仓库部门还应根据产成品的品质特征分类存放，并填制标签。

6. 发出库存商品。库存商品的发出须由独立的发运部门进行。装运库存商品时必须持有经有关部门核准的发运通知单并据此编制出库单。出库单至少一式四联：一联交仓库部门；一联发运部门留存；一联送交顾客；一联作为给顾客开发票的依据。

7. 存货盘点。管理人员编制盘点指令，安排适当人员对存货实物包括原材料、在产品和产成品等所有存货类别进行定期盘点，将盘点结果与存货账面数量进行核对，调查差异并进行适当调整。

8. 计提存货跌价准备。财务部门根据存货货龄分析表信息或相关部门提供的有关存货状况的其他信息，结合存货盘点过程中对存货状况的检查结果，对出现损毁、滞销、跌价等降低存货价值的情况进行分析计算，计提存货跌价准备。

综上所述，生产与存货循环业务流程如图 10－1 所示。

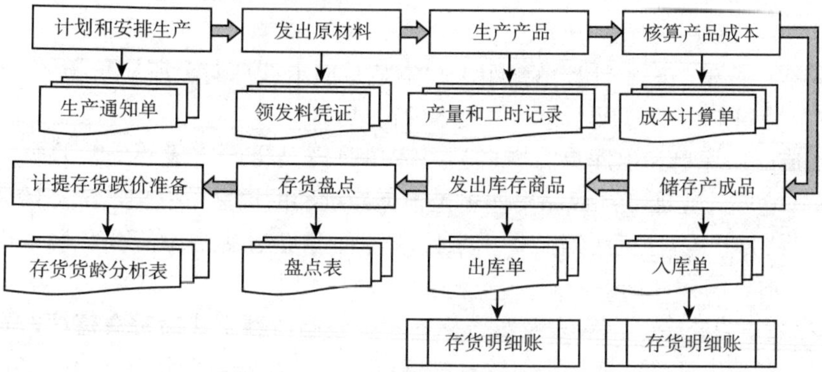

图 10－1　生产与存货循环业务流程

二、生产与存货循环涉及的主要凭证和会计记录

以制造业为例，生产与存货循环由将原材料转化为产成品的有关活动组成。该循环包括制定生产计划，控制、保持存货水平以及与制造过程有关的交易和事项，涉及领料、生产加工、销售产成品等主要环节。生产与存货循环所涉及的凭证和记录主要包括以下几个方面。

1. 生产指令。生产指令又称“生产任务通知单”或“生产通知单”，是企业下达制造产品等生产任务的书面文件，用以通知供应部门组织材料发放，生产车间组织产品制造，会计部门组织成本计算。生产指令一般是一式多联，分别用于通知仓库部门组织材料发放、生产车间组织生产、财务部门组织成本计算，以及生产计划部门按编号归档管理。

生产指令是证明存货“存在”认定的凭据之一。

2. 领发料凭证。领发料凭证是企业为控制材料发出所采用的各种凭证，如材料发出汇总表、领料单、限额领料单、领料登记簿、退料单等。

3. 产量和工时记录。产量和工时记录是登记工人或生产班组在出勤时间内完成的产品的数量、质量和生产这些产品所耗费工时数量的原始记录。产量和工时记录的内容与格式是多种多样的，在不同的生产企业中，甚至在同一企业的不同生产车间中，由于生产类型不同需采用不同格式的产量和工时记录。常见的产量和工时记录主要有工作通知单、工序进程单、工作班产量报告、产量通知单、产量明细表、废品通知单等。

4. 工薪汇总表及工薪费用分配表。工薪汇总表是为了反映企业全部工薪的结算情况，并据以进行工薪总分类核算和汇总整个企业工薪费用而编制的凭证，它是企业进行工薪费用分配的依据。工薪费用分配表反映了各生产车间各产品应负担的生产工人工薪及福利费。

5. 材料费用分配表。材料费用分配表是用来汇总反映各生产车间各产品所耗费的材料费用的原始记录。

6. 制造费用分配汇总表。制造费用分配汇总表是用来汇总反映各生产车间各产品所负担的制造费用的原始记录。

7. 成本计算单。成本计算单是用来归集某一成本计算对象所应承担的生产费用，计算该成本计算对象的总成本和单位成本的记录。

8. 产成品入库单和出库单。产成品入库单是产品生产完成并经检验合格后从生产部门转入仓库的凭证。产成品出库单是根据经批准的销售单发出产成品的凭证。

9. 存货明细账。存货明细账是用来反映各种存货增减变动情况和期末库存数量及相关成本信息的会计记录。

10. 存货盘点指令、盘点表及盘点标签。一般制造型企业通常会定期对存货实物进行盘点，将实物盘点数量与账面数量进行核对，对差异进行分析调查，必要时作账务调整，以确保账实相符。在实施存货盘点之前，管理人员通常要编制存货盘点指令，对存货盘点的时间、人员、流程及后续处理等方面作出安排。在盘点过程中，通

常会使用盘点表记录盘点结果，使用盘点标签对已盘点存货及数量作出标识。

11. 存货货龄分析表。很多制造型企业通过编制存货货龄分析表识别流动较慢或滞销的存货，并根据市场情况和经营预测，确定是否需要计提存货跌价准备。这对于管理具有保质期的存货（如食物、药品、化妆品等）尤其重要。

第二节　生产与存货循环的重大错报风险

一、了解生产与存货循环的业务活动及其内部控制

注册会计师通常通过实施下列程序，了解生产与存货循环的业务活动和相关内部控制：

1. 询问参与生产与存货循环各业务活动的被审计单位人员，一般包括生产部门、仓储部门、人事部门和财务部门的员工和管理人员；
2. 获取并阅读企业的相关业务流程图或内部控制手册等资料；
3. 观察生产与存货循环中特定控制的运用，例如观察生产部门将完工产品移送入库的流程及相关控制活动；
4. 检查文件资料，例如检查原材料领料单、成本计算表、产成品出入库单等；
5. 实施穿行测试，即追踪一笔交易在财务报告信息系统中的处理过程，例如，选取某种产成品，追踪该产品制定生产计划、领料生产、成本核算、完工入库的整个过程。

在审计工作的计划阶段，注册会计师应当对生产与存货循环中的业务活动进行充分了解和记录，通过分析业务流程中可能发生重大错报的环节，进而识别和了解被审计单位为应对这些可能的错报而设计的相关控制，并通过诸如穿行测试等方法对这些流程和相关控制加以证实。

二、生产与存货循环的内部控制要点

为了预防、检查和纠正生产与存货循环中的错弊，健全的内部控制由以下主要控制环节组成。

（一）适当的职责分离

生产与存货循环的主要职责有采购及验收材料、储存保管存货、制定审批生产计划、领用材料生产产品、分配归集产品的成本费用、检验和存储产成品、盘点存货、会计记录等。这些职责应当有明确的分工：

1. 采购部门与验收、保管部门相互独立，防止购入不合格材料。
2. 存储部门与生产、使用部门相互独立，防止多领材料或存货被盗。
3. 生产计划的制定与审批相互独立，防止生产计划不合理。

4. 产成品生产与检验相互独立，防止不合格产品入库和售出。

5. 存货的保管与会计记录相互独立，防止篡改会计记录、财产流失。

6. 存货盘点由独立于保管人员之外的其他部门人员定期进行，保证盘点真实性。

（二）信息传递程序控制

管理部门通过授权程序、成本控制、永续盘存制等信息传递程序实施严格控制。

1. 授权程序。企业生产与存货管理业务都必须经过授权，各项业务要经过严格的批准手续方可办理。这些授权批准包括由被授权的企业领导审批生产计划、经批准下达生产通知单、经批准领料、产品完工经检验入库、产品发出经核准的发出通知单方可办理、存货报废经专门小组审批、存货盘盈或盘亏的账务处理由被授权人批准、会计方法变更由企业财务主管批准等。

2. 成本控制。生产与存货价值流转控制主要由财会部门来执行，为了正确核算和有效控制生产与存货成本，必须建立健全生产与存货成本管理制度，将生产控制与成本控制有机结合起来，包括：确定成本控制目标；编制成本、费用预算；制定各项消耗定额，如直接材料、直接人工和制造费用定额；制定成本费用控制制度，明确成本开支范围、开支标准；建立各项支出的手续批准、审核制度；设置相应的会计账户，选择适当的成本计算方法；对各项成本费用指标进行分解，建立成本费用归口、分级管理责任制；合理归集与分配各项费用，确定产品生产成本；定期进行成本费用考核与评价等。

3. 永续盘存制。设置存货明细账对存货收、发、结存进行及时反映，根据有关会计凭证逐日、逐笔登记各种存货的收、发、结存数量和金额，随时反映结存数量和金额；设置存货总分类账对存货收、发、结存数量和金额及时汇总与记录，并将明细账置于总账的控制之下：经常核对总账与明细账，存货账面结存数与实际库存数核对，保证账账、账实相符；永续盘存记录由财会部门而不是仓储部门负责，确保管物与管账两个不相容的职责分离。

（三）实物控制

生产与存货循环过程中存货种类繁多、收发频繁，对存货实物控制贯穿于采购、验收、存储、发货、生产和报废等多个环节，因此加强实物控制非常重要。其主要措施有：领料单应当经生产主管批准，仓库管理员凭经批准的领料单发料；每月月末，由生产车间与仓库核对原材料和产成品的转出与转入记录，如有差异，仓库管理员应编制差异分析报告；产成品入库时，质量检验员应检查并签发预先按顺序编号的产成品验收单，由生产小组将产成品送交仓库，仓库管理员应检查产成品验收单，并清点产成品数量，填写预先按顺序编号的产成品入库单，经质检经理、生产经理和仓储经理签字确认后，由仓库管理员将产成品入库单信息输入计算机系统，计算机系统自动更新产成品明细账并与采购订购单编号核对；存货存放在安全的环境中，并定期进行盘点；产成品装运发出前，由运输经理独立检查出库单、销售单和发运通知单，确定从仓库提取的商品附有经批准的销售订购单，并且所提取的商品与销售订购单一致。

三、生产与存货循环重大错报风险

以一般制造型企业为例，影响生产与存货循环交易和余额的风险因素可能包括：

1. 交易的数量和复杂性。制造型企业交易的数量庞大，业务复杂，这就增加了错误和舞弊的风险。

2. 成本核算的复杂性。制造型企业的成本核算比较复杂。虽然原材料及直接人工等直接成本的归集和分配比较简单，但间接费用的分配可能较为复杂，并且同一行业中的不同企业也可能采用不同的认定和计量基础。

3. 产品的多元化。这可能要求聘请专家来验证其质量、状况或价值。另外，计算库存存货数量的方法也可能是不同的。例如，计量煤堆、筒仓里的谷物或糖、黄金或贵重宝石、化工品和药剂产品存储量的方法都可能不一样。这并不是要求注册会计师每次清点存货都需要专家配合，如果存货容易辨认、存货数量容易清点，就无须专家帮助。

4. 某些存货项目的可变现净值难以确定。例如，价格受全球经济供求关系影响的存货，由于其可变现净值难以确定，会影响存货采购价格和销售价格的确定，并将影响注册会计师对与存货“准确性、计价和分摊”认定有关的风险进行的评估。

5. 将存货存放在很多地点。大型企业可能将存货存放在很多地点，并且可以在不同的地点之间转移存货，这将增加商品途中毁损或遗失的风险，或者导致存货在两个地点被重复记录，也可能产生转移定价的错误或舞弊。

6. 寄存的存货。有时候存货虽然还存放在企业，但可能已经不归企业所有。反之，企业的存货也可能被寄存在其他企业。

由于存货与企业各项经营活动的紧密联系，存货的重大错报风险往往与财务报表其他项目的重大错报风险紧密相关。例如，收入确认的错报风险往往与存货的错报风险共存，采购交易的错报风险与存货的错报风险共存，存货成本核算的错报风险与营业成本的错报风险共存等。

综上所述，一般制造型企业的存货的重大错报风险通常包括：

（1）存货实物可能不存在（“存在”认定）；

（2）属于被审计单位的存货可能未在账面反映（“完整性”认定）；

（3）存货的所有权可能不属于被审计单位（“权利和义务”认定）；

（4）存货的单位成本可能存在计算错误（“准确性、计价和分摊”认定）；

（5）存货的账面价值可能无法实现，即存货跌价准备的计提可能不充分（“准确性、计价和分摊”认定）。

第三节　生产与存货循环的控制测试

测试生产与存货循环内部控制是在了解与描述内部控制的基础上，对其在实际业务中的执行与实施情况和过程进行测试，以确定制定的内部控制运行的有效性。对生产与存货循环内部控制进行测试的程序主要有：

1. 询问和观察存货的采购、验收、保管、发货、盘点、记账职务是否分离及各项职责的执行情况；询问和观察人事、考勤、工薪记录、发放职务是否分离及各项职责的执行情况；询问和观察存货与记录的接触控制以及相应的批准程序；询问和观察存货盘点过程、保管程序。

2. 抽取生产通知单，检查是否与月度生产计划书中的内容一致。

3. 抽取出库单及相关的领料单，检查是否经适当层次复核；抽取原材料盘点明细表并检查是否经适当层次复核，有关差异是否得到处理。

4. 抽取产成品验收单、产成品入库单并检查是否一致；抽取发运通知单、出库单并检查是否一致；抽取发运单和相关销售订购单，检查内容是否一致；抽取销售成本结转凭证，检查与支持性文件是否一致并适当复核；抽取产成品存货盘点报告并检查是否经适当层次复核，有关差异是否得到处理。

5. 检查生产指令、出库单及相关的领料单、工薪是否经过适当授权批准；检查存货入库是否有严格的验收手续，与合同、原始单证核对是否相符；检查有关成本的记账凭证是否附有生产通知单、领发料凭证、产量和工时记录、工薪费用分配表、材料费用分配表、制造费用分配表等，原始凭证的顺序编号是否完整；检查生产通知单、领发料凭证、产量和工时记录、工薪费用分配表、材料费用分配表、制造费用分配表的顺序编号是否完整。

6. 选取样本测试各种费用的归集和分配以及成本的计算，测试是否按照规定的成本核算流程进行核算和账务处理。

在对上述内部控制进行测试时，如果人工控制在执行时依赖于信息系统生成的报告，注册会计师还应当针对系统生成报告的准确性执行测试，例如在与计提存货跌价准备相关的管理层控制中使用了系统生成的存货货龄分析表，其准确性影响管理层控制的有效性，因此，注册会计师需要同时测试存货货龄分析表的准确性。

第四节 存货的实质性程序

存货是指企业在生产经营过程中，为销售或者生产耗用而储存的各种具有实物形态的流动资产。存货主要包括商品、产成品、半成品和在产品，以及各种原材料、燃料、辅助材料等。与其他类型的资产相比，存货具有以下特点：

一是流动性强，周转快。

二是存货存在于企业生产经营全过程，形式经常发生变化，但总可以通过实地盘点和计量确认其数量。

三是存货在会计上可采用多种计价方法，存货的计价将直接影响销售成本，与当期损益的计算有重大关系。

一、存货的审计目标

存货审计目标与认定对应关系如表 10－1 所示。

表 10－1　　存货审计目标与认定对应关系

审计目标	财务报表认定					
	存在	完整性	权利和义务	准确性、计价和分摊	分类	列报
A. 资产负债表中记录的存货是存在的	√					
B. 所有应当记录的存货增减变动记录均已记录，应当包括在财务报表中的相关披露均已包括		√				
C. 记录的存货由被审计单位拥有或控制			√			
D. 存货以恰当的金额包括在财务报表中，与之相关的存货跌价合理，相关披露已得到恰当计量和描述				√		
E. 存货已记录于恰当的账户					√	
F. 存货已被恰当地汇总或分解且表述清楚，按照企业会计准则的规定在财务报表中作出的相关披露是相关的、可理解的						√

二、存货具体审计目标与财务报表相关认定的实质性程序

存货具体审计目标与财务报表相关认定的实质性程序如表 10－2 所示。

表 10－2　　存货审计目标与相关实质性程序对应关系

审计目标	存货常规审计程序
DE	获取或编制存货明细表，复核加计是否正确，并与总账数和明细账合计数核对是否相符，结合累计折旧和固定资产减值准备与报表数核对是否相符
AD/BD	实施实质性分析程序
ABCD	存货监盘
D	根据被审计单位存货计价方法，抽查期末结存量较大的存货计价是否正确；检查被审计单位存货计价方法是否与上年度相一致，如有变动应查明原因，检查其是否得到管理层的批准，并测算由于存货计价方法的变动对利润表的影响

续表

审计目标	存货常规审计程序
D	检查和询问被审计单位存货跌价准备计提和结转的依据、方法及会计处理是否正确，计算和函证存货的可变现净值，检查存货跌价准备计提和结转是否经授权批准，前后期是否一致
ABD	检查资产负债表日前后若干天的存货增减变动项目的有关账簿记录和原始凭证，进行存货截止测试
F	检查存货是否已在资产负债表上恰当披露

三、存货实质性程序的介绍

（一）取得或编制存货明细表

取得或编制存货明细表，复核加计正确，并与报表数、总账数和明细账合计数核对相符，核对期初余额与上期审定期末余额是否相符。并将本年年末存货余额与上年年末存货余额进行比较，总体分析变动原因。

（二）实质性分析程序

分析方法在存货审计中普遍采用，通常可进行如下分析：

1. 比较前后各期及本年度各个月份存货余额及其构成、存货成本差异率等，以评价总体合理性。

2. 将存货余额与现有的订单、资产负债表日后各期的销售额和下一年度的预测销售额进行比较，以评估存货滞销和跌价的可能。

3. 将存货跌价准备与本年度存货处理损失的金额进行比较，判断被审计单位是否已计提足额的跌价准备。

4. 将与关联企业发生存货交易的频率、规模、价格和账款结算条件与非关联企业对比，判断被审计单位是否利用关联企业的存货交易虚构业务、调节利润。

5. 分析前后各期的存货周转率，存货周转率的异常波动可能意味着被审计单位有意或无意地减少存货储备、存货管理或控制程序发生变动、存货成本项目或核算方法发生变动以及存货跌价准备计提基础或冲销政策发生变动等情况。

6. 分析前后各期的毛利率，毛利率的变动可能意味着被审计单位的销售产品总体结构、单位产品成本发生了变动。

（三）存货监盘

1. 定义。存货监盘是指注册会计师现场观察被审计单位存货的盘点，并对已盘点的存货进行适当的检查。

2. 目标。审计人员监盘存货的目的在于获取有关存货数量和状况的审计证据。因此，存货监盘针对的主要是存货的存在认定，对存货的完整性认定及准确性、计价和分摊认定，也能提供部分审计证据。此外，审计人员还能在存货监盘中获取有关存货所有权的部分审计证据。

存货监盘的相关程序可以用作控制测试或者实质性程序。注册会计师可以根据风险评估结果、审计方案和实施的特定程序作出判断。例如，如果只有少数项目构成了存货的主要部分，注册会计师可能选择将存货监盘用作实质性程序。

3. 对注册会计师的要求。如果存货对财务报表是重要的，注册会计师应当实施下列审计程序，对存货的存在和状况获取充分、适当的审计证据：

（1）在存货盘点现场实施监盘（除非不可行）；

（2）对期末存货记录实施审计程序，以确定其是否准确反映实际的存货盘点结果。

4. 注册会计师和管理层的责任。

（1）实施存货监盘，获取有关期末存货数量和状况的充分、适当的审计证据是注册会计师的责任，但不能取代被审计单位管理层定期盘点存货、合理确定存货数量和状况的责任；

（2）管理层通常制定程序，对存货每年至少进行一次实物盘点，以作为编制财务报表的基础，并用以确定被审计单位永续盘存制的可靠性（如适用）。

5. 存货监盘的一般程序。在存货盘点现场实施监盘时，注册会计师应当实施下列审计程序：

（1）评价管理层用以记录和控制存货盘点结果的指令与程序；

（2）观察管理层制定的盘点程序的执行情况；

（3）检查存货；

（4）执行抽盘。

存货监盘定义与存货监盘计划

6. 存货监盘计划。注册会计师应当根据被审计单位存货的特点、盘存制度和存货内部控制的有效性等情况，在评价被审计单位管理层制定的存货盘点程序的基础上，编制存货监盘计划，对存货监盘作出合理安排。

为了避免误解并有助于有效地实施存货监盘，注册会计师通常需要与被审计单位就存货监盘等问题达成一致意见。因此，注册会计师应当先充分了解被审计单位存货的特点、盘存制度和存货内部控制的有效性等情况，并考虑获取、审阅和评价被审计单位预定的盘点程序。根据计划过程所搜集到的信息，有助于注册会计师合理确定参与监盘的地点以及存货监盘的程序。具体来说，注册会计师应考虑监盘时间、监盘地点、监盘的样本量、项目选取等问题。

一般地，监盘时间以会计期末以前为优，应尽量使盘点时间靠近会计期末。如果存货盘点在财务报表日以外的其他日期进行，审计人员除实施存货监盘相关审计程序外，还应当实施其他审计程序，以获取审计证据，确定存货盘点日与财务报表日之间的存货变动是否已得到恰当的记录。

如果被审计单位的存货存放在多个地点，注册会计师可以要求被审计单位提供一份完整的存货存放地点清单（包括期末库存量为零的仓库、租赁的仓库，以及第三方代被审计单位保管存货的仓库等），并考虑其完整性。

在考虑选取多大样本量进行盘点时，应考虑有关实地盘点、永续记录的可靠性、存货的总金额及种类、不同的重要存货的存放位置及其数量，以及以前年度发现的误差性质及其内部控制等。样本选取则应将重要项目或典型存货项目作为对象，同时对可能过时或损坏的项目要仔细查询。

【例 10－1】 某注册会计师接受委托，对常年审计客户甲公司 2022 年度财务报表进行审计。甲公司为钢铁制造类企业，存货主要有生铁、钢锭和低碳钢，其中少量低碳钢存放于外地公用仓库。另有乙公司的部分中碳钢存放于甲公司的仓库。甲公司拟于 2022 年 12 月 28 日至 31 日盘点存货，以下是该注册会计师撰写的存货监盘计划的部分内容。

存货监盘计划

一、存货监盘的目标

检查甲公司 2023 年 12 月 31 日存货所有权与完整性。

二、存货监盘范围

2023 年 12 月 31 日库存的所有存货，包括生铁、钢锭、低碳钢和中碳钢。

三、监盘时间

存货的观察与检查时间均为 2023 年 12 月 31 日。

四、存货监盘的主要程序

1. 要求甲公司提供存货存放地点清单。

2. 与管理层讨论存货监盘计划。

3. 观察甲公司盘点人员是否按照盘点计划进行盘点。

4. 检查相关凭证以证实盘点截止日前所有已确认为销售但尚未装运出库的存货均已纳入盘点范围。

5. 对于存放在外地公用仓库的低碳钢，主要实施检查货运文件、出库记录等替代程序。

要求：

1. 请指出存货监盘计划中目标、范围和时间是否恰当，如不恰当，简要说明理由。

2. 请判断存货监盘计划中列示的主要程序是否恰当。若不恰当，请予以修改。

【解答】

1. 存货监盘计划共有三处不恰当：

审计目标不恰当。存货监盘的目标不正确，应该是获取甲公司 2023 年 12 月 31 日有关存货数量和状况的审计证据。

审计范围不恰当。乙公司中碳钢的所有权不属于甲公司，不应纳入监盘范围。

审计时间不恰当。存货的观察与检查时间应与盘点时间相协调，应为 2023 年 12 月 28 日至 12 月 31 日。

2. 上述监盘计划中列示的主要程序有四处不恰当。

程序 1 不恰当。应修改为：要求甲公司提供存货存放地点清单并考虑其完整性。

程序 2 不恰当。应修改为：复核或与管理层讨论存货盘点计划。

程序 3 恰当。

程序 4 不恰当。应修改为：检查相关凭证以证实盘点截止日前所有已确认为销售但尚未装运出库的存货均未纳入盘点范围。

程序 5 不恰当。应修改为：对于存放在外地公用仓库的低碳钢，应实施函证或利用其他注册会计师的工作等替代程序。

存货监盘程序

7. 存货监盘程序。在被审计单位盘点存货前，注册会计师应当观察盘点现场，确定应纳入盘点范围的存货是否已经适当整理和排列，并附有盘点标识，防止遗漏或重复盘点。对未纳入盘点范围的存货，注册会计师应当查明未纳入的原因。

（1）评价管理层用以记录和控制存货盘点结果的指令与程序。注册会计师需要考虑这些指令和程序是否包括下列方面：

①适当控制活动的运用。例如，收集已使用的存货盘点记录，清点未使用的存货盘点表单，实施盘点和复盘程序。

②准确认定在产品的完工程度。例如，流动缓慢（呆滞）、过时或毁损的存货项目，以及第三方拥有的存货（如寄存货物）。

③在适用的情况下用于估计存货数量的方法。例如，可能需要估计煤堆的重量。

④对存货在不同存放地点之间的移动以及截止日前后出入库的控制。

（2）观察管理层制定的盘点程序的执行情况。这有助于注册会计师获取有关管理层指令和程序是否得到适当设计与执行的审计证据。尽管盘点存货时最好能保持存货不发生移动，但在某些情况下存货的移动是难以避免的。如果在盘点过程中被审计单位的生产经营仍将持续进行，注册会计师应通过实施必要的检查程序，确定被审计单位是否已经对此设置了相应的控制程序，确保在适当的期间内对存货作出了准确记录。

此外，注册会计师可以获取有关截止性信息（如存货移动的具体情况）的复印件，有助于日后对存货移动的会计处理实施审计程序。注册会计师需要关注所有在盘点日以前入库的存货项目是否均已包括在盘点范围内，所有已确认为销售但尚未装运出库的商品是否均未包括在盘点范围内。

（3）检查存货。在存货监盘过程中检查存货，注册会计师应当把所有过时、毁损或陈旧存货的详细情况记录下来，这既便于进一步追查这些存货的处置情况，也能为测试被审计单位存货跌价准备计提的准确性提供证据。

注册会计师应当根据取得的所有权不属于被审计单位的存货的有关资料，观察这些存货的实际存放情况，确保其未被纳入盘点范围。即使在被审计单位声明不存在受托代存存货的情形下，注册会计师在存货监盘时也应当关注是否存在某些存货不属于被审计单位的迹象，以避免盘点范围不当。

（4）执行抽盘。在对存货盘点结果进行测试时，注册会计师可以从存货盘点记录中选取项目追查至存货实物，以及从存货实物中选取项目追查至盘点记录，以获取有关盘点记录准确性和完整性的审计证据。需要说明的是，注册会计师应尽可能避免让被审计单位事先了解将抽盘的存货项目。除记录注册会计师对存货盘点结果进行的测试情况外，获取管理层完成的存货盘点记录的复印件也有助于注册会计师日后实施审计程序，以确定被审计单位的期末存货记录是否准确地反映了存货的实际盘点结果。

【知识点拨】

注册会计师如何监盘特殊类型的存货呢？

常见的盘点方法和控制程序可能并不完全适用于某些特殊类型的存货，这些存货可能存在无法用标签予以标识、数量难以估计或质量难以确定等情况。对于这些特殊类型的存货，注册会计师可以先了解被审计单位计划采用的盘点方法，并评估其盘点方法是否满足会计核算的需要，即保证存货在财务报表中得以恰当计量和披露。在此基础上，注册会计师需要运用职业判断，根据被审计单位所处行业的特点、存货的类型和特点以及内部控制等具体情况，设计针对特殊类型存货的具体监盘程序。

在某些情况下，对于特定类型的存货（例如矿藏、贵金属等），被审计单位可能会聘请外部专业机构协助进行存货盘点。在这种情况下，尽管被审计单位所聘请外部专业机构执行的存货盘点本身并不足以为注册会计师提供充分、适当的审计证据，但注册会计师可以考虑其是否构成管理层的专家，并在适用的情况下根据对其客观性、专业素质和胜任能力进行的评估调整亲自测试的范围。具体而言，注册会计师可以考虑实施检查外部专业机构的盘点程序表、对其盘点程序和相关控制进行观察、抽盘存货、抽样对其结果执行重新计算，以及对盘点日至财务报表日之间发生的交易执行测试等程序。

（资料来源：《中国注册会计师审计准则问题解答第 3 号——存货监盘》）

8. 存货监盘结束时的工作。在被审计单位存货盘点结束前，注册会计师应当：

（1）再次观察盘点现场，以确定所有应纳入盘点范围的存货是否均已盘点。

（2）取得并检查已填用、作废及未使用盘点表单的号码记录，确定其是否连续编号，查明已发放的表单是否均已收回，并与存货盘点的汇总记录进行核对。注册会计师应当根据自己在存货监盘过程中获取的信息对被审计单位最终的存货盘点结果汇总记录进行复核，并评估其是否正确地反映了实际盘点结果。

9. 其他注意事项。如果由第三方保管或控制的存货对财务报表是重要的，应实施下列一项或两项审计程序，以获取有关该存货存在和状况的充分、适当的审计证据。

（1）向持有被审计单位存货的第三方函证存货的数量和状况。

（2）实施检查或其他适合具体情况的审计程序。例如，实施或安排其他注册会计师实施对第三方的存货监盘（如可行）；获取其他注册会计师或服务机构注册会计师针对用以保证存货得到恰当盘点和保管的内部控制的适当性而出具的报告；检查与第三方持有的存货相关的文件记录，如仓储单等。

【思维小课堂】

你了解注册会计师在审计监盘中的责任吗?

《企业内部控制应用指引第8号——资产管理》第十二条对被审计单位对存货盘点的责任作出规定：企业应当建立存货盘点清查制度，结合本企业实际情况确定盘点周期、盘点流程等相关内容，核查存货数量，及时发现存货减值迹象。企业至少应当于每年年度终了开展全面盘点清查，盘点清查结果应当形成书面报告。《中国注册会计师——审计准则第1311号——存货监盘》第四条规定，如果存货对财务报表是重要的，注册会计师应当在存货盘点现场实施监盘（除非不可行），以获取与存货的存在和状况相关的审计证据。定期盘点存货、合理确定存货的数量和状况是被审计单位管理层的责任。实施存货监盘，获取有关存货存在和状况的充分、适当的审计证据，是注册会计师的责任。注册会计师需要恰当区分被审计单位对存货盘点的责任和注册会计师对存货监盘的责任，在执行存货监盘过程中不应协助被审计单位的存货盘点工作。

实务中，某些被审计单位可能会要求注册会计师协助进行存货盘点工作，这表明管理层混淆了其自身应当承担的会计责任与注册会计师的审计责任。如果注册会计师协助被审计单位进行存货盘点，将极有可能影响其独立性，从而违反《中国注册会计师职业道德守则》的相关要求。

（资料来源：笔者根据相关资料整理得到）

（四）存货计价测试

存货监盘程序主要是对存货的数量进行测试。为验证财务报表上存货余额的真实性，还应当对存货的计价进行审计。

1. 样本的选择。计价测试的样本，应从存货数量已经盘点、单价和总金额已经计入存货汇总表的结存存货中选择。选择样本时，注册会计师应重点选择结存余额较大且价格变化比较频繁的项目，同时考虑所选样本的代表性。抽样方法一般采用分层抽样法，抽样规模应足以推断总体的情况。

2. 计价方法的确认。存货的计价方法多种多样，例如，实际成本核算下，可运用先进先出法、加权平均法、移动平均法、个别计价法等计价方法。企业可根据国家法规规定及自身经营特点选择适当的计价方法。注册会计师除应了解企业的存货计价方法外，还应对计价方法的合理性与一贯性予以关注。除非有足够的理由，企业存货的计价方法在同一会计年度内不得变动。

3. 计价测试。进行计价审计时，注册会计师应先对存货价格的组成内容予以审核，然后按照所了解的计价方法对所选择的存货样本进行计价测试。测试时，注册会计师应排除企业已有计算程序和结果的影响，进行独立审计，并将测试结果与企业账面记录进行对比，编制存货计价测试表（如表10－3所示），分析形成差异的原因。如果差异过大，注册会计师应扩大测试范围继续审计，并根据测试结果作出审计调整。

表 10 -3　　存货计价测试表（加权平均法）

被审计单位：

项　　目：存货计价测试表（加权平均法）编制：　　日期：　　索引号：

报表截止日：　　复核：　　日期：　　页　次：

选择要测试的科目：

月份	计量单位	本期增加			本期发出			期末结存			本期应结转成本			成本结转差异③=②-①
		数量	单价	金额	数量	单价	金额①	数量	单价	金额	数量	单价	金额②	
期初														
1														
2														
…														
12														
合计														
审计说明：														

企业对期末存货通常采用成本与可变现净值孰低的方法计价，因此注册会计师在执行存货的计价测试程序时应充分关注企业对存货可变现净值的确定及存货跌价准备的计提。

【思维小课堂】

注册执行审计时为什么要考虑行业特点呢?

注册会计师审计工作往往要面对不同的行业，例如制造业、服务业、餐饮业、建筑业，每个行业都有自己的特征，这就意味着不同行业的企业在舞弊或掩饰错误时存在的风险点有所区别。例如，医院可能利用一药多名的特点，将多品种、多类型药物相互混淆。而水产业利用鱼虾蟹难以准确计量的特点，虚增存货或虚减存货。

在实务中，注册会计师也会遇到以数码形式存储于各类存储介质的存货。例如，对于电影电视行业的被审计单位，其存货从金额和性质来讲均属于重大的财务报表科目。从业务流程的角度来看，购买文学著作的改编权、进行影视剧本创作以及影视剧的拍摄所发生的各项相关成本均构成相应存货项目的增加，其业务流程各个阶段的存货均不存在实物形式，剧本、视频资料等均以数码形式存储于各类存储介质中。

针对这些存货在财务报表日“存在”的认定，往往并非通过传统的存货监盘程序就可以取得充分的审计证据，而是需要进一步通过检查相关合同的约定和经审批的相应许可证进行测试，例如检查合同中文学作品改编权的约定、检查剧本著作权归属的约定；对于正在拍摄中的影视剧，检查被审计单位的相关立项报批资料以及经广播电影电视部门审批的制作许可证；对于拍摄完成的影视剧，则检查经广播电影电视部门审批的发行许可证等。

对于电影电视行业的被审计单位，其存货通常金额非常重大、对财务报表非常重要。因此，注册会计师往往更需关注相关存货的计价认定。在这种情况下，执行下述程序（包含但不限于）可能是重要的：一方面，通过实施检查构成期末存货的各项成本是否真实发生、向相关业务人员了解工作进度并与已取得的工作进度表或预算明细表进行核对、将已发生的成本与相关合同条款及进度进行核对（如为委托外部单位完成的工作）等程序以获取与存货存在及准确性、计价和分摊认定相关的审计证据；另一方面，通过实施获取以及评价被审计单位管理层作出的未来收入预测等程序以获取与存货可变现净值（准确性、计价和分摊认定）相关的审计证据。

审计是一项具有挑战性的工作，虽然看似程序是固定的，但是由于面对的行业、企业不同，这意味着注册会计师要时刻保持审慎的态度，不断扩充自己对其他行业的了解，才能在遇到疑问时更准确地发现问题，也能在决定审计程序时更加准确和高效。

（资料来源：北京注协专业技术委员会专家提示第 8 号）

（五）存货截止测试

截止期审查是为了揭露企业通过人为调节存货记录，以发现在不同会计期间调节利润的问题，例如企业在资产负债表日虚报存货入库和销售，资产负债表日后再转出，或做相反处理。

对于购入的存货，审计人员应抽查存货盘点日前后若干日的购货发票和验收单或入库单，凡是 12 月 31 日前附有验收单或入库单的发票，表明货物已收到，并应包括在本期的实地盘点存货范围之内。检查验收部门的记录，凡是资产负债表日或资产负债表日前购进的货物，应检查其相应采购发票是否在同期入账，对于未收到采购发票的入库存货，应检查是否单独存放并暂估入账。查明存货有无提前入账或延期入账的问题。

对于发出的存货，审计人员应审查资产负债表日前后若干日的产成品销售发票副联与提货单，凡是资产负债表日或资产负债表日前发出的产成品，应检查其相应销售发票是否在同期入账以验证资产负债表日产成品截止数的正确性。

第五节 营业成本的实质性程序

营业成本包括主营业务成本和其他业务成本。主营业务成本是指企业对外销售商品、产品或对外提供劳务等发生的实际成本。在不同类型的企业里，主营业务成本有不同的表现形式。在制造企业表现为已销售产成品的生产成本，在商业企业表现为已销售商品的成本，在服务企业表现为已提供劳务的成本。其他业务成本是指除主营业务活动以外的其他经营活动所发生的支出。企业在确认其他业务收入实现后，应同时结转为取得其他业务收入而发生的支出，包括销售材料的成本、出租固定资产的折旧额、出租无形资产的摊销额、出租包装物的成本或摊销额等。

由于期末存货成本与当期主营业务成本密切相关，因此，实务中往往将存货成本审计与主营业务成本审计结合起来。在制造业，主营业务成本是由期初库存产品成本加上本期入库产品成本，再减去期末库存产品成本求得的。

一、营业成本的审计目标

营业成本的审计目标一般包括：确定记录的营业成本是否已发生且与被审计单位有关；确定营业成本记录是否完整；确定与营业成本有关的金额及其他数据是否已恰当记录；确定营业成本是否已记录于正确的会计期间；确定营业成本的内容是否正确；确定营业成本与营业收入是否匹配；确定营业成本的披露是否恰当。

二、主营业务成本的实质性程序

1. 获取或编制主营业务成本汇总明细表，复核加计正确，并与报表数、总账数和明细账合计数核对相符。

2. 复核主营业务成本汇总明细表的正确性，与库存商品等账户勾稽，并编制生产成本与主营业务成本倒轧表（如表 10－4 所示）。

表 10－4　　生产成本及主营业务成本倒轧表

项目	未审数	调整或重分类金额借（贷）	审定数
原材料期初余额			
加：本期购进额			
减：原材料期末余额			
其他发出额			
直接材料成本			
加：直接人工成本			
制造费用			
生产成本			
加：在产品期初余额			
减：在产品期末余额			
产成品生产成本			
加：产成品期初余额			
减：产成品期末余额			
主营业务成本			

3. 检查主营业务成本的内容和计算方法是否符合有关规定，前后期是否一致，并作出记录。

4. 对主营业务成本执行实质性分析程序，检查本期内各月间及前期同一产品的单位成本是否存在异常波动，是否存在调节成本的现象。

5. 抽取若干月份的主营业务成本结转明细清单，结合生产成本的审计，检查销售成本结转数额的正确性，比较主营业务成本与主营业务收入是否做到了产品品种、规格、数量和结转时间上的一致性及配比是否恰当。

6. 检查主营业务成本账户中重大调整事项（如销售退回等）的会计处理是否正确。

7. 在采用计划成本、定额成本、标准成本或售价核算存货的情况下，检查产品成本差异或商品进销差价的计算、分配和会计处理是否正确。

8. 确定主营业务成本的披露是否恰当。

三、其他业务成本的实质性程序

1. 获取或编制其他业务收入、其他业务成本明细表，复核加计正确，与总账数和明细账合计数核对相符；并注意其他业务成本是否有相应的收入。

2. 与上期其他业务收入、其他业务成本做比较，检查是否有重大波动，如有，应查明原因。

第六节　应付职工薪酬的实质性程序

职工薪酬是企业支付给员工的劳务报酬，其主要核算方式包括计时制和计件制两种。职工薪酬中的工资一般采用现金的形式支付，因而相较于其他业务更容易发生错误或舞弊行为，如虚报冒领、重复支付和贪污等。同时，职工薪酬又是构成企业成本费用的重要项目，在一般企业中，职工薪酬费用在成本费用中所占比重较大。

随着管理技术手段的更新、信息化技术的应用以及企业内部控制质量的提升，职工薪酬业务中发生舞弊的可能性已有所降低，同时，又由于有税务部门、社会保障机构等有关机构的复核程序，也相应降低了职工薪酬舞弊和错误的风险。

一、应付职工薪酬的审计目标

应付职工薪酬的审计目标一般包括：确定期末应付职工薪酬是否存在；确定应付职工薪酬是否是被审计单位应履行的支付义务；确定应付职工薪酬计提和支出依据是否合理、记录是否完整；确定应付职工薪酬期末余额是否正确；确定应付职工薪酬是否已按照会计准则的规定在财务报表中作出恰当列报。

二、应付职工薪酬实质性程序的介绍

（一）取得或编制应付职工薪酬明细表

注册会计师应取得或自行编制应付职工薪酬明细表，复核加计是否正确，并与报表数、总账数和明细账合计数核对是否相符。

（二）对应付职工薪酬实施实质性分析程序

1. 检查各月职工薪酬的发生额是否有异常波动，若有，则查明波动原因是否合理。

2. 将本期职工薪酬总额与上期进行比较，要求被审计单位解释其增减变动原因，或取得公司管理层关于员工职工薪酬标准的决议。

3. 结合员工社保缴纳情况，明确被审计单位员工范围，检查是否与关联公司员工工薪混淆列支。

（三）检查应付职工薪酬的核算内容

应付职工薪酬包括工资、职工福利、社会保险费、住房公积金、工会经费、职工教育经费等明细项目。应检查职工薪酬的计提是否正确，分配方法是否合理并与上期一致，并将应付职工薪酬计提数与相关的成本、费用项目相核对。

（四）检查职工薪酬的计量和确认

1. 检查应付职工薪酬的范围、标准是否符合相关规定。国家有规定计提基础和比例的，应当按照国家规定的标准计提，如医疗保险费、失业保险费、住房公积金、工会经费以及职工教育经费等；国家没有规定计提基础和比例的，应据实列支。

2. 注册会计师应特别关注，企业的非货币性福利支出的处理是否适当：检查以自产产品或外购商品发放给职工的非货币性福利，是否根据受益对象，按照该产品的公允价值，计入相关资产成本或当期损益，同时确认应付职工薪酬；对于难以认定受益对象的非货币性福利，是否直接计入当期损益和应付职工薪酬；检查无偿向职工提供住房的非货币性福利，是否根据受益对象，将该住房每期应计提的折旧计入相关资产成本或当期损益，同时确认应付职工薪酬；检查租赁住房等资产供职工无偿使用的非货币性福利，是否根据受益对象，将该住房每期应付的租金计入相关资产成本或当期损益，同时确认应付职工薪酬。

（五）审阅应付职工薪酬明细账

抽查应付职工薪酬各明细项目的支付与使用情况，特别是对大额项目的支付与使用情况的凭证，检查是否符合有关规定，是否履行了审批程序。

（六）检查薪酬制度

检查被审计单位的薪酬制度是否合法合理。如果被审计单位实行工效挂钩，应取得效益工资发放额的认定证明，复核确定可予发放的效益工资的有关指标，检查其计提额和发放额是否正确，是否作纳税调整；如果被审计单位实行计税工资制，应取得被审计单位平均人数证明，并进行复核，计算可准予税前列支的费用额，对超支部分的工薪作纳税调整。

（七）检查辞退福利核算

检查被审计单位的辞退福利是否按权责发生制核算，计提是否有充分的依据，即是否存在经董事会审批、未来一年内拟实施的不可撤销的职工辞退计划。

（八）确定应付职工薪酬的列报是否恰当

审查资产负债表上的应付职工薪酬项目，数字是否与审定数相符，应付职工薪酬确认所采用的会计政策是否已在财务报表附注中披露。

自学测评

一、单项选择题

1. 注册会计师李霞在观察被审计单位仓库时，发现一批商品已经蒙了厚厚一层灰尘，经询问仓库人员，得知该批商品已经过时，下列各项有关存货余额的认定中，注册会计师通常认为存在重大错报风险的是（　　）。

A. 存在　　B. 完整性
C. 准确性、计价和分摊　　D. 准确性

2. 下列各项中，能够发现被审计单位虚增存货的最有效方法是（　　）。

A. 询问仓库保管人员　　B. 核对存货总账和明细账
C. 检查发出材料的计价　　D. 对存货实施监盘

3. 下列可用来判断存货总体合理性的审计程序是（　　）。

A. 审阅存货明细账和仓库记录　　B. 进行分析性复核
C. 观察存货保管情况　　D. 询问被审计单位存货的保管制度

4. 下列项目中，不属于存货实质性程序的是（　　）。

A. 成本费用的控制测试　　B. 存货的计价测试
C. 存货的分析性程序　　D. 存货的截止测试

5. 注册会计师对企业进行监盘时，发现所有权不属于被审计单位的存货，则应当（　　）。

A. 不予理会　　B. 要求单独存放
C. 纳入盘点范围　　D. 要求退回

6. 实施存货监盘程序，最难以证明的认定是（　　）。

A. 存在　　B. 完整性

C. 权利和义务　　D. 准确性、计价和分摊

二、多项选择题

1. 在对被审计单位库存材料进行监盘时，审计人员应当（　　）。

A. 参与制定盘点计划

B. 监督盘点的进行

C. 对库存材料的账实相符负责

D. 预先不通知被审计单位，采取突击盘点

2. 在对被审计单位的库存材料进行监盘时，审计人员应当（　　）。

A. 亲自制定盘点计划

B. 注意检查材料的质量，必要时请专家鉴定

C. 抽查盘点记录，复核材料的数量、单价、金额等

D. 鉴定材料的所有权

3. 注册会计师运用下列（　　）审计程序有可能发现陈旧存货。

A. 询问销售人员　　B. 询问仓库保管员

C. 观察现场　　D. 审查永续盘存资料

三、判断题

1. 被审计单位对存货实地盘点时，注册会计师应当作为盘点小组成员一起进行盘点。（　　）

2. 企业购入的存货应当由独立于采购、仓储等以外的部门负责验收。（　　）

3. 审计人员对存货实施监盘所获取的是书面证据，并不能验证被盘点存货的所有权归属。（　　）

4. 注册会计师从存货实物中选取项目追查至盘点记录，测试的是存货盘点记录的完整性。（　　）

5. 由第三方保管或控制的存货，可以向持有被审计单位存货的第三方函证存货的数量和状况。（　　）

第十一章　筹资与投资循环审计

【知识目标】

1. 能够举例说明筹资与投资循环审计的主要业务活动及相应的凭证、记录；
2. 能够举例说明筹资与投资循环审计的主要内部控制及控制测试的基本内容；
3. 能够总结短期借款的实质性程序；
4. 能够总结实收资本（股本）的实质性程序。

【技能目标】

1. 能够独立对负债相关项目进行审计；
2. 可以独立编制短期借款明细表。

【思维目标】

1. 培养学生理论联系实际，分析问题及解决问题的能力；
2. 从筹资与投资循环审计中形成客观谨慎的职业态度，具有风险意识和职业敏锐度；
3. 坚持遵守职业道德，具有强烈的社会责任感。

【导入案例】

华×兄弟财务报表审计项目存在执业问题

2022年×月×日，××证监局对×华会计师事务所（特殊普通合伙）及注册会计师赵某、樊某刚出具警示函，起因是该所及其注册会计师在执行华×兄弟传媒股份有限公司2021年财务报表审计项目中存在问题，部分问题如下：

第一，重大股权交易审计程序不充分。针对公司报告期内处置子公司部分股权事项，截至审计报告日受让方尚未履行相关款项支付义务，未达到财产权转移的约定条件，注册会计师对合同执行与约定不符、控制权转移存疑等情况，未执行充分程序并获取充分证据。对交易股权和期末剩余股权每股对应价值存在较大差异，且交易价格基于公司自身未来盈利预测估算，未充分考虑证据的可靠性及盈利预测的合理性。公司存在影响股权转让款可回收性的特殊事项，注册会计师未考虑可能的影响并执行相应的审计程序。

上述行为不符合《中国注册会计师审计准则第1101号——注册会计师的总体目标和审计工作的基本要求》第二十条、第二十八条，《中国注册会计师审计准则第

1301 号——审计证据》第十条规定。

第二，其他权益工具投资审计程序不到位。公司以前年度以有限合伙人身份认缴某基金份额，本年度合同期满。基金管理人未按约定归还资金且公允价值大幅下降，未合理关注基金投资对象成立时间集中、存在股权冻结等异常事宜，未将其他权益工具投资识别为重大错报风险，仅以公司提供说明作为公允价值计量依据，审计程序不到位，获取证据不充分。

上述行为不符合《中国注册会计师审计准则第 1101 号——注册会计师的总体目标和审计工作的基本要求》第二十条、《中国注册会计师审计准则第 1211 号——通过了解被审计单位及其环境识别和评估重大错报风险》第二十九条的规定。

除此之外，该所审计中还存在商誉减值审计程序不到位和利用组成部分会计师审计程序不到位的问题。

综合以上行为违反了中国注册会计师执业准则等有关要求，违反了《上市公司信息披露管理办法》第四十五条、第四十六条的规定。注册会计师赵某、樊某刚作为签字注册会计师对上述相关行为应承担主要责任。按照《上市公司信息披露管理办法》第五十五条的规定，××证监局决定对注册会计师分别采取出具警示函的监督管理措施，并记入证券期货市场诚信档案。

思考： 1. 注册会计师在投资审计中存在哪些问题？

2. 警示函对会计师事务所及其注册会计师会产生什么影响？

第一节　筹资与投资循环业务概述

筹资活动是指企业为满足生存和发展的需要，通过改变企业资本及债务规模和构成而筹集资金的活动。投资活动是指企业为享有被投资单位分配的利润，或为谋求其他利益，将资产让渡给其他单位而获得另一项资产的活动。

筹资与投资循环中所涉及的资产负债表项目主要包括交易性金融资产、衍生金融资产、其他应收款、其他流动资产、债权投资、其他债权投资、长期股权投资、其他权益工具投资、其他非流动金融资产、投资性房地产、商誉、递延所得税资产、短期借款、交易性金融负债、衍生金融负债、其他应付款、长期借款、应付债券、预计负债、递延收益、递延所得税负债、实收资本（或股本）、其他权益工具、资本公积、其他综合收益、专项储备、盈余公积、未分配利润等；筹资与投资循环中所涉及的利润表项目主要包括财务费用、资产减值损失、信用减值损失、投资收益、净敞口套期收益、公允价值变动收益、资产处置收益、营业外收入、营业外支出、所得税费用等。

筹资与投资循环由筹资活动和投资活动的交易事项构成。筹资活动主要由借款交易和股东权益交易组成。投资活动主要由权益性投资交易和债权性投资交易组成。筹资与投资循环具有如下特征：

1. 对一般工商企业而言，和销售与收款循环、采购与付款循环相比，每年筹资与投资循环涉及的交易数量较少，而每笔交易的金额通常较大。这决定了对该循环涉及的财务报表项目，更可能采用实质性方案。

2. 筹资活动必须遵守国家法律、法规和相关契约的规定。例如，债务契约可能限定借款人向股东分配利润，或规定借款单位的流动比率和速动比率不能低于某一水平。注册会计师了解被审计单位的筹资活动，可能对评估财务报表舞弊风险、从性质角度考虑审计重要性、评估持续经营假设的适用性等有重要影响。

3. 漏记或不恰当地对一笔业务进行会计处理，将会导致重大错误，从而对企业财务报表的公允反映产生较大影响。对于从事投机性衍生金融工具交易的企业而言，尤其如此。公允价值的确定和交易记录的完整性等可能存在重大错报风险。

一、筹资与投资循环涉及的主要业务活动

（一）筹资涉及的主要业务活动

1. 审批授权。企业通过借款筹集资金需经管理层审批，其中债券的发行每次均要由董事会授权；企业发行股票必须依据国家有关法规或企业章程的规定，报经企业最高权力机构如董事会及国家有关管理部门批准。

2. 签订合同或协议。向银行或其他金融机构融资须签订借款合同，发行债券须签订债券契约和债券承销或包销合同。

3. 取得资金。企业实际取得银行或金融机构划入的款项或债券、股票的融入资金。

4. 计算利息或股利。企业应按有关合同或协议的规定，及时计算利息或股利。

5. 偿还本息或发放股利。企业对银行借款或发行债券应按有关合同或协议的规定偿还本息，企业通常在支付利息日指定专人在利息支付备忘录上予以记载，委托独立机构代为发放，并定期核对。股利一般根据股东大会的决定发放，企业可以选择自行办理支付或委托代理机构支付。

（二）投资所涉及的主要业务活动

1. 投资交易的发生。由管理层对所有投资交易进行授权。投资的购买应当由董事会纪要（或其他授权文件）批准权益性投资的购买。高级员工应当在结算实价之前核对这些文件。投资的购买职能应当同投资购买业务的批准和记录职能分离。投资的销售业务应当与投资销售业务的批准和记录分开。

2. 有价证券的收取和保存。企业所收到的凭证和有价证券应当保存在其经纪人处或保存在一个上锁的安全的箱子里。对以凭证方式保存的设置物理性职能分离。

注册会计师应当对该凭证不真实或由管理层使用电脑和文字处理方法伪造的风险保持警惕。如果注册会计师怀疑上述情况出现，则应当从被投资企业获取询证函以确定投资企业是否真正持有股份。

3. 投资收益的取得。企业收到股利和利息支票时应当予以记录并追查至银行存款单。

4. 监控程序。管理层的定期复核应当包括以下两个方面。

（1）定期计算持有股票凭证或有价证券的月度报表，并与投资账户余额提供有价证券存在性的证据相比较。

（2）检查所有的购买和销售交易：如果交易的数量有限则寻求授权的证据；如果企业作为经纪人拥有大量的交易，则在测试的基础上寻求有价证券完整性和发生的证据。

二、筹资与投资循环所涉及的凭证与会计记录

筹资与投资循环中涉及的主要凭证与会计记录主要如表 11－1 所示。

表 11－1 筹资与投资循环所涉及的凭证与会计记录

筹资	投资
1. 债券或股票	1. 债券或股票
2. 债券契约	2. 债券契约
3. 股东名册	3. 经纪人通知书
4. 公司债券存根簿	4. 企业合同及章程
5. 承销或报销协议	5. 投资协议
6. 借款合同或协议	6. 有关记账凭证
7. 有关记账凭证	7. 有关会计科目的明细账和总账
8. 有关会计科目的明细账和总账	

（一）债券或股票

债券是公司依据法定程序发行，约定在一定期限内还本付息的有价证券。股票是公司签发的证明股东所持股份的凭证。

（二）债券契约

债券契约是明确债券持有人与发行企业双方所拥有的权利与义务的法律性文件，其内容一般包括：债券发行的标准；债券的明确表述；利息或利息率；受托管理人证书；登记和背书；债券发生拖欠情况如何处理；建立偿债基金的承诺；利息支付和本金返还的方式和处理。对于抵押债券，债券契约中还应列明用于担保的财产信息。

（三）股东名册

发行记名股票的公司，其股东名册应记载的内容一般包括：股东的姓名或者名称及住所；股东所持股票数量；各股东所持股票的编号；各股东取得其股份的日期。发行无记名股票的公司，其股东名册应当记载其股票数量、编号及发行日期。

（四）公司债券存根簿

发行记名债券的公司应在债券存根簿上记载：债券持有人的姓名或者名称及住

所；债券持有人取得债券的日期及债券的编号；债券总额、债券的票面金额、债券的利率、债券还本付息的期限和方式；债券的发行日期。发行无记名债券的公司应当在债券存根簿上记载债券总额、利率、偿还期限和方式、发行日期和债券编号。

（五）合同或协议

筹资与投资循环相关的合同或协议主要包括承销或包销协议、借款合同或协议、企业的章程及有关协议、投资协议等。借款合同或协议是向银行和其他金融机构借入款项时与其签订的合同或协议。公司向社会公开发行股票或债券时，应当由依法设立的证券经营机构承销或包销，并签订承销或包销协议。

（六）经纪人通知书

经纪人通知书是企业委托某人代理自己进行投资，其投资之后发给企业的一个通知单。如果企业收到了经纪人通知单，就说明已经进行了投资，是投资的证明。

（七）其他文件和凭证

其他文件和凭证主要包括董事会决议和股东大会决议等重要会议文件，相关会计科目的记账凭证、明细账和总账等。

第二节　筹资与投资循环的重大错报风险

一、了解筹资与投资循环的业务活动及其内部控制

注册会计师通常通过实施下列程序，了解筹资与投资循环的业务活动和相关内部控制。

1. 询问被审计单位的人员，了解被审计单位筹资与投资循环业务的主要控制制度是否被执行；
2. 观察筹资与投资循环业务的关键控制点及特定控制点的控制实践；
3. 检查关键控制点生成的有关文件和记录；
4. 通过追踪交易在财务报告信息系统中的处理过程（穿行测试），以提取对关键控制点控制有效支持的审计证据。

二、筹资与投资循环的内部控制要点

（一）筹资活动的内部控制

筹资活动由借款交易和股东投资组成。企业的借款交易涉及短期借款、长期借款和应付债券，这些内部控制基本类似，股东投资增减变动的业务较少而金额较大，注

册会计师在审计中一般直接进行实质性测试。筹资活动的内部控制系统一般包括下列内容。

1. 筹资的授权审批控制。适当授权及审批可明显提高筹资活动效率，降低筹资风险，防止由于缺乏授权、审批而出现舞弊现象。

2. 筹资活动的职务分离控制。职责分工、明确责任是筹资循环内部控制的重要手段，筹资业务中的职务分离包括：

（1）筹资计划编制人与审批人适当分离，有利于审批人独立地评价筹资计划的优劣。

（2）经办人员不能接触会计记录。

（3）会计记录人员与负责收付款的人员分离，有条件的应聘请独立的机构负责支付业务。

（4）证券保管人员与会计记录人员分离。

3. 筹资收入款项的控制。为了能使企业的内部控制系统有效执行，客观、公正地证实企业会计记录的可信性，防止以筹资业务为名进行不正当活动或者伪造会计记录掩盖不正当活动的事项发生，企业最好委托独立的代理机构筹资。

4. 还本付息、支付股利等付出款项的控制。无论何种筹资形式都面临利息的支付和股利的发放等支付款项问题。由于企业债券利息受益人社会化的特征，企业可开出单张支票，委托有关代理机构代发，从而减少支票签发次数，降低舞弊可能。另外，还应定期核对利息支付清单和开出支票总额。股利发放要以股东大会或股东大会有关发放股利的决议文件为依据。

5. 实物保管的控制。债券和股票都应设立相应的登记簿，详细登记已核准发行的债券和股票有关事项，如签发日期、到期日期、支付方式、支付的利率、当时市场利率和金额等。

6. 会计记录的控制。筹资业务的会计处理较为复杂，因此会计记录的控制尤为重要，企业应及时按正确的金额，采用合理的方法，在适当的账户和合理的会计期间对筹资业务予以正确记录。注册会计师应通过询问、观察、查阅有关资料等方法了解筹资循环内部控制的完善程度。

（二）投资活动的内部控制

投资活动的内部控制应包含以下几个方面。

1. 投资计划的授权审批制度。企业对外投资需要有一定的授权审批机制，对投资对象、投资目的和影响投资收益的风险等事项进行严格审核。

2. 投资业务的职务分离控制。投资活动合理的职责分工主要包括：

（1）投资业务的审批与执行分离。

（2）业务的执行与会计记录分离。

（3）投资业务的记录与有价证券的保管分离。

3. 实物保管的控制。企业对投资资产一般有两种保管方式：

（1）由独立的专门机构保管，如委托银行、证券公司、信托投资公司等机构进行保管。这些机构有专门的保存和防护措施，可以防止各种证券及单据的失窃或损毁，并且由于它们与投资业务的会计记录是完全分离的，可以大大降低舞弊的可能性。

（2）由企业自行保管，在这种方式下，必须建立严格的相互牵制制度，即至少要由两名人员共同控制，不得一人单独接触证券。对于任何证券的存入和取出，要将证券名称、数量、价值及存取的日期、数量等详细记录于证券登记簿内，并由在场的经手人签名。

4. 投资业务会计记录控制，合理地设计各种投资账簿。对于股票和债券类投资，无论是由企业保管还是由他人保管，都要进行完整的会计记录，并对其增减变动及投资收益的实现情况进行相关会计核算。除建立明细账和总账外，还应建立股票投资、债券投资登记簿，记录投资证券的名称、面值、数量、证券编号、获取日期、购入成本、市价、利息或股利率和经纪人（或证券商）等。

5. 盘点控制。对于企业所持有的长短期投资，应由不参与证券投资业务的人员定期对有价证券进行盘点，检查其真实性和所有权，核对证券的编号、数量、面值、购入日期、成本等资料，并与账簿记录核对。如果企业持有的证券是委托专门机构保管的，则对证券的盘点应由企业与相关机构保管人员共同完成，以保证两者相符，防止保管人员在未接到持有人的书面指令时擅自买卖证券等行为的发生。

三、筹资与投资循环重大错报风险

在一般情况下，被审计单位不会高估负债，因为这样对自身不利。因此，负债项目的审计目标应主要是防止企业低估或漏列债务。负债的低估或漏列在夸大企业的财务实力和掩饰欺诈舞弊上，同高估资产一样有害，因为它经常伴随着低估成本费用，从而高估利润。

注册会计师应当在了解被审计单位的基础上考虑影响筹资交易的重大错报风险，并对被审计单位业务中可能出现的特别风险保持警惕。考虑到严格的监管环境和董事会针对筹资活动设计的严格控制，除非注册会计师对管理层的诚信产生疑虑，否则重大错报风险一般应当评估为低水平。

在企业会计准则以及监管法规对借款要求披露的情况下，可能存在完整性，准确性、计价和分摊，列报认定的潜在重大错报风险。尽管账户余额发生错报的可能性不大，但仍然可能存在权利和义务被忽略或发生错报的可能，例如一个集团公司用资产为另一集团公司提供抵押或担保的情况。

如果被审计单位是国际资本市场上的大型公众公司，其股票在国内和国外同时上市，其他国家的法律法规的复杂性可能影响到注册会计师对重大错报风险的评估。在这种情况下，企业可能从国外获得借款，从而应当在利润表中确认汇兑损益。此时，筹资交易和余额的重大错报风险可能被评估为中到高水平，存在完整性认定风险和或有负债的风险。

（一）负债筹资业务中可能存在的重大错报风险

1. 担保资格不符合法定要求。以厂房等资产作抵押时，该资产不为被审计单位所有。

2. 借款无计划、有关手续不齐全。借款无计划通常导致被审计单位不履行借款合同，使部分借款合同的条款难以落实。

3. 为取得借款而抵押的资产的所有权不属于被审计单位。

4. 债券发行不合法。债券的发行与董事会决议、有关部门批复、债券承销协议等文件不一致。

5. 债券发行的会计处理不合规。债券发行的会计处理与公司现有债券副本或登记簿、发行债券所收入现金的收据、汇款通知单、送款登记簿及相关的银行对账单不一致。

6. 债券利息费用计算不正确。

（二）权益筹资业务可能存在的重大错报风险

1. 抽逃资本金。

2. 不按规定时间出资。

3. 出资与合同或协议、公司章程等文件记录不一致。

4. 股东缴付出资额应该验资而未经验资。

（三）投资业务可能存在的重大错报风险

注册会计师应当考虑重大错报风险对投资活动的影响，并对被审计单位可能发生的特定风险保持警惕。

1. 管理层错误表述投资业务或衍生金融工具业务的偏见和动机，包括为了满足预算、提高绩效奖金、提高财务报表中的报告收益、确保从银行获得额外资金、吸引潜在投资购买者或影响股价而误导投资者。

2. 所取得资产的性质及复杂程度可能导致确认和计量的错误，例如不正确的会计分配。尽管多数被审计单位可能只拥有少量的投资业务，并且买入和卖出的业务不频繁，但投资交易的非经常性可能导致会计处理出现错误。

3. 金融资产分类不正确。

4. 交易记录不完整。

5. 金融资产增减业务不合规。

6. 金融资产的初始计量不正确。

7. 长期股权投资初始投资成本的计量不正确。

8. 所持有投资的公允价值可能难以计量。公允价值难以确定会影响投资成本和投资收益的确定，进而影响注册会计师对“与投资业务有关的风险”进行评估。

9. 确定公允价值的困难性可能最终影响资产负债表中投资和衍生金融工具的账面计量。

10. 管理层凌驾于内部控制之上，可能导致投资交易未经授权。

11. 如果对有价证券的控制不充分，权益性有价证券的舞弊和盗窃风险可能很高，从而影响投资的存在性。

12. 关于资产的所有权以及相关权利与义务的审计证据可能难以获得，获取的权益可能很复杂。例如，在企业集团中包含跨国公司的情形以及公司处理大量衍生金融工具交易的情形。

13. 如果负责记录投资处置业务的人员没有意识到投资已经卖出，则投资处置业务可能未经记录。这种处置业务只能通过在期末进行实物检查来发现。

第三节　筹资与投资循环的控制测试

一、筹资活动控制测试

控制测试是在初步了解、评价筹资活动的内部控制之后，对于控制较强的部分，测试其有效性。这种控制测试主要包括以下工作：

1. 筹资活动是否经过授权批准。测试授权审批控制，可以直接向被审计单位管理层询问，并查看有关记录。

2. 筹资活动的授权、执行、记录和实物保管等是否严格分离。对职务分离控制的控制测试可以采取跟踪业务的方法，调查各方面的情况；对收入资金和偿还款项控制的控制测试可以结合货币资金业务的内部控制测试进行；对实物保管控制的控制测试可以采取实地调查的方法。

3. 筹资活动是否建立了严密的账簿体系和记录制度，并定期检查。此项测试应采取账务追索收集证据的方法。例如，对于长期借款的取得、使用和偿还情况，会计记录是否能够及时、完整地反映，会计人员是否对明细账和总账进行了全面登记，并定期检查和核对其是否相符。

注册会计师在对筹资活动的内部控制实施控制测试的基础上对其进行分析评价，以确定控制的强弱点及其可依赖程度，据以确定实质性测试的性质、时间和范围。

二、投资活动控制测试

控制测试的目的在于检查投资活动内部控制系统的设计是否合理、执行是否有效，以判断内部控制对投资活动发生错误或舞弊的有效抑制程度，进而据以确定实质性测试的性质、时间和范围。

注册会计师对投资活动内部控制的控制测试内容包括：

1. 投资项目是否经授权批准，对于投资计划的审批授权控制，主要通过查阅有关计划资料或直接向管理层询问进行审查，如通过企业董事会的会议纪要、证券投资的各类权益证明文书、联营投资中的投资协议或章程等了解投资循环授权批准制度的执行情况。

2. 投资项目的授权、执行、保管和记录是否有严格分工。对于职务分离控制的测试，注册会计师可以采取实地调查和跟踪业务的方法进行。

3. 有无健全的有价证券保管制度。注册会计师应审阅内部相关人员对有价证券进行定期盘点的报告，重点审阅盘点方法是否适当、盘点结果与会计记录进行核对的情况，以及出现差异的处理是否合规等。如果各期盘点报告的结果未发现账实之间存在差异或差异不大，说明投资活动的内部控制比较健全有效。

4. 投资活动的核算方式是否符合有关财务制度的规定，相关投资收益的会计处理是否正确。注册会计师可从各类投资业务的明细账中抽取部分会计记录进行审核，判断其会计处理过程是否合规，并据以核实上述有关内部控制是否得到有效执行。

注册会计师在完成上述工作后，取得了有关内部控制是否有效的证据，并在工作底稿中标明内部控制强弱点，对投资业务内部控制进行总体评价，确定对投资业务内部控制的可依赖程度，进而确定实质性测试的程序和重点。

第四节　负债相关项目的实质性程序

负债是企业承担的一项经济义务，主要包括短期借款、长期借款和应付债券等。一般而言，被审计单位不会高估或虚构负债，在审计实务中，主要是审查被审计单位是否低估或漏记负债。

一、短期借款

（一）短期借款的审计目标

短期借款审计目标与认定对应关系如表 11－2 所示。

表 11－2　短期借款审计目标与认定对应关系

审计目标	财务报表认定					
	存在	完整性	权利和义务	准确性、计价和分摊	分类	列报
A. 资产负债表中记录的短期借款是存在的	√					
B. 所有应当记录的短期借款均已记录，应当包括在财务报表中的相关披露均已包括		√				
C. 记录的短期借款为被审计单位应当履行的现时义务			√			
D. 短期借款以恰当的金额包括在财务报表中，与之相关的计价调整已恰当记录，相关披露已得到恰当计量和描述				√		

续表

审计目标	财务报表认定					
	存在	完整性	权利和义务	准确性、计价和分摊	分类	列报
E. 短期借款已记录于恰当的账户					√	
F. 短期借款已被恰当地汇总或分解且表述清楚，按照企业会计准则的规定在财务报表中作出的相关披露是相关的、可理解的						√

（二）短期借款具体审计目标与财务报表相关认定的实质性程序

短期借款具体审计目标与财务报表相关认定的实质性程序如表 11－3 所示。

表 11－3　短期借款审计目标与相关实质性程序对应关系

审计目标	短期借款常规审计程序
D	取得短期借款明细表，复核加计正确，并与总账数和明细账合计数核对是否相符
AD/BD	分析与短期借款相关的财务指标
ABCDF	对短期借款实施函证程序
ABCD	检查短期借款的增加和减少
DF	检查短期借款的偿还情况
D	复核短期借款利息
D	检查外币借款的折算
F	确定短期借款的列报是否恰当

（三）短期借款的实质性程序

1. 获取或编制短期借款明细表。获取或编制短期借款明细表，复核加计是否正确，并与报表数、总账数和明细账合计数核对是否相符。短期借款明细表根据贷款银行列示了借款期限、本期增加利息、本期还本付息、本期利息、借款条件等明细情况。其格式如表 11－4 所示。

2. 实施分析性程序。根据实际情况，选择以下方法对短期借款执行分析程序。

（1）计算借款平均实际利率并同以前年度及市场平均利率相比较。

（2）根据借款平均余额、平均借款利率测算当期利息费用和利息，并与账面记录进行比较。

（3）针对实施的分析程序：

①比较当年及以前年度的借款总额，并查明出现异常情况的原因；

②比较当年及以前年度的利息支出费用，并查明出现异常情况的原因；

③比较当年及以前年度利息支出占借款余额的比例，并查明出现异常情况的原因；

④比较当年及以前年度的借款平均实际利率，并查明出现异常情况的原因。

表 11 –4　　　　　　　　　短期借款明细表

被审计单位：

项　　目：短期借款　　　　编制：　　　　日期：　　　　索引号：

报表截止日：　　　　　　　复核：　　　　日期：　　　　页　次：

贷款银行	借款期限		期初余额			本期增加		本期归还		期末余额		本期应计利息	本期实计利息	差异	借款条件	借款用途	备注
	借款日	约定还款日	利率	本金	日期	利率	本金	日期	本金	利率	本金						
编制说明：外币短期借款应列明原币金额及折算汇率 审计说明：																	

3. 函证短期借款的实有数。注册会计师应在期末短期借款余额较大或认为必要时向银行或其他债权人函证短期借款。

4. 检查短期借款的增减。对年度内增加的短期借款，注册会计师应检查借款合同和授权批准，了解借款数额、借款条件、借款日期、还款期限、借款利率，并与相关会计记录相核对。对年度内减少的短期借款，注册会计师应检查相关记录和原始凭证，核实还款数额。

5. 检查短期借款的偿还情况。注册会计师应检查相关记录和原始凭证，检查被审计单位有无到期未偿还的短期借款，如有，则应查明是否已向银行提出申请并经同意后办理延期手续。

6. 复核短期借款利息。注册会计师应根据短期借款的利率和期限，复核被审计单位短期借款的利息计算是否正确，有无多算或少算利息的情况，如有未计利息和多计利息，应作出记录，必要时进行调整。

7. 检查外币借款的折算。如果被审计单位有外币短期借款，注册会计师应检查外币短期借款的增减变动是否按业务发生时的市场汇率或期初市场汇率折合为记账本位币金额；期末是否按市场汇率将外币短期借款余额折合为记账本位币金额；折算差额是否按规定进行会计处理；折算方法是否前后期一致。

8. 检查短期借款在资产负债表上的列报。企业的短期借款在资产负债表上通常设“短期借款”项目单独列示，对于因抵押而取得的短期借款，应在资产负债表附注中披露。

二、长期借款

（一）长期借款的审计目标

长期借款的审计目标一般包括：确定资产负债表中记录的长期借款是否存在；确定所有应当记录的长期借款是否均已记录；确定记录的长期借款是否为被审计单位应

当履行的现时义务；确定长期借款是否以恰当的金额包括在财务报表中，与之相关的计价调整是否已恰当记录；确定长期借款已记录于恰当的账户；确定长期借款是否已按照企业会计准则的规定在财务报表中作出恰当列报。

（二）长期借款的实质性程序

长期借款的实质性程序通常包括：

1. 获取或编制长期借款明细表，复核其加计数是否正确，并与明细账和总账核对相符。

2. 了解金融机构对被审计单位的授信情况以及被审计单位的信用等级评估情况，了解被审计单位获得短期借款和长期借款的抵押和担保情况，评估被审计单位的信誉和融资能力。

3. 向银行或其他债权人函证重大的长期借款。

4. 检查长期借款的增加与减少。对年度内增加的长期借款，检查借款合同和授权批准，了解借款数额、借款条件、借款用途、借款日期、还款期限、借款利率等，并与相关会计记录核对。对年度内减少的长期借款，检查相关记录和原始凭证，核实还款数额，并与相关会计记录核对。

5. 复核长期借款利息。根据长期借款的利率和期限，复核被审计单位长期借款的利息计算是否正确。如有未计利息、少计利息和多计利息，应作出记录，必要时进行调整。

6. 检查长期借款的使用是否符合借款合同的规定，重点检查长期借款使用的合理性。

7. 检查抵押的长期借款。检查被审计单位抵押长期借款的抵押资产的所有权是否属于被审计单位，其价值和实际状况是否与担保契约中的规定相一致。

8. 审查外币长期借款。检查非记账本位币长期借款的折算汇率及折算是否正确，折算方法是否前后期一致，折算差额是否按规定进行会计处理。

9. 检查年末有无到期未偿还的借款、逾期借款是否办理了延期手续，分析计算逾期借款的金额、利率和期限，判断被审计单位的资信程度和偿债能力。

10. 检查借款费用的会计处理是否正确。检查企业是否按照企业会计准则的规定，将可直接归属于符合资本化条件的资产的购建或生产的借款费用予以资本化，计入相关资产成本；其他借款费用，在发生时根据其发生额确认费用，计入当期损益。

11. 检查长期借款是否已在资产负债表上充分披露。长期借款在资产负债表上列示于长期负债类下，该项目应根据“长期借款”科目的期末余额扣减将于一年内到期的长期借款后的数额填列，该项扣除数应当填列在流动负债类下的“一年内到期的非流动负债”项目单独反映。确定被审计单位长期借款在资产负债表上的列示是否充分，并注意长期借款的抵押和担保是否已在财务报表附注中作了充分的说明。

三、应付债券

（一）应付债券的审计目标

应付债券的审计目标一般包括：确定资产负债表中记录的应付债券是否存在；确

定所有应当记录的应付债券是否均已记录；确定记录的应付债券是否为被审计单位应当履行的现时义务；确定应付债券是否以恰当的金额包括在财务报表中，与之相关的计价调整是否已恰当记录；确定应付债券已记录于恰当的账户；确定应付债券是否已按照企业会计准则的规定在财务报表中作出恰当列报。

（二）应付债券的实质性程序

应付债券的实质性程序一般包括：

1. 从负责债券记录的部门取得或编制应付债券明细表。同其他负债项目的实质性程序一样，注册会计师应先取得或编制应付债券明细表，并同有关的明细分类账和总分类账核对相符。应付债券明细账通常应包括债券名称、承销机构、发行日、到期日、债券总额（面值）、实收金额、折价和溢价及其摊销、应付利息、担保情况等内容。

2. 检查债券交易的有关原始凭证。检查债券交易的各项原始凭证，是确定应付债券金额及其合法性的重要程序，注册会计师应做好以下工作。

（1）检查企业现有债券副本，确定其发行是否合法，各项内容是否同相关的会计记录相一致；

（2）检查企业发行债券所收入现金的收据、汇款通知单、送款登记簿及相关的银行对账单；

（3）检查用以偿还债券的支票存根，并检查利息费用的计算；

（4）检查已偿还债券数额同应付债券借方发生额是否相符；

（5）如果企业发行债券时已作抵押或担保，注册会计师还应检查相关契约的履行情况。

3. 检查应计利息、债券折（溢）价摊销及其会计处理是否正确。一般可通过检查债券利息、溢价、折价等账户分析表来进行。该表可让被审计单位代为编制，注册会计师加以检查，也可由注册会计师自行编制。

4. 函证“应付债券”账户期末余额。为了确定“应付债券”账户期末余额的真实性，注册会计师如果认为必要，可以直接向债权人及债券的承销人或包销人进行函证。函证内容应包括应付债券的名称、发行日、到期日、利率、已付利息期间、年内偿还的债券、资产负债表日尚未偿还的债券余额及注册会计师认为应包括的其他重要事项。

5. 检查对到期债券偿还的会计处理是否正确。关于对到期债券的偿还，注册会计师应检查相关会计记录，检查其会计处理是否正确。对可转换公司债券持有人行使转换权利将其持有的债券转换为股票，则应检查其转股的会计处理是否正确。

6. 检查利息费用的会计处理是否正确。对应付债券利息费用会计处理的审查，可比照长期借款利息费用的审查进行，主要是看资本化的处理是否合理。

7. 检查应付债券是否已恰当列报。注册会计师应根据审计结果，确定被审计单位应付债券在财务报表上的披露是否充分，应注意有关应付债券的类别是否已在财务报表附注中作了充分的说明。

四、财务费用

财务费用是企业使用资金的代价，因此，借款费用的审计和财务费用的审计总是紧密结合在一起。

（一）财务费用的审计目标

财务费用的审计目标一般包括：确定利润表中记录的财务费用是否已发生，且与被审计单位有关；确定所有应当记录的财务费用是否均已记录；确定与财务费用有关的金额及其他数据是否已恰当记录；确定财务费用是否已记录于正确的会计期间；确定财务费用是否已记录于恰当的账户；确定财务费用是否已按照企业会计准则的规定在财务报表中作出恰当列报。

（二）财务费用的实质性程序

财务费用的实质性程序通常包括：

1. 注册会计师应当获取或编制财务费用明细表，与报表数、总账数及明细账合计数核对是否相符。

2. 实施分析程序。注册会计师可以将本期和上期的财务费用各明细项目作比较分析，必要时比较本期各月份财务费用，如有重大变动和异常情况，应查明原因，扩大审计范围或进一步追查。

3. 注册会计师可以对财务费用实施截止测试。审阅下期期初的财务费用明细账、检查财务费用各项目有无跨期入账的现象。如有重大跨期项目，应做必要调整。

4. 检查重要的财务费用项目。注册会计师应检查利息支出明细项目，确认利息支出的真实性和准确性；检查汇兑损益的计算方法是否正确；检查大额借款手续费的真实性和准确性。

5. 审核财务费用的披露是否恰当。注册会计师应注意审核财务费用的明细项目在报表上的披露是否恰当。

【思维小课堂】

大数据与投资审计的融合发展

将区块链技术引入投资审计平台，可以发挥其可追溯、防篡改等优势，为审计数据和审计过程赋信，构建电子数据审计存证体系，有效解决审计过程中存在的被审计单位提供数据不完整、不及时、不真实等审计痛点，实现四个“赋信”。

一是区块链为审计前赋信。被审计单位通过 Web 页面将数据库备份文件上传至归集系统，实现数据上链；利用区块链不可篡改的特性，在数据上链时即对审计数据赋信，为数据责任界定提供依据。二是区块链为审计过程赋信。数据中心将归集系统收集到的数据库备份文件还原到对应的数据库中，经过数据治理（ETL 操作以及标准化转换等处理）加载到数据仓库，审计人员（包括外聘人员）基于数据仓库进行数据分析。同时，对整个操作过程进行上链操作，有效管理审计人员的审计行为，为审计过程赋信。三是区块链为人工智能（AI）运用过程赋信，让 AI 分析过程具备一定的可解释性。四是区块链为审计后赋信。通过对审计结果上链，利用区块链技术实现审计过程的回溯，为审计结果赋信，可以有效解决海量数据取证难题。

随着信息技术的发展，会有更多新型的技术应用到审计工作中，从而提升注册会计师的工作效率和业务质量，也充分实现对审计对象的全过程监督。

（资料来源：黎于良．大数据与投资审计融合发展的实现路径［J］．审计观察，2021（1）：68－71）

第五节　所有者权益项目的实质性程序

企业所有者权益发生的业务频率较低，但金额较大，因此需要予以重视。如果注册会计师将被审计单位的资产和负债全部审计完结并得出了相应的审计结论，那么根据会计方程式“资产＝负债＋所有者权益”，可以从侧面证实所有者权益的正确性。但是，由于现代审计是抽样审计，资产、负债的审计结论并不能全面证实所有者权益的正确性。另外，由于所有者权益发生的次数较少，直接测试所有者权益的审计效率反而更高。

一、实收资本（股本）

（一）实收资本（股本）的审计目标

实收资本（股本）的审计目标一般包括：确定资产负债表中记录的实收资本（股本）是否存在；确定所有应当记录的实收资本（股本）是否均已记录；确定实收资本（股本）是否以恰当的金额包括在财务报表中；确定实收资本（股本）是否已记录于恰当的账户；实收资本（股本）是否已按照企业会计准则的规定在财务报表中作出恰当列报。

（二）实收资本（股本）的实质性

实收资本（股本）的实质性程序通常包括：

1．获取或编制实收资本（股本）增减变动情况明细表，复核加计是否正确，与报表数、总账数和明细账合计数核对是否相符。

2．查阅公司章程、股东大会、董事会会议记录中有关实收资本（股本）的规定。

3．检查实收资本（股本）增减变动的原因，查阅其是否与董事会纪要、补充合同、协议及其他有关法律性文件的规定一致，逐笔追查至原始凭证，检查其会计处理是否正确。注意有无抽资或变相抽资的情况，如有，应取证核实，作恰当处理。对首次接受委托的客户，除取得验资报告外，还应检查并复印记账凭证及进账单。

4. 对于以资本公积、盈余公积和未分配利润转增资本的，应取得股东大会等资料，并审核是否符合国家有关规定。

5. 以权益结算的股份支付，取得相关资料，检查是否符合相关规定。

6. 中外合作企业根据合同规定在合作期间归还投资的，检查的内容有：第一，如是直接归还投资，检查是否符合有关的决议与公司章程和投资协议的规定，款项是否已付出，会计处理是否正确。第二，如是以利润归还投资，还需检查是否与利润分配的决议相符，并检查与利润分配有关的会计处理是否正确。

7. 根据证券登记公司提供的股东名录，检查被审计单位及其子公司、合营企业与联营企业是否有违反规定的持股情况。

8. 以非记账本位币出资的，检查其折算汇率是否符合规定。

9. 检查认股权证及其有关交易，确定委托人及认股人是否遵守认股合约或认股权证中的有关规定。

10. 检查实收资本（股本）的列报是否恰当。

二、资本公积

资本公积是非经营因素形成的，不能计入实收资本或股本的所有者权益，主要包括投资者实际交付的出资额超过其资本份额的差额（如股本溢价、资本溢价）、接受股东非现金资产捐赠、接受股东现金捐赠、股权投资准备、外币资本折算差额、拨款投入、其他资本公积（如直接计入资本公积的利得或损失）等。资本公积准备项目不能转增资本。

（一）资本公积的审计目标

资本公积的审计目标一般包括：确定资产负债表中记录的资本公积是否存在；确定所有应当记录的资本公积是否均已记录；资本公积的增减变动是否符合法律法规和合同、章程的规定；确定资本公积是否以恰当的金额包括在财务报表中；确定资本公积是否已记录于恰当的账户；确定资本公积是否已按照企业会计准则的规定在财务报表中作出恰当列报。

（二）资本公积的实质性程序

1. 获取或编制资本公积明细表，复核加计是否正确，并与报表数、总账数和明细账合计数核对是否相符。

2. 检查资本公积形成的合法性。注册会计师应检查资本公积形成的内容及其依据，并查阅相关的会计记录和原始凭证，确认资本公积形成的合法性。资本公积形成的审计包括审查资本溢价或股本溢价、审查接受股东非现金资产捐赠、审查接受股东现金捐赠、审查股权投资准备、审查拨款转入、审查外币资本折算差额、审查其他资本公积等。

（1）审查资本溢价或股本溢价。注册会计师应检查资本溢价是否在企业吸收新投资时形成，资本溢价的确定是否按实际出资额扣除其投资比例所占的资本额计算，其投资是否经董事会决定并已报原审批机关批准；检查股本溢价发行是否合法，股票发行价格与其面值的差额是否全部计入资本公积，发行股票支付的手续费或佣金等余额是否已从溢价中扣除。

（2）审查接受股东非现金资产捐赠。注册会计师应审查接受捐赠资产是否按规定办理了移交手续、是否经过验收，资产定价是否取得有关报价单或按同类资产的市场价格确认，接受捐赠的固定资产是否应计提折旧，有无存在对捐赠资产不入账等情况，有关账务处理是否符合国家有关制度的规定，是否违反规定将资本公积在未实现前转增资本或股本。

（3）审查接受股东现金捐赠。注册会计师应注意审查接受现金捐赠的银行对账单、银行存款日记账和“资本公积——接受现金捐赠”明细账是否核对相符，是否确实收到有关捐赠款项。

（4）审查股权投资准备。在审查股权投资准备时，注册会计师应结合“长期股权投资”账户的审计来进行。注册会计师在审查时应注意重点审查以下问题：被投资企业有关资本公积增减变动数额是否真实、准确；投资企业的投资比例和以此分享的有关资本公积增减变动数额是否真实、准确。为了审查这两个问题，注册会计师应尽量取得被投资企业经审计后的年度财务报表。如果被投资企业是上市公司，其年度财务报表可以从公开渠道获得。否则，注册会计师应与担任被投资企业审计工作的注册会计师或被投资企业联系，函证获得所需的数据。

（5）审查拨款转入。对于国家拨入的专门用于技术改造、技术研究等的拨款项目，注册会计师应审查被审计单位是否按照国家的规定用途使用，有无挪作他用。

（6）审查外币资本折算差额。对于外币资本折算差额，注册会计师应审查资本账户折算汇率是否按合同约定确定，并由投资各方认可，且符合国家有关法规、制度的规定。

3. 审查资本公积运用的合法性。注册会计师应审查资本公积有无挪作他用。对于资本公积转增资本，注册会计师应审查该行为是否经董事会决定并报经市场监督管理机关批准；获得批准后，资本公积运用的账务处理是否及时、准确。

4. 确定资本公积是否在资产负债表上恰当反映。注册会计师应审查资本公积是否在资产负债表上单独列示，同时还应核对资本公积明细账同所有者权益变动表中列示的资本公积的期末余额及期初余额是否相符。

三、盈余公积

（一）盈余公积的审计目标

盈余公积的审计目标一般包括：确定资产负债表中记录的盈余公积是否存在；确定被审计单位所有应当记录的盈余公积是否均已记录，盈余公积的增减变动是否符合法律法规和合同、章程的规定；确定盈余公积是否以恰当金额包括在财务报表中，与之相关的计价调整是否已恰当记录；确定盈余公积是否已记录于恰当的账户；确定盈余公积是否已按照企业会计准则的规定在财务报表中作出恰当列报。

（二）盈余公积的实质性程序

1. 获取或编制盈余公积明细表，复核加计是否正确，并与报表数、总账数和明细账合计数核对是否相符。

2. 审查盈余公积提取的合法性。注册会计师应审查盈余公积提取是否符合法律规定并经过批准，提取手续是否完备，提取的依据是否正确，有无多提或少提的现象。

3. 审查盈余公积使用的合法性。注册会计师应审查盈余公积的使用是否符合规定并经过批准，使用是否合理，有无挪作他用的情况。

4. 审查盈余公积的提取、使用及其账面价值的真实性。注册会计师应根据盈余公积提取、使用的原始凭证、批准数额，逐笔审查凭证和账簿记录，看其是否账证相符、账表相符。

5. 确定盈余公积在资产负债表上是否恰当披露。企业的法定盈余公积、任意盈余公积应合并为盈余公积在资产负债表上反映。企业应在财务报表附注中说明各项盈余公积的期末余额及期初至期末间的重要变化。注册会计师对此应重点检查。

四、未分配利润

（一）未分配利润的审计目标

未分配利润的审计目标一般包括：确定资产负债表中记录的未分配利润是否存在；确定被审计单位所有应当记录的未分配利润是否均已记录，未分配利润增减变动是否符合法律法规和章程的规定；确定未分配利润是否以恰当的金额包括在财务报表中，与之相关的计价调整是否已恰当记录；确定未分配利润是否已记录于恰当的账户；确定未分配利润是否已按照企业会计准则的规定在财务报表中作出恰当列报。

（二）未分配利润的实质性程序

1. 获取或编制利润分配明细表。复核加计是否正确，与报表数、总账数及明细账合计数核对是否相符。

2. 审查未分配利润的真实性。注册会计师应审查期初“未分配利润”账户余额是否与上期资产负债表上所列数额一致。如果是未弥补亏损，注册会计师应查明是税前补亏，还是税后补亏，以及应纳企业所得税的调整数是否正确。注册会计师应核对利润分配的总账与明细账，审查本年度未分配利润结转的真实性。

3. 收集和检查与利润分配有关的董事会会议纪要、股东大会决议、政府部门批文以及有关合同、协议、公司章程等文件资料，更新永久性档案。对照有关规定确认利润分配的合法性。检查对资产负债表日至财务报告批准报出日之间由董事会或类似机构所制定利润分配方案中拟分配的股利，是否在财务报表附注中单独披露。注意当境内与境外会计师事务所审定的可供分配利润不同时，被审计单位进行利润分配的基数是否正确。

4. 审查结账日后发生的损益调整项目的账务处理是否合法、准确。由于年终结账日后发生的损益调整项目直接调整有关资产、负债项目和“利润分配——未分配利润”账户，注册会计师应着重审查利润分配的增加额，防止企业虚增未分配利润。

5. 结合以前年度损益调整科目的审计，检查以前年度损益调整的内容是否真实、合理，注意对以前年度所得税的影响。对重大调整事项应逐项核实其发生原因、依据和有关资料，复核数据的正确性。

五、应付股利

（一）应付股利的审计目标

应付股利的审计目标一般包括：确定资产负债表中记录的应付股利是否存在；确定所有应当记录的应付股利是否均已记录；确定记录的应付股利是否为被审计单位应当履行的现时义务；确定应付股利是否以恰当的金额包括在财务报表中，与之相关的计价调整是否已恰当记录；确定应付股利是否已记录于恰当的账户；确定应付股利是否已按照企业会计准则的规定在财务报表中作出恰当列报。

（二）应付股利的实质性程序

1. 获取或编制应付股利明细表，复核加计是否正确，并与报表数、总账数和明细账合计数核对是否相符。

2. 审阅公司章程和股东大会决议中有关股利的规定，了解股利分配标准和发放方式是否符合有关规定并经法定程序批准。若被审计单位董事会或类似机构通过利润分配方案拟分配现金股利或利润是否披露。

3. 检查应付股利的发生额。是否根据股东大会决定的利润分配方案，从可供分配利润中计算确定，并复核应付股利计算和会计处理的正确性。

4. 检查股利支付的原始凭证的内容、金额和会计处理是否正确。

5. 根据评估的舞弊风险等因素增加的审计程序。

6. 确定应付股利的列报是否恰当。

第六节　投资相关项目的实质性程序

一、交易性金融资产

（一）交易性金融资产的审计目标

交易性金融资产的审计目标一般包括：确定交易性金融资产是否存在；确定交易性

金融资产是否归被审计单位所有；确定交易性金融资产的增减变动及其损益的记录是否完整；确定交易性金融资产的计价是否正确；确定交易性金融资产的期末余额是否正确；确定交易性金融资产是否已记录于恰当的账户；确定交易性金融资产的披露是否恰当。

（二）交易性金融资产的实质性程序

1. 核对期末结存的相关交易性金融资产，向被审计单位核实其持有目的，检查本账户的核算范围是否恰当。

2. 获取股票、债券及基金等交易流水单以及被审计单位证券投资部门的交易记录，与明细账核对，检查会计记录是否完整、会计处理是否正确。

3. 监盘库存交易性金融资产，并与相关账户余额进行核对。如果账实存在差异，应查明原因，并进行记录或作适当调整。

4. 向相关金融机构发函询证交易性金融资产期末数量以及是否存在变现限制（与存出投资款一并函证），并记录函证过程；取得回函时应检查相关签章是否符合要求。

5. 复核与交易性金融资产相关的损益计算是否准确，并与公允价值变动损益及投资收益等有关数据核对。

6. 复核股票、债券及基金等交易性金融资产的期末公允价值是否合理，相关会计处理是否正确。

二、长期股权投资

（一）长期股权投资的审计目标

长期股权投资的审计目标一般包括：确定长期股权投资是否存在；确定所有应当记录的长期股权投资是否均已记录；确定记录的长期股权投资是否由被审计单位拥有或控制；确定长期股权投资是否以恰当的金额包括在财务报表中，与之相关的计价调整是否已恰当记录；确定长期股权投资是否已记录于恰当的账户；确定长期股权投资是否已按照企业会计准则的规定在财务报表中作出恰当列报。

（二）长期股权投资的实质性程序

1. 获取或编制长期股权投资明细表，复核其加计数是否正确，并与总账数和明细账合计数核对是否相符；结合长期股权投资减值准备金额与报表数核对相符。

2. 根据有关合同和文件，确认长期股权投资的股权比例和持有时间，检查长期股权投资核算方法是否正确。

3. 对于重大的投资，向被投资单位函证被审计单位的投资额、持股比例及被投资单位发放股利等情况。

4. 对于应采用权益法核算的长期股权投资，获取被投资单位已经由注册会计师审计的年度财务报表。如果年度财务报表未经注册会计师审计，则应考虑对被投资单位的财务报表实施适当的审计或审阅程序。

5. 对于采用成本法核算的长期股权投资，检查股利分配的原始凭证及分配决议等资料，确定会计处理是否正确；对于被审计单位实施控制而采用成本法核算的长期股权投资，比照权益法编制变动明细表，以备合并报表使用。

6. 对于成本法和权益法相互转换的，检查其投资成本的确定是否正确。

7. 确定长期股权投资增减变动的记录是否完整。

8. 期末对长期股权投资进行逐项检查，以确定长期股权投资是否已经发生减值。

9. 结合银行借款等的检查，了解长期股权投资是否存在质押、担保等情况。如果存在质押、担保等情况，则应详细记录，并提请被审计单位进行充分披露。

10. 确定长期股权投资在资产负债表上已恰当列报。与被审计单位人员讨论确定是否存在被投资单位由于所在国家和地区及其他方面的影响，其向被审计单位转移资金的能力受到限制的情况。如果存在该情况，应详细记录受限情况，并提请被审计单位进行充分披露。

三、投资收益

（一）投资收益的审计目标

投资收益的审计目标一般包括：确定投资收益是否存在，且与被审计单位有关；确定投资收益的记录是否完整；确定与投资收益有关的金额及其他数据是否已恰当记录；确定投资收益是否已计入恰当的会计期间；确定投资收益内容是否正确；确定投资收益的披露是否恰当。

（二）投资收益的实质性程序

1. 获取或编制投资收益明细表，复核其加计数是否正确，并与总账数、报表数和明细账合计数核对是否相符。

2. 计算投资收益占利润总额的比例，分析被审计单位在多大程度上依赖投资收益，判断被审计单位盈利能力的稳定性；将当期确认的投资收益与从被投资单位实际获得的现金流量进行比较分析；将重大投资项目与以前年度进行比较，分析是否存在异常变动。

3. 与长期股权投资、交易性金融资产、交易性金融负债等相关项目的审计结合，验证确定投资收益的记录是否正确，确定投资收益被计入的会计期间是否正确。

4. 检查投资协议等文件，确定国外的投资收益汇回是否存在重大的限制。若存在重大限制，应说明原因，并作出恰当披露。

自学测评

一、单项选择题

1. 在筹资与投资循环审计中，注册会计师应索取被审单位合同、协议，这主要是为了证实筹资与投资业务的（　　）认定。

A. 存在　　B. 分类　　C. 权利和义务　　D. 准确性

2. 注册会计师审计甲公司长期借款业务时，为确定长期借款账户余额的真实性，可以进行函证。函证的对象应当是（　　）。

A. 甲公司的律师　　B. 金融监管机关

C. 银行或其他债权人　　D. 公司的主要股东

3. 注册会计师在对甲公司2022年度会计报表进行审计的过程中，对借款执行的下列各项审计程序中，最能够证实长期借款完整性的是（　　）。

A. 向被审计单位所有发生过业务往来的银行发函询证

B. 检查借款利息与本金是否相符

C. 将长期借款明细汇总表与明细账和总账核对

D. 根据长期借款明细账，追查有关借款的原始凭证

4. "投资经过授权批准"是为了实现筹资活动内部控制目标中的关键内部控制程序，即（　　）。

A. 存在　　B. 完整性

C. 权利与义务　　D. 准确性、计价与分摊

二、多项选择题

1. 如果被审计单位投资的证券是委托专门机构代为保管的，为证实其是否确实存在审计人员可以采取的程序有（　　）。

A. 会同被审计单位人员到代保管机构清查盘点

B. 向代保管机构发函询证

C. 检查长期投资明细账

D. 编制对外投资明细表

2. 筹资与投资循环中内部控制的职责分工包括（　　）。

A. 盈余公积核算、复核由不同人员完成，登记明细账和总账由一人完成

B. 筹资、投资决策与执行相互独立

C. 筹资、投资业务执行与记录相互独立

D. 财会部门内部对资金收付、记录、复核相互独立

3. 注册会计师对长期借款进行实质性测试时，一般需要执行的审计程序包括（　　）。

A. 获取长期借款明细表

B. 检查长期借款合同和授权批准文件

C. 了解被审计单位获得长期借款的相关抵押资产和担保情况

D. 检查借款费用的会计处理是否正确

三、判断题

1. 对于短期借款，注册会计师应在期末短期借款余额较大或认为必要时向银行或其他债权人函证短期借款；对于长期借款，注册会计师应向银行或其他债权人函证所有的长期借款。（　　）

2. 注册会计师对于负债项目的审计，主要是防止企业高估债务。（　　）

3. 如果企业以非货币性交易换入长期股权投资，注册会计师应查阅有关评估报告或协议文件、换出资产的账面记录及相关原始资料等来验证长期股权投资入账价值的适当性。（　　）

4. 了解金融机构对被审计单位的授信情况以及被审计单位的信用等级评估情况，有助于证实长期借款的完整性。（　　）

第十二章　货币资金审计

【知识目标】

1. 能够举例说明货币资金的主要业务活动及相应的凭证、记录；
2. 能够举例说明货币资金的主要内部控制及控制测试的基本内容；
3. 能够总结库存现金的实质性程序；
4. 能够总结银行存款的实质性程序。

【技能目标】

1. 能够独立对库存现金进行审计；
2. 能够独立对银行存款进行审计；
3. 可以独立编制库存现金监盘表；
4. 可以独立编制银行询证函。

【思维目标】

1. 培养学生理论联系实际、分析问题及解决问题的能力；
2. 从货币资金重大错报风险中培养风险意识、底线意识；
3. 从银行函证程序培养大局意识、协作意识、规划意识和系统思维；
4. 通过银行函证替代程序的执行事项，培养职业道德和历史使命感。

【导入案例】

299 亿元现金“消失”的故事

只要说了一个谎言，就要用无数个谎言来圆它，××药业就是如此，2019 年××药业爆出 299 亿元现金消失，当时××药业解释存货抵了 195 亿元，大股东占款 88.79 亿元，这样才把这个窟窿给堵上……2020 年，存货跌价损失 204.83 亿元，其中，中药材存货跌价准备 196.50 亿元，医疗器械存货跌价准备 6.70 亿元。

后经调查，2015～2018 年，负责人马某某组织、策划、指挥公司相关人员进行财务造假，向公司股东和公众披露虚假经营信息；故意隐瞒控股股东及关联方非经营性占用资金 116 亿余元不予披露。同时他还伙同其他人违规筹集大量资金，利用实际控制的股票交易账户自买自卖、连续交易，操纵××药业股票价格和交易量，致使共计 20 次连续 20 个交易日累计成交量达到同期该证券总成交量 30% 以上，共计 7 次连续 10 个交易日累计成交量达到同期该证券总成交量 50% 以上。

2021年11月17日，佛山市中级人民法院对××药业原董事长马某某等12人操纵证券市场案公开宣判。马某某因操纵证券市场罪，违规披露、不披露重要信息罪以及单位行贿罪数罪并罚，被判处有期徒刑12年，并处罚金人民币120万元；××药业原副董事长、常务副总经理许某某及其他责任人员11人，因参与相关证券犯罪被分别判处有期徒刑并处罚金。一审宣判后，马某某提出上诉。广东省高级人民法院经审理于2022年1月6日作出终审裁定，驳回上诉，维持原判。该案是新《证券法》确立中国特色证券特别代表人诉讼制度后的首单案件，是迄今为止法院审理的原告人数最多、赔偿金额最高的上市公司虚假陈述民事赔偿案件，体现了检察机关依法严惩上市公司财务造假、违规披露"一条龙"犯罪行为，坚决维护资本市场深化改革和健康发展的决心与力度。

同时，××药业的审计机构广东某会计师事务所，因未实施基本的审计程序，严重违反了相关法律规定，导致××药业严重财务造假未被审计发现，被判决承担100%的连带赔偿责任。此外，作为该会计师事务所合伙人以及××药业年报审计项目的签字会计师，杨某某在执业活动中因重大过失造成该会计师事务所需承担赔偿责任，也被判处在该会计师事务所承责范围内承担连带赔偿责任。

思考：库存现金相对银行存款、营业收入是否更容易发生舞弊？

第一节　货币资金审计概述

货币资金是指企业的现金、银行存款和其他货币资金。任何企业进行生产经营活动都必须拥有一定的货币资金，持有货币资金是企业生产经营活动的基本条件，货币资金在企业的会计核算中占有重要的位置。货币资金是企业流动性最强的资产，具有被盗窃、贪污和挪用的高风险性，而且收付频繁、业务量大，与货币资金业务相联系的项目较多。由于上述特点，货币资金审计构成财务审计的重要组成部分。通过对货币资金的全面了解，分析审计风险；通过对有关内部控制的了解、测试，评价控制风险；拟订审计方案，进行账户余额、交易额审查，并在审计过程控制审计风险。

货币资金审计所涉及的资产负债表项目主要包括库存现金、银行存款和其他货币资金。

一、货币资金与各交易循环的关系

货币资金与各种循环交易存在直接关系，对于货币资金的一些错误，只有在对销售、采购、生产、筹资和投资的交易循环的审计中才会发现。例如，未给顾客开发票、未按销售额开发票等问题，在货币资金控制测试中都不会被发现，但是限制货币资金付款和货币资金收款的错误可以在货币资金的业务控制测试或其余额测试中发现。

以各循环中代表性账户为例，货币资金与各交易循环关系如图12-1所示。

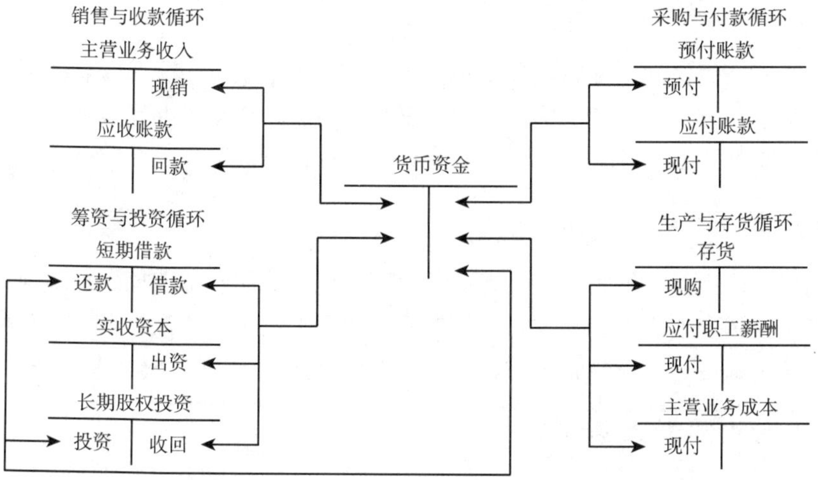

图 12－1　货币资金与各交易循环关系图示

二、货币资金的业务流程

货币资金业务主要有处理单据、受理结算凭证、办理结算、收付款项和账务处理、银行存款余额调节等，具体内容如下。

（一）处理单据

对于与货币资金业务相关的单据的处理涉及企业各个职能部门：销售部门签订销售合同；零星收入由收款部门开具收款通知单；收发室受理汇款单；仓库部门填写请购单；零星支出部门填写差旅费报销单、备用金报销单等；劳动工资部门编制工资结算汇总表。这些单据处理后，交财会部门。

（二）受理结算凭证

从企业外部转来的结算凭证要先经过销售部门或采购部门等受理后再送交财会部门。销售部门受理由付款单位或开户银行转来的票据和收款结算凭证，采购部门受理由收款单位或开户银行转来的付款结算凭证。

（三）办理结算

出纳员根据销售合同、销售发票、提货单和发运凭证等，编制代垫费用清单，据以到银行办理收款转账或提取现金；根据采购合同、请购单、验收单、入库单等办理现金支票、转账支票结算，或在开户银行申请办理汇兑、银行汇票、银行本票、外埠存款、国际信用证存款结算；根据受理的付款结算凭证，到开户银行办理付款、拒付、多余款转账。

（四）收款与付款

出纳员根据销售发票和收款通知单办理收款业务；根据请购单、差旅费报销单、备用金报销单、付款凭单和工资结算汇总表及所附原始凭证，办理付款业务。每日终了，根据所收款项编制送款单，连同所收现金送存银行。

（五）账务处理

收到现金或银行存款时，财会人员根据原始凭证编制收款凭证，登记现金账或银行存款账；支付现金或银行存款时，根据原始凭证编制付款凭证，登记现金账或银行存款账；涉及其他货币资金收付时，根据相关原始凭证进行账务处理。

（六）银行存款余额调节

开户银行在每月月初根据上月的存款和支款情况，抄具一份“银行存款对账单”，连同注销的支票及一些费用通知单交送存款户核对，企业需要对银行存款余额进行调节。

三、货币资金涉及的主要凭证与会计记录

货币资金涉及的主要凭证和会计记录有以下几个方面：

1. 库存现金款盘点表。库存现金款盘点表是反映库存现金盘点情况的重要书面文件，被审计单位库存现金盘点必须由出纳人员和会计主管人员参加、注册会计师实施监盘。

2. 银行对账单。银行对账单是银行和企业核对账务的联系单，也是证实企业业务往来的记录，其反映的主体是银行和企业，内容是企业的资金，是对企业资金流转的记录。

3. 银行存款余额调节表。银行存款调节表是由企业编制的，用来调整企业银行存款账面余额与银行对账单余额之间差异的调节表。

4. 有关科目的记账凭证。如库存现金收付款凭证、银行存款收付款凭证。

5. 有关会计账簿。如库存现金日记账、银行存款日记账。

第二节 货币资金的重大错报风险

一、了解货币资金相关的内部控制

注册会计师通常实施以下程序，以了解与货币资金相关的内部控制。

1. 询问参与货币资金业务活动的被审计单位人员，如销售部门、采购部门和财务部门的员工及管理人员。

2. 观察货币资金业务流程中特定控制的执行，例如观察被审计单位的出纳人员如何进行现金盘点。

3. 检查相关文件和报告，例如，检查银行存款余额调节表是否恰当编制以及其中的调节项是否经会计主管的恰当复核等。

实施穿行测试，即追踪货币资金业务在财务报告信息系统中的处理过程。穿行测试通常综合了询问、观察、检查等多种程序。通过实施穿行测试，注册会计师通常能获取充分的信息以评价控制的设计和执行。例如，选取一笔已收款的银行借款，追踪该笔交易从借款预算审批直至收到银行借款的整个过程。

二、与货币资金相关的内部控制要点

尽管由于每个企业的性质、所处行业、规模以及内部控制健全程度等不同，使得其与货币资金相关的内部控制内容有所不同，但以下要求是货币资金内部控制通常应当共同遵循的。

（一）岗位分工及授权批准

1. 企业应当建立货币资金业务的岗位责任制，明确相关部门和岗位的职责权限，确保办理货币资金业务的不相容岗位相互分离、制约和监督。出纳人员不得兼任稽核、会计档案保管和收入、支出、费用、债权债务账目的登记工作。企业不得由一人办理货币资金业务的全过程。

2. 企业应当对货币资金业务建立严格的授权审批制度，明确审批人对货币资金业务的授权批准方式、权限、程序、责任和相关控制措施，规定经办人办理货币资金业务的职责范围和工作要求。审批人应当根据货币资金授权批准制度的规定，在授权范围内进行审批，不得超越审批权限。经办人应当在职责范围内，按照审批人的批准意见办理货币资金业务。对于审批人超越授权范围审批的货币资金业务，经办人员有权拒绝办理，并及时向审批人的上级授权部门报告。

3. 企业应当按照规定的程序办理货币资金支付业务。

4. 企业对于重要货币资金支付业务，应当实行集体决策和审批，并建立责任追究制度，防范贪污、侵占、挪用货币资金等行为。

5. 严禁未经授权的机构或人员办理货币资金业务或直接接触货币资金。

（二）现金和银行存款的管理

1. 企业应当加强现金库存限额的管理，超过库存限额的现金应及时存入银行。

2. 企业必须根据《现金管理暂行条例》的规定，结合本企业的实际情况，确定本企业现金的开支范围。不属于现金开支范围的业务应当通过银行办理转账结算。

3. 企业现金收入应当及时存入银行，不得从企业的现金收入中直接支付（即坐支）。因特殊情况需坐支现金的，应事先报经开户银行审查批准，由开户银行核定坐支范围和限额。企业借出款项必须执行严格的授权批准程序，严禁擅自挪用、借出货币资金。

4. 企业取得的货币资金收入必须及时入账，不得私设“小金库”，不得账外设账，严禁收款不入账。

5. 企业应当严格按照《中国人民银行支付结算办法》等国家有关规定，加强银行账户的管理，严格按照规定开立账户，办理存款、取款和结算。银行账户的开立应当符合企业经营管理实际需要，不得随意开立多个账户，禁止企业内设管理部门自行开立银行账户。企业应当定期检查、清理银行账户的开立及使用情况，发现问题应及时处理。企业应当加强对银行结算凭证的填制、传递及保管等环节的管理与控制。

6. 企业应当严格遵守银行结算纪律，不准签发没有资金保证的票据或远期支票，套取银行信用；不准签发、取得和转让没有真实交易和债权债务的票据，套取银行和他人资金；不准违反规定开立和使用银行账户。

7. 企业应当指定专人定期核对银行账户（每月至少核对一次），编制银行存款余额调节表，使银行存款账面余额与银行对账单调节相符。如调节不符，应查明原因，及时处理。出纳员一般不得同时从事银行对账单的获取、银行存款余额调节表的编制工作。确需出纳员办理上述工作的，应当指定其他人员定期进行审核和监督。

通过网上交易和电子支付等方式办理资金支付业务的企业，应当与承办银行签订网上银行操作协议，明确双方在资金安全方面的责任与义务、交易范围等。操作人员应当根据操作授权和密码进行规范操作。使用网上交易和电子支付方式的企业办理资金支付业务，不应因支付方式的改变而随意简化、变更所必须的授权审批程序。企业在严格实行网上交易、电子支付操作人员不相容岗位相互分离控制的同时，应当配备专人加强对交易和支付行为的审核。

8. 企业应当定期和不定期地进行现金盘点，确保现金账面余额与实际库存相符。若发现不符，及时查明原因并作出处理。

（三）票据及有关印章的管理

1. 企业应当加强与货币资金相关的票据的管理，明确各种票据的购买、保管、领用、背书转让、注销等环节的职责权限和程序，并专设登记簿进行记录，防止空白票据的遗失和被盗用。

企业因填写开具失误或者其他原因导致作废的法定票据，应当按规定予以保存，不得随意处置或销毁。对超过法定保管期限、可以销毁的票据，在履行审核手续后进行销毁，但应当建立销毁清册并由授权人员监销。

2. 企业应当加强银行预留印鉴的管理。财务专用章应由专人保管，个人印章必须由本人或其授权人员保管。严禁一人保管支付款项所需的全部印章。按规定需要有关负责人签字或盖章的经济业务，必须严格履行签字或盖章手续。

（四）监督检查

1. 企业应当建立对货币资金业务的监督检查制度，明确监督检查机构或人员的职责权限，定期和不定期地进行检查。

2. 货币资金监督检查的内容主要包括：

（1）货币资金业务相关岗位及人员的设置情况。重点检查是否存在货币资金业务不相容岗位职责未分离的现象。

（2）货币资金授权批准制度的执行情况。重点检查货币资金支出的授权批准手续是否健全，是否存在越权审批行为。

（3）支付款项印章的保管情况。重点检查是否存在办理付款业务所需的全部印章交由一人保管的现象。

（4）票据的保管情况。重点检查票据的购买、领用、保管手续是否健全，票据保管是否存在漏洞。

3. 对监督检查过程中发现的货币资金内部控制中的薄弱环节，应当及时采取措施，加以纠正和完善。

三、货币资金可能发生错报的环节

与货币资金相关的会计项目主要为库存现金、银行存款、应收（付）款项、短（长）期借款、财务费用、长期投资等。以一般制造型企业为例，与库存现金、银行存款相关的交易和余额的可能发生错报环节通常包括：

1. 被审计单位资产负债表的货币资金项目中的库存现金和银行存款在资产负债表日不存在（“存在”认定）。

2. 被审计单位所有应当记录的现金收支业务和银行存款收支业务未得到完整记录，存在遗漏（“完整性”认定）。

3. 被审计单位的现金收款通过舞弊手段被侵占（“完整性”认定）。

4. 记录的库存现金和银行存款不是为被审计单位所拥有或控制（“权利和义务”认定）。

5. 库存现金和银行存款的金额未被恰当地包括在财务报表的货币资金项目中，与之相关的计价调整未得到恰当记录（“准确性、计价和分摊”认定）。

6. 库存现金和银行存款未按照企业会计准则的规定在财务报表中作出恰当列报（“列报”认定）。

四、与货币资金相关的重大错报风险

在评价与货币资金的交易、账户余额和披露相关的认定层次重大错报风险时，注册会计师通常运用职业判断，依据因货币资金的交易、账户余额和披露的具体特征而导致重大错报风险的可能性（即固有风险），以及风险评估是否考虑了相关控制（即控制风险），形成对与货币资金相关的重大错报风险的评估，进而影响进一步审计程序。

与货币资金的交易、账户余额和披露相关的认定层次重大错报风险可能包括：

1. 被审计单位存在虚假的货币资金余额或交易，因而导致银行存款余额的“存在”认定或交易的“发生”认定存在重大错报风险。

2. 被审计单位存在大额的外币交易和余额，可能存在外币交易或余额未被准确记录的风险。例如，对于有外币现金或外币银行存款的被审计单位，企业有关外币交易的增减变动或年底余额可能因未采用正确的折算汇率而导致计价错误（“准确性、计价和分摊”认定）。

3. 银行存款的期末收支存在大额的截止性错误（“截止”认定）。例如，被审计单位期末存在金额重大且异常的银付企未付、企收银未收事项。

4. 被审计单位可能存在未能按照企业会计准则的规定对货币资金作出恰当披露的风险。例如，被审计单位期末持有使用受限制的大额银行存款，但在编制财务报表时未在财务报表附注中对其进行披露。

五、拟实施的进一步审计程序的总体方案

注册会计师基于以上识别的重大错报风险评估结果，制定实施进一步审计程序的总体方案（包括综合性方案和实质性方案），继而实施控制测试和实质性审计程序，以应对识别出的重大错报风险。注册会计师通过综合性方案或实质性方案获取的审计证据应足以应对识别出的认定层次重大错报风险。

第三节　库存现金与银行存款的控制测试

一、库存现金的控制测试

在已识别的重大错报风险基础上，注册会计师选取拟测试的控制并实施控制测试。库存现金内部控制以及注册会计师相应可能实施的内部控制测试程序主要包括以下内容。

（一）现金付款的审批和复核

例如，被审计单位针对现金付款审批作出以下内部控制要求：部门经理审批本部门的付款申请，审核付款业务是否真实发生、付款金额是否准确，以及后附票据是否齐备，并在复核无误后签字认可。在财务部门安排付款前，财务经理再次复核经审批的付款申请及后附相关凭据或证明，如核对一致，进行签字认可并安排付款。针对该内部控制，注册会计师可以在选取适当样本的基础上实施以下控制测试程序：第一，询问相关业务部门的部门经理和财务经理其在日常现金付款业务中执行的内部控制，以确定其是否与被审计单位内部控制政策要求保持一致。第二，观察财务经理复核付款申请的过程，是否核对了付款申请的用途、金额及后附相关凭据，以及在核对无误后是否进行了签字确认。第三，重新核对经审批及复核的付款申请及其相关凭据，并检查是否经过签字确认。

（二）现金盘点

注册会计师针对被审计单位的现金盘点实施的现金监盘可能涉及：第一，检查现金以确定其是否存在，并检查现金盘点结果。第二，观察执行现金盘点的人员对盘点计划的遵循情况，以及用于记录和控制现金盘点结果的程序的实施情况。第三，获取有关被审计单位现金盘点程序可靠性的审计证据。现金监盘程序是用作控制测试还是实质性程序，取决于注册会计师对风险评估结果、审计方案和实施的特定程序的判断。注册会计师可以将现金监盘同时用作控制测试和实质性程序。如被审计单位库存现金存放部门有两处或两处以上的，应同时进行盘点。

例如，被审计单位针对现金盘点作出了以下内部控制要求：会计主管指定应付账款会计每月末的最后一天对库存现金进行盘点，根据盘点结果编制库存现金盘点表，将盘点余额与现金日记账余额进行核对，并对差异调节项进行说明。会计主管复核库存现金盘点表，如盘点金额与现金日记账余额存在差异且差异金额超过 5 万元，需查明原因并报财务经理批准后进行财务处理。针对该内部控制，注册会计师可以在选取适当样本的基础上实施以下控制测试程序：在月末最后一天参与被审计单位的现金盘点，检查是否由应付账款会计进行现金盘点。观察现金盘点程序是否按照盘点计划的指令和程序执行，是否编制了现金盘点表并根据内部控制要求经财务部相关人员签字复核。检查现金盘点表中记录的现金盘点余额是否与实际盘点金额保持一致，现金盘点表中记录的现金日记账余额是否与被审计单位现金日记账中余额保持一致。针对调节差异金额超过 5 万元的调节项，检查是否经财务经理批准后进行财务处理。

如果被审计单位的现金交易比例较高，注册会计师可以考虑在了解和评价被审计单位现金交易内部控制的基础上，针对相关控制运行的有效性获取充分、适当的审计证据。

二、银行存款的控制测试

在已识别的重大错报风险基础上，注册会计师选取拟测试的控制并实施控制测试，常见的银行存款内部控制以及注册会计师相应可能实施的内部控制测试程序如下。

（一）银行账户的开立、变更和注销

例如，被审计单位针对银行账户的开立、变更和注销作出了以下内部控制要求：会计主管根据被审计单位的实际业务需要就银行账户的开立、变更和注销提出申请，经财务经理审核后报总经理审批。针对该内部控制，注册会计师可以实施以下控制测试程序：询问会计主管被审计单位本年开户、变更、撤销的整体情况。取得本年度账户开立、变更、撤销申请项目清单，检查清单的完整性，并在选取适当样本的基础上检查账户的开立、变更、撤销项目是否已经财务经理和总经理审批。

（二）银行付款的审批和复核

例如，被审计单位针对银行付款审批作出以下内部控制要求：部门经理审批本部门的付款申请，审核付款业务是否真实发生、付款金额是否准确，以及后附票据是否齐备，并在复核无误后签字认可。在财务部门安排付款前，财务经理再次复核经审批的付款申请及后附相关凭据或证明，如核对一致，进行签字认可并安排付款。针对该内部控制，注册会计师可以在选取适当样本的基础上实施以下控制测试程序：询问相关业务部门的部门经理和财务经理在日常银行付款业务中执行的内部控制，以确定其是否与被审计单位内部控制政策要求保持一致。观察财务经理复核付款申请的过程，是否核对了付款申请的用途、金额及后附相关凭据，以及在核对无误后是否进行了签字确认。重新核对经审批及复核的付款申请及其相关凭据，并检查是否经过签字确认。

（三）编制银行存款余额调节表

例如，被审计单位为保证财务报表中银行存款余额的存在性、完整性和准确性作出了以下内部控制要求：每月末，会计主管指定应收账款会计核对银行存款日记账和银行对账单，编制银行存款余额调节表，使银行存款账面余额与银行对账单调节相符。如存在差异项，查明原因并进行差异调节说明。会计主管复核银行存款余额调节表，对需要进行调整的调节项目及时进行处理，并签字确认。针对该内部控制，注册会计师可以实施以下控制测试程序：询问应收账款会计和会计主管，以确定其执行的内部控制是否与被审计单位内部控制政策要求保持一致，特别是针对未达账项的编制及审批流程。针对选取的样本，检查银行存款余额调节表，查看调节表中记录的企业银行存款日记账余额是否与银行存款日记账余额保持一致，调节表中记录的银行对账单余额是否与被审计单位提供的银行对账单中的余额保持一致。针对调节项目，检查是否经会计主管的签字复核。针对大额未达账项进行期后收付款的检查。

第四节　库存现金的实质性程序

库存现金包括人民币现金和外币现金，现金是企业流动性最强的资产。尽管其在企业资产总额中的比重不大，但因收支业务繁多，最容易发生舞弊。因此，注册会计师应重视库存现金的审计。

一、库存现金的审计目标

库存现金审计目标与认定对应关系如表 12 - 1 所示。

表 12－1　　库存现金审计目标与认定对应关系

库存现金实质性程序

被审计单位：________ 项目：货币资金（库存现金） 编制：________ 日期：________			索引号：________ 财务报表截止日/期间：________ 复核：________ 日期：________			
审计目标	财务报表认定					
	存在	完整性	权利和义务	准确性、计价和分摊	分类	列报
A. 资产负债表中记录的货币资金是存在的	√					
B. 所有应当记录的货币资金均已记录，应当包括在财务报表中的相关披露均已包括		√				
C. 记录的货币资金由被审计单位拥有或控制			√			
D. 货币资金以恰当的金额包括在财务报表中，与之相关的计价调整已恰当记录，相关披露已得到恰当计量和描述				√		
E. 货币资金已记录于恰当的账户					√	
F. 货币资金已被恰当地汇总或分解且表述清楚，按照企业会计准则的规定在财务报表中作出的相关披露是相关的、可理解的						√

二、库存现金具体审计目标与财务报表相关认定的实质性程序

库存现金具体审计目标与财务报表相关认定的实质性程序如表 12－2 所示。

表 12－2　　库存现金审计目标与相关实质性程序对应关系

审计目标	库存现金常规审计程序
D	核对库存现金日记账与总账的金额是否相符，检查非记账本位币库存现金的折算汇率及折算金额是否正确
ACD/BCD	监盘库存现金
AD/BD	抽查大额库存现金收支。查看大额现金收支，并检查原始凭证是否齐全、原始凭证内容是否完整、有无授权批准、记账凭证与原始凭证是否相符、账务处理是否正确等内容
D	抽查资产负债表日前后的现金收支凭证进行截止测试，如有跨期收支事项，应进行适当调整
F	检查库存现金是否在财务报表中作出恰当列报

三、库存现金实质性程序的介绍

（一）核对库存现金日记账与总账的金额是否相符

核对库存现金日记账与总账的金额是否相符，检查非记账本位币库存现金的折算汇率及折算金额是否正确。注册会计师测试现金余额的起点是，核对库存现金日记账与总账的金额是否相符。如果不相符，应查明原因，必要时应建议作出适当调整。

库存现金的监盘

（二）库存现金的监盘

监盘库存现金是证实资产负债表中所列示现金是否存在的一项重要程序。

对被审计单位现金盘点实施的监盘程序是用作控制测试还是实质性程序，取决于注册会计师对风险评估结果、审计方案和实施的特定程序的判断。如果注册会计师可能基于风险评估的结果判断无须对现金盘点实施控制测试，则仅实施实质性程序。

1. 监盘方式。对库存现金的监盘最好实施突击性检查，以防止出纳员采取措施移东补西，掩盖错弊。

2. 监盘时间。监盘时间最好安排在外勤工作期间单位上午上班前或下午下班时，避开单位现金收支的高峰时间。

3. 监盘范围。企业盘点库存现金，通常包括对已收到但未存入银行的现金、零用金、找换金等的盘点。

为了能正确地确定库存现金的实存数额和应有数额，明确出纳员和有关人员的责任，应适时组织安排库存现金监盘工作。首先，应由出纳员将现金全部放入保险柜暂作封存，同时要求出纳员将全部凭证入账，结出当日现金日记账余额。其次，注册会计师应充分了解企业除封存在保险柜的现金外是否还有现金存入办理现金收付业务的其他部门或其他人员手中。对于所有的库存现金，无论存放何处，应同时全面地进行清点。如被审计单位现金存放部门有两处或两处以上者，应同时进行盘点。

4. 盘点及监盘人员。盘点库存现金的人员应视被审计单位的具体情况而定，但必须有出纳员和被审计单位会计主管人员参加，由注册会计师进行监盘。

5. 监盘程序。

（1）审阅库存现金日记账并同时与现金收付凭证相核对；一方面检查库存现金日记账的记录与凭证的内容和金额是否相符；另一方面了解凭证日期与库存现金日记账日期是否相符或接近。

（2）由出纳员根据库存现金日记账加计累计数额，结出库存现金结余。

（3）将盘点金额与库存现金日记账余额进行核对，如有差异，应查明原因，并作出记录或适当调整。如无法查明原因，应要求被审计单位按管理权限批准后作出调整。

（4）若有冲抵库存现金的借条、未提现支票、未作报销的原始凭证，应在“库存现金监盘表”中注明或作出必要的调整。

在审计实务中，监盘时间一般在资产负债表日后，注册会计师应进行追溯调整，调整至资产负债表日的金额，即“报表日库存现金应存余额 = 盘点日账面应存余额 + 报表日至查账日现金付出总额 – 报表日至查账日现金收入总额”。

6. 监盘确认。注册会计师应根据监盘结果编制“库存现金监盘表”（如表 12 – 3 所示），由单位财务负责人和出纳员及监盘人员在监盘表上签字确认。

（三）抽查大额库存现金收支

着重检查大额库存现金收支的原始凭证是否齐全，原始凭证内容是否完整、有无授权批准，记账凭证与原始凭证是否相符，账务处理是否正确，是否记录于恰当的会计期间等项内容。

（四）审查库存现金收支的正确截止日期

被审计单位资产负债表的货币资金项目中的库存现金数额，应以结账日实有数额为准。因此，注册会计师应抽查资产负债表日后若干天的、一定金额以上的库存现金收支凭证实施截止测试，以确定是否存在跨期事项，防止被审计单位低估或高估库存现金余额。

表 12 – 3　　　　**库存现金监盘表**

被审计单位：

项　　目：现金盘点　　　编制：　　　日期：　　　索引号：

报表截止日：　　　复核：　　　日期：　　　页　次：

盘点日期：　　年　　月　　日

检查盘点记录						实有现金盘点记录						
项目		项次	人民币	美元	某外币	面额	人民币		美元		某外币	
							张	金额	张	金额	张	金额
上一日账面库存余额		1				1000 元						
盘点日未记账凭证收入金额		2				500 元						
盘点日未记账凭证付出金额		3				200 元						
盘点日账面应存余额		4 = 1 + 2 – 3				100 元						
盘点日实存现金数额		5				50 元						
盘点日应存数与实际金额差异		6 = 4 – 5				10 元						
差异原因分析	白条抵库	7				5 元						
	现金盈亏	8				2 元						
		9				1 元						
追溯至报表日账面结存额	报表日至查账日现金支出总额	10				0.5 元						
	报表日至查账日现金收入总额	11				0.2 元						

续表

<table>
<tr><td colspan="5">检查盘点记录</td><td colspan="8">实有现金盘点记录</td></tr>
<tr><td rowspan="3">追溯至报表日账面结存额</td><td>报表日库存现金应存余额</td><td>12 = 4 + 10 − 11</td><td></td><td></td><td></td><td>0.1 元</td><td></td><td></td><td></td><td></td><td></td><td></td></tr>
<tr><td>报表日账面汇率</td><td></td><td></td><td></td><td></td><td>合计</td><td></td><td></td><td></td><td></td><td></td><td></td></tr>
<tr><td>报表日余额折合本位币金额</td><td></td><td></td><td></td><td></td><td colspan="7" rowspan="2"></td></tr>
<tr><td colspan="2">本位币合计</td><td></td><td></td><td></td><td></td></tr>
</table>

出纳员：　　　　会计主管人员：　　　　监盘人：　　　　检查日期：

审计说明：

（五）检查库存现金是否在资产负债表上恰当披露

注册会计师应在实施上述审计程序后，确定“库存现金”账户的期末余额是否恰当，进而确定库存现金是否在资产负债表上恰当披露。

第五节　银行存款的实质性程序

银行存款是指企业存放在银行或其他金融机构的各种款项。按照我国支付结算法律制度的规定，凡独立核算的企业都必须在当地银行开设账户。企业在银行开设账户以后，除按核定的限额保留库存现金外，超过限额的现金必须存入银行；除在规定的范围内可以用现金直接支付的款项外，在经营过程中所发生的一切货币收支业务都必须通过银行存款账户进行结算。

银行存款较之现金，其业务涉及面广，内容复杂，金额较大，收付款凭证数量较多，因而对银行存款的审计是货币资金审计的重要组成部分。

一、银行存款的审计目标

银行存款审计目标与认定对应关系如表 12－4 所示。

二、银行存款具体审计目标与财务报表相关认定的实质性程序

银行存款具体审计目标与财务报表相关认定的实质性程序如表 12－5 所示。

表 12 – 4　　银行存款审计目标与认定对应关系

银行存款实质性程序

被审计单位：______			索引号：______			
项目：货币资金（银行存款）			财务报表截止日/期间：______			
编制：______			复核：______			
日期：______			日期：______			
审计目标	财务报表认定					
	存在	完整性	权利和义务	准确性、计价和分摊	分类	列报
A. 资产负债表中记录的货币资金是存在的	√					
B. 所有应当记录的货币资金均已记录，应当包括在财务报表中的相关披露均已包括		√				
C. 记录的货币资金由被审计单位拥有或控制			√			
D. 货币资金以恰当的金额包括在财务报表中，与之相关的计价调整已恰当记录，相关披露已得到恰当计量和描述				√		
E. 货币资金已记录于恰当的账户					√	
F. 货币资金已被恰当地汇总或分解且表述清楚，按照企业会计准则的规定在财务报表中作出的相关披露是相关的、可理解的						√

表 12 – 5　　银行存款审计目标与相关实质性程序对应关系

审计目标	银行存款常规审计程序
D	获取银行存款余额明细表，复核加计是否正确，并与总账数和日记账合计数核对是否相符；检查非记账本位币银行存款的折算汇率及折算金额是否正确。注册会计师核对银行存款日记账与总账的余额是否相符。如果不相符，应查明原因，必要时应建议作出适当调整
AD/BD	实施实质性分析程序。计算银行存款累计余额应收利息收入，分析比较被审计单位银行存款应收利息收入与实际利息收入的差异是否恰当，评估利息收入的合理性，检查是否存在高息资金拆借，确认银行存款余额是否存在，利息收入是否已经完整记录
AC	检查银行存款账户发生额
AD/BD	取得并检查银行对账单和银行存款余额调节表
AC	函证银行存款余额，编制银行函证结果汇总表，检查银行回函
C	检查银行存款账户存款人是否为被审计单位，若存款人非被审计单位，应获取该账户户主和被审计单位的书面声明，确认资产负债表日是否需要提请被审计单位调整
CF	关注是否存在质押、冻结等对变现有限制或存在境外的款项。如果存在，是否已提请被审计单位作必要的调整和披露
F	对不符合现金及现金等价物条件的银行存款在审计工作底稿中予以列明，以考虑对现金流量表的影响

续表

审计目标	银行存款常规审计程序
AD/BD	(1)抽查大额银行存款收支的原始凭证，检查原始凭证是否齐全、记账凭证与原始凭证是否相符、账务处理是否正确、是否记录于恰当的会计期间等内容。 (2)检查是否存在非营业目的的大额货币资金转移，并核对相关账户的进账情况；如有与被审计单位生产经营无关的收支事项，应查明原因并作相应的记录
A/B	检查银行存款收支的截止是否正确。选取资产负债表日前后若干张、一定金额以上的凭证实施截止测试，关注业务内容及对应项目，如有跨期收支事项，应考虑是否提请被审计单位进行调整
F	检查银行存款是否在财务报表中作出恰当列报

三、银行存款实质性程序的介绍

银行存款的实质性程序

(一)获取银行存款余额明细表

注册会计师应先获取或编制银行存款余额明细表，复核加计是否正确，并与总账、日记账合计数核对是否相符，然后检查非记账本位币银行存款折算汇率及折算金额是否正确。如果银行存款日记账与总账的余额不相符，应查明原因，必要时应建议作出适当调整。

如果对被审计单位银行账户的完整性存有疑虑，注册会计师可以在企业人员陪同下到中国人民银行或基本存款账户开户行查询并打印《已开立银行结算账户清单》，观察银行办事人员的查询、打印过程，并检查被审计单位账面记录的银行人民币结算账户是否完整。

(二)实施实质性分析程序

注册会计师计算银行存款累计余额应收利息收入，分析比较被审计单位银行存款应收利息收入与实际利息收入的差异是否恰当，评估利息收入的合理性，检查是否存在高息资金拆借，确认银行存款余额是否存在，利息收入是否已经完整记录。

(三)检查银行存款账户发生额

1. 选择核对账户。

(1)选择基本户；

(2)余额较大的银行账户；

(3)发生额较大且收付频繁的银行账户；

(4)发生额较大但余额较小、零余额或当期注销的银行账户；

(5)募集资金账户等。

2. 对发生额实施程序。

(1)结合银行账户性质，分析不同账户发生银行日记账漏记银行交易的可能性，获取相关账户相关期间的全部银行对账单。

（2）利用数据分析等技术，对比银行对账单上的收付款流水与被审计单位银行存款日记账的收付款信息是否一致，对银行对账单及银行存款日记账记录进行双向核对。

（3）浏览资产负债表日前后的银行对账单和银行存款账簿记录，关注是否存在大额、异常资金变动以及大量大额红字冲销或调整记录，如存在，需要实施进一步审计程序。

3. 对同一银行账户实施程序。

（1）选定同一期间（月度、年度）的银行存款日记账、银行对账单的发生额合计数（借方及贷方）进行总体核对。

（2）对银行对账单及银行存款日记账记录进行双向核对，即在选定的账户和期间，从银行存款日记账上选取样本，核对至银行对账单，以及自银行对账单中进一步选取样本，与银行存款日记账记录进行核对。在运用数据分析技术时，可选择全部项目进行核对。核对内容包括日期、金额、借贷方向、收付款单位、摘要等。

4. 对相同金额等大额异常货币资金实施程序。对于相同金额的一收一付、相同金额的多次转入转出等大额异常货币资金发生额，检查银行存款日记账和相应交易及资金划转的文件资料，关注相关交易及相应资金流转安排是否具有合理的商业理由。

（四）取得并检查银行对账单和银行存款余额调节表

取得并检查银行对账单和银行存款余额调节表是证实资产负债表中所列银行存款是否存在的重要程序。具体测试程序通常包括以下内容。

1. 取得并检查银行对账单。首先，取得被审计单位加盖银行印章的银行对账单，注册会计师应对银行对账单的真实性保持警觉，必要时，亲自到银行获取对账单，并对获取过程保持控制。其次，将获取的银行对账单余额与银行日记账余额进行核对，如存在差异，获取银行存款余额调节表。最后，将被审计单位资产负债表日的银行对账单与银行询证函回函核对，确认是否一致。

2. 取得并检查银行存款余额调节表。银行存款余额调节表通常应由被审计单位根据不同的银行账户及货币种类分别编制，其格式如表 12 – 6 所示。

（1）检查调节表中加计数是否正确，调节后银行存款日记账余额与银行对账单余额是否一致。

（2）检查调节事项。

（3）关注长期未达账项，查看是否存在挪用资金等事项。

（4）特别关注银付企未付、企付银未付中支付异常的领款事项，包括没有载明收款人、签字不全等支付事项，确认是否存在舞弊。

表 12-6 银行存款余额调节表

年 月 日

编制人： 日期： 索引号：
复核人： 日期： 页 次：
户 别： 币 别：

项 目
银行对账单余额（ 年 月 日）
加：企业已收、银行尚未入账金额 其中：1. ________元 2. ________元 减：企业已付、银行尚未入账金额 其中：1. ________元 2. ________元 调整后银行对账单金额：
企业银行存款日记账金额（ 年 月 日） 加：银行已收、企业尚未入账金额 其中：1. ________元 2. ________元 减：银行已付、企业尚未入账金额 其中：1. ________元 2. ________元 调整后企业银行存款日记账金额：
经办会计人员：（签字） 会计主管：（签字）

（五）函证银行存款余额

1. 函证目的。银行函证程序是证实资产负债表所列银行存款是否存在的重要程序。通过向往来银行函证，注册会计师不仅可以了解企业资产的存在，还可了解企业账面反映所欠银行债务的情况，并有助于发现企业未入账的银行借款和未披露的或有负债。

2. 函证对象和范围。注册会计师应当对银行存款（包括零余额账户和在本期内注销的账户）、借款及与金融机构往来的其他重要信息实施函证程序，除非有充分证据表明某一银行存款、借款及与金融机构往来的其他重要信息对财务报表不重要且与之相关的重大错报风险很低。如果不对这些项目实施函证程序，注册会计师应当在审计工作底稿中说明理由。

3. 函证方式和要求。注册会计师应当采用积极式函证。当实施函证程序时，注册会计师应当对询证函保持控制，当函证信息与银行回函结果不符时，注册会计师应当调查不符事项，以确定是否表明存在错报。

银行询证函

编号：

××（银行）××（分支机构，如适用）：

本公司聘请的××会计师事务所正在对本公司20××年度财务报表进行审计，按照中国注册会计师审计准则的要求，应当询证本公司与贵行相关的信息。下列数据信息出自本公司的记录。如与贵行记录相符，请在本函“结论”部分签字和签章；如有不符，请在本函“结论”部分列明不符项目及具体内容，并签字和签章。

本公司谨授权贵行将回函直接寄至××会计师事务所，地址及联系方式如下：

回函地址：

联系人：　　　　　电话：　　　　　传真：　　　　　邮编：

电子邮箱：

本公司谨授权贵公司可从本公司××账户支取办理本询证函回函服务的费用。

截至____年____月____日，本公司与贵行相关的信息列示如下：

1. 银行存款。

账户名称	银行账号	币种	利率	账户类型	账户余额	是否属于资金归集（资金池或其他资金管理）账户	起始日期	终止日期	是否存在冻结、担保或其他使用限制（如是，请注明）	备注

除上述列示的银行存款（包括余额为零的存款账户）外，本公司并无在贵行的其他存款。

2. 银行借款。

借款人名称	借款账号	币种	余额	借款日期	到期日期	利率	抵（质）押品/担保人	备注

除上述列示的银行借款外，本公司并无在贵行的其他借款。

3. 其他事项。

（预留签章）

年　月　日

经办人：

职　务：

电　话：

以下由被询证银行填列。

结论：

经本行核对，所函证项目与本行记载信息相符。特此函复。 年　月　日　经办人：　职务：　电话： 复核人：　职务：　电话： （银行盖章）
经本行核对，存在以下不符之处。 年　月　日　经办人：　职务：　电话： 复核人：　职务：　电话： （银行盖章）

【思维小课堂】

对发出但未收到回函的这部分函证在实施替代程序时，是抽样进行还是全部进行？

一定要对所有发出但未收到答复的函证做替代程序，而不能是抽样做替代测试。

因为注册会计师在发函时往往是抽样进行，如果在做替代程序时再进行抽样，就属于“偷工减料”的行为了。

注册会计师在实施函证工作时，应当保持应有的职业谨慎。

函证是由多个步骤连成的过程，任何一个步骤的疏忽或失误都可能导致函证程序的效用降低至完全失效，尤其体现在函证内容和对象的选择、询证函的寄发和收回等环节上，因此注册会计师应当对函证程序中的任何一个步骤都保持应有的职业谨慎。

（资料来源：《中国注册会计师审计准则第1312号——函证》）

（六）检查银行存款账户存款人

若存款人非被审计单位，应获取该账户户主和被审计单位的书面声明，确认资产负债表日是否需要提请被审计单位进行调整。

（七）关注是否存在质押、冻结等

关注是否存在质押、冻结等对变现有限制或存在境外的款项。如果存在，是否已提请被审计单位进行必要的调整和披露。

（八）考虑不符合现金及现金等价物条件的银行存款

对不符合现金及现金等价物条件的银行存款在审计工作底稿中予以列明，以考虑对现金流量表的影响。

（九）抽查大额银行存款收支的原始凭证

检查原始凭证是否齐全、记账凭证与原始凭证是否相符、账务处理是否正确、是否记录于恰当的会计期间等内容。检查是否存在非营业目的的大额货币资金转移，并核对相关账户的进账情况；如有与被审计单位生产经营无关的收支事项，应查明原因并作相应的记录。

（十）检查银行存款收支的截止是否正确

选取资产负债表日前后若干张、一定金额以上的凭证实施截止测试，关注业务内容及对应项目，如有跨期收支事项，应考虑是否提请被审计单位进行调整。

（十一）检查银行存款是否在财务报表中作出恰当列报

根据有关规定，企业的银行存款在资产负债表的“货币资金”项目中反映，所以，注册会计师应确定银行存款账户的期末余额是否恰当，进而确定银行存款是否在资产负债表中恰当披露。此外，如果企业的银行存款存在抵押、冻结等使用限制情况或者潜在回收风险，注册会计师应关注企业是否已经恰当披露有关情况。

【知识点拨】

函证后，注册会计师在什么情况下实施追加审计程序?

注册会计师应当评价实施函证程序的结果是否提供了相关、可靠的审计证据，或是否有必要进一步获取审计证据。

当注册会计师认为所得到的证据不能提供与某一认定有关的账户余额或其他信息的充分、适当的审计证据时，注册会计师应当进一步扩大函证范围、增加函证样本量，实施追加审计程序来获得充分、适当的审计证据，以将审计风险降低至可接受水平。

第六节　其他货币资金的实质性程序

其他货币资金包括企业到外地进行临时或零星采购而汇往采购地银行开立采购专户的款项所形成的外埠存款、企业为取得银行汇票按照规定存入银行的款项所形成的银行汇票存款、企业为取得银行本票按照规定存入银行的款项所形成的银行本票存款、信用卡存款和信用证保证金存款等。

一、其他货币资金审计目标

其他货币资金的审计目标主要包括：（1）确定被审计单位资产负债表中的其他

货币资金在财务报表日是否确实存在，是否为被审计单位所拥有或控制；（2）确定被审计单位在特定期间内发生的其他货币资金收支业务是否均已记录完毕，有无遗漏；（3）确定其他货币资金的余额是否正确；（4）确定其他货币资金是否已按照企业会计准则的规定在财务报表中作出恰当列报。

二、其他货币资金实质性程序的介绍

其他货币资金的实质性程序一般包括如下内容；

1. 核对外埠存款、银行汇票存款、银行本票存款、信用证存款、信用卡存款等各明细账期末合计数与总账数是否相符。

2. 函证外埠存款户、银行汇票存款户、银行本票存款户、信用证存款户、信用卡存款户等的期末余额。

3. 验证其他货币资金的截止日期，并审查截止日期前后其他货币资金的收支情况，以防止高估或低估其他货币资金的数额。

4. 对于非记账本位币的其他货币资金，检查其是否按规定的折算汇率折算为记账本位币金额，是否将其期末余额折算为记账本位币金额。

5. 关注是否有质押、冻结等对变现有限制，或存放在境外，或有潜在回收风险的款项。

6. 选取资产负债表日前后若干张、一定金额以上的凭证，对其他货币资金收支凭证实施截止测试，如有跨期收支事项，应考虑是否提出审计调整建议。

7. 抽查大额其他货币资金收付记录。检查原始凭证是否齐全、记账凭证与原始凭证是否相符、账务处理是否正确、是否记录于恰当的会计期间等内容。

8. 对不符合库存现金及库存现金等价物条件的其他货币资金在审计工作底稿中予以列明，以考虑对库存现金流量表的影响。

9. 检查其他货币资金的列报是否恰当。根据有关规定，企业的其他货币资金在资产负债表的“货币资金”项目中反映，所以，注册会计师应在实施上述审计程序后，确定其他货币资金的期末余额是否恰当，进而确定其他货币资金是否在资产负债表上恰当列报。

【思维小课堂】

对于现金交易比例较高的被审计单位，注册会计师在实施货币资金审计时，有哪些特殊考虑呢?

如果被审计单位的现金交易比例较高，注册会计师需要了解和评估现金交易比例较高的合理性，是否与其业务性质相匹配，是否采取了适当措施保证现金收支完整、准确、安全。除实施其他审计程序外，注册会计师还可以考虑实施以下审计程序：

（1）了解和评价被审计单位现金交易的内部控制，针对相关控制运行的有效性，获取充分、适当的审计证据。

（2）结合对生产、采购、销售、工薪等业务循环相关报表项目的审计结果，分析评价现金交易的合理性。

（3）了解现金交易对方的情况。向主要的现金交易对方函证被审计期间内发生的交易金额。在必要时，注册会计师可以选取现金结算量较大的交易对方进行实地观察或询问。如果交易对方为自然人，必要时，可以考虑验证交易对方签字的真实性。

（4）检查大额现金收支，核对其交易真实性。

（5）对现金采购、销售交易过程实施观察程序。

（6）对库存现金实施突击监盘程序。

（资料来源：《中国注册会计师审计准则问题解答第 12 号——货币资金审计》）

自学测评

一、单项选择题

1. 下列关于岗位职责描述的说法中，错误的是（　　）。

A. 出纳人员不得兼任档案保管

B. 对于小型被审计单位，可以由出纳一人办理货币资金业务的全过程

C. 负责银行存款日记账登记的人员与债权债务登记的人员不能是同一人

D. 企业借出款必须执行严格的授权批准程序

2. 以下项目中，属于现金完整性目标的是（　　）。

A. 已收到的现金确实为企业所有

B. 已入账的现金收入确实为企业实际收到的现金

C. 收到的现金收入已全部登记入账

D. 现金收入在资产负债表上的披露正确

3. 对银行存款进行审计时，注册会计师的以下做法中不正确的是（　　）。

A. 以被审计单位的名义向银行发函询证

B. 向被审计单位在本期存过款的银行发函，零余额账户和在本期内注销的账户不需要发函

C. 取得并检查银行存款余额对账单和银行存款余额调节表

D. 对银行存单执行检查程序

4. 注册会计师执行的以下实质性程序中属于审查企业收到的现金是否已经全部登记入账的是（　　）。

A. 对库存现金执行监盘程序

B. 从被审计单位当期收据存根中抽取大额现金收入追查到相关的凭证和账簿记录

C. 对被审计单位结账日前一段时间内的现金收支凭证进行审计，以确定是否存在应记入下期的事项

D. 检查现金收入的日记账、总账和应收账款明细账的大额项目与异常项目

5. 下列各项中，符合现金监盘要求的是（　　）。

A. 被审计单位会计主管要回避

B. 不同存放地点的现金同时进行监盘

C. 监盘时间安排在当日现金收付业务进行过程中

D. 审计人员帮助出纳员进行现金清点

6. 注册会计师实施的下列各项关于银行存款的实质性程序中，能够证实银行存款是否存在最有效的是（　　）。

A. 分析非银行金融机构的存款占银行存款的比例

B. 检查银行存款余额调节表

C. 函证银行存款余额

D. 检查银行存款收支的正确截止日期

二、多项选择题

1. 下列各项中，可以用于了解与货币资金相关的内部控制的有（　　）。

A. 询问参与货币资金业务活动的人员

B. 观察被审计单位的出纳人员如何进行现金盘点

C. 检查相关文件和报告

D. 追踪货币资金业务在财务报告信息系统中的处理过程

2. 下列关于注册会计师寄发的银行存款函证的说法中，正确的有（　　）。

A. 函证银行存款在证实所列银行存款是否存在的同时，还可以了解企业欠银行的债务及未披露的或有负债情况

B. 属于积极式函证

C. 要求银行直接回函至会计师事务所

D. 函证的对象包括银行存款和借款余额

3. 注册会计师拟对某公司的货币资金实施实质性程序。以下审计程序中，属于实质性程序的有（　　）。

A. 检查银行预留印鉴是否按照规定保管

B. 检查银行存款余额调节表中未达账项在资产负债表日后的进账情况

C. 检查库存现金是否妥善保管，是否定期盘点、核对

D. 检查外币银行存款年末余额是否按年末汇率折合为记账本位币金额

三、判断题

1. 库存现金的盘点是针对现金审计的完整性目标而实施的。（　　）

2. 如果现金盘点是在资产负债表日后进行的，注册会计师应当将资产负债表日至盘点日的收付金额调整到盘点日金额。（　　）

3. 审查现金收付凭证时，如果凭证上所记载的内容齐全、经济事项合法，则可以认为该凭证不会存在问题。（　　）

4. 货币资金的支出要有合理合法的凭据，并要有核准手续。（　　）

第十三章　完成审计工作和审计报告

【知识目标】

1. 能够举例说明完成审计工作包含的内容；
2. 能够分析期后事项的时段划分和每时段注册会计师责任；
3. 能够阐述书面声明的作用；
4. 能够辨别审计意见的种类及出具意见的条件。

【技能目标】

1. 可以编制简单的调整分录；
2. 能够编制标准审计报告和非标准审计报告。

【思维目标】

1. 树立正确利益观，积极认识应有的社会责任感，融入诚信、公正社会主义核心价值观；

2. 培养全局观，增强辩证思维能力，善于科学分析和研究问题；

3. 理解审计人员诚信为本、操守为重、坚持原则、依法执业的重要性。

【导入案例】

审计报告的作用

张三手中有10万元人民币的闲散资金。由于最近股票市场收益率比同期银行存款利率高很多，他决定用这笔资金购买股票。张三兴冲冲地到证券公司开立了证券账户，但是面对股票大盘，却不知所措，不确定自己应该购买哪只股票。朋友小赵告诉他，可以通过证券客户端查阅上市公司公布的利润表等财务信息，通过比较，挑选一个盈利比较好的公司进行投资。经过一番挑选，张三发现光华软件公司的每股收益最高，因此他决定购买这只股票。但另一位朋友小王又提醒他，除了要关注公司的财务业绩，应该再看一下公司公布的审计报告。张三查到光华软件公司上年度的审计报告是标准无保留意见，通过查阅资料，他明白标准无保留意见表明注册会计师认为光华软件公司的财务报表可以信赖，没有重大错报问题。最终张三购买了这只股票，光华软件公司股票的价格也一路高涨。

思考：为什么审计后的财务报表信息就可以信赖呢？

第一节 完成审计工作

完成审计工作阶段是注册会计师审计的最后一个阶段。注册会计师按业务循环完成各财务报表项目的审计测试和一些特殊项目如期初余额、会计估计等审计测试后，在最终阶段汇总审计测试，完成审计工作底稿的复核，进行更具综合性的审计工作，如评价审计中的重大发现、评价审计过程中发现的错报、关注期后事项对财务报表的影响、复核审计工作底稿和财务报表等。在此基础上，评价审计结果，在与被审计单位沟通后，获取管理层书面声明，确定应出具审计报告的意见类型，进而编制并致送审计报告，终结审计工作。

一、评价审计中的重大发现

第一，在完成审计工作阶段，项目合伙人与审计项目组考虑的重大发现和事项的例子包括：

1. 期中复核中的重大发现及其对审计方法的相关影响；
2. 涉及会计政策选择、运用和一贯性的重大事项，包括相关披露；
3. 就识别出的重大风险，对审计策略和计划的审计程序所作的重大修改；
4. 在与管理层和其他人员讨论重大发现和事项时得到的信息；
5. 与注册会计师的最终审计结论相矛盾或不一致的信息。

第二，对实施的审计程序的结果进行评价，可能全部或部分地揭示出以下事项：

1. 为了实现计划的审计目标，是否有必要对重要性进行修订；
2. 对总体审计策略和具体审计计划的重大修改，包括对重大错报风险评估结果作出的重要修改；
3. 对审计方法有重要影响的值得关注的内部控制缺陷和其他缺陷；
4. 财务报表中存在的重大错报；
5. 项目组内部，或者项目组与项目质量复核人员或提供咨询的其他人员之间，就重大会计和审计事项达成最终结论所存在的意见分歧；
6. 在审计工作中遇到的重大困难；
7. 向事务所内部有经验的专业人士或外部专业顾问咨询的事项；
8. 与管理层或其他人员就重大发现以及与注册会计师最终审计结论相矛盾或不一致的信息进行的讨论。

二、汇总审计差异

（一）编制审计差异调整表

注册会计师在审计过程中发现的不符合企业会计准则及相关会计法规的行为、需要调整财务报表的重大事项等都属于审计差异。项目负责人应根据重要性原则对审计差异予以初步确定并汇总，建议被审计单位进行调整，使调整后的财务报表能够公允地反映被审计单位的财务状况、经营成果和现金流量。

审计差异按是否需要调整账户记录可分为核算错误和重分类错误。核算错误是指因企业对经济业务进行了不正确的会计核算而引起的差异，例如被审计单位将应在“销售费用”科目中记入的100万元误记入“管理费用”科目，可以用审计重要性原则来衡量每一项核算错误，又可以把这些核算错误分为建议调整的不符事项和未建议调整的不符事项；重分类错误是指因企业未按企业会计准则和相关会计制度规定编制财务报表而引起的差异，例如，被审计单位在应收账款科目中反映预收账款，在应付账款科目中反映预付账款。

在划分建议调整的不符事项与未调整不符事项时，注册会计师应当考虑核算错误的金额和性质因素：(1) 对于单笔核算误差超过所涉及财务报表项目（或账项）层次重要性水平的，应视为建议调整的不符事项；(2) 对于单笔核算错误低于所涉及财务报表项目（或账项）层次重要性水平但性质重要的，例如涉及舞弊与违法行为的核算错误、影响收益趋势的核算错误等不期望出现的差异，应视为建议调整的不符事项；(3) 对于单笔核算误差低于所涉及财务报表项目（或账项）层次重要性水平并且性质不重要的，一般应视为未调整不符事项。但是当若干笔同类型未调整不符事项汇总数超过财务报表项目（或账项）层次重要性水平时，应从中选取几笔转为建议调整的不符事项，过入调整分录汇总表，使未调整不符事项汇总金额降至重要性水平之下。

注册会计师应以书面形式对审计差异提出调整财务报表的建议，调整建议通常以审计差异调整表形式提出。若被审计单位予以采纳，应取得其同意调整的书面确认；若被审计单位不予以采纳，应分析原因，并根据错报的性质和重要程度，确定是否在审计报告中予以反映。在审计实务中，确定并汇总审计差异的审计工作底稿包括账项调整分录汇总表、重分类调整分录汇总表、列报调整汇总表与未更正错报汇总表，其一般格式如表13-1、表13-2、表13-3和表13-4所示。

表13-1　　**账项调整分录汇总表（期末）**

被审计单位：

项　　目：调整分录汇总表　　编制：　　日期：　　索引号：

报表截止日：　　复核：　　日期：　　页　次：

序号	组号	索引号	调整原因	科目代码	科目名称	资产负债表（金额）		利润表（金额）	
						借方金额	贷方金额	借方金额	贷方金额
合计：									

与被审计单位的沟通：

参加人员：

被审计单位：

审计项目组：

被审计单位的意见：

结论：

是否同意上述审计调整：

被审计单位授权代表签字：　　　　日期：

表 13－2　　重分类调整分录汇总表（期末）

被审计单位：

项　　目：重分类分录汇总表　　编制：　　日期：　　索引号：

报表截止日：　　复核：　　日期：　　页　次：

序号	组号	索引号	调整原因	科目代码	科目名称	资产负债表（金额）		利润表（金额）	
						借方金额	贷方金额	借方金额	贷方金额
合计：									

与被审计单位的沟通：

参加人员：

被审计单位：

审计项目组：

被审计单位的意见：

结论：

是否同意上述审计调整：

被审计单位授权代表签字：　　日期：

表 13－3　　列报调整汇总表

被审计单位：

项　　目：列报调整汇总表　　编制：　　日期：　　索引号：

报表截止日：　　复核：　　日期：　　页　次：

一、被审计单位财务报表附注中的漏报项目包括：
二、被审计单位财务报表附注中的错报调整项目包括：
与被审计单位的沟通：
参加人员：
被审计单位：
审计项目组：
被审计单位的意见：
结论：
是否同意上述审计调整：
被审计单位授权代表签字：　　日期：

表 13-4　　未更正错报汇总表（期末）

被审计单位：

项　　目：未更正错报汇总表　　编制：　　日期：　　索引号：

报表截止日：　　复核：　　日期：　　页　次：

序号	组号	索引号	调整原因	科目代码	科目名称	资产负债表（金额）		利润表（金额）	
						借方金额	贷方金额	借方金额	贷方金额
一	以前期间识别出的影响本期财务报表的前期未更正错报								
二	本期识别出的影响本期财务报表的前期未更正错报								
三	本期识别出的影响本期财务报表的未更正错报								

未更正错报的影响：

项目	金额	百分比	计划百分比
1. 总资产	____	____	______
2. 净资产	____	____	______
3. 销售收入	____	____	______
4. 费用总额	____	____	______
5. 毛利	____	____	______
6. 净利润	____	____	______

结论：

被审计单位授权代表签字：　　日期：

"账项调整分录汇总表"用于汇总注册会计师查证出来的且被审计单位同意调整的所有审计差异，通过本表可以综合反映财务报表项目应调整的数额。

"重分类调整分录汇总表"用于汇总注册会计师查证出来的，要求被审计单位应予调整的所有重分类分录，可以综合反映财务报表项目应重分类调整的数额。

"列报调整汇总表"用于汇总注册会计师在财务报表审计中发现的所有被审计单位财务报表附注中的漏报或错报调整项目。

"未更正错报汇总表"用于汇总注册会计师查证出来的，被审计单位拒绝调整的所有审计差异。

（二）编制试算平衡表

试算平衡表是注册会计师在被审计单位提供未审财务报表的基础上，考虑调整分录、重分类分录等内容以确定已审数与报表披露数的表格，如表 13-5、表 13-6 所示。

表 13－5

资产负债表试算平衡表

被审计单位：

项　　目：资产负债表试算平衡表　　编制：　　日期：　　索引号：

报表截止日：　　复核：　　日期：　　页　次：

项目	期末未审数	账项调整		重分类调整		期末审定数	项目	期末未审数	账项调整		重分类调整		期末审定数
		借方	贷方	借方	贷方				借方	贷方	借方	贷方	
货币资金							短期借款						
交易性金融资产							交易性金融负债						
衍生金融资产							衍生金融负债						
应收票据及应收账款							应付票据及应付账款						
预付款项							预收款项						
其他应收款							合同负债						
存货							应付职工薪酬						
合同资产							应交税费						
一年内到期的非流动资产							其他应付款						
其他流动资产							持有待售负债						
债权投资							一年内到期的非流动负债						
其他债权投资							其他流动负债						
长期应收款							长期借款						
长期股权投资							应付债券						
投资性房地产							长期应付款						
固定资产							预计负债						

续表

项目	期末未审数	账项调整		重分类调整		期末审定数	项目	期末未审数	账项调整		重分类调整		期末审定数
		借方	贷方	借方	贷方				借方	贷方	借方	贷方	
在建工程							递延所得税负债						
生产性生物资产							其他非流动负债						
无形资产							实收资本（或股本）						
开发支出							其他权益工具						
商誉							资本公积						
长期待摊费用							其他综合收益						
递延所得税资产							盈余公积						
其他非流动资产							未分配利润						
合计							合计						

表 13 - 6　　　　利润表试算平衡表

被审计单位：

项　　目：利润表试算平衡表　　编制：　　日期：　　索引号：

报表截止日：　　复核：　　日期：　　页　次：

项目	未审数	调整金额		审定数
		借方	贷方	
一、营业收入				
减：营业成本				
税金及附加				
销售费用				
管理费用				
财务费用				
资产减值损失				
加：其他收益				
投资收益				
公允价值变动收益				
资产处置收益				
二、营业利润				
加：营业外收入				
减：营业外支出				
三、利润总额				
减：所得税费用				
四、净利润				

试算平衡表中的“期末未审数”栏，应根据被审计单位提供的未审计财务报表填列。

在汇总审计差异时，可能会发现在为调整这些审计差异所编制的会计分录中，有的财务报表项目会反复出现，因此，在编制试算平衡表前，可先通过按财务报表项目设置的“丁”字账户，区分调整分录与重分类分录，分别进行汇总，然后按财务报表项目汇总后的借、贷方发生额分别过入试算平衡表中的“账项调整”和“重分类调整”栏内。

在编制完试算平衡表后，应注意核对整张表格左右两边的勾稽关系。例如，资产负债表试算平衡表左边的“期末审定数”合计应等于其右边合计数；资产负债表试算平衡表左边的“账项调整”栏中的借方合计数与贷方合计数之差应该等于右边的“账项调整”栏中的贷方合计数与借方合计数之差；资产负债表试算平衡表左边的“重分类调整”栏中的借方合计数与贷方合计数之差应该等于右边的“重分类调整”栏中的贷方合计数与借方合计数之差等。

三、评价未更正错报的影响

未更正错报是指注册会计师在审计过程中累积的（即超过明显微小错报临界值的所有错报）且被审计单位未予以更正的错报。

（一）重新评估重要性

注册会计师在总体审计策略中确定重要性时，通常依据对被审计单位财务结果的估计，对于实际的财务结果还不确定，因此，在评价未更正错报的影响之前，注册会计师可能有必要依据实际的财务结果重新对重要性进行评估和修改。如果注册会计师在审计过程中获知了某项信息，而该信息可能导致注册会计师确定与原来不同的财务报表层次重要性或者特定类别交易、账户余额或披露的一个或多个重要性，那么注册会计师应当予以修改。因此，在评价未更正错报的影响之前，注册会计师可能有必要依据实际的财务结果对重要性作出修改。但是，如果注册会计师对重要性进行重新评估导致需要确定较低的金额，则应重新考虑实际执行的重要性和进一步审计程序的性质、时间安排和范围的适当性，以获取充分、适当的审计证据，作为发表审计意见的基础。

【知识点拨】

为什么注册会计师对重要性进行重新评估导致需要确定较低的金额时，需要重新考虑实际执行的重要性和进一步审计程序的性质、时间安排和范围的适当性呢？

如果注册会计师对首次委托的被审计单位进行审计，在审计计划阶段，被审计单位经常性业务的税前利润为 4 000 万元，在审计过程中注册会计师发现若干项重大错报，管理层已同意调整，合计调减税前利润 1 000 万元。在评价未更正错报前，注册会计师需要用调整后的税前利润 3 000 万元。编制表格如表 13 －7 所示。

表 13 －7　　税前利润及重要性

项目	审计计划阶段	审计完成阶段
被审计单位经常性业务的税前利润	4 000 万元	3 000 万元
财务报表整体的重要性	200 万元（4 000 ×5%）	150 万元（3 000 ×5%）
实际执行的重要性	100 万元（200 ×50%）	75 万元（150 ×50%）

注册会计师需要考虑以下几个方面的问题：（1）发现的重大错报 1 000 万元远远超出计划阶段确定的财务报表整体的重要性（200 万元），表明存在比可接受的低风险水平更大的风险，注册会计师需要重新考虑对重大错报风险的评估及其应对；（2）审计重要性与证据数量之间是反向关系，基于调整后的财务报表整体的重要性和实际执行的重要性，已经实施的审计程序是否充分（例如，实际执行的重要性降低可能意味着在采用审计抽样实施细节测试时需要增加样本量）；（3）注册会计师应当用调整后的财务报表整体的重要性 150 万元评价未更正错报是否重大。

（二）确定未更正错报单独或汇总起来是否重大

1. 考虑未更正错报的金额、性质和错报发生的特定环境。注册会计师在评价未更正错报是否重大时，除考虑未更正错报单独或连同其他未更正错报的金额是否超过财务报表整体的重要性（即定量因素）外，还需要考虑错报性质以及错报发生的特定环境（即定性因素）。

2. 注册会计师应当考虑与以前期间相关的未更正错报对相关类别的交易、账户余额或披露以及财务报表整体的影响。

四、实施分析程序

在临近审计结束时，注册会计师应当运用分析程序，目的是确定经审计调整后的财务报表整体是否与其对被审计单位的了解一致，是否具有合理性。

在运用分析程序进行总体复核时，如果识别出以前未识别的重大错报风险，注册会计师应当重新考虑对全部或部分各类别的交易、账户余额或披露评估的重大错报风险是否恰当，并相应修改原计划实施的进一步审计程序。

五、复核审计工作底稿

执行复核是确保注册会计师执业质量的重要手段之一。会计师事务所应当建立完善的复核制度。根据会计师事务所质量管理准则，会计师事务所应当结合自身组织特点和质量控制体系建设需要，制定项目质量复核的相关政策和程序，对复核的层级、各层级的复核范围、执行复核的具体要求以及对复核的记录要求等作出规定。审计工作底稿的复核可分为两个层次：项目组内部复核和项目质量复核。

（一）项目组内部复核

会计师事务所在安排复核工作时，应当由经验较为丰富的项目组成员对经验较为缺乏的项目组成员的工作进行指导、监督和复核；对于一些较为复杂、审计风险较高的领域，例如舞弊风险的评估与应对、重大会计估计及其他复杂的会计问题等，需要指派经验丰富的项目组成员执行复核，必要时可以由项目合伙人执行复核。

所有审计工作底稿至少要经过一级复核，审计项目组内部复核贯穿审计全过程，随着审计工作的开展，复核人员在审计计划阶段、执行阶段和完成阶段应及时复核相应的审计工作底稿。

项目合伙人应当在审计过程中的适当时点复核审计工作底稿，包括：重大事项；重大判断，包括与在审计过程中遇到的困难或有争议事项相关的判断，以及得出的结论；根据项目合伙人的职业判断，与项目合伙人职责有关的其他事项。项目合伙人应当在签署审计报告前复核财务报表、审计报告以及相关的审计工作底稿。

（二）项目质量复核

会计师事务所应当制定政策和程序，选择不属于项目组成员，具备适当的胜任能力、客观性和独立性的人员进行项目质量复核。如果项目质量复核人员来自会计师事务所内部，应当是合伙人或类似职位的人员，且在面对来自项目合伙人或会计师事务所内部其他人员的压力时能够坚持原则。项目质量复核人员也可能是会计师事务所委派的外部人员。

项目质量复核的范围是项目组作出的重大判断以及在编制审计报告时得出的结论。只有完成了项目质量复核，才能签署审计报告。

注册会计师要考虑在审计过程中与项目质量复核人员积极协调配合，使其能够及时实施质量复核，而非在出具审计报告前才实施复核。例如，在审计计划阶段，项目质量复核人员复核项目组对会计师事务所独立性作出的评价等。

六、期后事项

期后事项是指财务报表日至审计报告日之间发生的事项，以及注册会计师在审计报告日后知悉的事实。注册会计师应当考虑期后事项对被审计单位财务报表公允性的影响和对审计报告的影响。

（一）期后事项的划分

按是否需要调整财务报表，期后事项可以分为财务报表日后调整事项与财务报表日后非调整事项。判断调整事项与非调整事项时，应对资产负债表日已经存在的事项和资产负债表日后出现的事项严加区分，不能混淆。如果确认相关事项在资产负债表日前就已存在，应视为调整事项，并将资产负债表日后的信息并入财务报表中。如果相关事项直到资产负债表日后才发生，应视为非调整事项，而不应将资产负债表日后的信息并入财务报表中。

（二）期后事项的时段

1. 期后事项的时段划分。期后事项的时段划分如表 13－8、图 13－1 所示。

表 13－8　期后事项的时段划分依据

时段划分	划分依据
第一时段	财务报表日至审计报告日之间发生的事项
第二时段	审计报告日后至财务报表报出日前发现的事实
第三时段	财务报表报出日后知悉的事实

2. 三个特殊日期。审计报告日是注册会计师完成审计工作的日期。审计报告日不应早于注册会计师获取充分、适当的审计证据，并在此基础上对财务报表形成审计

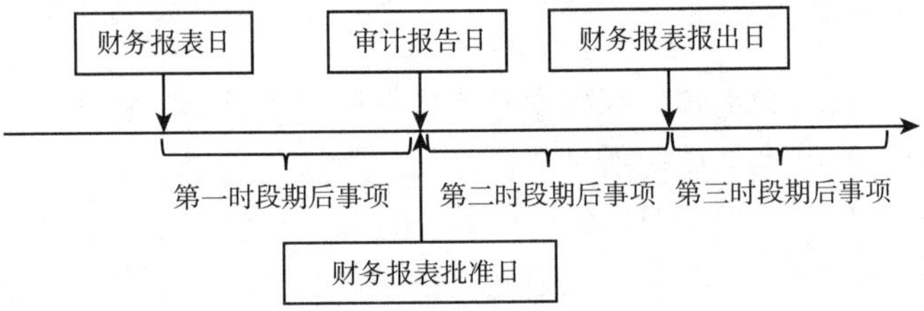

图 13－1 期后事项时段划分

意见的日期。

财务报表批准日是指被审计单位批准财务报表报出的日期，该日期往往与审计报告日、书面声明日相同。

财务报表报出日是指被审计单位对外披露已审计财务报表的日期。

（三）不同时段的期后事项

1. 第一时段期后事项。

（1）责任。注册会计师应当设计和实施专门的审计程序来主动识别第一时段期后事项，并根据这些事项的性质判断其对财务报表的影响，进而确定是进行调整还是披露。

（2）专门程序。尽量在接近审计报告日时实施以下专门针对期后事项的程序：了解管理层为确保识别期后事项而建立的程序；询问管理层和治理层，确定是否发生可能影响财务报表的期后事项；查阅所有者、管理层和治理层在财务报表日后举行会议的纪要，或询问此类会议讨论的事项；查阅最近的中期财务报表。

（3）审计建议。根据期后事项的类型，建议管理层调整或披露。

2. 第二时段期后事项。

（1）责任。审计报告日后，注册会计师没有义务实施任何审计程序。

在这一阶段，财务报表并未被报出，且管理层有责任将发现的可能影响财务报表的事实告知注册会计师。注册会计师也可能通过媒体报道、举报信息等获悉影响财务报表的期后事项。

如被动知悉了某项事实，且在审计报告日知悉可能导致修改审计报告，应与管理层和治理层讨论。如果需要修改财务报表，可以询问管理层如何处理，并根据管理层是否修改财务报表以及注册会计师是否已提交审计报告分别进行处理。

（2）采取的具体行动。第一种情况，如果管理层修改财务报表。

①一般情况。

a. 对管理层的修改实施必要的审计程序。

b. 管理层对财务报表的修改意味着财务报表签发日的推迟，注册会计师应当重新确定审计报告日。

c. 将专门程序全面延伸至新的审计报告日。

d. 针对修改后的财务报表出具新的审计报告。

②特殊情况。

a. 管理层对财务报表的修改仅限于对期后事项进行修改并在附注资料中适当披露修改的事项。

b. 董事会、管理层仅对修改进行批准。

③针对特殊情况的特殊处理。

仅针对管理层的局部修改将专门程序延伸至新的审计报告日，并选用下列方式之一修改审计报告。

一是针对财务报表修改部分增加补充报告日期，对管理层作出修改前的财务报表出具的原审计报告日期保持不变，从而表明注册会计师对期后事项实施的审计程序仅限于财务报表相关附注所述的修改。

二是出具新的或经修改的审计报告，在强调事项段或其他事项段中说明注册会计师对期后事项实施的审计程序仅限于财务报表相关附注所述的修改。

第二种情况，如果管理层不修改财务报表且审计报告未提交时：注册会计师应当按照规定发表非无保留意见，然后再提交审计报告。

第三种情况，如果管理层不修改财务报表且审计报告已提交时：注册会计师应当通知管理层和治理层在财务报表作出必要修改前不要向第三方报出。如果财务报表在未经必要修改的情况下仍被报出，注册会计师应当采取适当措施，以设法防止财务报表使用者信赖该审计报告。例如，针对上市公司，注册会计师可以利用证券传媒等刊登必要的声明，防止使用者信赖审计报告。

【知识点拨】

为什么注册会计师在期后事项第二时段没有义务实施任何审计程序呢?

在第二时段期后事项中，被审计单位的财务报表虽然还未被报出，但注册会计师针对被审计单位的审计业务实际已经结束，要识别可能存在的期后事项比较困难，因而无法承担主动识别责任。

3. 第三时段期后事项。

（1）责任。注册会计师没有义务针对财务报表实施任何审计程序，但不排除通过媒体等途径获悉对财务报表产生重大影响的期后事项。

（2）采取行动的条件。

①该事项在审计报告日已存在。

②如在审计报告日前获知该事实，可能影响审计报告。

（3）采取的具体行动。

①与管理层和治理层（如适用）讨论该事项。

②确定财务报表是否需要修改。

③如需要修改，询问管理层如何处理。

（4）针对管理层修改财务报表采取的措施。

①实施必要的审计程序。例如，查阅法院判决文件、复核会计处理或披露事项，

确定对财务报表的修改是否恰当。

②复核管理层采取的措施能否确保所有收到原报表和审计报告的人士了解修改情况。例如，上市公司管理层刊登公告的媒体是否是中国证券监督管理委员会指定的媒体，若刊登在其注册地的媒体上，则异地的使用者可能无法了解这一情况。

③针对一般情况将专门程序全面延伸至新的审计报告日，并出具新的审计报告。

④针对特殊情况局部延伸期后程序，在修改或重新提交的审计报告中增加强调事项段或其他事项段，提醒财务报表使用者关注修改原财务报表的原因和注册会计师提供的原审计报告。

（5）管理层未采取任何行动时的处理。

①应当通知管理层和治理层，注册会计师将设法防止财务报表使用者信赖该审计报告；

②如果已经通知管理层或治理层后没有采取必要措施，注册会计师应当采取适当措施，以设法防止财务报表使用者信赖该审计报告。

七、书面声明

（一）书面声明的含义和证明力

1. 书面声明的含义。书面声明是指管理层向注册会计师提供的书面陈述，用以确认某些事项或支持其他审计证据。注册会计师获得被审计单位书面声明有助于明确会计责任与审计责任。

2. 书面声明的证明力。

（1）正面证明力较弱。书面声明是注册会计师在财务报表审计中需要获取的必要信息，是必要的审计证据，但由于其是一种非独立来源的书面说明，本身并不为所涉及的任何事项提供充分、适当的审计证据，也不影响注册会计师就管理层责任履行情况或具体认定获取的其他审计证据的性质和范围。

（2）反面证明力较强。如果管理层修改书面声明的内容或不提供注册会计师要求的书面声明，可能使注册会计师警觉存在重大问题的可能性。

【思维小课堂】

怎么看待书面声明的正反证明力呢?

管理层声明书可以被理解为是审计师最后无可奈何的一道防线。在审计业务中，审计师往往会对某些科目和某些事项无法取得全部的、满意的证据，这时，就会将这件事写在声明书里。当被审计单位管理层在签署时，一改之前不以为意的态度，开始认真阅读声明书甚至对里面的内容提出拒绝。在与注册会计师沟通后，管理层可能迫于压力会透露更多的信息。

但是，注册会计师不能因为被审计单位在声明中表达“我们认为，财务报表是真实公允的”，就不再审慎获取审计证据、执行审计程序，也不能因为声明书就认为可以减轻自身的责任，否则注册会计师就无法达到持续高质量地执行业务为公众利益服务的内在要求。

正如庄子在《齐物论》中所说“是亦彼也，彼亦是也。彼亦一是非，此亦一是非”。即没有纯粹的“此”，没有单一的“彼”，彼此是相生相存的。

（二）被审计单位书面声明的格式和内容

被审计单位书面声明应包括以下基本要素。

1. 标题：××公司董事会声明。
2. 抬头：致××注册会计师（或呈××会计师事务所）。
3. 正文：根据注册会计师要求声明的内容，列出各项声明。
4. 日期：不得晚于审计报告日。
5. 签章：被审计单位主要负责人签名并加盖被审计单位公章。

针对管理层责任的书面声明的格式如下。

××公司董事会声明

（致注册会计师）：

本声明书是针对你们审计ABC公司截至20××年12月31日的年度财务报表而提供的。审计的目的是对财务报表发表意见，以确定财务报表是否在所有重大方面已按照企业会计准则的规定编制，并实现公允反映。

尽我们所知，并在作出了必要的查询和了解后，我们确认：

一、财务报表

1. 我们已履行［插入日期］签署的审计业务约定书中提及的责任，即根据企业会计准则的规定编制财务报表，并对财务报表进行公允反映。

2. 在作出会计估计时使用的重大假设（包括与公允价值计量相关的假设）是合理的。

3. 已按照企业会计准则的规定对关联方关系及其交易作出了恰当的会计处理和披露。

4. 根据企业会计准则的规定，所有需要调整或披露的资产负债表日后事项都已得到调整或披露。

5. 未更正错报，无论是单独还是汇总起来，对财务报表整体的影响均不重大。未更正错报汇总表附在本声明书后。

6. 注册会计师可能认为适当的其他任何事项。

二、提供的信息

7. 我们已向你们提供下列工作条件：

（1）允许接触我们注意到的、与财务报表编制相关的所有信息；

（2）提供你们基于审计目的要求我们提供的其他信息；

（3）允许在获取审计证据时不受限制地接触你们认为必要的本公司内部人员和其他相关人员。

8. 所有交易均已记录并反映在财务报表中。

9. 我们已向你们披露了由于舞弊可能导致的财务报表重大错报风险的评估结果。

10. 我们已向你们披露了我们注意到的、可能影响本公司的、与舞弊或舞弊嫌疑相关的所有信息，这些信息涉及本公司的：

（1）管理层；

（2）在内部控制中承担重要职责的员工；

（3）其他人员（在舞弊行为导致财务报表重大错报的情况下）。

附：未更正错报汇总表

ABC 公司	ABC 公司管理层
（盖章）	（签名并盖章）
中国××市	二〇××年×月×日

如果对董事会或经理的胜任能力、诚信、道德价值观或勤勉尽责存在疑虑，或者对管理层在这些方面的承诺或贯彻执行存在疑虑，注册会计师应当确定这些疑虑对书面或口头声明和审计证据总体的可靠性可能产生的影响。如果书面声明与其他审计证据不一致，注册会计师应当实施审计程序以设法解决这些问题。例如，考虑作出声明的人员是否熟知所声明的事项，评价声明是否有效。如果问题仍未解决，注册会计师应当重新考虑对董事会或经理的胜任能力、诚信、道德价值观或勤勉尽责的评估，或者重新考虑对管理层在这些方面的承诺或贯彻执行的评估，并确定书面声明与其他审计证据的不一致对书面或口头声明和审计证据总体的可靠性可能产生的影响。

（三）书面声明的日期和涵盖期间

书面声明的日期应当尽量接近对财务报表出具审计报告的日期，但不得在审计报告日后。在管理层签署书面声明前，注册会计师不能发表审计意见，也不能签署审计报告。

书面声明应当涵盖审计报告针对的所有财务报表和期间。如果在审计报告中提及的所有期间内，现任管理层以自己还未上任为理由拒绝在书面声明中提及所有期间或部分期间，这种行为并不能减低现任管理层对财务报表整体的责任。注册会计师仍需要向其获取涵盖审计报告提及的所有期间的书面声明。

第二节　审计报告

一、审计报告概述

审计报告是注册会计师审计工作的最终结果，具有法定证明效力。注册会计师在对委托业务进行了必要的审计程序后，确认已经获得充分、适当的审计证据作为发表审计意见的基础，通过对审计证据的整理和综合判断，编制审计报告以说明被审计单位的财务状况、经营成果和现金流量是否公允反映，最后以书面形式呈送给委托人。

（一）审计报告的概念

审计报告是指注册会计师根据审计准则的规定，在执行审计工作的基础上，对财务报表发表审计意见的书面文件。其具体特征和要求如下：

1. 注册会计师应当将已审计的财务报表附于审计报告之后，以便于财务报表使用者正确理解和使用审计报告，并防止被审计单位替换、更改已审计的财务报表。

2. 审计报告是注册会计师在完成审计工作后向委托人提交的最终产品，并不包括后附的财务报表。

3. 注册会计师通过对财务报表发表意见履行业务约定书中约定的责任。

4. 注册会计师应当以书面形式出具审计报告。

（二）审计报告作用

1. 审计报告是政府、投资者和其他利益者投资决策的依据。任何投资者都希望可以规避风险，这需要通过投资对象的财务报表了解到其真实的财务状况和经营成果，但是站在被投资者的角度，他们希望可以得到更多的投资，因此迫于压力可能会虚假陈述财务报告，这就出现了双方立场的矛盾，而注册会计师审计与政府审计、内部审计不同之处就在于其通过超然独立的第三方地位对被审计单位财务报表的合法性和公允性发表鉴证意见，其结果可以获得政府、投资者和其他利益相关者的认可，可以作为其进行投资决策的依据。

2. 审计报告是保护利害关系人利益的重要防线。审计是注册会计师对被审计单位的财务报表执行鉴证业务、出具审计意见的过程，报表使用者通过注册会计师出具的不同审计意见从而明确对被审计单位财务报表的信赖程度，这在一定程度上对被审计单位的财产、投资人、债权人等利害关系人的权益起到保护作用。如债权人在为被审计单位再次放债前，可以通过查阅其财务报表和注册会计师的审计意见，从而了解到被审计单位的真实财务状况和经营成果。

3. 审计报告是证明注册会计师履行审计责任的主要依据。审计报告是注册会计师完成审计工作并对其受托业务进行总结后的成果，它可以证明注册会计师的执业质量，也可以证明注册会计师已经履行了审计责任。例如，注册会计师出具审计意见所依据的审计证据是否充分和适当、在执业过程中是否符合准则要求等。

（三）审计报告的种类

1. 按审计报告的使用目的划分，审计报告可分为公布目的的审计报告和非公布目的的审计报告。

公布目的的审计报告一般是用于对企业股东、投资者、债权人等非特定利益关系人公布的附送财务报表的审计报告。

非公布目的的审计报告一般是出于企业经营管理、投融资、合并等特定目的而实施审计的审计报告，这类审计报告所分发的对象是特定的，如经营者、业务转让的关系人、提供信用贷款的金融机构等。

2. 按审计报告格式和措辞的规范性划分，审计报告可分为标准审计报告和非标准审计报告。

标准审计报告格式和措辞基本统一，包含的审计报告要素齐全，注册会计师出具的不含有强调事项段、其他事项段或其他任何修饰性用语的无保留意见审计报告属于标准审计报告。

非标准审计报告格式和措辞不统一，可以根据审计项目的情况决定审计报告内容，注册会计师出具的带有强调事项段或其他事项段的无保留意见审计报告、保留意见审计报告、否定意见审计报告和无法表示意见审计报告属于非标准审计报告（如图13－2所示）。

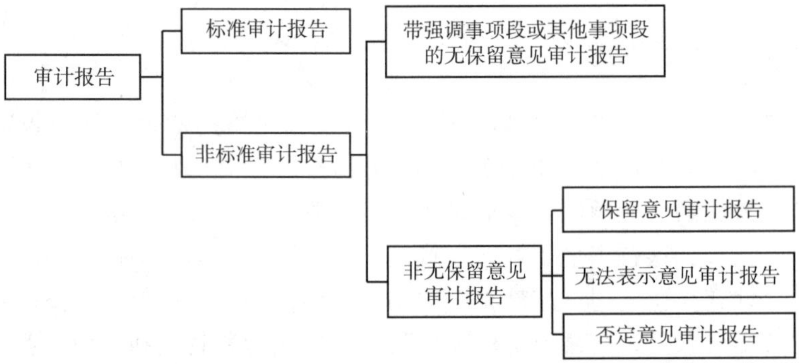

图13－2　审计报告分类

3. 按审计报告的详略程度划分，审计报告可分为简式审计报告和详式审计报告。

简式审计报告一般是指注册会计师对应公布的财务报表进行审计后所编制的，反映非特定多数利害关系人认为的必要审计事项的简明扼要的短式审计报告，具有标准格式，一般适用于公布目的，具有标准审计报告的特点。

详式审计报告一般是指注册会计师对被审计单位重要的经济业务都要进行详细说明和分析的长式审计报告，详式审计报告主要用于帮助企业改善经营管理，提升管理效率，如用于企业经营管理审计和受托进行经济责任审计而出具的审计报告，故其内容比简式审计报告要更加丰富和全面。一般适用于非公布目的，具有非标准审计报告的特点。

【思维小课堂】

非标准审计报告比标准审计报告的进步体现在哪里？

我国注册会计师制度恢复后，1992年《注册会计师查账验证报告规则（试行）》的发布标志着我国审计报告准则的基本确立。中注协于1996年颁布了《独立审计具体准则第7号——审计报告》，2003年进行过一次修订后，又在2006年2月15日，将原准则修订为《中国注册会计师审计准则第1501号——审计报告》和《中国注册会计师审计准则第1502号——非标准审计报告》，保持了在内容、结构、措辞以及所体现的审计思想和理念上与国际审计准则的趋同。

在我国，随着资本市场的改革与发展，政府部门、监管机构和投资者对注册会计师执业质量提出了更高的要求，期望注册会计师出具的审计报告具有更高的信息含量和决策相关性，以降低资本市场的不确定性和信息不对称带来的风险。为顺应市场各方的需求，体现审计准则持续趋同的要求，中注协借鉴国际审计报告改革的成果，结合我国实际情况，启动了审计报告准则的改革修订工作。

未改革前的审计报告是一种标准化的审计报告，格式统一、要素一致、内容简洁、意见明确，但也存在缺陷，即如果是标准无保留意见，可以说除了被审计单位名称以外，再也找不到与被审计单位相关的东西。这就导致审计报告所传递的信息含量不足，财务报表使用者的决策相关性差。同时，对于注册会计师而言，所执行的一些工作很难通过这千篇一律的报告体现出来，这就使得报表使用者会认为注册会计师的工作简单而单一，没有意识到审计工作的价值，难以对注册会计师的工作给予肯定，愿意付出合理的报酬。

审计报告本身的缺陷是审计报告改革的根本原因。为此，我国通过修订审计报告准则，增加了审计报告的要素，丰富了审计报告的内容，提高了审计报告的沟通价值，增强了审计工作的透明度。

时代在不断变化，青年人的使命也在随之改变，从“观察世界”，到“融入世界”，再到“影响世界”，我们正在由被动到主动，逐步变成这个时代的主导者，我们要学会发现变化，主动拥抱变化，未来，我们的征途是星辰大海。

二、审计意见的形成

审计意见类型及内涵

注册会计师应当对所收集的审计证据进行整理并综合评价得出结论，以此作为对被审计单位财务报表发表审计意见的基础。

注册会计师执行财务报表审计业务的目标是：

第一，在评价根据审计证据得出的结论的基础上，对财务报表形成审计意见；

第二，通过书面报告的形式清楚地表达审计意见。

注册会计师应当就财务报表是否在所有重大方面按照适用的财务报告编制基础的规定编制并实现公允反映形成审计意见。为了形成审计意见，针对财务报表整体是否不存在由于舞弊或错误导致的重大错报，注册会计师应当得出结论，确定是否已就此获取合理保证。

审计意见的形成过程如图 13－3 所示。

注册会计师应当依据适用的财务报告编制基础特别评价下列内容。

（1）评价是否已获取充分、适当的审计证据。注册会计师在形成审计意见时，应该综合考虑所有相关的审计证据，无论该证据与财务报表认定相互印证还是相互矛盾。对重大的财务报表认定没有获取充分、适当的审计证据，注册会计师应当尽可能获取进一步的审计证据。

（2）评价未更正错报单独或汇总起来是否构成重大错报。在确定时，注册会计师应当考虑：相对特定类别的交易、账户余额或披露以及财务报表整体而言，错报的

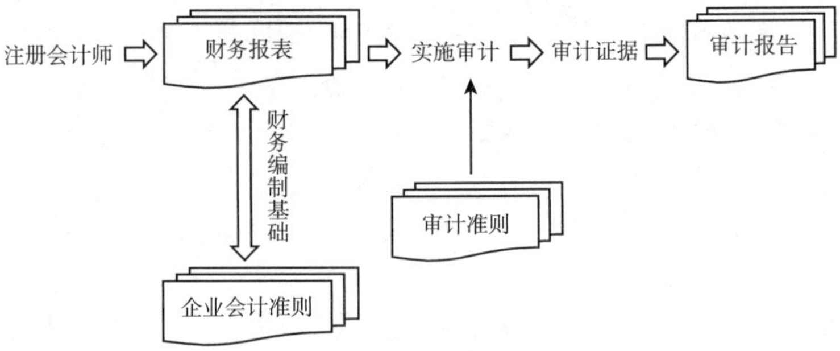

图 13－3 审计意见形成过程

金额和性质以及错报发生的特定环境；与以前期间相关的未更正错报对相关类别的交易、账户余额或披露以及财务报表整体的影响。

（3）评价财务报表是否在所有重大方面按照适用的财务报告编制基础编制。在作出这一评价时，注册会计师应特别考虑：财务报表是否恰当披露了所选择和运用的重要会计政策；所选择和运用的会计政策是否符合适用的财务报告编制基础，并适合被审计单位的具体情况；管理层作出的会计估计是否合理；财务报表列报的信息是否具有相关性、可靠性、可比性和可理解性；财务报表是否作出充分披露，使预期使用者能够理解重大交易和事项对财务报表所传递信息的影响；财务报表使用的术语是否适当。

（4）评价财务报表是否实现公允反映。在评价时，注册会计师应当考虑：财务报表的总体列报（包括披露）、结构和内容是否合理；财务报表是否公允地反映了相关交易和事项。

（5）评价财务报表是否恰当提及或说明适用的财务报告编制基础。管理层和治理层（如适用）对所适用的财务报告编制基础进行恰当说明，有助于财务报表使用者准确认知其财务报表的编制依据，避免被审计单位因为不严谨的措辞对报表使用者产生误导。

【知识点拨】

什么是适用的财务报告编制基础？

适用的财务报告编制基础，是指法律法规要求采用的财务报告编制基础；或者管理层和治理层（如适用）在编制财务报表时，就被审计单位性质和财务报表目标而言，采用的可接受的财务报告编制基础。

适用的财务报告编制基础的规定决定了财务报表的列报、结构和内容，以及整套财务报表的构成。适用的财务报告编制基础通常是指会计准则（财务报告准则）和法律法规的规定。此外，其他文件可能对如何应用适用的财务报告编制基础提供指引。例如，与会计事项相关的法律法规、司法判决和职业道德要求；准则制定机构针对新出现的会计问题发布的具有不同权威性的意见；得到广泛认可和普遍使用的一般惯例或行业惯例等。

三、审计报告的基本内容和编制要求

（一）审计报告的要素

审计报告的要素包括以下内容。

1. 标题；
2. 收件人；
3. 审计意见；
4. 形成审计意见的基础；
5. 管理层对财务报表的责任；
6. 注册会计师对财务报表审计的责任；
7. 按照相关法律法规的要求报告的事项（如适用）；
8. 注册会计师的签名和盖章；
9. 会计师事务所的名称、地址和盖章；
10. 报告日期。

在适用的情况下，注册会计师还应当按照中国注册会计师审计准则的相关规定，在审计报告中对与持续经营相关的重大不确定性、关键审计事项、被审计单位年度报告中包含的除财务报表和审计报告之外的其他信息进行报告。

（二）审计报告的内容

审计报告的内容

1. 标题。标题应统一规范为“审计报告”。

2. 收件人。审计报告的收件人是指注册会计师按照业务约定书的要求致送审计报告的对象，一般是指审计业务的委托人。注册会计师应当与委托人在业务约定书中约定致送审计报告的对象，以防止在此问题上发生分歧或审计报告被委托人滥用。针对整套通用目的的财务报表出具的审计报告，致送对象通常为被审计单位的股东或治理层。审计报告应当载明收件人的全称，如对于股份有限公司，收件人一般为“××股份有限公司全体股东”。

3. 审计意见。审计报告的第一部分应当包含审计意见，并以“审计意见”作为标题。审计意见应当指出已审计财务报表，包括下列方面：

（1）指出被审计单位的名称；

（2）说明财务报表已经审计；

（3）指出构成整套财务报表的每一财务报表的名称；

（4）提及财务报表附注；

（5）指明构成整套财务报表的每一财务报表的日期或涵盖的期间。

如果对财务报表发表无保留意见，除非法律法规另有规定，审计意见应当使用“我们认为，财务报表在所有重大方面按照［适用的财务报告编制基础（如企业会计准则等）］编制，公允反映了［……］”的措辞。审计意见涵盖由适用的财务报告编制基础所确定的整套财务报表。

4. 形成审计意见的基础。审计报告应当包含标题为“形成审计意见的基础”的部分。该部分应当紧接在“审计意见”部分之后，并包括下列方面：

（1）说明注册会计师按照审计准则的规定执行了审计工作。

（2）提及审计报告中用于描述审计准则规定的注册会计师责任的部分。

（3）声明注册会计师按照与审计相关的职业道德要求对被审计单位保持了独立性，并履行了职业道德方面的其他责任。声明中应当指明适用的职业道德要求，如《中国注册会计师职业道德守则》。

（4）说明注册会计师是否相信获取的审计证据是充分、适当的，为发表审计意见提供了基础。

5. 管理层对财务报表的责任。审计报告应当包含标题为“管理层对财务报表的责任”的部分，该部分应当说明编制财务报表是管理层的责任，包括：

（1）按照适用的财务报告编制基础编制财务报表，使其实现公允反映，并设计、执行和维护必要的内部控制，以使财务报表不存在由于舞弊或错误导致的重大错报。

（2）评估被审计单位的持续经营能力和使用持续经营假设是否适当，并披露与持续经营相关的事项（如适用）。对管理层评估责任的说明应当包括描述在何种情况下使用持续经营假设是适当的。

审计报告中对财务报表的责任部分应当提及对财务报告过程负有监督责任的人员，这部分应当使用特定国家或地区法律框架中的恰当术语，可能是“治理层”，并非限定于“管理层”。

6. 注册会计师对财务报表审计的责任。审计报告应当包含标题为“注册会计师对财务报表审计的责任”的部分，其中应当包括下列内容：

（1）说明注册会计师的目标是对财务报表整体是否不存在由于舞弊或错误导致的重大错报获取合理保证，并出具包含审计意见的审计报告。

（2）说明合理保证是高水平的保证，但按照审计准则执行的审计并不能保证一定会发现存在的重大错报。

（3）说明错报可能由于舞弊或错误导致。

在说明错报可能由于舞弊或错误导致时，注册会计师应当从下列两种做法中选取一种：一是描述如果合理预期错报单独或汇总起来可能影响财务报表使用者依据财务报表作出的经济决策，则通常认为错报是重大的；二是根据适用的财务报告编制基础，提供关于重要性的定义或描述。

“注册会计师对财务报表审计的责任”部分还应当包括说明在按照审计准则执行审计工作的过程中，注册会计师运用职业判断，并保持职业怀疑。通过说明注册会计师的责任，对审计工作进行描述。这些责任包括：

（1）识别和评估由于舞弊或错误导致的财务报表重大错报风险，设计和实施审计程序以应对这些风险，并获取充分、适当的审计证据，作为发表审计意见的基础。由于舞弊可能涉及串通、伪造、故意遗漏、虚假陈述或凌驾于内部控制之上，未能发现由于舞弊导致的重大错报的风险高于未能发现由于错误导致的重大错报的风险。

（2）了解与审计相关的内部控制，以设计恰当的审计程序，但目的并非对内部控制的有效性发表意见。当注册会计师有责任在财务报表审计的同时对内部控制的有效性发表意见时，应当略去上述“目的并非对内部控制的有效性发表意见”的表述。

（3）评价管理层选用会计政策的恰当性和作出会计估计及相关披露的合理性。

（4）对管理层使用持续经营假设的恰当性得出结论。同时，根据获取的审计证据，就可能导致对被审计单位持续经营能力产生重大疑虑的事项或情况是否存在重大不确定性得出结论。如果注册会计师得出结论认为存在重大不确定性，审计准则要求注册会计师在审计报告中提请报表使用者关注财务报表中的相关披露；如果披露不充分，注册会计师应当发表非无保留意见。注册会计师的结论基于截至审计报告日可获得的信息。然而，未来的事项或情况可能导致被审计单位不能持续经营。

（5）评价财务报表的总体列报、结构和内容（包括披露），并评价财务报表是否公允反映相关交易和事项。

注册会计师对财务报表审计的责任部分还应当包括：

（1）说明注册会计师与治理层就计划的审计范围、时间安排和重大审计发现等事项进行沟通，包括沟通注册会计师在审计中识别的值得关注的内部控制缺陷。

（2）对于上市实体财务报表审计，指出注册会计师就已遵守与独立性相关的职业道德要求向治理层提供声明，并与治理层沟通可能被合理认为影响注册会计师独立性的所有关系和其他事项，以及相关的防范措施（如适用）。

（3）对于上市实体财务报表审计，决定按照审计准则规定沟通关键审计事项的其他情况，说明注册会计师从与治理层沟通过的事项中确定哪些事项对本期财务报表审计最为重要，因而构成关键审计事项。注册会计师应当在审计报告中描述这些事项，除非法律法规禁止公开披露这些事项，或在极少数情形下，注册会计师合理预期在审计报告中沟通某事项造成的负面后果超过在公众利益方面产生的益处，因而确定不应在审计报告中沟通该事项。

7. 按照相关法律法规的要求报告的事项（如适用）。除审计准则规定的注册会计师对财务报表出具审计报告的责任外，相关法律法规可能对注册会计师设定了其他报告责任。例如，如果注册会计师在财务报表审计中注意到某些事项，可能被要求对这些事项予以报告。此时注册会计师应当在审计报告中将说明其他报告责任单独作为一部分，并以“按照相关法律法规的要求报告的事项”为标题，或使用适合于该部分内容的其他标题，除非其他报告责任涉及的事项与审计准则规定的报告责任涉及的事项相同，如果涉及相同的事项，其他报告责任可以在审计准则规定的同一报告要素部分列示。

如果将其他报告责任在审计准则要求的同一报告要素部分列示，审计报告应当清楚区分其他报告责任和审计准则要求的报告责任。如果审计报告将其他报告责任单独作为一部分，应当置于“对财务报表出具的审计报告”标题下，“按照相关法律法规的要求报告的事项”部分置于“对财务报表出具的审计报告”部分之后。

8. 注册会计师的签名和盖章。审计报告应当由项目合伙人及另一名负责该项目的注册会计师签名和盖章，以明确法律责任。为进一步增强对审计报告使用者的透明度，在对上市实体整套通用目的财务报表出具的审计报告中应当注明项目合伙人。

9. 会计师事务所的名称、地址和盖章。根据《中华人民共和国注册会计师法》第十六条，注册会计师承办业务，由其所在的会计师事务所统一受理并与委托人签订委托合同。因此，审计报告除应由注册会计师签名并盖章外，还应载明会计师事务所的名称和地址，并加盖会计师事务所公章。

注册会计师在审计报告中载明会计师事务所地址时，只需标明会计师事务所所在城市即可。在实务中，审计报告通常载于会计师事务所统一印刷的、标有该所详细通信地址的信笺上，因此，无须在审计报告中注明详细地址。根据国家相关规定，在主管登记机关管辖区域内，已登记注册的企业名称不得相同，因此在同一地区内不会出现重名的会计师事务所。

10. 报告日期。审计报告应当注明报告日期。审计报告日不应早于注册会计师获取充分、适当的审计证据，并在此基础上对财务报表形成审计意见的日期。

注册会计师确定审计报告日的条件包括：一是构成整套财务报表的所有报表（含披露）已编制完成；二是被审计单位的董事会、管理层或类似机构已经认可其对财务报表负责。

审计报告的日期非常重要，注册会计师对不同时段的期后事项有着不同的责任，而审计报告日正是划分这种责任的关键时点之一。在实务中，注册会计师在正式签署审计报告前，通常把审计报告草稿和已审计的财务报表一同交给被审计单位管理层，如果被审计单位管理层批准并签署已审计财务报表，注册会计师即可签署审计报告。因此，注册会计师签署审计报告的日期通常与被审计单位管理层签署已审计财务报表的日期为同一天。

【知识点拨】

被审计单位的董事会、管理层或类似机构已经认可其对财务报表负责的日期是什么呢?

由于审计意见是针对财务报表发表的，并且编制财务报表是管理层的责任，所以只有在注册会计师获取证据证明构成整套财务报表的所有报表（包括相关附注）已经编制完成，并且管理层已认可其对财务报表的责任的情况下，注册会计师才能得出已经获取充分、适当的审计证据的结论。

财务报表需经董事会或类似机构批准后才可对外报出。法律法规明确了负责确定构成整套财务报表的所有报表（包括相关附注）已经编制完成的个人或机构（如董事会），并规定了必要的批准程序。在这种情况下，注册会计师需要在签署审计报告前获取财务报表已得到批准的证据。这意味着财务报表的批准日期要早于审计报告的日期，即经认可的有权机构（如董事会）确定构成整套财务报表的所有报表（包括相关附注）已经编制完成，并声称对此负责的日期。

（三）编制审计报告的步骤

1. 分析汇总审计工作底稿。注册会计师在执行业务的工作过程中，会收集到很多与业务相关的资料证据，这些都是拟订审计意见、出具审计报告的基础，最终都需要反映在审计工作底稿中，但是由于审计工作涉及内容较多，导致形成的审计工作底稿是零散的、不系统的，这就需要注册会计师对其进行区分和汇总才能写入审计报告中，便于财务报表使用者阅读和理解。

注册会计师在审阅审计工作底稿的基础上去粗存精，选择符合审计目标、有证明价值的资料进行归类汇总，以此作为出具审计意见的依据。同时，注册会计师为了确保审计工作所提出的问题和处理方式有理有据，对于所提出的问题要查找相关的法律法规一并写入审计工作底稿中。

2. 拟订审计报告纲要。注册会计师在对审计工作底稿进行分析、整理、归类的基础上，可以通过召开项目组会议共同探讨报告的具体内容、框架和形式，并逐条列出撰写纲要。审计报告的纲要主要在于提出综合性的思路，以便于未来具体撰写审计报告时思路更加清晰，包括：前沿概述内容怎么写，被审计单位基本情况阐述哪些方面，存在的问题主要有哪些和撰写顺序如何处置，采用的资料证据有哪些，依据的法律法规有哪些，最终的评价和意见是什么。如果在撰写中要使用标题，注册会计师还需要把握题目拟订是否合适，是否能够准确体现问题的基本情况和本质。

3. 撰写审计报告初稿。注册会计师在拟订审计报告纲要的基础上，就可以对汇总的材料用语言进行组织说明，形成审计报告初稿。在实务中，审计报告的撰写可以选择由一人一气呵成，但是由于审计报告撰写内容比较复杂，有时也可以选择由多个人分工撰写完成，但是最终必须由一人进行统稿整理，并授权其具有修改权，从而确保最终生成的审计报告首尾呼应，没有矛盾。

4. 与被审计单位沟通。为保持审计工作的客观与公正，审计报告终稿形成后，注册会计师应当按照审计工作要求征询被审计单位的意见，并要求被审计单位在必要期限内提供书面意见，以使审计结果与客观事实相符。如果被审计单位提出了相应建议，注册会计师应当秉持审慎态度，仔细确认，若被审计单位提出的建议合情合理，符合企业实际情况，注册会计师应当虚心接受，重新修正审计报告，若被审计单位提出的建议缺乏政策依据，注册会计师应当坚持原则，与管理层或治理层（如适用）进行有效沟通，在出具审计报告时将被审计单位的建议一并作为附件报出。

5. 审核并签发审计报告。审计机构接到审计报告后，有关领导应在审计报告上签署意见，并根据审计结果作出审计决定，通知被审计单位和有关部门执行。

四、标准审计报告

（一）标准审计报告的概念

标准审计报告是指不含有说明段、强调事项段、其他事项段或其他任何修饰性用语的无保留意见的审计报告。

（二）标准无保留意见审计报告的签发条件

注册会计师如果认为被审计单位财务报表在所有重大方面，按照适用的财务报告编制基础编制并实现合法、公允反映，注册会计师应当发表无保留意见。

标准审计报告格式和内容如下。

审计报告

ABC 股份有限公司全体股东：

一、对财务报表出具的审计报告

（一）审计意见

我们审计了 ABC 股份有限公司（以下简称 ABC 公司）财务报表，包括 20×2 年 12 月 31 日的资产负债表，20×2 年度的利润表、现金流量表、股东权益变动表以及相关财务报表附注。

我们认为，后附的财务报表在所有重大方面按照企业会计准则的规定编制，公允反映了 ABC 公司 20×2 年 12 月 31 日的财务状况以及 20×2 年度的经营成果和现金流量。

（二）形成审计意见的基础

我们按照中国注册会计师审计准则的规定执行了审计工作。审计报告的“注册会计师对财务报表审计的责任”部分进一步阐述了我们在这些准则下的责任。按照中国注册会计师职业道德守则，我们独立于 ABC 公司，并履行了职业道德方面的其他责任。我们相信，我们获取的审计证据是充分、适当的，为发表审计意见提供了基础。

（三）关键审计事项

关键审计事项是根据我们的职业判断，认为对本期财务报表审计最为重要的事项。这些事项是在对财务报表整体进行审计并形成意见的背景下进行处理的，我们不对这些事项提供单独的意见。

[按照《中国注册会计师审计准则第 1504 号——在审计报告中沟通关键审计事项》的规定描述每一关键审计事项。]

（四）其他信息

[按照《中国注册会计师审计准则第 1521 号——注册会计师对其他信息的责任》的规定报告。]

（五）管理层和治理层对财务报表的责任

管理层负责按照企业会计准则的规定编制财务报表，使其实现公允反映，并设计、执行和维护必要的内部控制，以使财务报表不存在由于舞弊或错误导致的重大错报。

在编制财务报表时，管理层负责评估 ABC 公司的持续经营能力，披露与持续经营相关的事项（如适用），并运用持续经营假设，除非计划清算 ABC 公司、停止营运或别无其他现实的选择。

治理层负责监督 ABC 公司的财务报告过程。

（六）注册会计师对财务报表审计的责任

我们的目标是对财务报表整体是否不存在由于舞弊或错误导致的重大错报获取合理保证，并出具包含审计意见的审计报告。合理保证是高水平的保证，但并不能保证按照审计准则执行的审计在某一重大错报存在时总能被发现。错报可能由于舞弊或错误导致，如果合理预期错报单独或汇总起来可能影响财务报表使用者依据财务报表作出的经济决策，则通常认为错报是重大的。

在按照审计准则执行审计的过程中，我们运用职业判断，并保持职业怀疑。同时，我们也执行下列工作：

（1）识别和评估由于舞弊或错误导致的财务报表重大错报风险；对这些风险有针对性地设计和实施审计程序；获取充分、适当的审计证据，作为发表审计意见的基础。由于舞弊可能涉及串通、伪造、故意遗漏、虚假陈述或凌驾于内部控制之上，未能发现由于舞弊导致的重大错报的风险高于未能发现由于错误导致的重大错报的风险。

（2）了解与审计相关的内部控制，以设计恰当的审计程序，但目的并非对内部控制的有效性发表意见。

（3）评价管理层选用会计政策的恰当性和作出会计估计及相关披露的合理性。

（4）对管理层使用持续经营假设的恰当性得出结论。同时，根据获取的审计证据，就可能导致对 ABC 公司持续经营能力产生重大疑虑的事项或情况是否存在重大不确定性得出结论。如果我们得出结论认为存在重大不确定性，审计准则要求我们在审计报告中提请报表使用者注意财务报表中的相关披露；如果披露不充分，我们应当发表非无保留意见。我们的结论基于审计报告日可获得的信息。然而，未来的事项或情况可能导致 ABC 公司不能持续经营。

（5）评价财务报表的总体列报、结构和内容，并评价财务报表是否公允反映相关交易和事项。

我们与治理层就计划的审计范围、时间安排和重大审计发现等事项进行沟通，包括沟通我们在审计中识别出的值得关注的内部控制缺陷。

我们还就已遵守与独立性相关的职业道德要求向治理层提供声明，并与治理层沟通可能被合理认为影响我们独立性的所有关系和其他事项，以及相关的防范措施（如适用）。

从与治理层沟通的事项中，我们确定哪些事项对本期财务报表审计最为重要，因而构成关键审计事项。我们在审计报告中描述这些事项，除非法律法规禁止公开披露这些事项，或在罕见的情形下，如果合理预期在审计报告中沟通某事项造成的负面后果超过在公众利益方面产生的益处，我们确定不应在审计报告中沟通该事项。

二、按照相关法律法规的要求报告的事项

[本部分的格式和内容取决于法律法规对其他报告责任的性质的规定。本部分应当说明相关法律法规规范的事项（其他报告责任），除非其他报告责任涉及的事项与审计准则规定的报告责任涉及的事项相同。如果涉及相同的事项，其他报告责任可以

在审计准则规定的同一报告要素部分中列示。当其他报告责任和审计准则规定的报告责任涉及同一事项，并且审计报告中的措辞能够将其他报告责任与审计准则规定的责任（如差异存在）予以清楚地区分时，可以将两者合并列示（即包含在“对财务报表出具的审计报告”部分中，并使用适当的副标题）。]

××会计师事务所（盖章）

中国注册会计师：××（项目合伙人）（签名并盖章）

中国注册会计师：××（签名并盖章）

中国××市

二〇×三年×月×日

五、非标准审计报告

非标准审计报告是指标准审计报告以外的其他审计报告，包括带强调事项段和其他事项的无保留意见审计报告及非无保留意见审计报告。

非无保留意见，是指对财务报表发表的保留意见、否定意见或无法表示意见。

（一）带强调事项段和其他事项段的无保留意见审计报告

1. 审计报告的强调事项段。强调事项段是指审计报告中含有的一个段落，该段落提及已在财务报表中恰当列报的事项，且根据注册会计师的职业判断，该事项对财务报表使用者理解财务报表至关重要。注册会计师在确定增加强调事项段时，必须确保该事项不会导致注册会计师发表非无保留意见且该事项未被确定为在审计报告中沟通的关键审计事项。

如果注册会计师在审计报告增加强调事项段，应采取下列措施。

（1）将强调事项段作为单独的一部分置于审计报告中，并使用包含“强调事项”这一术语的适当标题；

（2）明确提及被强调事项以及相关披露的位置；

（3）指出审计意见没有因该强调事项而改变。

2. 审计报告的其他事项段。其他事项段是指审计报告中含有的一个段落，该段落提及未在财务报表中列报的事项，且根据注册会计师的职业判断，该事项与财务报表使用者理解审计工作、注册会计师的责任或审计报告相关。

如果注册会计师在审计报告中增加其他事项段，应采取下列措施。

（1）注册会计师应当将该段落作为单独的一部分，并使用“其他事项”或其他适当标题；

（2）增加其他事项段不涉及以下两种情形：

一是除根据审计准则的规定有责任对财务报表出具审计报告外，注册会计师还有其他报告责任；

二是注册会计师可能被要求实施额外的规定的程序并予以报告，或对特定事项发表意见。

如果认为有必要沟通虽然未在财务报表中列报或披露，但根据职业判断认为与财务报表使用者理解审计工作、注册会计师的责任或审计报告相关的事项，在同时满足下列条件时，注册会计师应当在审计报告中增加其他事项段：

（1）未被法律法规禁止；

（2）该事项未被确定为在审计报告中沟通的关键审计事项。

带强调事项段和其他事项段的无保留意见审计报告格式和内容如下。

审计报告

ABC 股份有限公司全体股东：

一、对财务报表出具的审计报告

（一）审计意见

我们审计了 ABC 股份有限公司（以下简称 ABC 公司）财务报表，包括 20×2 年 12 月 31 日的资产负债表，20×2 年度的利润表、现金流量表、股东权益变动表以及相关财务报表附注。

我们认为，后附的财务报表在所有重大方面按照企业会计准则的规定编制，公允反映了 ABC 公司 20×2 年 12 月 31 日的财务状况以及 20×2 年度的经营成果和现金流量。

（二）形成审计意见的基础

我们按照中国注册会计师审计准则的规定执行了审计工作。审计报告的“注册会计师对财务报表审计的责任”部分进一步阐述了我们在这些准则下的责任。按照中国注册会计师职业道德守则，我们独立于 ABC 公司，并履行了职业道德方面的其他责任。我们相信，我们获取的审计证据是充分、适当的，为发表审计意见提供了基础。

（三）强调事项

我们提醒财务报表使用者关注，财务报表附注×描述了火灾对 ABC 公司生产设备造成的影响。本段内容不影响已发表的审计意见。

（四）关键审计事项

关键审计事项是根据我们的职业判断，认为对本期财务报表审计最为重要的事项。这些事项是在对财务报表整体进行审计并形成意见的背景下进行处理的，我们不对这些事项单独发表意见。

[按照《中国注册会计师审计准则第 1504 号——在审计报告中沟通关键审计事项》的规定描述每一关键审计事项。]

（五）其他事项

20×1 年 12 月 31 日的资产负债表，20×1 年度的利润表、现金流量表、股东权益变动表以及相关财务报表附注由其他会计师事务所审计，并于 21×1 年 3 月 31 日发表了无保留意见。

（六）其他信息

[按照《中国注册会计师审计准则第 1521 号——注册会计师对其他信息的责任》的规定报告，其他信息部分的最后一段需要进行改写，以描述导致注册会计师对财务报表发表保留意见并且影响其他信息的事项。]

（七）管理层和治理层对财务报表的责任

［按照《中国注册会计师审计准则第 1501 号——对财务报表形成审计意见和出具审计报告》的规定报告。］

（八）注册会计师对财务报表审计的责任

［按照《中国注册会计师审计准则第 1501 号——对财务报表形成审计意见和出具审计报告》的规定报告。］

二、按照相关法律法规的要求报告的事项

［按照《中国注册会计师审计准则第 1501 号——对财务报表形成审计意见和出具审计报告》的规定报告。］

××会计师事务所（盖章）

中国注册会计师：××（项目合伙人）（签名并盖章）

中国注册会计师：××（签名并盖章）

中国××市

二〇×三年×月×日

（二）非无保留意见审计报告

非无保留意见

1. 发表非无保留意见的情形。当存在下列情形之一时，注册会计师应当在审计报告中发表非无保留意见。

（1）根据获取的审计证据，得出财务报表整体存在重大错报的结论。为了形成审计意见，针对财务报表整体是否不存在由于舞弊或错误导致的重大错报，注册会计师应当得出结论，确定是否已就此获取合理保证。在得出结论时，注册会计师需要评价未更正错报对财务报表的影响。财务报表的重大错报可能源于以下方面。

一是选择的会计政策的恰当性。在选择的会计政策的恰当性方面，当出现诸如下列情形时，财务报表可能存在重大错报：选择的会计政策与适用的财务报告编制基础不一致；财务报表没有按照公允列报的方式反映交易和事项等。

二是对所选择的会计政策的运用。在对所选择的会计政策的运用方面，当出现下列情形时，财务报表可能存在重大错报：管理层没有按照适用的财务报告编制基础的要求一贯运用所选择的会计政策，包括管理层未在不同会计期间或对相似的交易和事项一贯运用所选择的会计政策、不当运用所选择的会计政策（如运用中的无意错误）等。

三是财务报表披露的恰当性或充分性。在财务报表披露的恰当性或充分性方面，当出现下列情形时，财务报表可能存在重大错报：财务报表没有包括适用的财务报告编制基础要求的所有披露；财务报表的披露没有按照适用的财务报告编制基础列报；财务报表没有作出必要的披露以实现公允反映。

（2）无法获取充分、适当的审计证据，不能得出财务报表整体不存在重大错报的结论。如果注册会计师能够通过实施替代程序获取充分、适当的审计证据，则无法实施特定的程序并不构成对审计范围的限制。

可能导致注册会计师审计范围限制，无法获取充分、适当的审计证据的情形一般包括：

一是超出被审计单位控制的情形。例如，被审计单位的会计记录已被毁坏，或重要组成部分的会计记录已被政府有关机构无限期地查封。

二是与注册会计师工作的性质或时间安排相关的情形。例如，注册会计师无法获取有关联营企业财务信息的充分、适当的审计证据以评价是否恰当地运用了权益法；注册会计师接受审计委托的时间安排，使注册会计师无法实施存货监盘；注册会计师确定仅实施实质性程序是不充分的，但被审计单位的控制是无效的。

三是管理层对审计范围施加限制的情形。例如，管理层阻止注册会计师实施存货监盘或管理层阻止注册会计师对特定账户余额实施函证等。

2. 确定非无保留意见的类型。注册会计师在确定恰当的非无保留意见类型时，主要考虑以下两方面因素：一是导致非无保留意见的事项的性质，是财务报表存在重大错报，还是在无法获取充分、适当的审计证据的情况下，财务报表可能存在重大错报；二是注册会计师就导致非无保留意见的事项对财务报表产生或可能产生影响的广泛性作出的判断。

广泛性是用以说明错报对财务报表影响的专业术语，也可以表述注册会计师无法获取充分、适当的审计证据而未发现的错报对财务报表可能产生的影响。根据注册会计师的职业判断，对财务报表的影响具有广泛性的情形包括：

（1）不限于对财务报表的特定要素、账户或项目产生影响；

（2）虽然仅对财务报表的特定要素、账户或项目产生影响，但这些要素、账户或项目是或可能是财务报表的主要组成部分；

（3）当与披露相关时，产生的影响对财务报表使用者理解财务报表至关重要。

注册会计师发表无保留意见的情形如表 13 - 9 所示。

表 13 - 9　　注册会计师发表非无保留意见的情形

导致发表非无保留意见的事项的性质	这些事项对财务报表产生或可能产生影响的广泛性	
	重大但不具有广泛性	重大且具有广泛性
财务报表存在重大错报	保留意见	否定意见
无法获取充分、适当的审计证据	保留意见	无法表示意见

（三）保留意见

保留意见是指注册会计师对被审计单位财务报表所反映的财务状况、经营成果和现金流量持保留意见。这是由于被审计单位存在某些事项影响了被审计单位财务报表的表达，导致出具无保留意见的条件无法被完全满足，因而注册会计师对无保留意见加以调整，对影响的事项提出保留意见，并表示对该意见负责。

当存在下列情形之一时，注册会计师应当发表保留意见：

（1）在获取充分、适当的审计证据后，注册会计师认为错报单独或汇总起来对财务报表影响重大，但不具有广泛性。

（2）注册会计师无法获取充分、适当的审计证据以作为形成审计意见的基础，但是认为未发现的错报（如存在）对财务报表可能产生的影响重大，但不具有广泛性。

保留意见审计报告格式和内容如下。

审计报告

ABC 股份有限公司全体股东：

一、对财务报表出具的审计报告

（一）保留意见

我们审计了 ABC 股份有限公司（以下简称 ABC 公司）财务报表，包括 20×2 年 12 月 31 日的资产负债表，20×2 年度的利润表、现金流量表、股东权益变动表以及相关财务报表附注。

我们认为，除“形成保留意见的基础”部分所述事项产生的影响外，后附的财务报表在所有重大方面按照企业会计准则的规定编制，公允反映了 ABC 公司 20×2 年 12 月 31 日的财务状况以及 20×2 年度的经营成果和现金流量。

（二）形成保留意见的基础

ABC 公司 20×2 年 12 月 31 日资产负债表中存货的列示金额为×元。ABC 公司管理层（以下简称管理层）根据成本对存货进行计量，而没有根据成本与可变现净值孰低的原则进行计量，这不符合企业会计准则的规定。ABC 公司的会计记录显示，如果管理层以成本与可变现净值孰低来计量存货，存货列示金额将减少×元。相应地，资产减值损失将增加×元，所得税、净利润和股东权益将分别减少×元、×元和×元。

我们按照中国注册会计师审计准则的规定执行了审计工作。审计报告的“注册会计师对财务报表审计的责任”部分进一步阐述了我们在这些准则下的责任。按照中国注册会计师职业道德守则，我们独立于 ABC 公司，并履行了职业道德方面的其他责任。我们相信，我们获取的审计证据是充分、适当的，为发表保留意见提供了基础。

（三）其他信息

[按照《中国注册会计师审计准则第 1521 号——注册会计师对其他信息的责任》的规定报告，“其他信息”部分的最后一段需要进行改写，以描述导致注册会计师对财务报表发表保留意见并且影响其他信息的事项。]

（四）关键审计事项

关键审计事项是根据我们的职业判断，认为对本期财务报表审计最为重要的事项。这些事项是在对财务报表整体进行审计并形成意见的背景下进行处理的，我们不对这些事项提供单独的意见。除“形成保留意见的基础”部分所述事项外，我们确定下列事项是需要在审计报告中沟通的关键审计事项。

[按照《中国注册会计师审计准则第 1504 号——在审计报告中沟通关键审计事项》的规定描述每一关键审计事项。]

（五）管理层和治理层对财务报表的责任

[按照《中国注册会计师审计准则第 1501 号——对财务报表形成审计意见和出具审计报告》的规定报告。]

（六）注册会计师对财务报表审计的责任

［按照《中国注册会计师审计准则第 1501 号——对财务报表形成审计意见和出具审计报告》的规定报告。］

二、按照相关法律法规的要求报告的事项

［按照《中国注册会计师审计准则第 1501 号——对财务报表形成审计意见和出具审计报告》的规定报告。］

××会计师事务所	中国注册会计师：××（项目合伙人）
（盖章）	（签名并盖章）
	中国注册会计师：××
	（签名并盖章）
中国××市	二〇×三年×月×日

（四）否定意见

当被审计单位财务报表存在严重错报，其根本没有按照企业会计准则公允反映财务状况、经营成果和现金流量时，注册会计师才会发表否定意见。

在获取充分、适当的审计证据后，如果认为错报单独或汇总起来对财务报表的影响重大且具有广泛性，注册会计师应当发表否定意见。

否定意见审计报告格式和内容如下。

审计报告

ABC 股份有限公司全体股东：

一、对合并财务报表出具的审计报告

（一）否定意见

我们审计了 ABC 股份有限公司及其子公司（以下简称 ABC 集团）的合并财务报表，包括 20×2 年 12 月 31 日的合并资产负债表，20×2 年度的合并利润表、合并现金流量表、合并股东权益变动表以及相关合并财务报表附注。

我们认为，由于“形成否定意见的基础”部分所述事项的重要性，后附的合并财务报表没有在所有重大方面按照××财务报告编制基础的规定编制，未能公允反映 ABC 集团 20×2 年 12 月 31 日的合并财务状况以及 20×2 年度的合并经营成果和合并现金流量。

（二）形成否定意见的基础

如财务报表附注×所述，20×2 年 ABC 集团通过非同一控制下的企业合并获得对 XYZ 公司的控制权，因未能取得购买日 XYZ 公司某些重要资产和负债的公允价值，故未将 XYZ 公司纳入合并财务报表的范围。按照××财务报告编制基础的规定，该集团应将这一子公司纳入合并范围，并以暂估金额为基础核算该项收购。如果将 XYZ 公司纳入合并财务报表的范围，后附的 ABC 集团合并财务报表的多个报表项目将受到重大影响。但我们无法确定未将 XYZ 公司纳入合并范围对合并财务报表产生的影响。

我们按照中国注册会计师审计准则的规定执行了审计工作。审计报告的“注册会计师对财务报表审计的责任”部分进一步阐述了我们在这些准则下的责任。按照中国注册会计师职业道德守则，我们独立于 ABC 集团，并履行了职业道德方面的其他责任。我们相信，我们获取的审计证据是充分、适当的，为发表否定意见提供了基础。

（三）其他信息

[按照《中国注册会计师审计准则第 1521 号——注册会计师对其他信息的责任》的规定报告，“其他信息”部分的最后一段需要进行改写，以描述导致注册会计师对财务报表发表保留意见并且影响其他信息的事项。]

（四）关键审计事项

关键审计事项是根据我们的职业判断，认为对本期财务报表审计最为重要的事项。这些事项是在对财务报表整体进行审计并形成意见的背景下进行处理的，我们不对这些事项提供单独的意见。除“形成保留意见的基础”部分所述事项外，我们确定下列事项是需要在审计报告中沟通的关键审计事项。

[按照《中国注册会计师审计准则第 1504 号——在审计报告中沟通关键审计事项》的规定描述每一关键审计事项。]

（五）管理层和治理层对财务报表的责任

[按照《中国注册会计师审计准则第 1501 号——对财务报表形成审计意见和出具审计报告》的规定报告。]

（六）注册会计师对财务报表审计的责任

[按照《中国注册会计师审计准则第 1501 号——对财务报表形成审计意见和出具审计报告》的规定报告。]

二、按照相关法律法规的要求报告的事项

[按照《中国注册会计师审计准则第 1501 号——对财务报表形成审计意见和出具审计报告》的规定报告。]

××会计师事务所　　　　中国注册会计师：××（项目合伙人）
（盖章）　　　　（签名并盖章）
　　　　中国注册会计师：××
　　　　（签名并盖章）
中国××市　　　　二〇×三年×月×日

（五）无法表示意见

注册会计师出具无法表示意见的审计报告并不等同于没有接受业务委托或是没有出具审计意见和不愿意出具审计意见。如果注册会计师可以确定被审计单位的财务报表符合保留意见或否定意见的条件，不得以无法表示意见来代替。

如果无法获取充分、适当的审计证据以作为形成审计意见的基础，但认为未发现的错报（如存在）对财务报表可能产生的影响重大且具有广泛性，注册会计师应当发表无法表示意见。

在极其特殊的情况下，可能存在多个不确定事项。尽管注册会计师对每个单独的不确定事项获取了充分、适当的审计证据，但由于不确定事项之间可能存在相互影响，以及可能对财务报表产生累积影响，注册会计师不可能对财务报表形成审计意见。在这种情况下，注册会计师应当发表无法表示意见。

无法表示意见审计报告格式和内容如下。

审 计 报 告

ABC股份有限公司全体股东：

一、对财务报表出具的审计报告

（一）无法表示意见

我们接受委托，审计ABC股份有限公司（以下简称ABC公司）财务报表，包括20×2年12月31日的资产负债表，20×2年度的利润表、现金流量表、股东权益变动表以及相关财务报表附注。

我们不对后附的ABC公司财务报表发表审计意见。由于“形成无法表示意见的基础”部分所述事项的重要性，我们无法获取充分、适当的审计证据以作为对财务报表发表审计意见的基础。

（二）形成无法表示意见的基础

我们于20×3年1月接受ABC公司的审计委托，因而未能对ABC公司20×2年年初金额为×元的存货和年末金额为×元的存货实施监盘程序。此外，我们也无法实施替代审计程序获取充分、适当的审计证据。并且，ABC公司于20×2年9月采用新的应收账款电算化系统，由于存在系统缺陷导致应收账款出现大量错误。截至报告日，管理层仍在纠正系统缺陷并更正错误，我们也无法实施替代审计程序，以对截至20×2年12月31日的应收账款总额×元获取充分、适当的审计证据。因此，我们无法确定是否有必要对存货、应收账款以及财务报表其他项目作出调整，也无法确定应调整的金额。

（三）管理层和治理层对财务报表的责任

[按照《中国注册会计师审计准则第1501号——对财务报表形成审计意见和出具审计报告》的规定报告。]

（四）注册会计师对财务报表审计的责任

[按照《中国注册会计师审计准则第1501号——对财务报表形成审计意见和出具审计报告》的规定报告。]

二、按照相关法律法规的要求报告的事项

[按照《中国注册会计师审计准则第1501号——对财务报表形成审计意见和出具审计报告》的规定报告。]

××会计师事务所 （盖章）	中国注册会计师：××（项目合伙人） （签名并盖章）
	中国注册会计师：×× （签名并盖章）
中国××市	二〇×三年×月×日

自学测评

一、单项选择题

1. 下列关于第一时段期后事项的说法中，不正确的是（　　）。

A. 注册会计师应主动识别第一时段期后事项

B. 财务报表日至审计报告日之间发生的期后事项属于第一时段期后事项

C. 注册会计师应设计专门的审计程序来识别这些期后事项

D. 针对第一时段期后事项的专门审计程序，其实施时间越接近资产负债表日越好

2. 下列有关书面声明日期的说法中，错误的是（　　）。

A. 书面声明的日期不得晚于审计报告日

B. 书面声明的日期不得早于财务报表报出日

C. 书面声明的日期可以早于审计报告日

D. 书面声明的日期可以和审计报告日是同一天

3. 下列关于否定意见与无保留意见的区别和联系的说法中，不正确的是（　　）。

A. 否定意见需要加“形成否定意见的基础”的段落

B. 审计意见段标题不同

C. 无保留意见中必须增加强调事项段

D. 均用“我们审计了”的措辞

4. A 与 B 注册会计师于 2023 年 2 月 9 日进驻甲公司审计其 2022 年度财务报表。3 月 12 日注册会计师与甲公司进行沟通，3 月 18 日甲公司正式签署 2022 年度财务报表，3 月 22 日对外公布其财务报表，通常情况下审计报告日是（　　）。

A. 2023 年 2 月 9 日　　B. 2023 年 3 月 12 日

C. 2023 年 3 月 18 日　　D. 2023 年 3 月 22 日

5. 注册会计师在获取充分、适当的审计证据后，如果认为错报单独或汇总起来对财务报表的影响重大且具有广泛性，应当发表的审计意见类型是（　　）。

A. 无保留意　　B. 无法表示意见　　C. 否定意见　　D. 保留意见

6. 审计报告的收件人应该是（　　）。

A. 审计业务的委托人　　B. 社会公众

C. 被审计单位的员工　　D. 被审计单位管理层

二、多项选择题

1. 若无法对被审单位会计报表的应收项目实施必要的审计程序，且无替代程序，则可出具的审计报告意见类型可以有（　　）。

A. 带强调说明段的无保留意见　　B. 保留意见

C. 否定意见　　D. 无法表示意见

2. 下列关于审计报告的说法中错误的有（　　）。

A. 对于业务比较简单的被审计单位而言，注册会计师不执行审计工作也可以出

具审计报告

B. 注册会计师应当按照审计准则的规定执行审计工作

C. 注册会计师应当以书面形式或电子形式出具审计报告

D. 对于非无保留意见的审计报告，注册会计师可以不在审计报告上签名盖章

3. 对财务报表的影响具有广泛性的情形有（　　）。

A. 某单独错报大于重要性水平

B. 不限于对财务报表的特定要素、账户或项目产生影响

C. 虽然仅对财务报表的特定要素、账户或项目产生影响，但这些要素、账户或项目是或可能是财务报表的主要组成部分

D. 当与披露相关时，产生的影响对财务报表使用者理解财务报表至关重要

4. 下列关于注册会计师签署审计报告的日期和管理层签署已审计财务报表的日期的说法中正确的有（　　）。

A. 注册会计师签署审计报告的日期通常与管理层签署已审计财务报表的日期为同一天

B. 注册会计师签署审计报告的日期可以晚于管理层签署已审计财务报表的日期

C. 注册会计师签署审计报告的日期可以早于管理层签署已审计财务报表的日期

D. 注册会计师签署审计报告的日期一定晚于管理层签署已审计财务报表的日期

5. 非无保留意见审计报告包括（　　）。

A. 否定意见审计报告

B. 带强调事项段的无保留意见审计报告

C. 无法表示意见审计报告

D. 保留意见审计报告

6. 下列情况中，注册会计师不能出具无保留意见审计报告的有（　　）。

A. 审计范围受到限制并可能产生重大和广泛的影响

B. 财务报表完全未按照会计准则编制

C. 被审计单位拒绝对重大错报进行调整

D. 注册会计师对占流动资产 50% 的存货无法实施监盘程序，且无法实施替代程序

三、判断题

1. 标准意见审计报告是注册会计师对被审计单位会计报表发表不带说明段的无保留意见审计报告。（　　）

2. 审计报告是注册会计师对被审计单位与会计报表相关的所有方面发表审计意见。（　　）

3. 对于资产负债日至审计报告日被审计单位未调整或未披露的期后事项，审计人员可不予关注。（　　）

4. 无法表示意见审计报告就是不发表审计意见。（　　）

5. 审计报告应该由一位注册会计师即项目合伙人签名盖章。（　　）

6. 注册会计师通过对财务报表发表意见履行业务约定书约定的责任。（　　）

参考文献

［1］陈汉文．审计（第4版·立体化数字教材版）［M］．北京：中国人民大学出版社，2020.

［2］马春静．审计：原理与实务［M］．北京：中国人民大学出版社，2019.

［3］秦荣生，卢春泉．审计学（第11版）［M］．北京：中国人民大学出版社，2022.

［4］宋常．审计学（第八版）［M］．北京：中国人民大学出版社，2018.

［5］赵杰，蒋乐平，薛萍．审计学［M］．长春：辽宁大学出版社，2018.

［6］中国注册会计师协会．审计［M］．北京：中国财政经济出版社，2023.